JN495193

Korean Family Names and Genealogies

by Soo-Geon Lee

Seoul National University Press

한국의 탐구 25

한국의 성씨와 족보

이 수 건

서울대학교출판문화원

머리말

한 시대의 사회와 정치도 결국 그 시대를 지배했던 인간에 의해 조직되고 영위되는 것이며, 그 인간은 각기 혈연과 지연으로 서로 얽혀 있다. 성과 본관문제는 바로 이러한 혈연과 지연이란 두 가지 측면을 동시에 구명할 수 있는 연구과제라 생각되어 이 책에서는 한국 성씨의 출발인 土姓문제와 그 토성의 출자지인 본관의 지역적 구획문제 및 토성에서 출자한 고려 · 조선시대 역대 지배세력의 姓貫을 종횡으로 상호 연관시켜 그 실체를 밝히는 데 일차적인 목적을 두었다.

이 책은 지난 20여 년 동안 써 온 논저 중에서 후삼국시대부터 조선시대까지 한국의 성씨와 본관 및 그것의 자료인 가계기록과 족보에 관계되는 글들을 묶어 하나의 체계 아래 정리한 것이다. 종래 이 분야에 관한 연구는 한국 성씨의 형성과 보급과정을 주로 조선 후기에 나온 성관 관련 문헌과 족보에 의거, 평면적인 분석과 단편적인 비교 또는 정태적인 현상 파악에 그침으로써 한국 성씨의 연원인 토성분정사실과 성관의 내부구조 및 성관의 변천과 분포상태를 제대로 밝힐 수 없었다. 또한 성관 체계의 정착과 분화과정 및 토성을 비롯한 각 성종들의 존재양태와 당시의 사회나 그 시대의 지배세력인 각 주체들의 생동하는 모습이 제대로 밝혀질 수 없었다.

조선시대 지배계급인 양반은 성과 본관, 가계와 조상세계 및 족보에 대해서 유난히 관심이 높았다. 또 양반이란 신분의 뒷받침은 바로 혈연·지연과 연결된 고귀한 혈통과 명조·현조에 있다고 생각한 나머지 거기에 대한 손색이 있는 자들은 그러한 자료를 자기들의 목적에 맞게 조작한 데서 한국성관의 생성을 '封君分貫說'과 '시조동래설', 異本이라도 동성은 당초 같은 조상에서 분관되었다는 '異本同祖說', 당초 吏族에서 士族으로 성장한 성관들은 그 조상이 향리였다는 사실을 부끄럽게 간주하여 왕조교체기에 신왕조에 불복함으로써 향리로 격하되었다는 '不服臣罰定鄕吏說' 등과 같은 구실을 내세워 득성수씨한 사실을 부회했던 것이다. 이 책에서는 그러한 잘못된 성관의식과 족보의 내용을 이해하고 성관 관련 자료들이 15세기 이래 최근까지 어떻게 연변해 왔는가를 체계적으로 추적하여『세종실록지리지』소재 성관 체계와 15세기 이전 가계기록에 의거 당초 성과 본관 및 조상世系와 족보의 진면목을 복원하는 데 역점을 두었다. 저자의 '토성' 연구를 비롯하여 한국의 성씨와 족보에 대한 일련의 연구는 위와 같은 현 사회의 성씨·족보에 대한 잘못된 기존 관념을 시정하고 우리의 올바른 성관 의식 및 족보의 유래와 변천과정을 주지시켜야 한다는 의도에서 집필된 것이다. 동학 제현의 아낌없는 편달과 叱正을 바란다.

제대로 정리되지 않은 원고를 상세히 읽고 헌신적으로 협조해 준 이수환 교수와 박재관 군에게 고마운 뜻을 전한다. 끝으로 이 책을 출판해 주신 서울대학교출판부 부장님, 편집과 교정에 애써 주신 편집과 여러분께 감사를 드린다.

2003년 4월 30일

大邱 松峴 寓居에서 著者 씀

차 례

Ⅰ. 한국 성씨 연구 序說

1. 한국의 성씨와 족보에 대한 올바른 이해

한국의 姓과 本(본관) 및 족보의 실상을 제대로 구명하기 위해서는 한국 성관의 출발인 '土姓' 문제와 그 토성의 내부구조와 존재 및 분포 상태를 우리에게 잘 전해 주고 있는 『세종실록지리지』(『실지』) 성씨조[1]를 배제시키고는 불가능하다. 15세기 후반에서 20세기 초에 걸쳐 수많은 보학자에 의해 정리된 譜系書와 각 성의 본관별 · 파별 · 문중단위로 편찬된 족보와 家乘, 조상의 行狀과 비문 등을 갖고 성관의 생성 · 유래와 족보를 연구한다는 그 자체가 문제성을 안고 있다. 토성문제와 『실지』 성씨조를 제쳐 놓고 처음부터 잘못 인식된 성관 지식과 조작된 자료를 갖고 성과 본, 조상의 세계와 파계를 구명한다는 자체가 출발부터 빗나갔다고 볼 수 있다. 토성문제와 『실지』 성씨조를 배제한 데서

첫째, 한국의 성관 유래를 중국의 경우와 동일시한 점,

둘째, 한국 성관의 주체가 토성인 데도 그 시조가 중국으로부터 왔다

1) 본서에서는 『慶尙道地理志』를 『慶地』, 『세종실록지리지』를 『實地』, 『신증동국여지승람』을 『輿地』로 표기하기로 한다.

는 시조 東來說을 강조하는 점,

셋째, 특수한 몇몇 예외적인 것을 제외하면 동성도 異本은 타성과 다름없다는 사실,

넷째, 신라의 朴·昔·金 3성과 李·崔·鄭·孫·裵·薛 등 6성 및 기타 왕실·귀족성을 제외하면 나머지 성관은 모두 고려 초기에 나왔다는 점,

다섯째, 중국처럼 封侯建國한 데서 賜姓·受氏한 것이 아니고 고려 초기 토성을 분정받은 뒤에 공신·외척·고관 등으로 인해 본관별로 封爵邑號를 받은 것이며, 어떤 고을에 封君됨으로써 본관을 받게 된 것은 아니라는 사실을 명심할 필요가 있다.

여섯째, 조선시대 양반사대부 가문치고 그 선조가 고려시대 鄕吏 아닌 경우는 거의 없다. 다시 말하면 고려 초기 이래 여말선초까지 지방의 신흥세력들은 그 주류가 향리家系에서 출자하였는데도 조선 후기 족보에서는 그 선조가 향리였음을 수치스럽게 생각한 나머지 향리 관련 자료를 삭제함으로써 조상의 世系와 직역이 잘못 기재되었던 것이다.

최근 한국학의 활발한 연구로 인해 각 분야마다 획기적인 학적 연구의 진전이 있는 데 반해, 유독 성관과 조상 및 족보에 대해서는 그 방면에 대한 전래의 잘못된 관념과 조작된 기존 자료를 무비판적으로 답습하거나 인용하는 데서 상당한 오류를 범하고 있다. 특히 부계 혈통을 중시하는 유교 사회에서는 '父·子'로 이어지는 친손을 '姓孫'으로 표현하며, 改姓·改貫을 '換父易祖' 행위로 죄악시했으나 조선시대는 여러 씨족과 문중이 각기 名祖·顯祖를 확보하기 위해 족보 편찬 때마다 개관·換本·冒貫과 조상세계 조작 및 족파의 가탁·투탁과 같은 행위를 자행하였으니 이는 결국 환조·역부와 같은 행위를 한 것이나 다를 바 없다.

역사학은 무엇보다 史實에 입각해야 하며 그 사실은 정확한 자료에

근거해야 하는데 아무리 좋은 이론과 방법을 구사하더라도 그 근거 자료가 거짓이거나 조작되었다면 그 주장이나 결론은 아무런 의미가 없다. 올바른 史論은 정확한 사실에서 도출되어야 하며 정확한 사실은 또한 객관적이고 진실한 사료에 근거해야 한다. 그러나 조선시대 양반들의 姓貫 의식과 족보 편찬에 있어서는 그렇지 않은 경우가 많았다. 양반이란 신분적 특권은 고귀한 조상의 혈통과 명조 · 현조를 확보하는 데서 연유한다는 문벌의식이 유난히 강했던 조선 사회는 후기로 올수록 후손 또는 신흥 세력들에 의한 족보 편찬에서 본관을 개변하거나 조상세계와 派系를 조작 · 가탁하는 행위가 자행되었다.

한국 성관의 형성과 유래에 관한 최초의 기본자료는 『실지』 성씨조인데도 그것이 정당하게 후대에 계승되지 못하고 17세기 이후의 성관 · 족보관념으로 16세기 이전 사회를 보려는 데 당혹감을 금할 수 없다. 특히 조선 후기에 나온 족보들을 살펴보면, 편간 당시 당대인의 수록에는 큰 문제가 없었으나 조상세계와 派系에 따라 투탁 · 가탁 · 冒貫 · 改貫과 같은 성관의 혼효를 초래했는가 하면, 각 성관의 유래와 분관 · 분파 및 조상세계에 관한 기술은 너무나 역사적 진실과 어긋나 있음을 발견하게 된다. 저자가 지난 1970년대 중반 '토성'에 관한 연구를 시작한 이래 성씨와 본관 등 사회신분사에 관한 연구를 계속하였고 또 1990년대 발표한 「조선 전 · 후기 姓貫意識과 족보의 편찬체제의 변화」와 「양반의식과 족보」는 모두 이러한 현 사회의 성관 · 족보에 대한 잘못된 기존관념과 인식태도를 시정하고 우리의 올바른 성과 본관 및 족보의 유래와 변화과정을 주지시켜야 한다는 의도에서 집필된 것이다.

이러한 신분사 관련 자료에 대한 분석 · 비판에서 또한 위작된 자료와 위서에 관한 관심을 가진 데서 그 분야에 대한 논문도 발표한 바 있다. 18세기 이래 쏟아져 나온 각 성 족보를 비롯하여 『車原頫雪寃記』(車文節公遺事) · 『華海師全』 · 『話東人物叢記』 · 『經學隊仗』 · 『杜門洞實

記』·『火旺入城同苦錄』과 『桓檀古記』·『揆園史話』·「金澍傳記」 및 최근에 공개된 『花郎世紀』 등을 열람하면서 당혹감을 금할 수 없다. 역사학에 있어서 실증적 방법은 아무리 강조해도 지나치지 않다. 의문점은 후세에 전해도 좋지만 거짓이나 명백한 잘못은 전해서는 안 된다(疑固可傳 訛不可傳也)라든지, '盡信書면 不如無書'(孟子)라 했듯이 진위와 허실을 제대로 검증하지 않은 문헌자료란 위험하기 짝이 없다. 그러한 문헌자료를 '설화문학' 또는 위서로 간주하고 연구하는 것은 그 나름대로 의미가 있지만, 그것을 역사적 자료로 이용한다는 데서 문제의 심각성이 있다 하겠다.[2)]

조선시대 사대부의 학문은 주로 성리학에 경도되어 있었으므로 고증학적인 치밀한 연구나 비판의식 같은 것이 결여되어 있는 데다가 선조·선현의 저술이나 문자에 대해서는 그대로 믿고 존중하는 자세를 취하였기 때문에 성관·가계·조상행적에 관한 자료인 보첩류에 대한 분석과 비판이 별로 가해지지 않았다. 대체로 사대부의 의식에는 숭조사상과 조상의 유덕을 정리하고 조상을 현양하는 위선사업을 자손의 도리로 간주하였다. 선조·선현에 의해 찬술된 가승과 가보를 존중하여 그 내용의 진위와 허실문제는 가급적 비판하지 않고 그대로 묵수하려는 경향이 강했던 것이다. 柳希潛·權文海·鄭崑壽·吳澐·李睟光·丁時述·洪汝河·李宜顯·黃胤錫 등 보학자들이 16세기 이래 속출하여 姓貫유래와 가계기록에 관해 많은 저술과 언급이 있었지만 그들은 『실지』의 성씨조는 참고하지 못하였고 재래의 시조동래설과 封君分貫說을 그대로 따르고 있었다.

---

2) 李樹健, 「고려시대 土姓硏究」(『한국중세사회사연구』, 일조각, 1984); 「조선전기 姓貫체계와 族譜의 편찬체제」(『박영석교수화갑기념 한국사학논총』, 1992); 「조선시대 身分史 관련 자료의 비판 — 姓貫·家系·人物 관련 僞造資料와 僞書를 중심으로 —」(『古文書硏究』 14, 1998).

'입신 · 출세하여 부모를 현양하는 것을 자손의 도리'로 간주한 조선시대 사대부들은 조상의 고귀한 혈통과 혼벌, 조상의 벼슬과 학행 기타 유덕을 전기나 비문으로 남기고 그것을 다시 족보에 기재하는 것을 효도로 간주했기 때문에 문집과 실기 또는 가승과 족보가 편찬될 때 조상의 세계를 소급하고 관직을 과장하고 명조를 내세우는 풍조가 만연하였다. 조선 후기 위보가 속출하고 조상의 업적을 현양하기 위한 위서가 나오게 되는 것도 군역을 면제받기 위해 양반이 되고자 한 의도에서뿐만 아니라 양반들의 잘못된 문벌의식과 숭조사상에도 연유했던 것이다.

한국은 16세기까지만 해도 전체 인구 가운데 적어도 40% 안팎은 무성층(천민층)이 차지했다는 사실과 17세기까지도 명실상부한 양반층은 10% 미만이었다는 사실을 고려하고 또 조선 태종조 처첩분간과 서얼차대법이 확립되기 전에 그렇게 많았던 양 · 천첩 소생들과 태종 이후 일부일처다첩제하에서 배출된 그 많은 서얼들의 향방을 고려할 때 최근까지 문벌과 반상을 거론한다는 자체가 우리의 잘못된 양반의식에서 나왔다고 볼 수 있다.

사람은 누구를 막론하고 부모를 골라서 태어날 권리는 없으며 또한 품성의 선악과 재질의 현우도 신분의 귀천과는 무관하다. "왕후장상이 어찌 씨가 따로 있겠는가"라는 고사처럼 족세와 가세는 시대적 · 사회적 변동과 함께 끊임없이 교체되기 마련이다. 그런데 조선시대 지배계급인 양반은 성과 본관, 가계와 조상 및 족보에 대해서는 유난히 관심이 높았다. 또 양반이란 신분의 뒷받침은 바로 혈연 · 지연과 연결된 고귀한 혈통과 명조 · 현조에 있다고 간주한 나머지 거기에 대한 손색이 있는 자들은 그러한 자료를 자기들의 목적에 맞게 조작하거나 개변시켜 나갔던 것이다. 그 결과 양반이 되기 전의 자료, 즉 비양반시절의 자료는 없애거나 후세에 남기지 않고 양반으로 성장한 뒤의 자료만 후대에 전해졌던 것이다. 따라서 현재 역사가가 접할 수 있는 신분사 관련 자료 가운데 15세기 이전 자료는 극히 영성한 반면 16세기 이후의 자료가 대부분을 차지하고 있는 실정이다. 특히 성과 본관, 가계와 조상 관련 자료는 17세기를 기준하여 그 이후는 너무나 변질되었기 때문에 그러한 자료들이 조선 초기 이래 최근까지 어떻게 연변해 왔는가를 체계적으로 추적할 필요가 있다. 그러니 우리는 『실지』 소재 성관체제와 조선 초기 보첩자료에 의거, 성과 본 및 가계기록의 진면목을 복원해야 하며, 구체적이고 정확한 득성사실과 분관 · 분파 및 조상세계에 관한 자료 없이 후대에 와서 위작되고 조작된 족보를 갖고 성과 본관, 조상세계 또는 반상과 적서 등을 거론한다는 것은 별 의미가 없다고 생각된다.

저자의 '토성' 연구에 관한 논평은 1984년 이래 최근까지 국내 · 외 학자들에 의해 이루어졌다. 가장 문제점으로 지적된 것으로는 ① 고려 태조 23년 土姓分定說과, ② 『실지』 소재 '古籍'의 작성시기문제, ③ 姓과 本貫문제, ④ 토성의 개념과 내부구조 및 형성시기문제 등이었다. 그동안 李泰鎭, 金東洙, 浜中昇, 蔡雄錫 및 金壽泰 등의 논평에서 저자의 토성연구에 대하여 다각도로 비판과 반론을 제기하고 있는데, 그러한 諸氏의 논평에 대하여 모두 객관적인 입장에서 자상하게 분석, 비판한 나머지 저자가 그 문제에 대해 안고 있는 불만과 고민을 정확히 추려 내었다고 생각된다. 저자로서 논평한 여러분의 충정 어린 충고와 지적 및 반론에 대해 감사의 뜻을 전하고자 한다.[3)]

그런데 사실 토성이나 기타 姓과 본관문제는 기본사료인 『고려사』와

3) 李泰鎭, 「書評(『韓國中世社會史研究』)」(『社會科學論評』 4호, 1986); 金東洙, 「『世宗實錄』 地理志 姓氏條의 檢討」(『東亞研究』 6집, 1985; 『朝鮮身分史研究』, 法文社, 1987); 浜中昇, 「高麗時代の姓氏の記錄,「古籍」について — 『世宗實錄』地理志姓氏條の史料的性格 —」(『朝鮮學報』 123, 1987); 蔡雄錫, 「本貫制의 성립과 性格」(『역사비평』 13, 1991); 金壽泰, 「高麗初期의 本貫制度 — 本貫과 姓의 관계를 중심으로 —」(『한국중세사연구』 8, 2000).

金石文을 비롯하여 고려시대의 자료에서는 구체적인 기록이 거의 나타나지 않는다. 그리고 土姓分定 시기를 저자와 같이 태조 23년으로 잡거나, 成宗朝, 文宗朝 또는 12세기와 13세기 그 어느 시기를 잡든지 간에 확실한 자료의 뒷받침이 되지 않은 것은 어느 시기이든 마찬가지지만, 그래도 저자가 이 책에서 논거한 태조 23년 說을 뒷받침할 수 있는 객관적 가능성이 가장 많다고 생각된다. 『실지』 소재 성씨조는 그것이 비록 세종 14년에 편찬되었다 하더라도 그 성씨조에 담긴 토성을 비롯한 人吏姓, 百姓姓, 村姓, 來姓, 入鎭姓, 續姓 등의 姓種은 모두 고려 초기에서 후기까지의 사실을 반영한 것임에는 틀림없으나, 단 그러한 성종이 언제 생성되었나 하는 문제는 정확히 알 수 없다. 그리고 이른바 '古籍'의 작성시기를 11세기나 12세기 또는 13세기 그 어느 시기로 잡던 간에 그러한 주장도 태조 23년 설과 함께 추측임에는 마찬가지이다. 저자의 태조 23년 토성분정설은 1984년 拙著 발간 뒤에도 18년이 경과한 지금에 이르기까지 토성, 읍사, 향리 기타 성관 관련 논문을 계속 발표하면서 그때그때 논평자의 비판을 수용하는 한편, 부분적인 자료를 보완하기도 했으나 자신의 당초 결론에 대한 소신은 아직 흔들리지 않고 있다.

역사 연구에 있어 실증적 자세는 아무리 강조해도 지나치지 않다. 그러나 관련 자료가 正史에 나타나지 않는다 해서 있을 가능성이 있는 史實까지 부정할 수는 없다. 삼국시대의 기본史書인 『삼국사기』와 『삼국유사』에는 일본 正倉院에서 발견된 신라의 '村落帳籍'과 같은 기사는 없다. 고구려 광개토왕의 碑文을 통해서 그 왕의 정복사업을 구체적으로 살필 수 있듯이, 만약 그 정창원 문서가 발견되지 않았다면 통일신라시대의 戶口成籍의 사례를 찾지 못했을 것이며, 조선시대 士族의 가산규모도 실록과 文集을 갖고는 구체적으로 밝힐 수 없으나, 최근 古文書를 통해 비로소 구체적으로 밝힐 수 있었듯이, 고려시대의 토성을 비롯한 姓貫체제가 『실지』에 기재됨으로써 우리는 그것을 추적하여 고려시대 성관의 유래와 그 존재 양태를 재구성할 수 있다고 본다.

2. 한국 중세 사회의 기본구조와 姓貫문제

한국사도 하나의 국가사인 만큼 국가의 3요소인 국토와 국민 및 이 양자를 관리 · 지배하는 통치체제가 어떻게 편제 · 지배되어 변천해 왔는가를 다루는 것이 중요한 연구과제라 할 수 있다. 종래의 한국사는 지방을 도외시한 채 너무 수도 중심 · 중앙정부 중심으로 역사가 주도되고 발전해 온 양 인식되어 왔다. 그러나 한국사의 발전과정을 자세히 살펴보면 지방 사회는 중앙의 국가를 구성하는 주체로서 중앙정부의 일방적 · 종속적인 피조물이 결코 아니었다. 고래의 지역단위인 國(성읍국가) · 城 · 村이 결합, 고대국가를 형성하고 지방의 족장 · 호족 · 신흥사대부가 각기 신라 · 고려 · 조선을 통치하는 지배세력으로 성장해 갔듯이, 지방은 오히려 중앙에 선행하여 출현하였다가 중앙의 형성을 유발한 역사발전의 능동적인 주체였다.

한국사의 전개과정에서 국가체제가 갖추어지면서 피지배층과 구별되는 지배세력이 등장하게 되었는데 그러한 지배세력은 고대국가 성립 이래 고려 · 조선시대를 거치면서 시대적 · 사회적 변동에 따라 끊임없이 교체되어 갔던 것이다. 가령 고대국가의 왕실과 귀족, 후삼국시대의 지방호족을 비롯하여 고려 전기의 문벌귀족, 후기의 무신세력과 신흥사대부의 등장과 변화, 여말선초에 걸쳐 전개되는 사족과 이족의 분화와 사림세력의 성장 및 왜란 · 호란을 겪고 난 뒤의 조선 후기 신분구성의 변화와 중인층의 성장 등에 관한 규명은 그 시대의 정치 · 사회적 성격을 이해하여 역사의 큰 흐름을 파악하는 데 핵심적인 문제이다. 그러한 인간 중심의 한국사 연구에 있어 지방 호족 · 신흥사대부와 같은 전환기의 주체나 문벌귀족·양반과 같은 고정된 신분층으로 구성된 안정된 사회에서의 지배세력을 막론하고, 그것을 정지된 상태에서가 아니라 움직이는 상황 속에서 이해하려는 노력이 필요하다.

고려시대 성씨(토성)의 형성과 변화과정을 제대로 파악하기 위해서는 먼저 고려 사회의 기본구조에 대한 이해가 전제되어야 한다. 그 기본구조는 크게 세 층으로 나누어져 있다. 〈그림 1〉과 같이 왕을 정점으로 한 중앙정부가 수도에 있고 향촌이란 지방의 말단행정구획인 기층 사회가 있으며 그 중간에 각 구획마다 군현관아(主邑)와 읍사가 있었다.

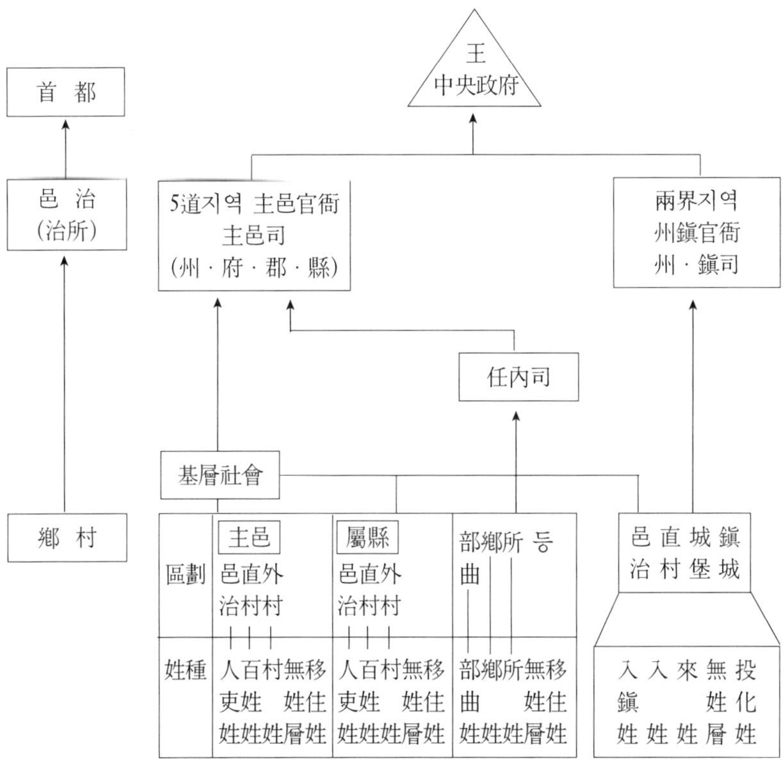

〈그림 1〉 고려 사회의 기본구조

기층 사회는 또한 군현[4] 관아의 소재지인 동시에 군현 행정을 세습적으로 담당하는 토성이족의 세거지인 읍치, 읍치의 주위에 여러 촌락으로 구성되어 있는 직촌지역, 이곳은 해읍수령의 직할통치를 받는 동시에 주읍의 읍사를 거쳐 村正(村典) → 향리 → 수령의 행정체계를 이룬다.

이러한 직촌은 읍치를 중심으로 크게 동 · 서 · 남 · 북의 방위명을 띤 촌명을 갖거나 고유명을 갖기도 하며 그 직촌의 百姓姓은 시간상으로 읍치의 人吏姓에 다소 뒤지지만 읍치지역의 확장에 따라 읍사에 참여함으로써 읍치의 인리성과 함께 토성의 구성요소가 되었다. 읍역의 확장에 따라 독자적인 구획을 가졌던 외곽촌이 주읍에 흡수되면서 그 촌성도 백성성보다는 좀 늦게 읍사에 참여하게 되었다. 여기에서 『실지』 소재 토성의 3대 구성요소인 인리성과 백성성 및 촌성은 읍치를 중심으로 내촌과 외촌이 차례로 주읍의 영역을 편성하면서 읍사를 구성하는 토성吏族이 되었다. 당초 인리성에 뒤따라 백성성과 촌성이 읍사에 참여하는 과정에서는 각 성단끼리 치열한 경쟁을 거쳐야 했다. 여기에서 시간의 흐름에 따라 성세의 소장이 있게 되고 읍사에 참여했던 각 성단들도 시대진전에 따라 족세의 성쇠 · 소장이 있었다.

한편 속현과 향 · 소 · 부곡 등 '任內'[5]들도 일정한 구획에다 일정한

---

4) 고려시대에는 邑格의 고하와 邑勢의 규모에 따라 京 · 州 · 府 · 郡 · 縣 · 鎭으로, 수령의 유무에 따라 主邑과 屬縣으로 구분되었는데, 본서에서는 서술의 편의상 주 · 부 · 군 · 현 등 일반고을을 의미할 때는 그것을 일괄하여 郡縣으로 약칭하기로 한다.

5) '任內'란 아직 直村化하지 않고 主邑관내에 개별적인 구역을 보유하면서 그곳을 실질적으로 지배하던 향리나 長吏를 통하여 주읍과의 관계를 맺고 있는 屬郡縣과 향소부곡 등을 지칭하였다. 그것은 혁파되기 전의 속군현과 속진(양계지방) 및 향소부곡 등을 지칭한다. 이러한 임내는 현사 · 진사 또는 향, 소, 부곡사와 향리 또는 長吏의 손을 거쳐 소속읍 守令과 연결되는 데

토성吏民을 갖고 있었으니 이들도 그 기본구조에 있어서는 군현과 크게 다를 바 없다. 다만 수령 없이 주읍에 소속되고 면적과 인구 및 읍사 규모에 따라 대소의 차이가 있을 뿐이다. 그런데 주읍과 임내가 동시에 생성되지 않은 것과 같이 시대의 진전에 따라 사회 · 경제적 발전 추세와 함께 인구의 증가로 인한 신생촌이 생겨나면서 종래의 무인지대가 유인지화하게 되었다. 여기에서 읍치의 인리성이 내촌과 외촌으로 이주하기도 하였고 타읍주민이 이주하기도 하였는데 그러한 이주배경에는 읍치와 직촌에서 배제되어 밀려 나가는 경우, 逃賦避役의 수단으로 산간오지에 들어가 개간 정착하는 경우, 전란으로 인한 피난의 수단으로 이주하는 경우 등이 있었다. 또한 농법의 변화에 따라 종전의 무인지대가 새로운 취락 적지가 되기도 하였다. 이러한 읍역의 확장은 동시에 그 읍 토성들의 생활공간이 확장됨을 의미하며 주읍 토성이 그 외곽지의 촌성이 되거나 任內姓이 되어 갔다.

주읍과 속현 및 향 · 소 · 부곡 등에 따라 주민들의 성분은 다양하지만 『실지』의 성종상으로 본다면 각기 구획마다 토성 · 촌성 기타 임내성이 있는가 하면 성의 유무에 따라 유성층과 무성층이 있으며, 법제적인 신분으로는 양 · 천민이 있는가 하면 직역상으로는 인리성 · 백성성이 의미하듯이 향리 · 장리 · 촌정 및 농 · 공 · 상에 종사하는 일반 주민이 혼재하였다고 본다. 그리고 대동강에서 원산만을 경계로 그 이남 즉 5도지방은 고을마다 토성이 있어 읍사를 장악한 반면 그 이북지역(평안, 함경도)은 사민정책에 의해 入居한 入鎭姓과 入姓 등이 신설 州 · 鎭의 읍사를 구성했던 것이다. 따라서 5도와 양계지방은 통치방식과 행정체계에 있어서도 차이가 있었다.

반하여 '直村'은 그러한 중간단계의 기구를 거치지 않고 주읍에 직속된 촌락을 의미한다.

인리성 · 백성성 · 촌성할 것 없이 그들의 일차적인 소망은 그 읍사에 참여하여 일정한 鄕吏職窠를 맡는 것인데, 따라서 한정된 직과에서 참여하고자 하는 성단끼리 치열한 경쟁이 있기 마련이었다. 주읍보다 훨씬 불리한 입장에 있던 임내의 그 성단들도 임내의 읍사 참여를 위한 경쟁은 마찬가지였다. 임내성도 임내 읍사를 발판으로 하여 소속 주읍의 읍사 또는 외관이나 중앙정부와 연결을 할 수 있기 때문이다. 따라서 주읍과 임내를 막론하고 『실지』 소재 각 성종들의 일차적인 세력기반은 읍사 참여 여부에 달려 있었다. 향읍 또는 향촌이라는 기층 사회의 주민들은 사족[6)]이 되기 위해서는 두 가지 단계를 밟아야 하는데, 제1차는 우선 향리가 되는 과정이며 제2차는 향리에서 다시 중앙정부로 진출하는 과정이다. 기층 사회와 중앙정부 사이에는 읍사라는 여과과정이 있어, 군현단위로 과거에 응시하거나 학교에 입학하거나 무반 · 군인 또는 其人에 선발되거나 간에 중앙으로 진출하는 데 있어서 기층 사회는 읍사를 거치지 않으면 안 되었던 것이다.

한편 〈그림 2〉와 같이 『실지』 소재 각 성이 딛고 선 본관은 어느 구획을 막론하고 기본적인 구성단위는 촌락이며, 그 촌락은 다시 읍치를 중심으로 내촌과 외촌 및 관내의 각종 임내로 구분되는 데서 성종도 인리성 · 촌성 · 임내성 등으로 분포되어 있었다. 이처럼 군현구획이 중층적인 구조를 하고 있는 것과 마찬가지로 각 구획의 성씨들도 중층적인 구조를 이루고 있으면서 시대적 · 사회적 변화에 따라 백성성과 촌성 및 임내성이 인리성으로 참여했는가 하면, 반대로 주읍의 토성이 속현 또

---

6) 고려왕조의 진전에 따라 郡縣土姓은 上京從仕者와 土着鄕吏로 분화되면서 전자를 士族, 후자를 吏族이라 불렀다. 즉, 향리신분에서 이탈한 旣成官人層을 士族, 아직 향리신분에 머물고 있는 郡縣의 행정실무층을 吏族이라고 부르는 것이 麗朝 이래 통념이었다. 따라서 本書에서는 旣成仕宦家를 士族, 토착 郡縣鄕吏는 吏族이란 용어를 쓰기로 한다.

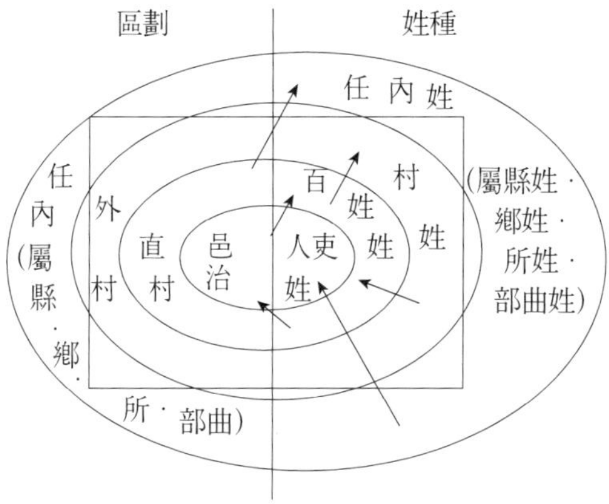

〈그림 2〉『실지』 소재 군현 구획과 성종

는 향·소·부곡성으로 확산되어 나가기도 했던 것이다.

최초의 지리지인 『삼국사기』 지리지에서 『新增東國輿地勝覽』(1530, 『輿地』) 및 한말의 『읍지』까지의 역대 지지에 의거 주읍과 임내 할 것 없이 그 군현의 연혁과 구역의 변동을 살펴보면, 옛 성읍국가 시대의 국·성·촌이 삼국 내지 통일신라의 발전과정에서 중국의 군현제를 모방하여 주·군·현으로 개편되어 갔다. 그 후 고려 초기 府·鎭의 설치와 함께 고려의 군현제가 정착되어 가는 과정에서 군현의 명칭, 읍격의 승강, 외관의 치폐 및 영(주읍)·속(임내) 관계는 변천을 거듭했지만, 각 구획의 원구역 그 자체의 분할이나 분해작용은 극히 드물었던 것이다. 더구나 이들 구역에는 15세기까지도 각기 토성이민(양계지방: 入鎭姓)이 존재했기 때문에 『輿地』 편찬자들은 각 읍 성씨조를 정리하면서 그 폐읍이나 향·소·부곡 등은 비록 혁파되었다 하더라도 그곳 토성의 출자지, 그 본관을 밝혀야 했기 때문에 이미 혁파되고 소멸된 구획들도 각 읍의 고적조에 기재했던 것이다. 『輿地』 편찬자들의 말처럼, "군현이나 향·소·부곡·처·장 등 각 구획에는 모두 각기 '토성이민'이 있다.

이제 그 성씨들을 수록하고 보니 그 성씨의 출자지, 곧 본관을 『지리지』에 기입하지 않을 수 없다." 했으며, 그 지지를 수정 보완하는 데 주역을 맡았던 金宗直은 그 발문에서 "각 읍의 속현 및 향 · 소 · 부곡 가운데 이미 혁파되어 촌락이 된 것도 모두 고적조에 실었다."고 하였다. 그 지지 소재 각 구획들의 소재지를 답사해 본 결과 대략 두 가지 특징을 곧 발견할 수 있었다.

첫째, 그 구역의 유래가 강인하게 후대에까지 존속되고 있다는 사실이다. 그러한 구획에는 조선조 말기까지 그 읍치의 규모에 따라 감영, 계수관 · 중소군현의 읍치 및 面의 중심지로 존재했던 것이며 다시 그곳을 시기적으로 소급하면 옛 성읍국가의 중심지로서 그 주위에는 고분군과 대소山城이 위치해 있다. 역대에 걸쳐 너무나 많은 외적의 침략을 받아 왔기 때문에 읍치나 촌락은 평야보다 전략적인 요새지에 위치하였다. 또한 이러한 곳은 대체로 배산임수했기 때문에 방어와 피난, 땔감과 식수조달 및 관개용수 확보상 유리하였다. 일정한 土姓吏民을 갖고 있던 군현과 향 · 소 · 부곡 할 것 없이 모두 크고 작은 구역이 대소의 분지를 중심으로 구획되고 각 구획의 읍치가 자리한 분지마다 산맥과 하천으로 서로 격리되어 각기 개별성과 독자성을 갖게 되었다. 우리는 그러한 현상을 『대동여지도』(김정호)를 통하여 확인할 수 있다.

둘째, 행정구역상으로의 '읍격'과 성씨 본관으로서의 '地望' 및 외관의 유무에 따른 주읍과 임내의 구분은 대체로 그 위치가 농업생산력의 우열과 비례한다는 사실이다.

고려 · 조선시대의 지배세력 변천의 제 시기를 제대로 구명하기 위해서는 상술한 바와 같이 군현의 구획문제와 각 읍 토성이민들의 존재양상 및 그들과 중앙정부 또는 외관과의 관계, 토착세력에 의한 향읍 사회 지배체제 등과 같은 것이 밝혀져야 한다. 군현 구획의 세분과 원구역의 강인한 존속, 각 읍 토성이민들의 읍사장악과 향촌지배, 고려 초기 이래 여말까지 시대의 진전에 따른 향리자제들의 계속적인 상경종사와 토착세력 및 사족과 이족의 분화가 끊임없이 계속되는 과정에서 토착향리들의 철저한 향역세습과 역대 지배세력의 계속적인 공급은 초왕조적인 현상이었으며, 다른 한편에서는 군현 구획의 세분과 재지세력에 의한 향읍지배권 부여는 결국 중앙정부로 하여금 '분할해서 통치한다'는 효과를 거두어 중앙집권적 지방통치와 왕조의 장기화를 가져온 요인이 되었다고 볼 수 있다. 지방의 향촌 사회에서 본다면 각기 개별성과 상당한 자율성을 중앙정부 또는 관권으로부터 위임받음으로써 비록 제한적이나마 향촌자치적인 여러 면모를 갖게 되었다.[7)]

고려의 군현제와 향읍 사회, 지방행정상에 있어서 군현규모, 향촌·향리의 존재는 중국과 상이하였다. 고려 사회는 엄격한 신분제를 전제로 한 것인 만큼 지배세력의 형성과 변화는 혈연과 지연에 따라 다르며 혈통의 유래와 출신 내지 거주지역에 따라 현저한 차이가 있었다. 번서 출신지의 차이로는 일반군현, 향·소·부곡, 역·진 및 해도(군현이 아닌 섬)로 구분되며, 실제 고려시대 관인들의 출신을 그러한 성분별로 살펴보면 고려 전기까지는 현 이상의 일반군현 출신에 한하며 원의 간섭기에 와서 향·부곡 출신의 관인화가 약간 있었고 해도 출신은 특수한 경우를 제외하면 관인은 거의 없었다. 그리고 토성의 유무에 따라 토성이 없는 양계의 신설주진 주민들은 토성이 있는 이남 5도에 비해 상당한 차별대우를 받았다. 또한 양계의 신설지역은 과거 신라시대의 영토냐, 아니냐에 따라 토성이 있고 없음의 차이뿐만 아니라 구역의 내부구조와 편제에 현저한 차이가 있었다. 복잡한 임내구성이나 향·소·부곡과 같은 것은 거의 없었다.

---

7) 李樹健, 「高麗·朝鮮時代 支配勢力 變遷의 諸時期」(『韓國史時代區分論』, 소화, 1995).

주 · 부 · 군 · 현이라는 읍격의 고하와 읍세의 강약은 원읍치의 규모에 차이도 있지만, 신라시대 9주 · 5소경을 비롯한 고려 · 조선시대 주 · 부와 같은 대읍들은 원구역이 처음부터 넓었다기보다는 고려 초기 이래 많은 임내를 보유한 데서 가능하였다. 한 고을이 주읍의 읍치를 중심으로 주위에 다수의 임내를 영유한 데서 주와 부가 되었고, 그러한 대읍은 원래의 주읍 외에 각기 개별성과 독자적인 구획을 가진 속현이나 향 · 소 · 부곡이 별도로 존재하였다. 주읍과 임내는 구획만 다를 뿐만 아니라 토성이민들도 각기 별도로 존재하였다.

고려 · 조선왕조의 지방통치가 철저하게 중앙집권적이 되고 지방에 강력한 세력이 대두하지 못하고 지방반란이 성공하지 못한 중요한 배경을 저자는 군현구획과 토성분정에서 찾고 싶다. 주 · 부 · 군 · 현 · 鎭이란 지방행정구역의 기본단위가 처음부터 세분된 데다가 비교적 대읍이라 할 수 있는 京 · 주 · 부도 원주읍을 중심으로 하여 여러 임내로 구성되어 있으며 토성이민들도 그 구획의 개별성과 함께 각기 개별성을 갖고 단지 계수관이니 영속관계 또는 주현군 편성에 있어 약간의 지휘 · 감독체계가 있었으나 징세 · 조역과 같은 기본적인 지방행정체계상에서는 각기 개별성과 독자성을 유지하였으니 어떤 강력한 지방세력이나 수령 또는 반란세력에 의한 跨州包郡과 같은 여러 고을을 연합하여 하나의 강력하고도 체계적인 지휘계통을 갖춘 세력이 형성될 수 없었다.

주읍과 임내를 막론하고 구획이 세분되어 있는 데다가 각 읍에는 1개 성단이 읍사를 장악하지 못하고 적어도 3~4개 이상 내지 7~8개 이상의 吏族이 읍사를 공동 장악하고 있었으니 지방행정이나 향촌의 여론인 향론이 하나의 공동체 의식에서 유지되고 형성되었던 것이다. 하나의 고을을 형성하기 위해서 참여한 구역 수, 그 구역을 장악한 姓團 수 및 읍사를 영도해 나가는 주체인 호장의 정원, 이 세 요소는 서로 연관성을 갖고 나타난 숫자로서 이들이 결국 연합해서 집단지도체제적인 방향으로 읍사 또는 향읍 사회를 영도해 나갔던 것이다. 그렇다고 해서 여초 토성분정 이래 읍사 구성원이 고정불변했다는 것은 아니고 시대진전에 따라 끊임없이 도태되거나 재충원되면서 신진대사가 진행되어 갔던 것이다.

고려 · 조선시대 지배세력의 변화는 중앙에서뿐만 아니라 중앙의 변화에 상응하여 기층 사회에도 끊임없이 진행되어 갔던 것이다. 중앙정계의 변화에 따라 고려 초기 · 중기 · 무신집권기 · 원의 간섭기 및 여말로 나누어 볼 때 각 시기마다 지배세력의 변화가 있었는데 읍사를 단위로 한 향읍사회에도 중앙에 조응하여 기능의 신축과 세력의 변화가 수반되었다고 본다. 상술한 바와 같이 기층 사회에서의 읍사는 개별적인 고을로 본다면 守令의 관아 밑에 있는 유일한 지배기구인 동시에 그 읍사의 주인공인 이족들은 그 고을의 文 · 吏를 겸비한 유일한 지식인인 동시에 주민의 생사여탈권을 가진 군현행정을 세습적으로 맡고 있었다. 주읍이나 임내가 인구상으로나 면적상으로 세분되어 있는 데다 그 고을을 대표한 지식층과 지배층은 이족 외에 별도의 관인 예비자원이 있을 수 없었다. 비록 이족 외에 일반 양인층이나 비토성인물이 있으나 그들은 응시나 입학 · 선군응모 등에 앞서 먼저 읍사에 참여하는 순서를 밟아야 했다. 그러니 중앙정부로부터 배정받은 鄕貢 · 입학생 · 선군을 읍사장악세력인 이족자제가 거의 독차지했다고 볼 수 있다. 이족 외에 그러한 선발자원을 일반주민에게서 충당한다고 생각할 수 있으나 그것은 당시의 군현 사정을 잘 모르는 데서 오는 오해라 할 수 있다.

3. 고려시대 지방통치와 군현제의 특징

한국사상 고려시대는 일정한 지역에 일정한 성씨집단을 단위로 해서 편제된 중세 사회였다. 그것은 주 · 부 · 군 · 현 · 鎭과 향 · 소 · 부곡 및 역 · 津 · 촌 등으로 구획된 지연과 인리성 · 백성성 · 촌성 · 향 · 소 · 부곡성 등으로 구성된 성씨체제를 가진 성관집단으로 서로 얽혀 있는 사회였다.

첫째, 고려 사회는 후삼국 통일과정에서 각 구획을 장악하고 있던 호족들을 각기 출신지, 거주지별로 토성으로 분정하고 그 본관을 기초로 군현제를 발동시켜 한편에서는 새 왕조의 통치를 담당할 정치 · 사회적 지배세력을 편제함과 동시에 군현제란 지방행정구획을 개편, 정비하여 점차 중앙집권적 지방통치체제를 확립시켜 나갔던 것이다.

둘째, 신분제의 재편성과 군현제라는 지방통치제제 및 이민족 침략에 대비한 국방 · 군사적인 기본 방어체제는 한반도란 지형 · 지세에 적합한 방향으로 개편, 운영해 나갔던 것이다. 한반도는 중국 · 만주지역과는 달리 대평원 · 광야는 없이 전국이 대 · 소 산천으로 둘러싸인 크고 작은 무수한 분지로 구성되어 있다. 한반도의 남부와 북부 또는 서해 · 남해 사면과 동해안 및 큰 구획인 8도로 나누어 볼 때 농지와 산지의 비율은 크게 다르지만 어느 곳을 막론하고 사방이 산과 강으로 둘러싸인 분지 형태를 취하고 있다. 통일신라 이래 대표적인 행정구획인 9주 · 5소경이나 고려시대 5도 · 양계의 계수관이나 조선 초기 각 도의 감영 소재읍을 비롯한 각 계수관읍, 전국 주읍 수 330여 읍 및 속현 72읍 기타 『실지』 소재 古屬縣과 『여지』 소재 각 읍 고적조 소재 폐현과 향 · 소 · 부곡의 특수구역까지도 그곳을 현지 답사해 보면 거의가 '분지' 형태를 취하고 있다. 고려시대 경 · 주 · 부 · 군 · 현이란 읍격의 고하는 대체로 그 읍치의 규모(면적 · 인구)와 비례하며, 주 · 부보다 작은 곳에 군 및 현이 설치되었고 같은 현이라도 속현은 주현에 비해 縣域이 협소하며, 부곡 · 향 · 소와 같은 특수구역은 대체로 소현보다 더 작은 분지의 규모를 갖고 있었다.

『삼국사기』 지지 소재 주 · 군 · 현 450여 읍을 비롯해서 15세기에 편찬된 『여지』 소재 주읍과 속현 · 폐현 등 550여 읍과 동 지지 고적조 소재 800여 개의 향 · 소 · 부곡 · 처 · 장, 500개 역을 각 소재지의 지형 · 지세별로 살펴보면 절대다수가 분지의 형태를 취하고 있으며 15세기까지 그 잔영이 남아 있었던 향 · 소 · 부곡들도 현장을 답사해 보면 지형적으로 일반 군현과 구분되어 '獨成一區' 하고 있다. 일정한 산맥과 계곡 · 하천을 의미하는 嶺 · 峴(고개) · 강 · 천 · 溪 · 浦口 등으로 구획된 개별성과 독자성을 갖고 있는 것이 각 구역들의 지형 · 지세상의 특징이었다.

한반도는 이상과 같은 지형 · 지세로 인해 신 · 구 또는 대소취락이 분지형태를 취하고 있으며 온돌이 일반화된 고려시대에는 취락의 적지도 반드시 배산 · 임수한 마을의 형태를 취하고 있다. 이러한 취락의 입지조건으로 인해 상고시대부터 지역적 구획단위도 『三國志』 魏志 東夷傳부터 국(제 소국; 성읍국가) · 성 · 촌이 각지에 분포되어 있었고 삼국시대 중국의 군현제를 수용하면서 종전의 국 · 성 · 촌이 점차 주 · 군 · 현으로 개편되었던 것이며, 인구의 증가와 신생촌의 계속적인 생성은 고을과 고을 사이에 속현과 향 · 소 · 부곡 등을 끊임없이 생성시켜 나갔던 것이다. 당초 점으로 드문드문 존재했던 국 · 성 · 촌이 주 · 군 · 현으로 개편된 뒤 인구의 증가와 이동으로 인한 신생촌의 발생으로 점과 점 사이에, 즉 기존 읍치의 외곽지역 또는 접경지역 내지 산간 · 계곡 · 江口 · 포구 등 오지 · 벽지에 속현과 향 · 소 · 부곡 등 이른바 고려시대 任內가 계속 생성되어 갔던 것이다.

통일신라 영역인 대동강에서 원산만을 경계로 한 선의 이남지역은 『실지』에 의하면 각 읍마다 토성이 분정되어 있으며, 각기 개별성을 가졌던 향 · 소 · 부곡 등도 각기 토성이민을 15세기까지 갖고 있었다.

후삼국 통일 후 태조 왕건에 의해 분정된 토성들은 고려왕조의 진전에 따라 후삼국시대 지방호족의 군현토성화, 군현토성의 향리화 내지 군현향리의 사족화라는 과정을 밟으면서 계속 분화하여 상경세력은 귀족과 관인으로 성장하여 고려의 중앙정부를 담당해 갔으며 토착세력은 각기 읍사를 장악, 군현행정과 향읍 사회를 지배하면서 그들의 자제들도 시대의 진전에 따라 토착향리와 상경관인으로 계속 분화해 갔던 것이다. 그런데 토성의 주체인 각 구획의 향리들은 우선 본관 읍격의 고하에 따라 재지적 기반과 상경관인화에 현저한 격차가 있게 되었다.

상경관인들도 문 · 무 · 리(문음)의 3계열로 진출하듯이, 각 읍의 토성이민들도 문 · 무 또는 병농일치의 기본체제하에서 향리집단은 평소 읍사를 중심으로 일반지방행정인 징세조역은 물론 주현 또는 주진군의 장교로서 중앙의 지시와 명령에 따라 관내 토병을 조직 · 동원하며 각 구획을 실질적으로 장악, 지배하는 위치에 있었다.

영토의 지형 · 지세와 토성이민의 관계는 결국 중세 사회의 전개과정에서 세 가지 특징을 낳게 되었다고 본다. 첫째, 왕실을 비롯한 귀족 · 관인으로 구성된 중앙정권은 전국이 주 · 부 · 군 · 현과 향 · 소 · 부곡별로 주읍 · 임내 할 것 없이 세분된 구획단위로 개별성과 독자성을 용인하는 토대 위에서 지방통치권을 발동하는 데서 중앙집권적 지방통치체제가 유지됨과 동시에 각 구획끼리 서로 경쟁하고 감시하는 체제가 유지된 데서 여러 군현의 구획을 넘어 연합하여 대규모 반란이나 반도들의 광역적 연합작전이 불가능하게 함으로써 왕조를 위협하거나 중앙정부를 타도하는 대반란 · 대반역 세력의 대두를 미연에 방지할 수 있었으므로 결국 왕조의 장기화를 가져오게 되었다.

둘째, 왕실 또는 중앙정권과는 달리 각 구획의 토성이민들은 읍사의 호장층을 세습하면서 邑權을 바탕으로 토착적 기반을 유지하였다. 재경세력이 끊임없이 정권쟁탈전을 벌이는 과정에서 신진대사가 되어 나가듯이, 토성이족들은 각기 읍사를 중심으로 읍권의 쟁탈전이 계속되는 과정에서 재경세력의 소장 못지않게 토성이족 사이에도 성별 · 가계별

소장이 있었다. 그러니 고려·조선시대 각 읍은 국가의 축소판과 같아 중앙정부와 읍사가 그 조직체계와 운용 면에 있어 비슷한 점이 많았다. 마치 고려시대 토성이족의 철저한 족내혼은 고려왕실혼의 전통을 모방했다는 전설을 음미해 볼 만하다. 즉, 고려의 중앙정부는 州牧 등 대읍을 통치하고 대읍은 다시 임내를 통할하였으며, 각 구획은 고려의 국토를 구성하는 요소인 동시에 국가라는 전국의 각 구획을 분할 통치하는 지역단위였다.

셋째, 그러한 국토의 지형과 지세에 걸맞은 토성과 군현제가 바탕이 된 통치체제가 이민족의 침략에 있어서는 외적의 효율적 방어와 국난극복에 원동력이 되었던 것이다. 즉, 각 군현 단위의 방어체제가 확립되어 있는 데다가 국가는 각 군현의 토성이민에게 충역과 공과에 따라 양면으로 상벌하였으니 각 토성이민들은 각자 기존 지배권의 유지와 권익신장을 위해서도 각 구획단위로 외적 방어에 최선을 다했던 것이다. 고려·조선 할 것 없이 전국이 주·부·군·현·진 등 개별적인 고을로 구획되어 각기 그 구역 내의 읍성·진성·산성을 중심으로 외적의 침입이 있을 때마다 공방전 또는 淸野入保戰을 전개하는 등 철저한 고을 단위의 지역방어체제를 취하였다. 고려의 지방군제나 조선 초기의 翼軍制와 鎭管체제도 기존의 군현제에 입각하여 운용되었다. 거란·여진·몽고 및 일본이 차례로 한국을 침략할 때마다 각 고을의 실질적인 지배세력인 '토성이민'(고려) 또는 재지사족(조선)이 각기 자기 고장을 자체 방어하는 지역단위 방어체제를 갖추고 있었기 때문에 효과적인 대응을 할 수 있었던 것이다.

15세기에 편찬된 『실지』와 『여지』 소재 주읍과 속현 및 폐현과 향·소·부곡 등은 고려 초기 이래 지방행정체계상에 있어서는 개별적인 행정구획인 동시에 성관상으로는 각기 본관이 됨과 함께 또한 읍사 조직의 단위였다. 양 지지에 의거 15세기에 파악되었던 전국의 군현과 속

〈표 1〉『여지』 소재 군현 기타 구역의 도별통계

구분 \ 도별	경 기	충 청	경 상	전 라	강 원	황 해	평 안	함 경	합 계
主邑數	39	54	66	57	26	24	42	22	330
屬縣數	5	7	44	2	12	-	-	2	72
廢縣數	18	13	19	65	8	5	2	11	141
部曲數	18	69	209	78	10	-	3	-	387
鄕數	11	21	32	50	3	7	6	-	130
所數	7	61	42	90	33	10	-	-	243
處數	14	9	2	3	3	4	-	-	35
莊數	4	2	1	-	1	1	-	-	9
驛數	54	71	158	60	82	31	39	54	549

현 · 폐현 및 향 · 소 · 부곡 · 처 · 장과 역을 8도별로 통계해 보면 〈표 1〉과 같다.

군현의 구획은 벌써 삼국시대 중국의 군현제를 수용하는 데서 비롯되었는데, 재래의 국 · 성 · 촌이 그대로 주 · 군 · 현으로 개편되는 경우도 있겠고, 수 개 이상의 성 또는 촌이 병합되어 하나의 고을이 되는 경우도 있으며 또 군현으로 개편된 뒤에 다시 인접지역을 통합하거나 촌 또는 향 · 부곡을 영유하기도 하였다. 역대의 왕경인 평양 · 공주 · 부여 · 경주 · 개성 등은 당초의 수도에서 부 · 주 · 군으로 개편되었던 것이며, 慶山縣은 그 전신이 古浦城 · 金城 · 亏谷城의 3성이 합쳐진 것이며, 淸道는 고려 태조의 후삼국통일 때, 烏岳縣 · 荊山縣 · 伊山城 · 茄山縣 · 烏ヨ山城을 합쳐서 군을 만든 것이다. 고려 인종 14년(1136) 서경의 구획 개편 때 평양부로부터 분리 독립한 中和 · 三登 · 江東 등 6현도 수 개 이상의 직촌과 향 · 부곡 등이 합쳐서 1개 현이 된 것이다. 군현구역의 첨삭과 여탈은 고려 초기 이래 왕실 또는 국가적인 입장에서는 다분히 상 · 벌적 의미를 지녔던 것이며 위 6현이 평양으로부터 분리 독립하게 된 것도 妙淸의 난을 평정한 다음 응징의 의도에서 나왔던 것이다.

고려 · 조선시대 군현 구역의 구조를 분석해 보면 읍치(치소 · 읍내 · 성내), 직촌 · 임내 및 越境地로 구분되며 고을의 당초 구성요소도 대체로 몇 개의 유형으로 나눌 수 있다. ① 신라시대의 9주 5소경처럼 하나의 읍치를 중심으로 주위의 여러 직촌과 임내로 구성되어 있는 대읍, ② 고래의 성 또는 촌이 몇 개 합쳐 하나의 군현이 된 경우, ③ 과거의 속현 또는 향 · 소 · 부곡 등이 바로 주현으로 승격되면서 부근의 임내를 이속시키는 경우, ④ 수 개 이상의 직촌이나 임내가 합쳐서 하나의 군현이 된 경우, 그리고 같은 고을이라 하더라도 읍격과 읍세에 따라 격차가 심했다. 한 고을이 주위의 임내를 많이 영유하는 데서 주나 부와 같은 대읍이 되고 그렇지 못한 곳은 소현 또는 임내로 존재하였다. 고려 성종 2년(983) 주 · 부 · 군 · 현의 규모를 거론하면서 1,000丁 이상의 대읍이 있는가 하면 100정 이하의 군현이 있으며 심지어는 30정 내지 20정의 소현도 있었는데 읍세에 따른 이러한 격차는 15세기 초에 편찬된 『실지』에도 동일하게 나타난다.

일찍이 고려 군현제 편성의 밑바닥을 파헤친 바 있는 旗田巍는 그의 「고려의 군현제와 중국의 군현제」란 논문에서 고려시대 군현제의 특징을 『고려사』 지리지 소재 西海道를 예로 하여 열거하면서 “중국식 개념으로 고려의 군현제도를 고찰하면 고려 군현제의 특색은 보지 못하게 된다. 고려에는 고려 독자적인 군현제도가 있었던 점에 주목하지 않으면 안 된다.”고 하였다. 그가 열거한 고려 군현제의 특징에 필자의 의견을 다시 부연하여 정리해 보면 다음과 같다.

㉠ 『고려사』 지리지에는 5도 양계별로 각기 관내의 경 · 주 · 부 · 군 · 현 또는 진과 속군현의 총수를 기재하였다. 여기서는 주부군현이란 읍격의 고하와 주읍 · 속현(군)을 막론하고 모든 군현이 병렬적으로 계산되고 있다. 만약 이들 군현이 행정구획이며, 상급행정구획 아래 몇 개의

하급행정구획으로 구분되는 것이라면 그렇게 계산될 수 없다. 이들 군현은 보통의 행정구획이 아니라 각각 독자의 구역, 혹은 관아류로밖에 볼 수 없다. 또한 군현의 서열에 있어 군 밑에 속군 · 속현이 있고 현 밑에 속현이 있다. 또 읍명이 주라고 하면서 군 혹은 현으로 취급되는 것이 있다. 이러한 현상은 중국식 군현제의 상식으로서는 분간할 수가 없다.

㉡ 고려 현종 9년(1018)의 통계에 의하면 전국 군현 500여 가운데 외관(수령)이 없는 속군현이 364개나 되었다. 물론 고려왕조의 진전에 따라 임내의 주읍화가 계속되었지만 여말까지도 수령이 설치되지 않은 속현이 161개나 남아 있었다. 이처럼 외관이 주재하지 않는 군현이 다수를 차지하는 것은 중국식 군현에서는 생각할 수 없는 일이다.

㉢ 중국의 군현구획은 대체로 인구의 과다와 면적의 광협을 기준으로 하여 읍격이 정해지는 데 반해 고려는 그렇지 않은 경우가 많았다. 성종 2년 주 · 부 · 군 · 현의 규모를 거론하면서 1,000정 이상의 주 · 부가 있는가 하면 100 또는 200정의 군이 있으며 심지어는 20 내지 30정의 소현도 다수 있는 등 읍세에 있어 격차가 너무 심한 것도 고려 군현제의 한 특징이었다.

㉣ 고려 후기 蒙寇와 왜구 같은 외침을 당했을 때 서북의 내륙지방의 군현과 동남의 연해도서지방의 군현이 한때 피난의 수단으로 이동하는 경우가 있었다. 본읍에서 다른 곳으로 이동했을 경우에는 '僑寓'라 불렀다. 더구나 군현의 이동 시에는 주읍과 같이 속현도 부수하여 이동했다. 이러한 이동은 마치 망명정부처럼, 군현을 행정구획으로 보면 이해하기 어렵다. 군현의 단위를 지역보다는 하나의 인간집단으로 보면 이해할 수 있다.

㉤ 고려의 군현 편성은 수도를 중심으로 주 · 부 · 군 · 현 · 진과 촌 또는 향 · 소 · 부곡 · 처 · 장 등으로 구획되어 그 구역이 주읍이나 임내로

존속하는 한 각기 토성이민이 존재하였다. 이러한 지역적인 구획과 그 토착세력은 각기 그 형세에 있어서 대소 · 강약의 차가 있었다. 한 군현이 주위의 임내를 많이 흡수함으로써 주나 부와 같은 대읍이 되고 그렇지 못한 곳은 소현 또는 임내로 존재하였다. 고려시대에는 일반 군현 외에 무수한 향 · 소 · 부곡 · 처 · 장 등이 있으며 그 주민은 군현민보다 신분이 열악한 상태에 있었다. 이것은 중국의 군현제에 있어서의 군현 하부행정구역인 鄕 · 里와는 성질이 다른 존재였다.

ⓑ 주부가 군현으로, 군현이 부곡으로, 주현이 속현으로 격하되는 경우가 있는가 하면 반대로 군현에서 주부로, 속현에서 주현으로, 향소부곡이 속현으로 승격되는 일도 있었다. 이들의 읍격 승강은 인구의 증감이나 정치적 · 경제적 역할의 변화 등에 바탕을 둔 것이 아니라, 그 지역에 거주하는 주민들의 공과에 대한 보상과 처벌의 결과로 행해졌다. 그러한 읍격의 승강은 거기에 사는 주민의 신분에 변화를 주었다.

ⓢ 특수한 행정구역으로 越境地(飛地)와 犬牙相入地(斗入地)가 광범하게 존재하였다. 월경지는 군현 구역의 하나로 소속읍의 경내에 있거나 접경하여 존재한 것이 아니라, 중간에 개재하는 타읍의 영역을 넘어서 따로 위치하면서 소재읍의 지배를 받지 않고 격리한 소속읍의 지배를 받는다. 견아상입지란 군현의 경계가 마치 犬牙가 상하로 相錯한 것이나 북두칠성의 모양처럼 한 군현의 영역이 타읍의 영내에 깊숙이 침입한 구역이란 뜻이다. 이러한 구역은 행정상의 편의에서 본다면 매우 불합리한 구획이었으나 고려시대에는 이러한 곳이 전국 도처에 있었다.

ⓞ 군현과 향소부곡에는 각 구획마다 향리나 長吏가 각기 '읍사'를 근거로 鄕役 또는 長役을 세습하면서 지방행정실무를 장악하고 있었다. 외관이 파견되기 전에는 이들 이족이 실질적인 군읍의 지배자였던 것이며 외관이 설치된 뒤에도 지방행정의 실무는 그들의 장악하에 있었는데, 이러한 현상은 중국에서는 없었다.

ⓩ 고려의 수취체제는 정확히 파악된 인구와 전결의 수에 기준하여 부과되기보다는 군현이 국가에 대한 부담의 단위였다. 그러한 부담으로서는 조세·역역·공부의 세 가지가 중요한 것이었으나, 특히 공부의 비중이 컸다. 그 공부는 군이나 현이 국가에 공납하는 책임을 가졌다. 이것은 개인 단위의 부담이 아니라, 군현 단위의 부담이었다. 따라서 대읍은 대체로 중소군현에 비하여 주민의 부담이 가벼웠던 것이다.[8)]

4. 중세 사회 지배세력과 土姓

한국사의 전개과정에서 국가체제가 갖추어지면서 피지배층인 일반 민중과는 구별되는 지배세력이 등장하였다. 가령 고대국가의 왕실과 귀족, 나말려초의 6두품과 호족을 비롯하여 고려 전기의 문벌귀족, 후기의 무신과 신흥사대부의 등장과 변화 및 여말선초에 걸쳐서 전개되는 사족과 이족의 분화과정 및 조선 후기 중인층의 성장 등에 관한 규명은 그 시대의 정치적·사회적 성격을 이해하여 역사의 큰 흐름을 파악하는 데 핵심적인 문제이다.

필자는 이러한 고려시대 각 시기의 지배세력이 어떠한 시대적 배경과 사회적 환경에서 형성되었으며, 그것이 시대의 진전에 따라 어떻게 변화·소장해 갔는가 하는 문제를 『실지』 소재 각 읍의 '토성'을 비롯한 성씨조를 대상으로 하여 연구를 진행해 왔다.

군현 토성의 구성요소는 '읍치(내)'의 지배성단인 '인리성'과 촌락지배성인 '백성성'이었다. 이들 성씨의 수장은 후삼국시대의 성주·장군·촌주 등의 직함을 지니면서 지방세력을 대표하던 이른바 호족이었

---

8) 이수건, 『朝鮮時代地方行政史』(民音社, 1989).

던 것이며, 고려의 개국과 통일에 적극 참여함으로써 각 출신지 또는 거주지별로 군현 토성이 되어 갔다. 그 결과 고려 전기에 진출한 귀족과 고급관인을 성관별로 분석해 보면 소수의 중국 · 발해계 귀화인을 제외하면 그 나머지는 모두 군현 토성 출신이었다. 이들 호족은 왕건과의 연결과정에서 개국관료와 삼한공신이 되면서 각기 성관을 분정 또는 하사받기도 하였다. 이렇게 형성된 각 읍 토성들은 혹은 본관을 떠나 상경종사함으로써 재경관인이 되었고, 그대로 토착하던 토성은 '읍사'를 중심으로 상급 향리층을 구성하여 군현을 지배하였다.

고려 전기 문벌귀족으로 성장한 토성의 시조는 삼한공신이거나 호장층이 주류를 이루고 있다. 그러한 사실은 결국 어떤 의미를 지녔을까? 신라의 멸망과 동시에 골품제도는 사실상 소멸되었다. 그런데 신라를 흡수하여 반도를 재통일한 고려왕조는 엄격한 신분제 사회를 통치의 바탕으로 한 이상 무엇인가 새 왕조를 담당해 나갈 지배신분을 판별할 기준이 있어야 했다. 후삼국시대의 격심한 사회적 변동에 따라 신분제의 재편성 과정에서 신라의 골품제를 대신할 새로운 지배층이 형성되기 마련이었다. 그것이 당대의 실질적인 지배세력을 대표했던 전국의 호족을 각 출신지별로 당시의 역관계를 고려하여 지역적인 재편성을 단행한 『실지』 소재 군현 토성으로 나타났다. 고려의 개국과 후삼국 통합과정에서 왕건에게 귀순 · 협력한 호족은 새로운 귀족과 관료가 되었고, 거역하고 반역한 부류들은 끝내 도태되거나 천민으로 전락했다. 그래서 전자는 마침내 '태조공신'이란 범주에 포괄되어 새 왕조를 담당할 새로운 지배세력으로 확정되어 갔는데, 2,000여 명 내지 3,200명이란 그 숫자가 말해 주듯이 이는 당시 왕건에게 협력하고 귀순한 재경 · 재지세력을 총망라한 공신 수라 하겠다.

고려 초기에 진출한 군현 토성들은 고급관직은 물론 외척을 비롯하여 관인의 최고영예인 종묘배향공신(禘祫功臣)이나 문신들의 선망의 대상인 지공거 등 국가의 중요 지배기구를 거의 독점하다시피 하였다. 심지어는 고려 일대를 대표했던 고승들도 군현 토성 출신이 주류를 이루고 있었다. 한편 재지토성은 각기 그 본관의 읍사를 중심으로 향리의 상층부를 세습적으로 독점하다시피 하였다. 이들 호장층은 벌써 여초부터 '州里豪家'·'鄕閭冠族'으로 표현되었고, 인리·백성층을 의미하는 '토성이민'은 15세기 각 읍의 재지세력을 지칭하던 용어로 사용되기도 하였다.

태조 왕건의 군현 토성 책정은 일차적으로 반도 통일 후 논공행상을 겸한 신분제의 재편성이란 의도도 작용했지만, 다른 한편에서는 효율적인 지방통치체제의 재편성에 기본취지가 있었던 것이다. 즉, 신라의 군현제도를 그 바탕으로 하고 후삼국시대 각 지역 호족과의 역관계를 고려하면서 주민 안집과 징세·조역 등 농민지배를 효과적으로 하려는 데에 일차적인 의도가 있었다고 볼 수 있다. 고려왕조의 집권화는 지방호족을 흡수하고 그들의 군현지배권을 수렴하는 과정에서 점차적으로 확립되어 갔다. 토성은 그 사회적 진출에 따라 재경관인과 재지세력으로 나누어졌고, 재지토성이 계속 상경종사하는 과정에서 관인 자원을 공급해 갔던 것이다. 광종조의 과거제 실시와 성종조의 지방교육 장려책으로 인해 군현토성 자제의 관인화를 적극 추진하는 한편, 중앙정부와 지방군현 사이에 사심관과 기인제도를 이용하여 재지세력을 조종했던 것이다. 또 기성세력인 재경관인들이 고려왕조의 진전에 따라 끊임없는 권력투쟁의 와중에서 부침해 나갈 때 지배세력에 신진세력을 공급해 주던 자원은 바로 각기 읍사를 중심으로 군현을 지배하고 있던 토성이족이었다.

재지토성의 진출기반은 강력한 씨족적 유대와 공고한 경제적 기반 및 학문적·행정적 소양의 바탕 위에서 출발하였다. 광종조 이후에 새로 진출한 토성들은 대개 군현 호장층의 자제였다. 그들은 향공·상경유

〈표 2〉 고려시대 군현 토성의 시기별 진출(고급관료) 상황

시기 \ 지역	경기	충청	황해	강원	경상	전라	양계	합계
屬縣 이상 郡縣土姓數(亡姓 포함)	364	355	177	181	512	536	156	2,281
고려 전기에 진출한 土姓數	34	21	21	8	27	27	4	142
武臣執權期에 새로 진출한 土姓數	15	14	6	5	17	19	8	84
元干涉時期와 麗末에 새로 진출한 土姓數	16	22	9	12	63	28	12	162
고려시대에 진출한 全土姓數	65	57	36	25	107	74	24	388

학 · 기인 · 상경시위 · 선군 · 赴戰 등의 수단을 통하여 당시의 3대출사로인 문 · 무 · 리(문음)의 세 계열로 진출하였다. 이러한 군현 토성들의 고급관료로의 진출과정을 시기별 · 지역별로 구분하면 〈표 2〉와 같다.

〈표 2〉 소재 전체 군현 토성(망성 포함) 수에 비하면 고려시대에 사족으로 성장한 토성 수는 소수에 불과하였다. 그러나 시기가 내려올수록 지방토성의 진출이 활발하여 지배세력의 저변확대를 가져왔다. 이러한 추세는 고려 후기 급격한 사회변동으로 인해 집권세력이 문벌귀족에서 무신 내지 신흥사대부로, 근기지방의 토성에서 삼남지방의 토성으로, 대읍 토성에서 중소군현 토성으로 확산되어 갔다. 빈번한 정변과 기성관인들의 정권쟁탈전은 끊임없이 세력교체를 초래하였고, 그러한 와중에서 지배세력의 신진대사가 활발하여 신진세력은 항상 지방의 군현 토성에서 공급되었다.

고려 초기부터 각 군현마다 읍사를 중심으로 반근착절되어 있던 토성은 상경종사 · 유리 · 소멸 등의 과정을 밟아 지역적 이동과 신분적 분화를 계속했던 것이다. 그 결과 기존토성의 유망에서 '亡姓'이 생기고 북경개척에 따른 사민입거에서 '入鎭姓'이 생겼는가 하면, 지역적인 이동에서 '京來姓' · '來姓' · '入姓' 등이 발생했던 것이며, 특히 여말선초 열읍간의 향리조정책에 의하여 '續姓'이 대량 발생했던 것이다. 토성을

〈표 3〉 거족 및 인물 성관의 도별 분포

구분 \ 도별	경기	충청	황해	강원	경상	전라	평안	함경	합계
慵齋叢話 소재 鉅族姓貫數	18	9	6 (1)	3	26	9 (1)	 (2)		71 (4)
『實地』人物條 소재 人物姓貫數	10	5	3	3	21	13	1	3	59
『輿地』人物條 소재 人物姓貫數	43	40 (3)	30 (3)	23 (2)	97 (1)	73 (4)	1 (15)	6 (1)	313 (29)

제외한 다른 성종은 귀화성을 제하면 모두 토성에서 분화된 것이며, 15세기 초라는 시기를 기준하여 볼 때 이른바 '鉅族'이나 신흥사족 및 상급 향리층을 막론하고 그들의 출신 뿌리는 각기 군현 토성에서 나왔던 것이다. 따라서 상경종사하는 재경관인과 토성품관 · 유향품관을 중심한 京在所와 留鄕所의 구성주체, 上計吏 · 京邸吏 · 營吏 · 邑吏를 공급하였던 향리의 주체들도 역시 군현 토성에서 나왔던 것이다. 조선 성종조의 成俔은 그의 『慵齋叢話』에서

> 우리나라 鉅族은 모두 州郡土姓으로부터 나왔다. 이러한 토성거족들은 과거와 현재에 걸쳐 족세에 성쇠가 있었다. 이를 열거하면 다음과 같다.

하면서 75개 성관을 예시한 바 있다. 이를 『실지』와 『여지』 소재 각 읍의 인물조와 함께 각 도별로 통계해 보면 위의 〈표 3〉과 같다.

〈표 3〉 소재 75개 거족 가운데 非土姓은 4개 성관에 불과하고 나머지는 모두 군현토성이었다. 15세기 양대 지지 소재 인물의 성관 가운데 대동강에서 원산만을 잇는 이북지방은 원래 토성이 없기 때문에 비토성이 많았던 것이며, 토성이 있던 곳은 中和 · 祥原 · 安邊 · 永興 등지에 한하였다. 성종조의 李克培도 유향소 복립 문제에 대해 언급하면서

> 주·부·군·현에는 각기 토성이 있는데 그 중에 재경종사자를 경재소라 부르며, 경재소는 그 소관 군현의 居鄕士族 가운데 剛明한 품관을 선발하여 유향소 유사로 삼는다.

라 한 바와 같이 15세기 당시 각 읍의 경재소와 유향소의 조직은 대개 해읍 토성 출신으로 구성되었던 것이다.

이상과 같이 고려 초기 이래 15세기까지 중앙의 역대 지배세력만이 군현토성이었던 게 아니라, 지방의 각 읍사를 구성하여 지방행정을 장악하면서 징세·조역을 직접 담당했던 향리집단도 각 읍 토성이 주체가 되었던 것이다. 사실 『실지』 소재 각 읍 성씨는 고려조 이래 그 읍사를 구성하였던 향리의 성씨를 대상으로 기재했을 것이라는 인상을 준다. 필자가 그동안 토성문제를 연구하면서 고려 초기 이래 15세기까지 각종 금석분과 문헌자료에서 노출되는 군현향리의 성관을 『실지』의 해읍 성씨조와 일일이 대조해 본 결과 그렇게 결론짓게 되었다. 다음의 〈표 4〉가 위의 사실을 뒷받침해 주는 예들이다.

상기 표는 몇 개의 군현토성을 예시한 데 불과하지만, 『실지』 소재 각 읍의 토성 가운데 아주 僻姓이라고 생각되는 것을 『大東韻府群玉』에 의거 예시하면 〈표 5〉와 같다.

〈표 4〉와 〈표 5〉를 통하여 『실지』 소재 각 읍 성씨는 그 구역의 읍사를 구성하였던 이족성이었음을 알 수 있다. 향리는 군현 유지의 3대요소인 구역·주민과 함께 필수불가결한 존재였다. 군현의 치폐와 개편에는 호구·전결 수가 문제되듯이, 군현의 유지에는 일정한 향리자원이 확보되어야 했다. 한번 확보된 향리가 오랜 시일을 두고 변동 없이 그대로 지속될 수는 없었다. 즉, 향리의 공급원인 토성은 시대의 진전에 따라 성관별 또는 족파별로 성쇠소장이 있기 마련이다. 이러한 토성의 이동과 분화가 있는가 하면 그 내부구조에 있어서도 끊임없는 분화가 진행

〈표 4〉『실지』 소재 토성과 該邑 향리성의 관계

郡縣名	『實地』 소재 土姓	該邑鄕吏로 나타나는 姓氏	典　　據
慶州府	朴·昔·金(天降姓), 李·崔·鄭·孫·裵·薛(土姓)	朴·金·李·崔·鄭·孫·裵	慶州府戶長先生案
安東府	權·金·姜·曺·張·高·李·趙(村姓)	權·金·張·姜·曺·李·高·趙	金得雨戶口單子, 安東權氏族譜, 永嘉誌, 安東鄕孫錄
豊山縣(安東府屬縣)	金·林·柳·洪·康	金·林·柳·洪·康	永慕錄(柳成龍 편), 豊山柳氏族譜草, 豊山金·洪氏族譜
若木縣(仁同屬縣)	李·柳·韓·金(村姓)	李·柳·金	淨兜寺石塔造成記(顯宗 22년: 1031)
醴泉郡	林·尹·權(昕)·黃·邦(村姓)	林·尹·權·黃·邦	開心寺石塔記(顯宗 元年: 1010), 醴泉邑誌, 醴泉權·林氏族譜
居昌縣	劉·丁·章·愼·朱	劉·章·愼·朱	掾曹龜鑑, 居昌邑誌
楊州牧	韓·趙·閔·申	韓·趙·申	世宗實錄, 楊州趙氏族譜
淸州牧	韓·李·金·郭·孫·慶·宋·高·俊·楊·鄭·東方	韓·金·孫·慶·郭·鄭·李	龍頭寺幢竿記(光宗 13년), 韓國金石文追補 p. 72, 太祖實錄, 忠淸道營吏案(1580년경)
羅州牧	金·羅·吳·鄭·陳·孫·南·朴·柳	金·羅·鄭·陳·朴·吳·曺(屬縣土姓)	錦城日記(世宗 6년 立案), 圓鑑錄, 掾曹龜鑑
押海縣(羅州屬縣)	朴·朱·丁·江·南	朴·朱·丁·江	押海丁氏述先錄, 押海丁氏族譜
江陵府	金·崔·朴·郭·咸·王	金·崔·朴·郭·咸	江陵金氏·崔氏·咸氏族譜
昌寧縣	曺·成·河·張·鄭	曺·成·河·張·鄭	昌寧曺·成氏族譜
宜寧縣	南·沈·余·玉	南·沈·余·玉	麗末戶口單子, 南·余·玉氏 족보

〈표 5〉『大東韻府群玉』 소재 僻姓들의 향리 관계 자료

邑 名	姓種	姓氏	『大東韻府群玉』 기재내용
孝令縣	土姓	司空氏	'今則皆是縣吏村民無顯者'
淳昌郡	〃	邕氏	'淳昌郡吏之姓'
濟州牧	〃	夫氏	'州吏及村民 多有夫姓'
八莒縣	〃	都氏	'中爲八莒縣吏'
聞慶縣	〃	錢氏	'縣吏村民之姓'
宜寧縣	〃	玉氏	'倉正 玉恩宗之後'
谷山郡	亡姓	拓氏	'拓俊京谷州人, 其先本州吏'
尙州牧	土姓	周氏	'其先本州吏, 間有脫吏籍爲士族者'
平海郡	〃	丘氏	'其先郡吏也'
昌原府	〃	甘氏	'本府吏之姓'
堤川縣	〃	智氏	'本吏姓'
潭陽府	〃	鞠氏	'本府吏之姓'
海平縣	〃	吉氏	'其先縣吏也'
白川府	續姓	扈氏	扈哲(正朝戶長)

되었던 것이다. 상경종사하여 귀족과 관료로 성장한 토성이 있는가 하면 재지이족이 있었고, 그들은 또한 사회적 변동과 계층분화에 따라 양인 또는 천민으로 전락되기도 하였다.

고려시대 군현의 재지세력을 대표했던 계층은 호장층이었다. 군현의 호장 정원과 『실지』 소재 각 읍 토성 수는 거의 일치하고 있다. 따라서 토성의 주체는 호장층이며, 이는 동시에 고려 성종 이래 여말까지 지방에서 중앙으로 진출하는 관인을 산출시키는 공급원의 역할을 했던 것이다. 마치 서울의 집권세력이 그 권세를 계속 유지하려면 고관요직을 놓치지 않고 부지해 나가는 데서 가문의 영광을 지킬 수 있는 것과 같이, 재지이족은 호장층의 확보 여부가 그들의 세력 소장에 직결되었다. 그러므로 군현 이족에서 상경종사하는 계층은 대개 호장층의 자제였고 후대에 대성명문으로 성장한 성씨의 시조 가운데는 호장이 많았던 것이

다. 고려시대에 상경종사하였던 재지세력의 진출 발판은 그 읍사를 영도하였던 호장층이었던 동시에 그것이 그들의 세력기반의 입각점이기도 했다.

12세기 후반 무신집권을 계기로 한 급격한 사회변동은 군현 토성의 대규모적 이동을 초래하였다. 그 결과 군현 토성 이외의 촌성, 향·소·부곡성과 내성·속성 등 비토성 출신의 관인이 점차 증가해 갔는데, 이러한 추세는 원의 간섭시기와 여말의 혼란기를 겪으면서 더욱 촉진되었다. 이와 함께 고려왕조의 집권화 과정에서 향리의 지위와 권한은 계속 저하되고 축소되어 갔으며 후기에 올수록 향리에 부과되는 향역이 과중해지자 토성향리의 유망이 보편화하였다. 유망한 향리자원을 보충하고 열읍 간에 향리수량을 조정하는 과정에서 비토성 향리가 계속 증가하고 있었다.[9)]

중세지배세력의 공급원인 전국의 군현토성들이 10세기 중반 이래 재경세력과 토착이족으로 분화, 京과 鄕에서 나란히 존재하면서 양자는 "鄕邑世吏는 조정의 世臣과 다를 바 없다."고 하면서 서로 협조체제를 유지하였다. 우리는 正史에 나타나는 이른바 명문·거족과 고관요직자를 대상으로 소수특권층이 일국의 정권을 배타적으로 독점한 양 인식하지만, 실제 고려와 조선 사회는 중앙과 지방 또는 각 신분·계층별로 권력의 안배와 재부의 분배가 어느 정도 균형을 유지하고 있었다. 中·外 관청마다 官과 吏란 사족(양반)과 중인, 고을마다 吏廳과 鄕廳, 씨족·문중을 단위로 한 재지사족이 서로 균형과 견제관계를 유지하고 있는 데서 전통적인 지배세력인 士族 외에 제3계급의 정권참여는 불가능했기 때문에 왕조의 장기화를 가져옴과 동시에 사족지배의 장기지속성이 유지되었다고 본다.

---

9) 이수건, 앞에 든 『한국중세사회사연구』, pp. 2~9.

5. 가계기록 및 성관자료의 연변과 족보

우리나라에서는 성씨 관련 자료가 고려 초기부터 단편적으로 나타나지만, 한자 성씨의 종주국이라 할 수 있는 중국에서는 司馬遷 부자가 재래의 世本과 周譜를 근거로 하여 『史記』를 편찬한 데서 성씨의 소유래를 알게 되었다. 『사기』는 그 본기 · 세가 · 열전 등에서 등장인물의 계보적 서술이 상세하였고, 그것을 모방한 후대의 역대 正史들은 『사기』의 그러한 서술태도를 견지하였다. 특히, 『漢書』의 「古今人表」, 『魏書』의 「官氏志」, 『新唐書』의 「宗室 · 宰相世系表」 등은 각기 당대 관련 인사들의 성씨 · 관향 유래와 이민족의 漢姓化 및 종실 · 재상 가문의 계보적 서술을 하였다. 후한 말부터 문벌 사회가 성립되고 곧 이어 九品中正法이 실시되자 군현성씨의 家格 等第가 필요하게 되었다. 그 뒤 위진남북조와 수당시대를 경과하면서 신분제의 재편성과 이민족의 漢化에서 성씨의 개편이 수반되었다. 그 결과 각종 보첩류가 쏟아져 나오게 되었고, 『隋書』 경적지의 보계편과 『구당서』 · 『신당서』의 예문지 보첩류편에는 이른바 후위의 '方司格', 당의 『씨족지』를 비롯하여 각종 족보 · 가보류가 실렸다.

중국의 세본과 같은 제왕의 계보는 우리나라의 경우, 삼국시대 고구려 · 백제 · 신라가 각기 국사를 편찬할 때 작성되었다고 짐작되며, 신라 말기 崔致遠에 의하여 『帝王年代曆』으로도 나타났다. 그것은 다시 『삼국사기』 본기와 연표 및 『삼국유사』의 '왕력' 조에서 삼국 내지 가락국의 왕실계보로 체계화되었다. 신라와 후삼국시대의 인물 성씨를 기재한 자료는 正史의 열전과 비문이 있다. 최치원 · 崔彦撝 등 6두품 출신 문사들에 의한 승려들의 비문에는 유교적인 모화사상으로 인해 우리의 성씨가 주로 중국에서 유래하였다는 사실을 강조하였다.

1152년(의종 6)에 작성된 金義元의 묘지에 "옛날에는 족보가 없어 조상의 이름을 모두 잃었다."고 한 바와 같이 고려 초기만 하더라도 私家의 가계기록인 보첩과 같은 것은 없었다. 문종조 이래 고려의 문벌귀족사회가 발전함에 따라 氏族 · 家譜 · 家牒 · 世譜 · 族譜 등의 용어는 있어왔지만, 그러한 보첩류는 15세기에 비로소 나타나는 조선시대의 족보와는 성질이 달랐다. 중국에서 구품중정법 실시와 군현성의 성립에 따라 벼슬과 혼인에 인물과 家格을 결정하는 보첩류가 쏟아져 나왔듯이, 고려에서도 문음을 받기 위한 조상의 내외세계가 기재된 世系圖 · 族圖 · 政案 등이 작성되었고, 지방의 각 읍사에는 향리의 명부인 吏案(壇案)이 비치되어 향리의 선임과 승진, 鄕貢과 其人의 선발 등에 활용했던 것인데, 거기에는 각 읍 향리의 세계와 족파를 구체적으로 파악할 수 있는 문서로서 그들의 내외 세계와 가격의 고하 및 개별적인 인적 사항이 기재되었다. 이는 조선시대 각 읍별로 향내 사족을 망라한 鄕案이 유향소나 향교에 비치되었던 사실과 비교된다. 『실지』 소재 성씨 관계 자료인 '고적'은 바로 고려 초기 이래 당시까지 중앙과 지방에 전래되고 있던 성관 관계 문서였던 것이다.

성씨에 관한 가장 구체적인 최초의 자료는 『실지』를 비롯한 『경지』와 『여지』의 성씨조이다. 세 지리지의 성씨조는 그 기재양식이 약간씩 상이하여 상호 보완적인 관계에 있으나 『실지』가 가장 상세하다. 각 읍 성씨 가운데 전자에 누락된 것이 후자에 기재되었는가 하면 그 반대인 경우도 있으며, 성종 표기에도 상이한 점이 있다. 『경지』에는 『실지』에 있는 인리성 · 백성성 · 속성 등이 없고 그 기재형태가 고졸하여 세련되지 못한 느낌을 준다. 이에 반해 후자는 당대 최고의 문사들을 동원하여 고려시대부터 전래된 고적과 『실지』를 비롯한 팔도지리지 및 『周官六翼』 등을 참고하여 종합 정리하여 각 읍 성씨의 내부구조와 그 변화과정을 체계화했던 것이다.

성종조에 편찬된 『여지』 성씨조에는 『실지』 소재 토성·차성·인리성·차리성·백성성·입주후성·입현후성 등의 용어가 없어지고, 단지 본관을 본읍과 임내로 구분, 기재하였고, 특히 망성을 토성과 구분하지 않고 병기하였다. 그 편찬자의 주해처럼 이 지리지의 성씨조는 『주관육익』·『실지』·『慶尙·全羅觀風案』에 의거 편찬했던 것이며, 移來한 성씨에 대해서는 본관을 細字로 주기하되 본관을 모를 때는 성자 밑에 '來'·'續'·'屬' 자를 주기하였다. 이런 특징을 가지게 된 배경은 무엇보다 시대의 진전에 따라 성씨관념의 변화에 기인한 것이며 『실지』 소재 성씨의 대종을 이루었던 '토성'이라는 용어를 쓰지 않은 것은, 당시 양반사족의 본관이 거주지와 분리되는 현상이 일반화되면서 종래 토착적 의미의 토성은 무의미해지고, 그 대신 성의 출자와 地望 내지 문벌을 추상적으로 의미하는 본관만이 문제되었기 때문이다. 이처럼 『여지』 성씨조는 그 기재내용이 『실지』에 비하여 훨씬 후퇴하였다고 볼 수 있시만, 다른 한편에서는 인물조와 고적조를 대폭 강화하여 그 본관 출신의 인물과 각 성의 본관을 기재함으로써 후대 읍지와 족보 및 『증보문헌비고』 씨족조에서 인용할 수 있는 자료를 제공해 주었다. 최초의 성씨 관계 단행본이라고 사료되는 『海東姓氏錄』은 1467년(세조 13) 왕명을 받은 梁誠之에 의하여 찬진되었으나 현존하지 않아 그 내용은 알 수 없지만, 당의 『씨족지』·『성씨록』을 모방하여 우리의 성씨를 각 군현별로 정리하였을 것이라고 짐작된다.

私家의 족보편찬에 앞서 조선왕조의 왕실에서는 1412년(태종 12)에 『璿源錄』·『宗親錄』·『類附錄』이 작성되었는데, 이는 태종이 서얼차대법을 제정하고 난 다음 왕실에서도 적서를 명확히 구분하여 명분을 바로잡겠다는 의도에서 나왔다. 이로부터 왕실에서는 『國朝譜牒』·『當代璿源錄』·『列聖八高祖圖』 등을 宗簿寺에서 편찬·비치하고, 敦寧府에서는 외척과 駙馬를 대상으로 한 敦寧譜牒을 편찬하였는가 하면, 忠勳

府와 忠翊府에서는 각기 역대공신과 원종공신들의 족보를 작성 · 비치하였다. 왕실과 관부의 이러한 보첩편찬은 사가의 족보편찬에 하나의 촉진제가 되었다.[10)]

한국의 족보는 그 편찬체제상 크게 세 시기로 나눌 수 있다. 즉, 15세기 전반 이전의 보첩류와 한국족보사상 최초로 편간 반포된 『安東權氏成化譜』(1476)를 비롯한 조선 전기 족보 및 17세기 후반 이후의 조선 후기 족보가 바로 그것이다. 이러한 족보의 시기별 구분은 성리학의 심화에 따른 예학의 발달과 성관관념, 친족 가족 및 상속제도의 변화와도 대체로 궤도를 같이하였다. 이를 시기별로 살펴보고자 한다.

1) 15세기 중반 이전의 가계기록과 성관자료

고려시대는 종실 · 귀족 · 공신과 고급관인의 내외자손에 대해서는 內外祖蔭 또는 문음을 승계하는 길이 누대에 걸쳐 지속될 수 있었다. 본인의 4조(부 · 조 · 증조 · 외조)는 물론, 종실과 각종 공신들의 내외손에게는 '內玄孫之玄孫之孫'과 '外玄孫之玄孫之子'에까지 承蔭의 길이 열려 있었으니 그러한 내외(부모) 세계를 증빙하는 이른바 '氏族' · 世系圖 · 族圖 또는 家牒類가 일찍이 작성, 비치되었던 것이다. 따라서 應試 · 出仕 · 承蔭上 필요에서 '八祖戶口(父의 內 · 外鄉, 母의 內 · 外鄉, 妻의 內 · 外鄉, 祖의 外鄉, 曾祖의 外鄉)' 또는 '八高祖圖'와 같은 형식의 세계도 · 가첩류가 작성되었던 것이며, 그것은 입학 · 응시 · 初入仕에서 제출하는 '氏族' 또는 관인의 이력서인 '政案' 기재의 자료로 활용되었던 것이다. 그러한 보첩류는 『안동권씨성화보』와는 판이하여 同高祖의 五

---

10) 이수건, 「한국의 姓氏(貫)와 族譜研究 — 押海丁氏를 중심으로 —」(『羅州丁氏先系研究』, 2002).

服 범위 내지 부 · 모 · 처 삼족(부 · 모 · 처계의 각 4조)과 본인을 중심한 승음의 한도 내에서 주로 내외양계 조상의 단선적 직계 세계를 대상으로 하였고 횡적 연계인 旁祖 · 旁孫의 족파는 제외되었던 것이다. 즉, 부계와 함께 모계 · 조모계 · 증조모계와 그들의 외조모계 및 처의 내외계 등을 중심으로 추적, 계보화한 것으로 본인을 기준, 종적인 조상세계를 계보화한 것이 世系圖이며, 횡적인 자녀 및 내외손의 派系를 정리한 것이 족도였다. 이는 어디까지나 본인의 혈통 유래를 추적하는 동시에 또한 당시 子女均分相續制와 관련한 內外祖業의 재산 상속 범위와도 대체로 일치하며, 사심관 내지 경재소 임원의 참여 범위와도 직접 관련이 있었던 것이다.

군현 토성에서 상경종사한 사족에게는 성과 본관, 내외세계, 이력 등이 기재된 씨족 또는 정안이 비치되어 출사와 전주에 참고했듯이, 각 군현의 읍사에는 향리의 명부인 吏案(壇案)이 비치되어 향리직과의 선임과 승진, 향공과 기인선발 등에 활용했던 것이며, 그것은 중앙에 비치한 각 읍의 씨족 관계 자료와 대응해서 존재했을 것이라 짐작된다. 그러한 중외의 성관 관계 자료가 뒷날 『실지』 성씨조의 저본이 되었다고 본다. 특히 각 읍사에 비치된 이안은 조선시대 각 군현마다 재지사족의 명부인 향안이 유향소나 향교에 비치되었던 사실과 비교된다. 이러한 읍사 소장의 이안과 이족 세계도가 원형대로 현존하는 것은 없지만 여말선초의 호구단자 또는 호적 관계 단간에서 그 편린을 엿볼 수 있다.

고려 고종 24년(1237)에 작성된 '驪州李氏准戶口'를 비롯한 金璉准戶口(光山金氏, 1301), 金得雨戶口單子(安東金氏, 1391) · 金洊世系圖(義城金氏, 1390), 國寶戶籍(1390~1391, 和寧府 및 開京戶籍文書), 金叔滋譜圖(善山金氏, 15세기 중엽, 「彝尊錄」 소재) 및 「押海丁氏世系」(여말, 『押海丁氏述先錄』 소재) 蔚珍張氏戶口單子(1415, 『울진장씨족보』 소재) 등에서 각기 해당 읍 토성이족들의 내외세계와 직역 · 혼인관계

및 이족의 사족화과정을 엿볼 수 있다. 그러한 자료들을 열거해 보면 다음과 같다. 고려 후기 내지 여말선초에 작성된 이러한 호구(준호구)·세계도·족도·이안 등이 조선 전기 충실한 족보를 편간하는 데 선대세계와 족파를 제공해 주었다.

① 金璉의 准戶口

본 문서는 고문서 형태의 사본과 사본의 세계 및 활판의 족보에 실려 있으며 내용은 거의 같다. 김련을 호주로 한 기본호와 김진을 호주로 하는 推尋戶의 두 가지로서 각각 1301년과 1340년경에 작성되었다.

고려시대 지방 출신이 대개 토성이족이었듯이 14세기 초에 출세한 김련의 증조 珠永은 中郎將同正行隊正이며, 조는 別將同正, 부 大鱗은 同姓同本이고 현직 호장인 金俊齡(光州金氏)의 사위이며, 김련의 처는 綾城曹氏(토성)로서 그 증조 이상은 호장직을 세습했다가 처조부 대에 와서 사족이 된 가계이며 그의 아들 士元(贊成事)과 稹(政堂文學)은 각각 향리후예인 安珦(順興人)과 權允明(安東人, 評理上將軍)의 사위였다. 또한 김진의 처외조는 당시 대벌족인 金方慶(安東人)이었다. 이 광산김씨 가계는 押海丁氏 丁子伋系보다는 약 1세기 전에 진출한 것으로 고려 후기 군현토성 이족들의 존재양태와 직역·혼인관계 및 진출과정을 우리에게 잘 보여 주고 있다. 김련·안향·권윤명·김방경 등의 선대가계처럼 본관향리로 있을 때는 직역은 호장층으로 州縣軍將校職인 군직을 겸하며 또 향직과 武散階를 겸대했으며, 혼인은 동읍 토성간 족내혼과 지역내혼제를 유지하다가 상경종사하여 사족화하면서 통혼권이 확대되어 당대 명문들과 혼인하는 것이 일반적인 추세였다.

② 金洊의 世系圖

義城金氏(金洊) 호구단자(1390년) 말미에 첨부된 세계도는 아래와 같

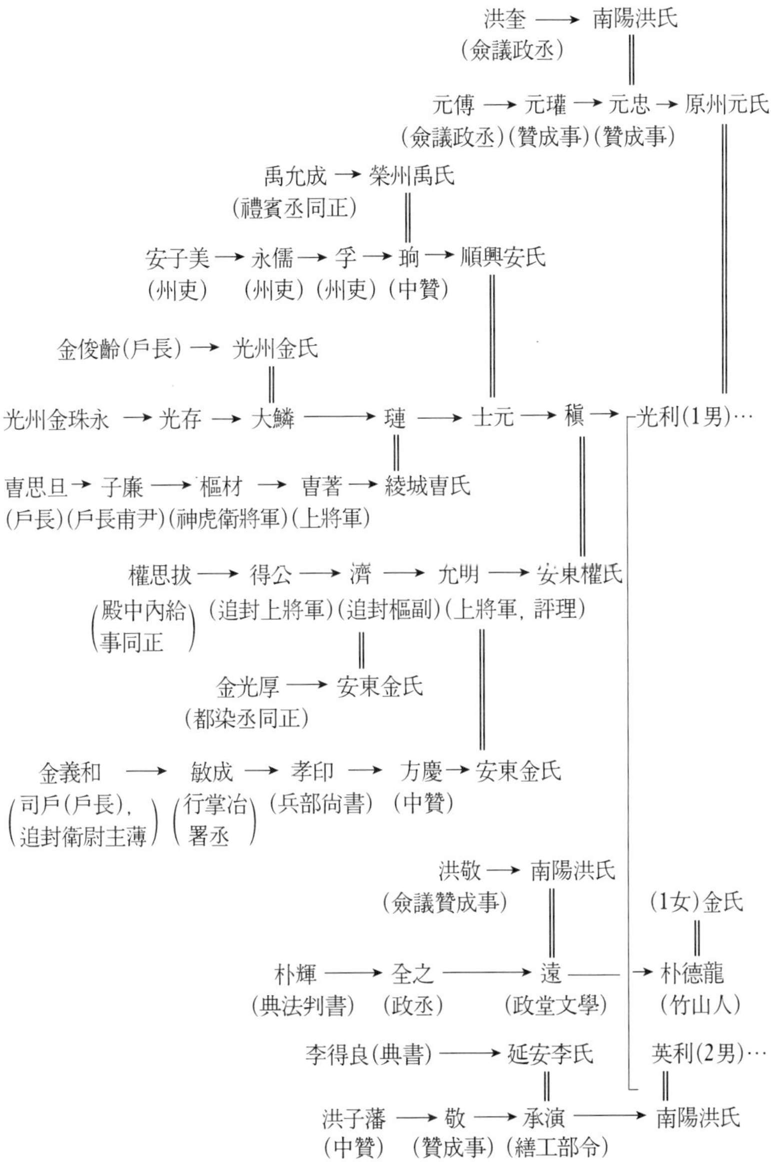

〈그림 3〉 金璉·金積호구단자의 분석표

이 본인의 부 · 모 · 처 변의 삼족이 6대조까지 기재되어 있다.

金洊父邊: 金公祐(金吾衛別將同正) → 子龍庇(太子詹事) → 子宜(監門衛上護軍) → 子瑞芝(內盈少尹) → 子台權(文睿府左司尹) → 子居斗(工曹典書) → 子金洊(前郎將)

母 邊: 玄玄祖未現→子柳璥(僉議中贊) → 子陞(判都僉議司事) → 子暾(宰臣) → 子總(代言) → 女子柳氏(文化柳氏)

妻父邊: 玄玄祖李筏(隊正) → 子良材(散員同正) → 子抃(檢校軍器監) → 子淑琚(丞同正) → 子儒(追封版圖判書) → 子處謙(典校令) → 女子洪州李氏(夫金洊)

③ 金得雨의 准戶口

김득우는 安東府 호장직을 세습해 온 토성이족의 후예로, 그의 증조부터 사족화하면서 조선 초기에는 일문에 清要職을 역임한 자가 많았고, 17세기 金尙容 · 尙憲 등이 고관 대작에 오르면서 조선 후기에는 마침내 벌열 내지 세도가문으로 발전하였다.

④ 金得雨의 世系圖

金得雨 准戶口 末尾에 첨부된 父 · 母 · 妻邊의 세계도를 예시하면 아래와 같다.

父 邊: 玄玄祖公須副正金習敦 子戶長呂基 子戶長南秀 子注簿同正熙 子注簿同正資 子判禮賓寺事致仕義 子前典農正得雨

母 邊: 玄玄祖追封衛尉丞金仁 子試少府丞鏡高 子追封國學祭酒鏞 子及第克孫 子追封上護軍龜 女子咸昌郡夫人金氏

妻父邊: 玄玄祖戶長柳節 子戶長敦升 子戶長廷莊 子恩賜及第柳伯 子平昌縣令蘭玉 子書雲正致仕開 女子豊山郡夫人柳氏 夫典農正金得雨

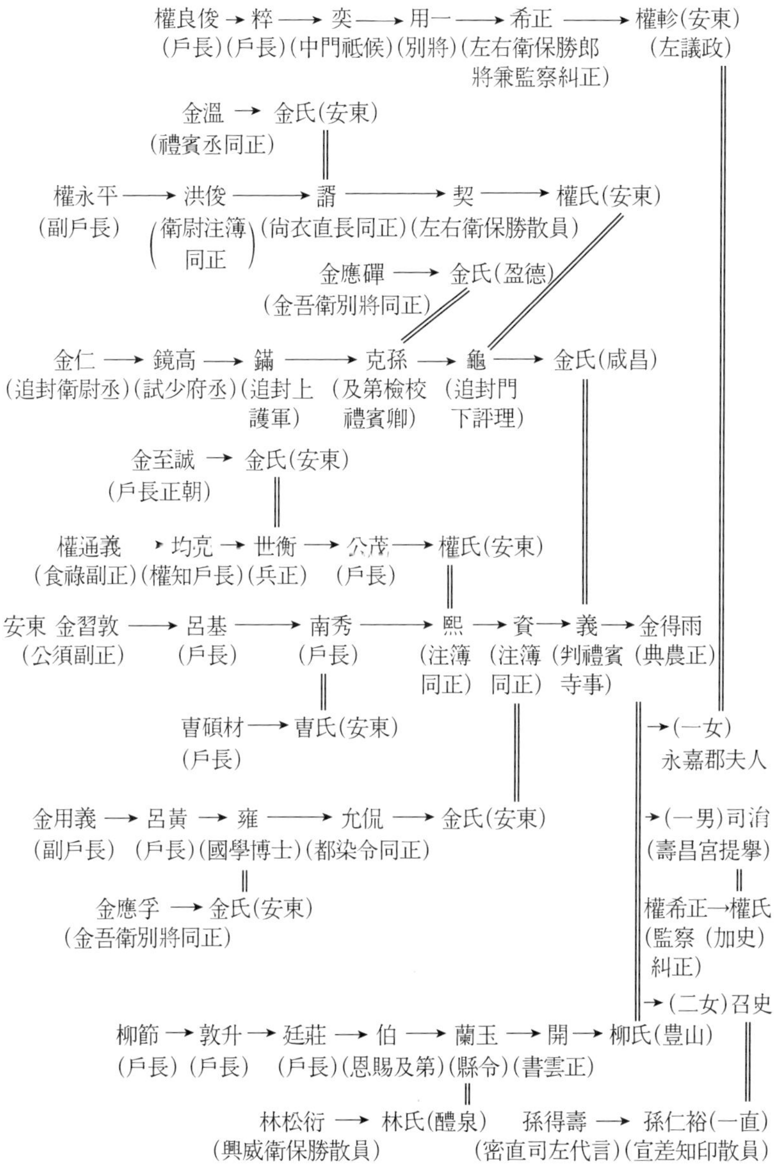

〈그림 4〉 金得雨 가문의 세계와 통혼권

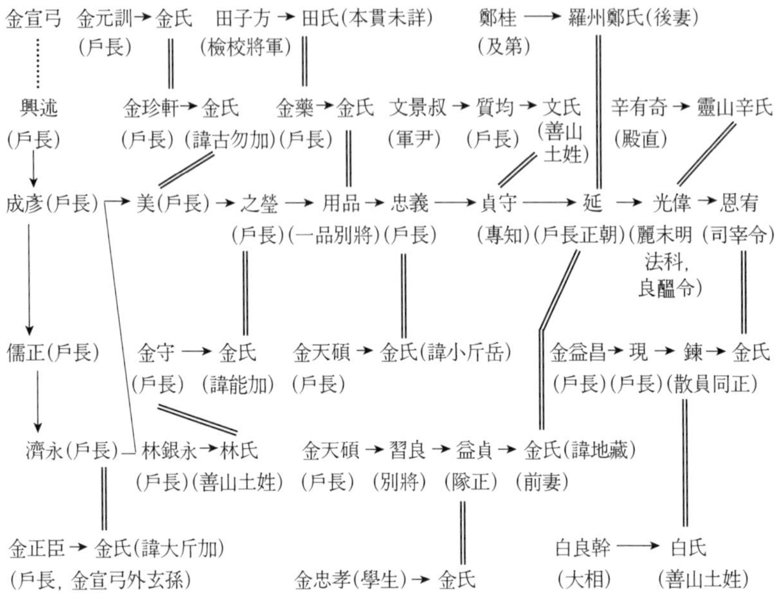

〈그림 5〉 고려시대 선산김씨의 세계와 통혼권

⑤ 金叔滋譜圖

15세기 후반 영남사림파의 종장인 金宗直의 선대는 고려 초기 이래 여말까지 줄곧 본관(善山)의 호장직을 세습하면서 그들의 통혼권도 당시의 다른 推尋戶口와 같이 동본의 토성이족에 한하며, 심지어는 9대 가운데 7대가 같은 善山金氏인 족내혼을 하였다. 이러한 가문적인 배경에서 성장한 김종직의 조부 金光偉가 고려 말에 明法業으로 급제, 출사하면서부터 비로소 향역에서 벗어나 사족으로 성장하였다.

⑥ 押海丁氏 世系

이 押海丁氏 世系圖는 상기 ①, ②, ③, ④, ⑤와 마찬가지로 당초 고려 후기 내지 고려 말 조선 초에 작성된 호구단자로서 그 세계도의 후손

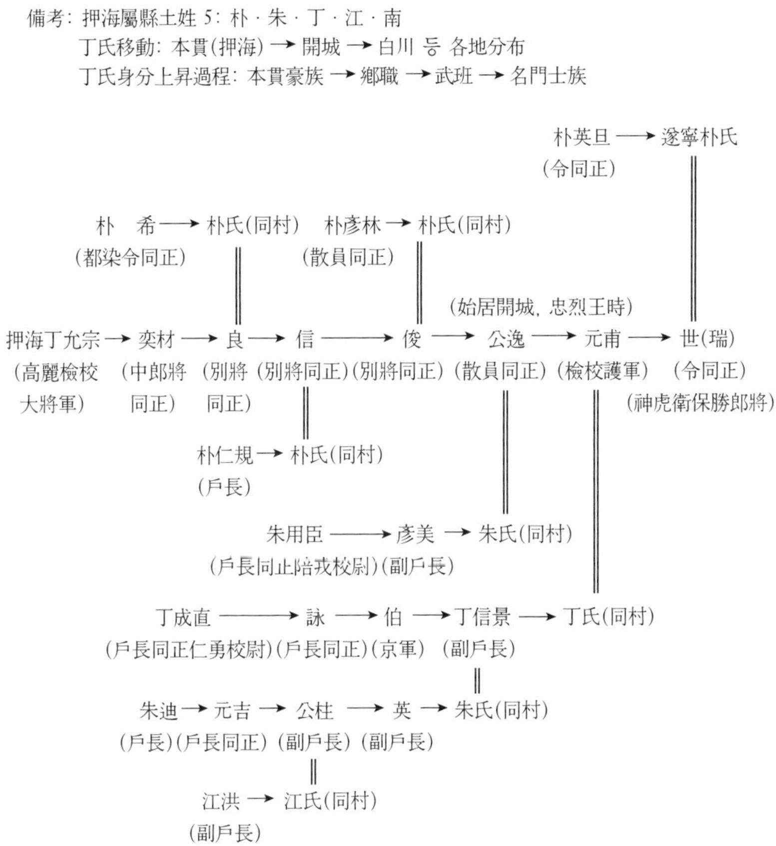

〈그림 6〉 압해정씨 세계와 통혼권

인 丁壽崗代에 와서 「月軒帖」으로 정리하면서 후대의 계보가 첨가된 것 같으며, 이 월헌첩은 다시 그 후손 丁時傑에 의하여 『押海丁氏述先錄』에 후대 계보와 선조들의 기년 · 행적이 첨가되어 재수록, 현존한 것이라 볼 수 있다. 생몰년이 명시된 丁子伋(1423～1487)을 기준, 한 세대당 평균 30년으로 계산하여 추정한 결과 시조 丁允宗의 생존시기는 1120년대, 즉 고려 예종 말에서 인종 연간에 해당된다. 본 세계도는 고려 말 내지 조선 초기에 와서 전재되는 과정에서 원형이 다소 변질되었다고 추정되나 시조에서 그 10대 손까지 부계의 직역을 제외하면, 처계 및 처의 모계까지 구체적인 직역과 '本同村'의 용례가 기재된 것을 보아 고려 말기 호구단자의 원형을 잘 유지하고 있다고 본다. 우리는 이러한 자료를 통해 『실지』 소재 각 읍 성씨조 소재 성관들의 유래와 존재양태 및 동읍토성 간의 혼인관계를 살필 수 있다.

『실지』에 의거 押海縣의 성씨조를 제시해 보면 현의 토성으로 丁·朴·朱·江·南氏의 5성이 기재되어 있는데 상기 세계도에 남씨를 제외한 4성이 나타나며 이 4성은 모두 본관 압해현의 현사를 장악한 토성향리로서 정씨와 박씨는 이족과 사족, 주씨와 강씨는 이족만 기재되어 있다. 시조의 아들에서 10대 손까지 하급 군직을 띠고 있으나 그들의 처계와 처모계는 현직 향리직역으로 기재되어 있으니 이는 조선 초기 「월헌첩」 작성과정에서 선조들의 향리직명을 中郎將 또는 別將·散員同正 등으로 바꾸면서 시조 丁允宗의 직함은 檢校大將軍으로 관직명을 과장해서 표기한 것이라 추측된다.

고려 초기 출사한 朱仲紹(侍郎)·朱德明(顯宗朝, 左僕射)부자는 押海朱氏였다. 고려 말기 동본을 '同村'으로 표기한 것은 바로 당시에는 본관과 거주지가 일치함을 뜻하며, 또한 동본을 본동촌으로 표현한 것은 각 읍마다 동읍 토성들이 같은 읍내(읍치), 즉 읍사를 중심으로 잡거하고 있음을 뜻한다 하겠다. 이 자료는 단지 압해현 토성들의 세계와 직역 및 혼인관계를 밝히는 자료에 한하지 않고 그것을 통해 고려시대 군현 토성들의 존재상태와 직역관계, 혼인관계, 신분의 상승과 변천과정 등을 밝히는 데 중요한 자료라 할 수 있다. 丁氏의 동성혼, 丁氏와 朴氏 또는 朱氏와의 同本異姓婚이 시행되고 있었다. 이와 함께 토성에서 사족과 이족의 분화과정 및 호장층과 동정직의 관계도 엿볼 수 있다.

이러한 자료들은 각기 읍사나 그 후손들에 의해 전래되었고 15세기 이래 해당 성씨의 족보에서 이를 이용하여 각기 관련 선대의 계보를 정리했던 것이다. 이러한 자료들과 함께 뒷날 제가의 족보 편찬에 선대의 세계를 정리하는 데 중요한 전거가 된 것은 17세기까지 안동지방에 전해지고 있던 여말선초의 安東府衙 소장의 '安東府帳籍'이었다. 그것이 현존하지 않으니 구체적인 내용과 분량을 알 수 없으나 조선시대 안동권 사족들의 족보편찬과정에서 선대세계를 推尋, 정리하는 데 이용되었던 것이다. 조선 후기에 편찬된 족보 가운데 안동부아 소장 호적을 참고하여 선대세계를 정리한 족보로서는 안동權·金, 豊山柳·金, 英陽南, 興海裵, 義城金, 迎日鄭氏 등이 있다. 『안동권씨성화보』와 『순흥안씨가정보』(1546년 간행) 및 『문화유씨가정보』가 각기 안동과 義城에서 開刊되고 16세기에서 17세기에 걸쳐 이 지방에서 명문들의 족보가 다른 지방에 앞서 많이 編刊된 것은 결코 우연한 일이 아니라 여말선초의 호구를 담은 안동권 제 읍의 장적이 있었기 때문이라 하겠다.

이러한 성관 관계 자료들은 대개 고문서와 호구·호적단간 형태로 전래되어 일부 탈락되거나 전재과정에서 다소 원형이 변경되기도 했으나 18세기 이후처럼 후대적인 윤색과 조작은 크게 가해지지 않았다. 그런데 한국의 성관제도가 중국의 것을 모방한 데서 나말 이래 우리의 文士들은 득성사실과 조상 유래를 중국에서 찾으려는 경향이 강했다. 이와 함께 고려·조선시대로 내려올수록 성관 유래와 조상세계에 관한 갖가지 윤색과 傅會·杜撰的인 기술이 나오게 되었다. 그러한 것에는 시조동래설과 封君分貫說이 주류를 이루었다.

나말의 崔致遠을 비롯하여 崔彦撝·金富軾·李奎報 및 여말·조선시대 문사들이 찬술한 인물들의 狀碣文이나 족보 서문에는 그 성관의 시조 유래를 중국에서 찾고 있는데 이러한 기술 태도는 주로 모화사상에서 나왔다고 볼 수 있다. 신라 말·고려 초 문사들이 奉敎 撰한 고승들의 탑비문에서 그 주인공의 부계 성씨가 崔 · 李 · 張氏인 경우 이를 모두 중국에서 東來한 양 적고 있는 것이 그 예이다. 물론 후삼국시대 이래 중국계 귀화인으로 한때 고관 · 요직을 역임한 자도 없지 않으나 그들의 후예는 결코 군현의 토성이 될 수 없었다.

고려 초기 朴巖 · 王融 · 雙冀父子 · 劉忠正 등을 비롯하여 고려 전기 歐陽徵 · 戴翼 · 愼修父子, 劉志誠 · 周佇 · 高烈 · 劉載 · 林完(存) · 盧寅 · 胡宗旦 등 중국계 귀화인으로서 한때 중용되기도 하였지만 그 자손들은 결코 『실지』 소재 토성은 될 수 없었다. 고려개국 관료인 曲矜會(內奉史)의 자손은 『실지』 경상도 龍宮縣 성씨조에 '來姓一曲(唐投化姓)' 으로 기재되어 있다.

고려의 광종 · 성종조 이래 성관제도의 정비와 함께 적극적인 漢化정책의 일환으로 邑名의 別號를 제정함과 동시에 封爵邑號나 인물의 본관표기에 唐代의 '姓望' 과 『唐書』 지리지의 주군(현) 명호를 우리의 성과 본관에 맞추어 즐겨 쓰는 풍조가 한때 있었다. 마치 문벌이 숭상되자 중국에서도 이씨는 隴西, 최씨는 淸河, 劉氏는 彭城, 王氏는 太原, 鄭氏는 滎陽, 오씨는 濮陽, 윤씨 · 姜氏는 天水, 蔡氏는 濟陽, 柳氏는 河東을 각기 姓望으로 자칭 또는 冒稱했듯이, 고려시대 문사들의 묘지 찬술과 『고려사』 소재 인물들의 봉작읍호와 본관 표기에 당대의 관행을 모방했던 것이다. 특히 고려 중기 대중국외교상 箕子東來說의 정착과 함께 권문세족들의 가계기록에도 家格을 높이기 위한 필요에서 시조동래설을 내세웠던 것이다.

그러한 시조동래설은 고려시대 대표적인 벌족인 仁州李氏와 南陽洪氏 시조 유래에도 작용하여 『고려사』와 『元史』에 아래와 같은 부회된 기록을 남겼다.

㉠ 仁州李氏 李子淵의 선조는 신라大官으로서 사신으로 唐나라에 갔을 때

天子가 가상히 여겨 姓 李氏를 주었다(『고려사』 卷 153).

㉡ 南陽 洪福源의 선조는 중국인이다. 唐나라 才士 8人을 고려에 보내 가르쳤는데 洪氏는 그 중 한 사람이었다. 자손이 三韓에서 대대로 고귀하였고 그 사는 곳을 唐城이라고 이름하였다(『元史』 卷 154).

여말 이래 문벌을 숭상하는 풍조가 더욱 고조되자 왕실 · 외척 · 부마 및 삼한(태조)공신 등과 같은 국내 고귀한 기성 벌족과 연결시키기가 어려운 성관들은 그 시조의 유래를 중국에서 구하는 풍조가 조선 초기에 다시 만연되면서 전기보다는 후기로 올수록 더욱 심해 갔다. 그러나 그 성관이 『실지』 소재 군현토성으로 나타나는 한 그러한 시조의 동래설은 후대에 와서 조작 · 윤색된 것으로 설득력이 없다.

14세기 이래 지방의 군현토성이족에서 성장한 성관이나 한미한 가계에서 권문세족으로 성장한 가문들은 그들 나름대로 각기 선조의 유래와 득성 사실을 조작하거나 윤색하는 예가 많았다. 가령 文化柳氏 · 安東權氏 · 全義李氏 · 善山金氏 등의 시조 성명이 柳車達 · 權幸 · 李棹 · 金宣弓이라는 字義를 두고 각기 그럴 듯한 해석을 가하여 개성 · 개명사실을 부회하고 있는데, 이러한 서술은 실제 사실과는 거리가 있다 하겠다. 한편, 고려왕조의 진전에 따라 개국공신을 비롯하여 역대 여러 공신이 배출되었고 국가에서는 그들의 자손까지 우대하여 여러 가지 특혜를 주었기 때문에 중기 이후에는 실제 공신의 후예가 아닌 가계가 조상세계를 조작하는 예가 많아졌다. 특히 고려 중기 또는 후기에 군현 향리에서 성장한 가문들이 그 시조를 여초의 개국 또는 삼한공신에서 찾아 조상세계를 연결하려는 데서 중간에 공백이 생기거나 대수가 맞지 않은 경우가 많았다. 또한 후대 족보에 기재된 조상의 관직을 당시의 묘지나 『고려사』와 비교해 보면 엄청나게 과장되어 있음을 발견하게 된다.

한편, 조선시대 편찬된 족보 가운데 고려개국 내지 삼한공신을 시조로 내세운 조상의 世系에 있어서 실제 가문을 일으킨 起家祖와 시조 사이의 조상들은 세대 수와 연대 및 조상의 직역이 맞지 않은 경우가 많다. 이는 기가조 이래 여말선초에 와서 가계기록 또는 족보를 편찬하는 과정에서 고려 초기 공신을 시조로 내세워 3~4백 년간의 공백상태를 적당히 보충, 연접하는 데서 대수와 직역이 맞지 않았던 것이다. 全義李 · 淸州韓 · 蔚山朴 · 碧珍李 · 安東金 · 權氏 · 文化柳氏 등의 족보소재 上代世系가 그 예이다.

한편 고려 후기 문집이나 『東文選』(『續東文選』 포함) 소재 記 · 序 · 跋文 중에는 족보 관련 서 · 발문은 전혀 발견되지 않음을 보아, 적어도 15세기 전반까지는 板刻編冊하여 刊頒된 명실상부한 족보는 나오지 않았던 것이다. 그리고 고려시대는 고승들의 비문(탑비문)만 있었고 관료들은 묘지만 남겼고 15세기 이후처럼 神道碑와 墓碣銘은 하지 않은 것 같다. 또한 『고려사』 열전에 某州(郡 · 縣)人으로 표기한 것은 본관을 의미한 것이다. 따라서 13세기까지는 行狀 · 墓碣銘이 고려시대 문집과 『동문선』에 실리지 않았다.

한편, 15세기의 地志에 자주 등장하는 『周官六翼』은 고려시대 군현의 沿革과 姓貫자료를 풍부하게 담고 있었다고 사료된다. 그것이 현존하지 않으니 그 구체적인 내용은 알 수 없으나 『실지』와 『여지』 성씨조 정리에 중요한 전거가 되었던 것이다.

2) 세종시대 지리지 편찬과 성관체제

세종시대에 편찬된 『신찬팔도지리지』는 그 편찬사목이 말해 주듯 중국의 역대 지리지와는 달리 한반도의 자연지세와 풍기 · 토질, 역사적 전통과 민속, 성씨와 인물, 인적 자원과 물적 자원, 교통과 통신 및 조운 등 중앙정부가 지방을 통치하는 데 필수적인 제 자원의 항목을 망라하여 현지조사를 곁들인 상세한 지리지였다. 올바른 지방통치를 시행하려면 거기에 앞서 전국을 각 도·각 읍별로 그 도와 그 고을이 안고 있는 자연환경과 인문상황, 인적·물적 자원을 구체적으로 조사, 파악한 기초 위에서 지방제도는 물론 전제·병제·수취체제·학제 등 문물·제도의 개혁과 정비를 단행할 수 있었다. 그러니 세종 32년간의 제도·문물의 정비와 선정의 기초는 바로 그 6년과 7년에 걸쳐 단행한 8도지리지의 성취에서 가능했다고 본다. 가령 군현제와 외관제·향리제와 같은 지방제도의 개혁도 『실지』와 같은 지지의 기초 위에서 가능했으며, 행정구획의 조정과 개편, 경재소와 유향소 및 향리에 대한 시책도 각 읍의 土姓吏民의 형세와 상경종사 세력을 파악하지 않고는 합당한 정책을 펴기가 어려웠던 것이다. 특히 세종이 지방통치에 있어 어떤 분야에 많은 관심을 가졌나 하는 것은 세종 6년과 7년에 8도별로 하달된 지지 편찬사목에 잘 나타나 있다. 세종 7년 이전에는 한국의 유일한 지리지가 『삼국사기』밖에 없었으니 각 도·각 읍의 상세한 연혁과 토질·물산·인문사항을 구체적으로 파악할 수 없었다. 그래서 세종 7년에 8도별로 각도 지리지가 편찬, 보고되었고 동왕 14년에 당대 일류의 전고에 밝은 문신인 卞季良·尹淮·申檣 등을 동원하여 『신찬팔도지리지』가 완성됨으로써 세종이 간절히 바랐던 종합지리지가 나오게 되었다. 그것은 또한 태종조와 세종 전반기에 단행되었던 지방제도에 관한 개혁의 결과가 담긴 것이었다. 세종은 그 14년 이전에 단행된 지방제도의 미비점과 개혁안을 편찬된 지리지를 갖고 보완, 수정해 가려고 했던 것이다. 그러니 세종시대 지방통치와 지리지 편찬사업은 불가분의 관계에 있어 전자를 보다 올바르게 수행하기 위하여 지리지를 편찬하였고 또 편찬된 지지를 활용하여 지방제도와 통치방식을 개혁하려고 했던 것이다.

세종이 지리지 편찬에서 역점을 둔 분야는 세종 7년 각 도에 하달된 지지 편찬사목에 구체적으로 나타나 있다. 그 내용은 동왕 7년 12월에 작성된 河演의 『경지』 서문과 『경지』의 道摠조에 실려 있다. 그 규식(지리지 편찬요목)략에 "① 諸道 · 諸邑의 歷代名號之沿革, ② 州 · 府 · 郡 · 縣과 鄕所部曲의 離合, ③ 山川界域과 險阻 · 關防 · 山城 · 邑城의 周廻廣狹, ④ 溫泉 · 氷穴 · 風穴 · 鹽盆 · 鹽井 · 牧場 · 鐵場 · 良馬所産, ⑤ 토지의 肥瘠과 水泉의 深淺, 風氣의 寒暖과 民俗所尙, ⑥ 戶數와 口數, ⑦ 田結과 土産雜物之數, ⑧ 租稅 · 歲貢, 水陸轉運의 거리, ⑨ 營鎭 · 梁浦 建設之地와 軍丁 · 戰艦의 액수, ⑩ 海中諸島의 水陸거리 · 入島農耕與否와 주민유무, ⑪ 烟臺 · 烽火 소재, ⑫ 역대 왕조의 왕릉과 名賢들의 분묘소재지, ⑬ 土姓從仕 · 德藝 · 功業 出衆之人과 古昔相傳靈異之跡" 등 12조의 편찬사목에 의거 각 도별로 감사의 책임하에 도 내 수령들로 하여금 편찬, 보고케 했던 것이다.

상기 편찬사목대로 『경지』의 경우 일도 전체를 총론하는 '도총' 조와 도내 각 읍별로 각론하는 '各官' 조도 모두 그 편찬사목대로 조사, 기재되었던 것이며, 『실지』는 『경지』와 같은 8도의 지리지를 수합, 수정보완하여 재편찬하면서 『경지』의 편찬사목대로 편찬하였으니 세종 7년의 『경지』와 동왕 14년의 『신찬팔도지리지』의 편찬체제와 기재 항목은 크게 다르지 않았다.

세종시대 편찬된 지리지의 편찬체제는 중국의 역대 지지를 모방은 했지만 그 편찬사목에 역점을 둔 항목은 중국의 그것과는 판이하였다. 그것은 고려의 군현제 · 외관제 · 향리제가 중국과 판이한 데서 오는 당연한 결과지만, 신왕조의 지방통치체제를 올바르게 정비하기 위해서는 우리나라의 도역과 읍역 편성의 역사적 유래와 주읍 · 속현 및 특수구획인 향 · 소 · 부곡의 유래와 존재양태, 각 고을별로 반근착절되어 상경관인과 향리 및 재지사족을 공급했던 토성을 비롯한 성관의 내부구조와 분포상태, 군현구역에 있어 읍치 · 직촌 · 임내의 존재양태와 월경지 · 견아상입지에 대한 정확한 조사, 각 도별 · 각 군현별로 그 구획이 보유하고 있는 인적 · 물적 자원을 구체적으로 조사, 파악하여 올바른 지방통치와 공평한 수취체제를 확립하는 것이 필요했고, 이 때문에 세종은 지리지 편찬에 많은 노력을 경주했던 것이다.[11)]

3) 조선 전기의 가계기록과 족보의 편찬체제

원래 족보와 세보는 의미상 구분되지만 족보 편찬이 일반화된 조선시대에 와서는 양자를 구분하지 않고 혼용하는 경우가 많았다. 李穡은 일찍이 門前의 柳枝를 栽植한 결과 당초의 1株가 한두 해 뒤에 6 · 7주로 번식되는 현상을 보고 세계도와 같은 세보 못지않게 후손들의 족파까지 기재하는 족보의 필요성을 말한 바 있다. 그는 직접 족보를 만든 적은 없으나, 「鄭氏家傳」(淸州鄭氏)를 비롯하여 여말선초에 활약했던 많은 인물들의 行狀과 비문 등 가계기록을 부수히 남겼다.

태종 원년(1401)과 단종 2년(1454)에 찬했다는 吳先敬과 洪逸童의 舊譜序는 분명히 '(海州吳氏)族圖舊序' 또는 '南陽洪氏派系之圖'라 하였으니 이들은 족보의 서가 아닌 족도 또는 세계도에 대한 서문이었다. 세종 4년(1422)에 찬했다는 柳穎의 文化柳氏永樂譜의 서문도 족보의 서라 하기보다는 그 유씨 선대조상의 세계와 그 후손들의 계보를 정리한 가첩에 대한 서라 하겠다. 이러한 보첩류의 서문에는 河演(晋州河氏 족보, 1451) · 元龜(原州元氏天順譜, 1457) · 李叔瑊(南原梁氏 족보, 1482) · 李麟(全義李氏 족보, 1476) · 李承召(陽城李氏 족보, 1480년대) · 成俔(昌寧成氏 족보, 1493) 등의 구보 또는 草譜序는 대개 『안동권씨성화보』를 전후한 시기에 작성된 것으로 서문만 전할 뿐 당시에 편찬되었다

11) 이수건, 「세종시대의 지방통치체제」(『세종문화사대계』 3, 세종대왕기념사업회, 2001).

는 구보의 실물은 현존한 것이 없다. 결국 조선 전기 족보를 대표할 2대 족보는 15세기의 안동권씨보와 16세기의 『文化柳氏嘉靖譜』라 할 수 있는데 후자는 전자의 편찬체제와 간행방식을 답습하였으니 우리는 이 권씨보를 전기족보의 전범으로 삼아 그 특징을 살필 수 있다.

한국의 족보 간행사상 板刻成冊하여 刊布한 것은 앞에 든 『안동권씨성화보』가 최초이며, 徐居正은 그 서문에서 "우리나라는 옛부터 종법도 없었고 또한 보첩도 없었다. 비록 거가대족이라도 家乘이 전무하여 수대만 겨우 전해져도 高曾祖考의 명휘를 기록하지 못하는 자가 있다."고 하여 족보의 편찬이 중국보다 훨씬 뒤졌음을 말해 주고 있다. 대체로 15세기 전반까지의 族圖는 단선적인 世系圖에다가 본인 또는 자 · 여(壻) 및 내 · 외손까지 포함한 횡적 族系까지 대상으로 하는 것이 일반적이었다. 그러나 15세기 후반 『안동권씨성화보』와 같은 조선 전기 족보가 편간 또는 초안되면서 종래의 세계도 · 족도가 보다 종적 · 횡적으로 소급하거나 확대 追尋하여 계보화한 데서 하나의 족도가 점차 족보화해 나갔던 것이며, 그렇게 초안된 족도들을 수합, 연결하여 하나의 체계로 편집한 것이 『안동권씨성화보』와 같은 족보로 나타나게 된 것이다. 원래 세계도와 족도가 종횡으로 연결, 체계화한 데서 世譜 · 족보라는 용어가 나왔으니 양자는 의미상 구분되지만 실제 조선시대에는 거의 구분하지 않은 채 혼용했던 것이다.

조선시대 족보편찬자들은 그 서문에서 으레 宋代 蘇洵의 蘇氏族譜引(序文)(『唐宋八家文』 소재)의 몇 개 구절과 程朱의 족보 편찬의의에 관한 문구를 인용하고 있지만 족보의 편찬체제는 결코 같지 않았다. 서거정도 위 서문에서 소순의 서문을 몇 군데 인용했지만, '소씨족보'는 그 기재 범위가 父系親族 중심으로 '上止高祖 下止於子 旁止緦麻'라는 데서 그야말로 同高祖의 五服親을 대상으로 했던 것이다. 그리고 중국에서는 종법적 친족제도하에서 부계친족 위주로 족보가 편찬되었기 때문에 족보라는 말 대신 '宗譜'라는 용어가 일반적이지만, 조선 전기의 족보는 처음부터 자녀(壻)·내외손을 동일하게 실었기 때문에 成渾(牛溪) 같은 유학자는 "그것은 우리나라의 氏族志이지 족보는 아니다."고 한 바 있다.

서거정의 權氏族譜序 이전의 소위 '舊譜序'로 전래된 吳先敬(海州吳氏族譜序)·安省(廣州安氏族譜序)·柳穎(文化柳氏永樂譜序)·洪逸童(南陽洪氏族譜序)·金宗直(先公: 金叔滋譜圖序) 등이 序를 쓴 족보란 『안동권씨성화보』와는 차원이 다른 족도·파계도·세계도·보도·가첩류거나 草譜(간행되지 않은 초본)였으며 혹은 후대에 소급, 추기된 서문에 불과했다고 본다. 이러한 서문을 보고 刊本의 구보였을 것이라 주장하기도 하지만 그러한 시각은 잘못된 것이다.

15세기 보첩류 가운데 상기 권씨·유씨보와는 체제와 수록범위가 다른 것도 있었는데 김종직의 「先公(김숙자)譜圖」가 그 예이다. 세조 4년(1458)에 시작, 성종 7년에 완성한 김종직의 『彝尊錄』 소재 「선공보도」는, 먼저 善山金氏의 유래와 보도의 편찬경위를 서술한 다음 祖系와 族系를 '譜'와 '圖'로 구분하되, 도는 5층의 橫圖에 시조 金興述부터 김숙자의 손자까지 부계의 직계조상을 싣고 다시 '譜'로써 시조 이하 각 조상의 내외세계(妻名·외조·직역) 및 주인공의 고조부터 그 자녀까지는 비교적 상술하였는데 이는 蘇洵과 동시대인 歐陽脩의 『歐陽氏譜圖』의 편찬체제를 그대로 모방한 것이다. 김종직은 이 보도를 편찬함에 있어 본관인 善山에 世居해 왔다는 사실과 자신이 本貫守令에 재직하고 있는 이점을 살려 선산 읍사 소장의 자료, 麗代 전래의 戶籍斷簡 및 戚族의 족도까지 동원하여 세계를 밑에서 위로 소급, 추심하는 과정을 거쳐 보도를 완성했던 것이다. 이렇게 편찬된 보도는 뒷날 『善山金氏族譜』에 그대로 선대의 세계를 제공해 주었는데 고려 후기 이래 토성이족에서 사족으로 성장한 조선시대 양반가문의 가계는 성장시기의 선후와 족세의 성잔이란 차이가 있을 뿐, 족보상의 선대계보 정리과정은 김종직의 경우와 대체로 비슷했다고 볼 수 있다.

조선 전기에는 이상과 같은 사가의 개별적인 족보와는 차원을 달리하는 읍(군현) 단위의 동읍토성들의 합보가 편찬되었다. 고려 초기 이래 각 읍 토성이족들이 각기 읍사를 중심으로 계급내혼 · 지역내혼제를 견지한 데서 읍사를 주도했던 동본토성들의 합동보가 만들어졌다. 전술한 바와 같이 그러한 보첩류는 대개 여대 이래의 세계도 · 족도와 같은 형식의 고문서로 읍사에 비치되어 있었다. 고려시대에는 그것이 이족들의 세계와 족파를 계보화한 것으로 향리들의 승진과 職窠선임에 활용되었다면, 여말 이래 각 읍마다 유향소가 설치되고 그 구성원과 임원들의 선정과정에서 향안이 작성되면서 단안(향리안) · 향안 입록자를 선정하는 과정에서 그러한 보첩이 필요했던 것이다. 그러한 보첩류에는 江陵府五(金 · 崔 · 咸 · 朴 · 郭氏)大姓譜 · 晋州牧四(姜 · 河 · 鄭 · 柳氏)大姓譜 · 咸陽郡三(朴 · 吳 · 呂氏)大姓譜가 그 예이다.

족보편찬의 동기는 시기와 씨족에 따라 상이하지만, 고려시대 각 읍사를 주도한 이족세계에서는 이안과 족도가 작성 · 비치된 것처럼 조선 초기 유향소의 설립, 향안의 작성과 함께 상기 3읍의 경우와 같이 동본토성들의 합보가 작성되었다. 조선 전기 각종 보첩을 갖고 있던 명문거족들은 대개 고려시대 본관의 읍사를 장악했던 호장층의 후예였으니 읍사에 전래되고 있던 이안과 족도는 전기족보의 편찬과정에서 해당 가계나 족파를 계보화하는 데 중요한 전거로 활용되었던 것이다.

한편, 16세기 중반 서원의 설립과 함께 그 주향자의 가계를 정리하는 과정에서 紹修 · 易東 · 陶山書院의 설립과 때를 맞추어 順興安氏 · 丹陽禹氏 · 眞城(寶)李氏의 족보가 차례로 편간되었다. 안씨보는 明宗 元年 봄에 시작, 그 해 9월에 완성되었는데 당시 경상도 내 외관 중 안씨내외손 26명의 협찬으로 안동에서 간행되었다. 李滉을 비롯한 禮安縣 사림이 역동서원을 설립, 禹倬을 봉향하자 우씨보가 작성되었다. 이황 사후 도산서당이 서원으로 승격됨과 동시에 退溪文集이 편간되었는데, 그 여세를 몰아 『진성이씨족보』가 선조 33년(1600) 도산서원에서 간행되었다.

전기족보의 편찬과 간행은 주로 경상도 안동권에서 이루어졌다. 이 지역은 그러한 사업을 수행하는 데 몇 가지 사연을 찾아볼 수 있다. 첫째, 고려 후기 이래 신흥사대부와 사림의 연수로서 '尊祖 · 敬宗'의 유교적인 관념이 농후한 데다가 호구 · 장적 · 가첩 · 족도와 같은 성관자료를 가장 풍부하게 보유하였고, 둘째, 『안동권씨성화보』와 『순흥안씨가정보』(1546)가 안동에서 간행되는 등 이 지방에서는 이미 족보를 편찬 · 간행한 경험과 각수 및 주위 외관들의 협력 등 인적 · 물적 자원을 확보하고 있었기 때문이다. 명종 20년 義城에서 간행된 『문화유씨가정보』와 선조 9년(1576) 淸州에서 개간한 『綾城具氏萬曆譜』는 편찬체제는 약간 서로 다르지만 편간에 있어 도 내 또는 삼남지방에 외관으로 재직하고 있던 관련 내외손들의 공동 협찬 아래 각 읍의 각수들을 활용했다는 데 공통점이 있다. 『안동권씨성화보』에는 간기에 관한 구체적인 자료가 게재되지 않아 단정하기는 어려우나 그 발간 서문이나 『문화유씨가정보』의 刊記를 보아 권씨보의 발간 때도 유씨 · 안씨보와 마찬가지로 경상도 감사와 안동부사를 비롯한 여러 외관들의 협력(내 · 외손합작)하에 성취되었다고 볼 수 있다.

私家의 족보편찬은 임란을 전후한 16세기 말과 17세기 초에 걸쳐 활발하였다. 사림정치의 확립과 예학의 발달은 동시에 보학에 대한 관심을 불러일으키게 되면서 權文海의 『大東韻府群玉』에는 성씨조가 중요한 항목을 차지하였고, 鄭崑壽와 같은 譜學者가 나오게 되었다. 특히 정곤수는 보학에 밝아 사가의 족보편찬에 자신의 지식과 자료를 제공해 주었을 뿐만 아니라 자신이 임란 전에 「淸州鄭氏家乘」과 「淸州鄭氏族譜」

를 각고의 노력 끝에 편찬했으나 왜란으로 인해 간행되지 못하고 유실되었다고 하는데 그 내용은 그가 남긴 서문을 통해 짐작할 수 있다.

이상과 같은 족보 · 가승 외에 16세기 말 李魯에 의해 편찬된 한 독특한 보첩형식으로는 『松巖(李魯)世譜四姓綱目』이 있다. 이 책은 그 서명이 말해 주듯 부(乾部)의 내외와 모(坤部)의 내외, 이른바 父母內外四姓을 乾部 · 坤部 각 상하편으로 나누어 관련 성씨의 각 세계와 자손록을 서술 형식으로 정리하였다. 이러한 형식을 갖춘 『사성강목』의 편찬 동기는 그의 서문과 '記法'(범례)에 잘 나타나 있다. 즉, 張載의 西銘에 '乾稱父 坤稱母 民吾同胞 物吾與也'의 취지와 程子의 '理一萬殊'의 원리 및 朱子의 '一統萬殊'라는 성리학의 취지를 그의 족보에 활용했던 것이다. 부계인 固城李氏를 비롯, 조모계인 昌寧成氏, 모계인 南平文氏와 외조모계인 安岳李氏를 중심으로 4성의 세계와 그 자손 후예들의 파계를 추적, 계보화하는 데서 40여 개의 성관가문이 연접되어 있다. 『안동권씨성화보』와 『문화유씨가정보』가 각기 그 편찬 당시의 중외관인이 거의 망라되었듯이, 이노의 『사성강목』에는 晋州 · 陜川 · 高靈권을 중심한 경상우도 南冥學派에 속했던 인사들의 가계가 거의 등재되다시피 하였다.

이상과 같이 15세기 이래 권씨 · 안씨 · 유씨보가 차례로 편간되면서 "諸氏姓譜 賴此簒成"이란 金安國의 지적처럼, 16세기 후반부터 諸家의 족보편찬이 활기를 띠기 시작했다. 당시 편간된 이러한 족보는 여러 성씨의 족보편찬에 전범이 되었을 뿐만 아니라 권 · 안 · 유씨와 외손관계에 있던 제성이 각기 자기들의 족보를 정리하는 데 선대의 세계를 제공해 주는 구실도 했던 것이다. 이렇게 활발했던 16세기 후반의 족보 편간사업은 임진왜란으로 인해 한때 중단되다가 17세기에 접어들면서 전기 족보의 형태를 취한 眞城李氏 · 義城金氏 · 昌寧成氏 · 南陽洪氏 등의 족보가 편찬 또는 간행되었다. 이들 족보는 친손과 외손을 함께 수록하고 있으나 아직 등재인 수가 많지 않아 안동권 · 문화유씨족보를 제외하면, 대개 단권이었으며 이때부터 점차 적서가 명확히 구분됨과 동시에 성리학의 심화와 예학의 발달 및 종법적 가족제도의 정착으로 인해 족보편찬에 '詳內(친손은 상세하게) · 略外(외손은 간략하게 기재)' · '先男後女' · 妻系 및 先祖夫妻의 기일 · 묘소의 기재라는 원칙이 적용되어 갔다. 그러나 16세기 후반에서 17세기는 전기 · 후기족보의 교체라는 과도기적 성격을 띠고 있어 16 · 17세기 중반까지도 諸姓 족보 가운데는 전기적 성격을 띤 것이 많았다가 17세기 말 내지 18세기에 들어가서야 후기족보가 일반화되어 갔던 것이다. 그런데 전기족보에도 『江陵金氏族譜』(명종 20년, 1561)와 『綾城具氏族譜』(선조 9년, 1574)는 후기의 족보체제를 취하여 친손위주로 편찬되었다.[12)]

가계기록과 家乘類도 일국의 歷史와 마찬가지로 중간중간 정리된 前代의 자료를 이어받는 데서 간단 없는 歷史가 만들어질 수 있다. 고려 · 조선시대 가계기록을 남길 수 있는 家系는 士族이란 신분과 대대로 일정한 경제적 기반과 학식을 갖추어야 가능하였다. 그러한 세 가지 요건을 갖춘 가계는 극소수이며 따라서 10代 내지 15代에 계속해서 그러한 가세를 지속한 가계는 많지 않았으니 조선 후기 편간된 족보 가운데 고려 초기에서 고려 말까지의 先代世系는 조작된 경우가 많았다.

4) 조선 후기 족보의 보급과 僞譜문제

자녀의 기재를 출생순으로 한다든지, 부 → 자계와 부 → 여(서)계를

---

12) 이수건, 「朝鮮前期 姓貫體系와 族譜의 編纂體制」(『朴永錫화갑기념 韓國史學論叢』 上, 1992); 「조선후기 姓貫意識과 編譜體制의 변화」(『黃鍾東정년기념 史學論叢』, 1994); 「양반의식과 족보」(『한국사시민강좌』 24, 일조각, 1999).

동일한 비중으로 등재하며 嫡庶不分, 生卒연월일과 妻系不錄 등을 특징으로 한 전기의 족보는 17세기부터 가족 · 상속제도의 변화와 함께 서서히 변모해 갔다. 특히 16세기 이래 민중의 성장에 따른 천민층(무성층)의 양민화(유성화)와 倭 · 胡 양란으로 인한 신분질서의 해이로, 17세기 후반부터 족보가 쏟아져 나오게 되었다. 이는 전통적인 양반가문이나 신흥세력을 막론하고 모두 세계와 족계를 새로 정리하겠다는 의도에서 비롯되었다. 조선 후기는 족보가 없으면 상민으로 전락되어 군역을 져야 하니 상민들은 양반이 되려고 관직을 사기도 하며 호적이나 족보를 위조하여 새 양반이 되는 경우가 많았다. 이와 함께 족보의 편찬체제도 父系親孫 위주로 하되 '詳內略外'와 '先男後女'의 원칙을 지키며 또한 등재인의 생몰년월일 · 관직 · 妻系 · 墓所가 비로소 구체적으로 기재되었는데, 이러한 현상은 당시 심화된 성리학적 유교윤리의 반영이라 하겠다.

대체로 17세기 중엽 이전에 족보를 발간했거나 초고 또는 초안해 놓았던 가문들은, 조상세계와 족계에 대해 일단 중간적인 정리 단계를 거쳤기 때문에 후기에도 내용이 충실한 족보를 속간할 수 있었다. 이에 반해 중간의 정리 단계를 거치지 않은 채 조선 후기 내지 한말 · 일제시대에 와서 비로소 족보를 창간하려고 했던 각 성 족보의 경우는, 당대인의 수록에는 큰 문제가 없었으나 그들의 조상세계와 족파의 연접관계를 추적하여 계보화하기에는 관계 자료가 없었던 것이다. 중간의 정리단계를 거치지 못하면서 또 관계 자료까지 이어받지 못한 신흥세력들에 의해 작성된 족보는 자의적인 조작과 위작이 가해졌던 것이다.

그 결과 18세기 이후에 창간된 족보들은 대체로 다음과 같은 특징을 띠고 있다. 즉, 시조 또는 선조가 신라 내지 고려조 왕실 · 부마 · 공신이거나 또는 고관 · 요직을 역임했거나 명문 출신이었고 또 가문의 유래가 오래 되었다는 사실을 강조한 데서 선대의 세계가 지나치게 소급되었는가 하면, 족보상에 기재된 선조들의 관직도 지나치게 과장되어 있다. 고려 이래 사족들은 대개 모화사상에 젖어 시조의 유래를 중국에서 찾았다는 데서 현존 족보상에는 그 시조가 중국 출신이 많다. 이는 대개 후대에 와서 조작된 것으로 보아야 한다.

왜란과 호란을 겪으면서 전통적인 명문들의 몰락과 침체, 신흥세력의 등장과 같은 신구세력의 소장에서 오는 현상으로, 종래의 명문들은 조상의 영광과 가문의 명예를 지키려고, 한미한 출신에서 성장한 신흥세력과는 구분되어야 한다는 의도에서 전기에 작성된 족보를 더욱 보강하려 했으며, 신흥세력들은 미천한 조상세계를 은폐하고 혈통과 가격을 보증하기 위해 개관하거나 조상의 세계를 적당히 조작하는 경우가 많았다. 특히 16세기 말 이래 사족이 향리를 멸시하는 풍조가 만연되자 고려시대 향리의 후예로 사족이 된 성관들은 조상들의 향역에 대해 구차스러운 변명을 가하기 시작하였다. 조선시대 양반 사회가 발달하여 향리의 지위가 격하되고 천시를 받자 先代의 신분을 은폐하기 위해 본관을 바꾸는 경우가 많았고 족보상 향리의 후예로 사족이 된 성관들과 『掾曹龜鑑』의 편찬자인 현직 吏族들은 그들의 조상들도 당초 士族이었다는 사실을 강조하기 위하여 그 선조 향리의 신분 유래를 설명하면서 신라말 고려 초 또는 고려 말 조선 초의 왕조 교체기에 섬긴 왕조를 위해 신왕조에 臣服하지 않고 守節한 데서 처벌을 받아 향리로 격하되었다는 이른바 '不服臣罰定' 으로 인해 향리로 전락했다느니, 혹은 본래 士族이었는데 본의 아니게 鄕吏로 격하되고 말았다는 '士族降吏' 라는 그럴 듯한 구실을 내세워 족보와 家乘 등에 기술하고 있으나 그것은 모두 사실이 아니었다. 『고려사』나 『여지』, 금석문 및 문집과 같은 공간된 자료상에 나타나는 조상의 직역은 손대지 못한 반면, 공간되지 않은 자료(가첩 · 호구단자 · 행장 · 비문)에 나타나는 향리 관련 자료는 대부분 그 후손에 의해 개변되거나 삭제되었다.

조선 전기 족보는 거의 양반의 전유물로서 이미 士族化된 派系만 대상으로 하였다. 17세기 이후 吏派와 鄕派들이 족보에 기재되면서 그들의 先代世系를 京派의 名祖와 연접시키는 경우가 많았는데 麗末에 사족화한 경주이씨 鄕派들이 이미 명문으로 자리를 굳힌 익재 이제현의 후손으로 가탁되어 족보에 기재된 것이 그 예이다.

한편, 17세기를 기준으로 그 이전과 이후의 가계계승과 족보 편찬에 있어서 획기적 변화는 무엇보다 종법적 가족제도하에서 장자봉사제와 함께 양자제가 확립됨으로써 비록 아들을 낳지 못한 세대도 양자를 입양하는 데서 세대의 단절 없이 가통이 계속될 수 있었다. 그러니 17세기 이래 최근까지 300년간은 문호를 차린 家系에서는 가통이 계승될 수 있었으나 17세기 이전은 아무리 명문 벌족이라 하더라도 無子로 인한 세대단절이 많았다. 그런데 현존 족보상에 고려 또는 조선 전기 10代 내지 15代 줄곧 세대가 연접되어 있는 것은 대개 족보 편찬 때 조작, 윤색된 것이다. 유아사망률이 높고 양자를 하지 않던 16세기 이전에는 무자로 인한 가계 단절이 많았으니 우리는 조선 전기 족보를 통해 그러한 사실을 확인할 수 있다.

17세기 말 이래 현조를 확보하지 못한 신흥세력들은 기존의 명문 · 거족과 연결시키기 위하여 개관하거나 투탁하기도 하며 동성이라도 파계에 따라 현조가 없는 계열은 현조가 있는 계열과 세대를 적당히 연접하여 합보하는 예가 많았다. 특히 17세기 이래 성관에 대한 우열관념이 만연되면서 개관과 세계조작이 많아졌고, 국가의 褒忠 · 奬節策의 장려로 조상세계를 신라 말 또는 고려 말의 충절인사 또는 왜란 · 호란 때의 의병장 · 순절인 또는 포은 · 목은 · 퇴계 · 남명 · 율곡 · 우계와 같은 儒賢의 문인과 연결시키려 하였다. 그러나 세계가 제대로 연접되지 않은 파계는 '別譜'로 처리하였다. 특히 18세기부터 족보편찬을 둘러싸고 적서간 또는 사 · 이족 간의 갈등이 심각하게 노정되었는가 하면, 신흥세력들은 명문 · 거족에 투탁 · 연접하려는 움직임이 집요하게 나타났는데 그러한 것에는 가첩 · 가보 · 호구 · 분재기 · 입양문서 등을 위조하거나, 가짜 誌石을 발굴하거나, 명문족보의 先代無後系와 연결하거나, 형제 수를 늘려 끼우거나, 한 대수를 삽입해서 연접하는 등의 협잡을 자행했던 것이다. 그러한 협잡 외에도 ① 僻貫들은 아예 개관하여 기존의 명족파계에 연접하는 경우, ② 동성동본의 여러 異派 가운데 명조가 없는 파계들은 명조가 있는 일족의 세계에 연접하여 합보하는 경우, ③ 異本이라도 동성은 당초 同出於同祖, 즉 동본이었을 것이라는 생각에서 후대에 올수록 同姓異本들의 합보, 즉 대동보적 성격의 족보가 많이 나오게 됨에 따라 최근에는 혈연적으로 전혀 다른 성관이 동성동본으로 오인되는 예가 많다. ④ 비양반이 일정한 부를 갖고 가난하거나 궁벽한 기성사족을 찾아서 족보편찬 경비를 부담함으로써 합보하는 경우 등이 있었다.

조선왕조의 집권세력이 16세기에 이르러 훈구파에서 사림파로 넘어가자 의리와 명분론 및 闢異사상이 강조되자 두 왕조를 섬긴 鄭道傳 · 權近 · 河崙 등과 불교를 단호하게 배척하지 못한 李齊賢 · 李穡 등이 비판의 대상이 되고 그 대신 두 왕조를 섬기지 않은 鄭夢周 · 吉再 등 절의인사가 숭앙의 대상이 되었다. 이러한 관념은 15세기 후반 세조의 왕위찬탈로 인해 훈구파와 사림파에 의해 더욱 구분되어 갔다. 사림파 세력의 성장 추세에 비례하여 의리와 명분문제가 더욱 숭상되자 한미한 가계나 신흥세력들은 자기 조상을 여말의 수절인사와 단종충신과 결부시켜 조상세계를 정리하려는 데서 차씨 인사에 의해 『車原頫雪冤記』가 편찬되고 선산김씨와 경주김씨 인사에 의해 고려 말 金澍와 金自粹의 충절 사실이 조작되었는가 하면, 인조반정과 병자호란을 겪으면서 의리 명분과 존주사상이 고조되고 숙종조 단종복위와 사육신 등의 신원, 영조의 개성행차 때 不朝峴 立碑와 杜門洞 72현 추숭과 같은 국가적인 포충 · 장절책에 편승한 신흥세력의 조상세계 조작과 함께 위보가 속출하게 되었다.

한편 양반들은 명조 · 현조를 확보해야 한다는 집념 아래 조상세계를 조작, 소급하는 풍조가 만연되어 갔다. 그 결과 18세기 이래 박씨는 赫居世, 김씨는 閼智나 敬順王 또는 首露王, 이 · 최 · 정 · 손씨 등은 신라 6성에, 趙 · 姜 · 洪 · 黃 · 南 · 石 · 林氏 등은 중국의 유명성에 각각 소급, 연접시켰다. 한씨와 기씨 · 선우씨는 마한 내지 箕子까지, 민족의 시조인 檀君까지 소급 · 계보화하려는 데서 조상세계가 지나치게 소급된 위보들이 쏟아져 나왔다.

조선 초기 또는 중기에 중간정리단계를 거친 조선 전기 족보는 대체로 사실에 충실한 반면 18세기와 19세기 이후에 창간된 족보는 당대인들의 수록에는 큰 문제가 없었으나 그 성관의 유래와 선대세계에 관한 서술은 크게 사실과 어긋나 있다. 한말과 일제 때는 조선 전기부터 족보를 편간했던 명문 · 거족들의 족보 속간도 더욱 활발했는가 하면 북한지방과 신흥세력들에 의한 족보의 창간이 많았다. 일제 때 편간된 족보는 그 견본이 현재 국립 중앙도서관에 소장되어 있는데 각 성관의 득성유래와 조상세계 · 관직 등은 사실의 고증 없이 조작되어 있다. 8 · 15 이후 최근에 간행된 족보들은 현재 대전시의 回想社족보도서관을 비롯하여 각 시 · 도의 공공도서관 족보실에 소장되어 있는데 그 내용은 일제 때의 것과 크게 다를 바 없다. 이러한 족보 가운데도 구보를 영인하여 게재하거나 구보의 서 · 발문 · 범례, 또는 조상들의 호구단자 · 교지 · 행장 · 비문 등 원자료를 등재하여 신분사 연구에 귀중한 자료를 제공해 주기도 하지만, 조선 후기에서 일제시대에 창간된 족보는 충분한 고증을 하지 않거나 원형이 변질된 것과 성관 · 조상세계가 조작된 것이 대부분을 차지한다고 볼 수 있다.[13]

---

13) 이수건, 「조선시대 身分史 관련자료의 비판 — 姓貫 · 家系 · 人物 관련 僞造資料와 僞書를 중심으로 —」(『古文書研究』 14, 한국고문서학회, 1998).

최근 鄭炳浣이 편간한 『한국족보舊譜序集』(1987)에 의거 조선시대 편찬된 구보서문을 가지고 분석해 보면 姓 수는 총 103성, 본관 수는 305本이며, 이를 시기별로 구분해 보면 조선 전기가 22종, 17세기가 89종, 18세기가 57종, 19세기가 114종, 연대미상이 97종이었다. 여기에는 편집자의 조사미비로 족보의 서문이 아닌 족도 또는 세계도의 서문이 몇 개 포함되어 있으며, 후대에 僞作된 서문도 포함되어 있고 또 누락된 구보의 서문도 많다고 본다. 그러니 이 『구보서집』만을 갖고 조선시대 족보의 편간경위를 구체적으로 파악할 수는 없다.[14)]

현존 족보서문을 갖고 족보의 편간경위를 살펴보면 徐居正의 안동권씨족보서문(1476년)을 제외하면 15세기까지 가보 · 가첩 · 족도 · 세계도 · 초보류에 관한 서문은 있으나 간행된 족보의 서문은 없었다. 15세기 중엽 안동권씨보의 간행을 계기로 보첩에 대한 서문이 나오기 시작하였다. 특히 세종조의 편찬사업을 계승한 성종조에 이르러 『동국통감』, 『동문선』의 편찬과 함께 『동국여지승람』을 편찬하면서 각 읍마다 '人物' 조항을 설정하고 본관별로 배출한 명현을 기재한 것은 조선왕조 집권사대부의 名族의식과 문벌을 과시하기 위한 취지였다고 본다. 그런데 16세기 말까지는 안동권 · 문화류 · 순흥안 · 강릉김 · 동래정 · 綾城具氏 등 간행된 족보는 전국적으로 10개 성관 미만이며, 가첩 · 초보 형태로 편찬된 것은 대략 30성관 안팎이었다. 그리고 많은 시문을 남긴 金宗直, 李滉, 李珥 등 17세기 이전에 생존했던 인사들의 문집에도 족보의 서 · 발문은 극히 희소하였다. 조선 전기에 족보를 편찬한 가계는 그 당시를 대표한 鉅族으로서 고려 후기 이래 고관요직을 배출한 성관이며 서로 중첩적인 혼인으로 인해 자녀와 내외손이 서로 얽혀 있었기 때문

---

14) 鄭炳浣, 『한국족보구보서집』(1987) 및 尹植求 편, 『萬姓大同譜』(新活字本, 1931).

에 안동권 · 문화유씨와 같은 전기족보의 형태로 편간되었던 것이다. 그러니 권 · 유 양 족보는 모두 성관뿐만 아니라 그 두 성관의 외손계 족보 편찬에 世系와 족도의 자료를 제공해 주는 역할을 수행했던 것이다.

족보의 편간은 대체로 그 성씨 · 족세와 비례하여 그 씨족이나 문중에 인물이 배출되고 내 · 외손 가운데 외관재임자가 있을 때 간행되었다. 학덕을 갖춘 중흥조가 나와 조상의 세계와 족파를 정리한 가첩과 실기 등이 편찬되고 선조들의 墓碑와 사당 · 재실을 세우는 등 爲先사업의 추진과 함께 족보가 편간되었다. 족보의 지역적 편간사정을 살펴보면 15～17세기까지는 안동권을 비롯한 영남의 재지사족들에 의해 많이 간행되었고 17～19세기 전반까지는 서울의 벌열가문을 비롯하여 기호지방에서, 1910년대에서 1930년대에는 북한지방에서 족보가 대량 간행되었다. 17세기 이래 족보의 보급에 따라 그 종류도 다양하여 족보 · 세보 · 파보 · 대동보 외에 同姓異本들의 合譜가 있는가 하면 原譜와 연접되지 않은 派系는 別譜라 하여 원보 뒤에 첨부하였다. 보학의 숭상과 함께 문벌과 당쟁의식이 고조됨에 따라 官班과 당색에 따라 문 · 무 · 음보와 남보 · 북보 등이 편찬되고 내외조상을 추적하는 데서 '搢紳八世譜' · '三班八世譜' · '先世聯派譜' · '外孫譜' 등이 만들어졌다. 전문보학자의 출현에 따라 丁時述의 『諸姓譜』, 洪汝河의 『海東姓苑』, 趙仲耘의 『氏族源流』, 任慶昌의 『姓苑叢錄』 등 종합보가 속출하였다.

『증보문헌비고』 帝系考 附 氏族條는 18세기 말 내지 한말까지 전국의 성관을 총망라한 것으로 『실지』와 『여지』의 성씨를 전부 기재한 다음 당시의 京外帳籍과 邑誌 성씨조까지 참고하여 성별본관을 빠짐없이 기재하였다. 성은 역대 地志에 기재된 것은 현존유무에 관계없이 다 기재하였고 심지어는 고려 태조 漢姓化 이전의 고유명의 첫 자를 姓字로 간주하여 일일이 기재한 결과 『실지』의 성 수 250姓보다 무려 두 배가 많은 496성이었다. 본관도 『실지』 · 『여지』 소재 것은 전부 수록함과 동시에 경외장적에 나타나는 것까지 조사, 수록하였으니 현존유무에 관계없이 모두 수록된 셈이다.

1931년 尹積求 등에 의해 편간된 『萬姓大同譜』에 수록된 족보는 성수로는 119성, 본관 수로는 343本이었다. 그러니 조선시대 총 250성과 4,000여 본관 가운데 족보를 남긴 성은 그 절반도 되지 않은 119성이며 본관 수에 비하면 1/10에 불과하였다. 물론 『만성대동보』에 누락된 족보도 많았던 것이다. 최근에 발간된 『韓國姓氏大觀』·『韓國人의 族譜』·『韓國族譜大典』 등은 『만성대동보』의 내용을 대부분 그대로 축략·전재하고 또 거기에 누락된 諸姓의 족보와 최근에 발간된 신보들을 참고, 편찬한 것이지만 그 대체적인 내용은 17세기 이래 일제시대에 편찬된 제 성의 개별족보와 종합보를 그대로 전재한 것으로 한국 성관의 기본인 『실지』 성씨조와 '土姓' 문제를 접어 둔 채 기존 족보의 내용을 고증·비판 없이 그대로 전재하였다.

조선 후기 성리학적 유교의식의 심화에 따라 가부장적 父系 친족 관념이 강화되고 報本追遠사상이 고취되어 조상세계를 자꾸 소급, 추적하여 계보화하려는 데서 세계조작이 자행되었고 족보 편찬과정에서 친족을 가급적 널리 파악하여 수록한다는 '收族'의 의미가 강조됨에 따라 同姓異本들의 동조의식과 合譜 내지 대동보가 보급되어 갔다. 즉, 16세기 이래 17·18세기 이후로 내려올수록 조선 전기에 편간된 족보보다는 종적인 조상세계는 자꾸 위로 소급되어 갔다. 횡적으로도 同姓의 異本들을 자꾸 연접, 확대해 나갔는데 이러한 종적인 소급과 횡적인 확대가 구체적이고 정확한 자료에 근거하는 경우는 거의 없고 대개는 신빙할 만한 자료의 제시 없이 그렇게 하려니 자연히 조작되고 가탁되기 마련이다. 그 결과가 바로 18, 19세기에 범람했던 僞譜였던 것이다. 金昌翕의 『안동김씨족보』 서문에서 족보편찬의 취지가 결국 '尊祖而收族'인데, 존조하고 수족하는 것이 이른바 '上治·旁治'로서 위로는 世系를 소급하고 옆으로는 씨족을 수렴하는 것이었다.

이러한 위보의 속출과 함께 그 위보가 조작되고 가탁된 내용을 증빙한다는 자료로서 가짜 호적과 분재문서 · 세계도 · 족도 등 가짜 文字와 가짜 墓誌石, 가탁된 墳墓가 여기 저기에서 나오게 되었다. 경주 거주 名士인 柳宜健(1687~1760, 進士)은 그의 「羅陵眞贋說」(『花溪集』 卷11)에서 신라 王陵 가운데 『여지』에 소재지가 명시된 것은 10개 능에 불과했던 것이 18세기에 이르러 28개 능의 소재지를 지정하였으니, 15세기까지 소재지를 몰랐던 18개 능을 새로 지정하였다는 것이다. 신라의 王陵조차 陵碑가 있던 武烈王陵 등을 제외하면 나머지 古墳들은 어느 왕의 것인지 조선 전기까지는 미상이었다. 그러니 私家조상의 분묘 가운데 고려시대 것은 麗末에 墓碑를 남긴 자에 한해 알 수 있었고 그렇지 않은 조상묘는 거의 분실되었다. 더구나 조선 전기 조상묘 가운데도 墓碑가 있고 후손들이 잘 世守한 가문은 선조묘소를 알 수 있었으나 한미한 가계나 신흥세력의 선조묘소는 대개 분실되고 말았다. 조선 후기 위보의 속출과 함께 시조 내지 분실된 조상묘소를 찾겠다는 노력이 씨족이나 문중의 호사가들에 의해 경주되었고 그러한 과정에서 가짜 誌石과 가탁된 조상분묘가 속출하게 되었다.

1900년 이래 최근까지 많은 국내외 학자들에 의해 성씨와 족보에 대한 조사와 연구가 진행되었지만,[15] 기존 족보가 안고 있는 문제처럼

---

15) 한국의 성관과 족보에 관한 기존연구로서는 아래의 논고들이 있다.
稻葉君山, 「朝鮮の族譜研究」(『朝鮮史學』 7, 1926); 「朝鮮民族の族譜」(『朝鮮』 28, 1926); 「朝鮮の族譜について」(『東亞經濟研究』 10-23, 1926); 金台俊, 「姓氏 · 門閥 · 族譜의 研究」(『朝鮮語文』 7, 1933); 조선총독부, 『朝鮮の姓』(1934); 今村鞆, 『朝鮮の姓名氏族に關する調査』(조선총독부, 1934); 善生永助, 『朝鮮の姓氏と同族部落』(刀江書院, 1943); 조선총독부, 『朝鮮の聚落』(1935); 金斗憲, 「朝鮮族譜の研究」(『朝鮮』 274~275, 1938); 崔在錫, 「日帝下의 族譜와 同族集團」(『亞細亞研究』 2~4, 1969) 및 「朝鮮時代의 族

『실지』 성씨조와 '토성' 문제를 제쳐 놓고 또 조선 후기 僞譜문제를 제대로 다루지 않은 채 족보 소재 현상 고찰에 그치고 있다. 그러한 조사와 연구는 기존자료나 국세조사에서 얻어진 결과를 갖고 평면적인 고찰이나 조선 후기에 편찬된 족보의 현상적 고찰에 불과했고 시대적 · 사회적 변천에 따른 성관체제와 의식의 변화 및 족보편찬체제의 동태적 파악은 제대로 되지 못하였다. 그런데 최근 『한국사시민강좌』(제24집, 1999)에서 족보가 안고 있는 문제들을 여러 각도에서 논술한 것은 많은 참고가 된다.

譜와 同族組織」(『歷史學報』 81, 1979); 宋俊浩, 「韓國에 있어서의 家系記錄의 歷史와 그 解釋」(『歷史學報』 87, 1980); 權寧大, 「成化譜攷」(『學術院論文集』 20, 1981); Edward W. Wagner, 「1476년 安東權氏族譜와 1565년 文化柳氏族譜 — 그 性格과 意味에 대한 考察 —」(『石堂論叢』 15, 1989); 김용선, 「고려시대 가계기록과 족보」(『이기백기념 사학논총』, 1994).

Ⅱ. 성씨와 토성 및 기타 성종의 개념

1. 성씨의 개념

성은 출생의 혈통을 나타내거나 한 혈통을 잇는 겨레(族)붙이의 칭호이다. 성씨란 일정한 인물을 시조로 하여 대대로 이어 내려오는 單系 血緣집단의 한 명칭이며, 곧 족적관념의 표현이라고 볼 수도 있다는 데서 결국 족의 문제와 직접 연결된 것이며, 고대로 거슬러 올라갈수록 더욱 밀착되어 있다. 후대의 성씨는 한자식 표기로서 이름 앞에 붙어 族系를 나타내는 同系 혈족집단의 명칭을 가리키고, 이는 바로 중국식 出自律의 의미를 내포하고 있다. 성과 씨는 역사상 때로는 함께 붙어서, 때로는 각각 독립적으로 사용되기도 하였다. 본관과 함께 사용하여 혈연관계가 없는 동일한 성과 구분된다. 여기에서 현재 한국인이라면 누구나 본 · 성 · 이름을 가지게 되어 있다. 성씨는 발생한 이래 계속 분화하여 같은 조상이면서 성을 달리하기도 하며, 동성이면서 조상을 달리하기도 하였다. 또는 부의 성을 따르기도 하며 혹은 모의 성을 따르는가 하면, 또는 혈연적으로 관계가 없는 冒姓을 하거나 變姓 · 賜姓 · 自稱姓하기도 하였다.

중국의 경우 삼대(하 · 은 · 주) 이전에는 남자는 씨를, 여자는 성을 호칭하였다가 후대에 성씨가 합쳐졌던 것이며, 씨는 신분의 귀천을 분별하였기 때문에 귀한 자는 씨가 있으나, 천한 자는 이름만 있고 씨는 없었다. 중국의 성씨제도를 수용한 우리나라에서는 고려 초기부터 지배층에게 성이 보급되면서 성은 부계혈통을 표시하고 명은 개인의 이름을 가리키게 되었다. 그 결과 성은 그 사람의 혈연관계를 분류하는 기준이 되며, 이름은 그 성과 결합하여 사회성원으로서의 개인을 남과 구별하는 구실을 한다. 이름 그 자체만으로는 독립된 인격행위를 할 수 없으며 어디까지나 성을 보조하는 기능을 가진다. 성은 그 사람이 태어난 부계혈통의 표지이기 때문에, 그 사람의 신분이나 호적에 변동이 생긴다 하여도 혈통이 변하는 것이 아니므로 일생 동안 바꾸지 못하는 것이 우리나라 고래의 관습법이다. 현행 민법상으로 子는 부의 성과 본을 따르도록 되어 있으며(제781조), 성이 오칭되거나 하는 특별한 경우 이외에는 성의 변경은 허용되지 않는다.

중국의 문자구조에 관한 최초의 자전인 『說文解字』에 "姓은 人之所生也"라 하듯이, 성은 출생의 계통을 표시하는 것으로 모계시대에는 여계의 혈통을, 부계시대에는 남계의 혈통을 나타내는 표지이다. 또, 『左傳』에 "天子建德 因生以賜姓"이라 한 것처럼, 천자가 유덕한 사람을 세워 제후를 봉할 때 그 조상의 출생지로써 성을 주었다고 한다. 그러므로 각 개인의 성에 의하여 각자의 소속된 혈통을 분별할 수 있다. 그러나 동일한 혈통을 가진 자가 각지에 분산하게 될 때 각기 지역에 분산된 일파를 표시하기 위한 표지가 필요하다. 이것이 곧 씨이다. 『좌전』에 "胙之土而命之氏"라 한 바와 같이, 씨는 지명에 의하여 명명됨을 말하고 있다. 씨는 분화된 혈통(성)의 각기 지연을 표시하는 표지인 것이 분명하므로 그 본원적인 의미는 성의 분파를 뜻한다. 그러므로 중국의 고전에서 말하는 성은 혈통의 연원을 표시하는 것으로 역시 우리의 성이라는 것에 해당되며, 씨란 같은 성에서도 소유한 지역으로써 분별한 것이므로 우리의 본관에 해당된다. 경주김씨 · 전주이씨 · 밀양박씨 등의 씨자에는 존칭적 의미도 잠재하여 있지만, 본관을 표시하는 의미가 포함되어 있다. 씨는 또한 조선시대 양반의 妻에 대한 이름 대용의 경칭적 칭호로도 사용되었다.

2. 土姓 기타 姓種의 개념

토성이라는 용어는 『경지』와 『실지』를 편찬하던 15세기 전반에 널리 사용되었다. 토성과 함께 '土姓品官', '土姓吏民', '土姓名賢' 등의 용례는 『세종실록』을 비롯하여 공사문헌에 자주 발견된다. 그런데 『경지』(1424)를 편찬하기 이전의 『실록』이나 고려시대 문헌에서 토성이란 용어는 일체 없었다. 『실지』보다 약 반세기 뒤진 『여지』에서는 토성의 용례가 고적 · 인물조에 약간 보일 뿐 성씨조에는 이미 쓰이지 않았다. 따라서 현존 성씨 관계 문헌으로서는 『경지』와 『실지』 성씨조가 시기적으로 가장 앞서고 기재내용도 비교적 상세하기 때문에 토성의 개념파악도 이 『실지』에 의거할 도리밖에 없다. 그러나 거기에도 토성에 관한 구체적인 주석이 없으니 명확한 개념규정은 하기 어려우나 다음의 주기로써 대강은 짐작할 수 있다.

> 토성은 李 · 安 · 金 3성이며 加屬姓은 朴 · 盧 · 張 3성이다〔이 6성은 '古籍'과 本道(경기도) '關'에 의거하여 기록하였다. 加屬이란 용어는 고적에 쓰인 것이다. 뒤의 성씨조 기재는 모두 이를 모방하였다.〕(『실지』 경기도 廣州牧姓氏條).

라 한 바와 같이 토성은 전대 이래의 '고적'과 『실지』 편찬 당시 각 도에서 올린 문서인 '관'에 기재되어 있던 성씨를 지칭했던 것이다. 그 '고적'은 구체적으로 알 수는 없으나 고려 초기 이래로 전래되어 온 성씨 관계 문서일 것이다. 그것은 전술한 바와 같이 고려 태조 23년경을 전후하여 군현별로 토성이 분정되면서부터 각 읍마다 唐代의 『氏族志』, 「郡望表」와 같이 성씨록이 작성 · 비치되어 있었다고 본다. 그것은 戶籍 · 軍籍 · 田案 · 吏案 등처럼 중앙과 지방의 읍사에 각각 보관되어 선거와 전주 및 향리의 선임과 승진에 참고했던 것이다. 그러한 고적은 현존의 『慶州戶長先生案』이나 『錦城日記』처럼 지방에서는 주로 읍사에서 작성 · 비치했던 것이며 각 읍의 것은 다시 중앙에 수합되어 성씨록과 같은 체제로 편찬 · 비치했던 것이라 짐작된다. 토성은 후술하는 亡姓 · 續姓과는 달리, 고적과 각 도에서 올린 '관'에도 등재되었는데 그 고적은 바로 고려 초 이래 전래해 오던 중앙 소장의 군현 성씨 관계 자료였던 것이며, 관은 지방의 각 읍사에 비치되어 있던 성씨 자료를 수합정리하여 중앙에 보고한 문서일 것이다.

토성도 加屬姓처럼 중앙과 지방 전래의 고적에 쓰인 용어로서 토풍 · 토속 · 토병 · 토관과 같이 토박이 성, 즉 여초 성씨의 분정 시 그곳에 토착하면서 지배적인 위치에 있던 유력씨족, 또는 그곳을 본관으로 하면서 읍사를 구성하였던 성씨집단이 곧 토성이 되었던 것이다. 그런데 『실지』의 성씨조를 정리할 때 여러 이본의 성씨 관계 자료가 참고되었음은 아래 『실지』의 성씨조에서 확인된다.

> 강원도 淮陽府 水入縣: '縣과 성씨는 古籍에 없다.'
> 전라도 茂松縣: '亡姓 2: 車 · 仝(車氏는 一本에 申氏로, 仝씨는 一本에 金氏로 쓰여 있다.)'
> 경상도 知禮縣: '土姓 4: 朴 · 錢 · 張 · 康(古文에는 錢氏가 仝氏로 쓰여 있다.)'
> 경상도 英陽縣: '姓 4: 南 · 李 · 金 · 房(지금 보고에는 方氏로 되어 있

다.)'

강원도 高原郡: '土姓 4: 韓〔洪武 32년 戊寅(1398년) 戶口에는 韓氏가 登州에서 왔다고 되어 있다.〕'

상기 예와 같이 『실지』의 성씨조를 편찬하는 데 있어서는 중앙과 지방의 것을 대조도 하고 여러 이본의 자료를 참고했던 것이다. 관이란 당시 통용되던 공문서의 일종이었으며 여기서는 『실지』 편찬을 위한 작업으로 각 도에서 성씨 관계 자료를 정리하여 중앙에 보고한 문서일 것이다. 이 보고 문서는 각 도뿐만 아니라 각 군현에서 올린 자료도 포함되었다. 여기에서 다시 토성과 망성(망토성) 및 속성을 대비해 보면 토성의 실체가 드러날 것 같다.

> 亡姓은 尹·石·韓·池·素氏 등 5성이다.〔무릇 망성이라는 것은 고적에는 있으나 지금(『실지』 편찬 당시)에는 없는 성을 지칭한다.〕 뒤에 기재된 망성은 모두 이를 모방하였다(『실지』 경기도 廣州牧 성씨조).
>
> 속성은 하나로 咸氏이다.〔오른쪽 咸氏는 고적에 없는 것으로 지금 本道(경기도)關에 의거하여 부속해 기록하였다.〕 뒤에 무릇 속성이라 한 것은 모두 이것을 모방하였다(『실지』 경기도 楊根郡 성씨조).

위와 같이 토성은 고적에 있으나 각 도의 '관'에 없는 망성과, 고적에 없으나 각 도 관에 있는 속성 및 내성·사성 등을 제외한 성씨로서 고적(중앙)에도 기재되어 있고 또 당시 보고문서인 각 道關(지방)에도 기재되어 있는 것을 지칭한다 하겠다. 그러니 망성은 망토성과 같은 뜻으로 종래의 토성이 소멸되거나 타지로 이주하여 당시에는 이미 그곳에 없는 토성을 가리키는 것이며, 속성은 종전에 없던 것이 당시 보고서인 관에 추가 등재된 성을 지칭한 것이다.

『실지』에 의거 토성의 기재상태를 살펴보면 주읍과 속현 및 촌·향·

소 · 부곡 등에 따라 다소 차이가 있다. 일반적으로 주부군현의 주읍에는 토성으로 기록한 데 비하여 속현에는 지방에 따라 토성 또는 그냥 '(某縣)姓'으로 기록하였고 촌과 향 · 소 · 부곡 · 처 · 장 · 역 등에는 몇 개의 예외를 제하고는 모두 '土'자를 빼고 그냥 '(모촌 · 향 · 소 · 부곡 등)姓'으로 표기하였다. 이러한 현상은 바로 토성의 계급분화를 고려한 본관의 지역적 차별의식에서 나온 결과라고 볼 수도 있다. 그러나 『실지』보다 앞선 『경지』에서는 주읍과 같이 임내성도 토성으로 표기했던 것이다. 토성을 성관에 구애되지 않고 상류계급의 성이라 한다든지, 토성을 양반성으로 간주하려는 태도는 후대에 와서 토성의 계급분화를 고려한 데서 나온 연유이지만, 성은 그 자체가 상하의 구별이 있는 것이 아니라, 주읍과 속현 또는 향 · 소 · 부곡 등 본관에 따라 격차가 있었다고 보아야 할 것이다. 왜냐하면 향 · 소 · 부곡 등 특수구역에도 토성으로 표기한 것이 있기 때문이다.

한편 토성의 시원적인 용례는 『尙書』(書經)의 禹貢條 '토성을 준다'에서 비롯된다. 그 주에

> 토성을 준다는 말은 일정한 토지를 주워 나라를 세우게 하고 姓을 주어서 宗을 세우는 것을 의미한다.

고 한 바와 같이 토성은 본래 두 가지 구성요소인 지역적 의미의 '토'와 씨족적 요소의 '성'으로 구성되었다. 즉, 토성은 지연적 촌락공동체로서의 토와 혈연적 씨족집단으로서의 성으로 구성되었던 것이다. 다음의 『左傳』에도 비슷한 내용이 실려 있다.

> 天子가 나라를 세움에 출생에 따라 姓을 주고 토지를 주어 氏를 명명한다(권1, 隱公 8年條).

祝穆의 '錫土姓' 주에서와 같이 토성은 '以所生之土, 賜之爲姓' 한 데서 비롯된 것이며 그것은 또한 '姓은 곧 출생의 유래를 표시하고 氏는 곧 그 씨족의 所由出을 의미한다.' 란 성씨의 개념과도 일치한다. 중국은 문헌상 황제 이래 제왕이 봉후건국함에 있어 因生而賜姓하고 '胙之土而命之氏' 한 데서 성씨는 계속 분화되어 동조이면서 성을 달리하기도 하고 동성이면서 조상을 달리하기도 하였다. 삼대 이전에는 남자는 씨를, 여자는 성을 호칭했다가 후대에 성씨가 합일되었던 것이며, 씨는 귀천을 분변했기 때문에 貴者는 씨가 있으나 賤者는 이름만 있고 씨는 없다는 것이다.[1)]

토성의 실체를 구명하기 위해서는 군현과 향·소·부곡 등 본관의 구획과정과 그곳 토착씨족의 한성화 내지 분화과정을 결부하여 고찰되어야 한다. 여기에서 토성은 고려 후기 이래 사용해 온 신생 본관성과는 구분되어야 한다. 『실지』 소재 姓稱 표기의 기준에 의하면 그 구역을 본관으로 한다고 해서 모두 토성이 되는 것은 아니었다. 경주부의 토성은 소위 6부촌장의 성인 6성에 한하여 신라 종성의 朴·昔·金 3성은 '天降姓' 이라 하여 토성인 6성과 구분하고 있으며, 晋州牧과 昆明縣의 성씨조에는 토성과 '立州後姓' 또는 '立縣後姓' 으로 구분하였다. 또 고려 후기 벌족으로 성장한 文化柳氏는 文化縣의 來姓으로 나타나며, 조선 초기의 명문인 長水黃氏는 長水縣의 續姓으로 표기되어 있고, 여초 이래 양계의 州鎭을 본관으로 하는 성씨는 타지방에서 이주한 '入鎭姓', '來姓', '入姓' 등으로 처리되어 있다. 그러니 조선 초기 이후와 같이 그 군현을 본관으로 한다고 해서 모두 그곳의 토성이 되는 것은 아니었다.

---

1) 『尙書』(書經) 禹貢條; 『左傳』 卷1, 隱公 8年條; 祝穆, 『新編古今事文類聚後集』 卷1, 姓氏條; 『魏書』(25史) 卷113, 官氏志; 鄭樵, 『通志略』 1, 氏族序 및 『欽定古今圖書集成』 氏族典 참조.

여기에서 다시 15세기에 편찬된『경지』·『실지』·『여지』의 성씨조를 비교해 보면 토성 표기의 시대적 연변상황을 엿볼 수 있다. 세종 7년(1425)에 완성된『경지』에서는 토성의 범주에 '토성' 외에 '인리성'·'백성성'·'촌락성'·'망성' 등을 포함시키고 있으며 그 성씨의 본관에 따라 주·부·군·현토성과 속현성·촌·향·소·부곡성으로 표기한 데 비하여, 동왕 14년에 편찬된『실지』에서는『경지』의 토성을 내용별로 세분하여 같은 토성이면서 남원부와 팔거현 등에서는 인리성과 백성성으로 구분하였고『경지』의 토성을 망성·촌락성·인리성·백성성 등으로 구분하여 구체적으로 기록하였다. 성종 12년(1481)에 편찬된『여지』의 성씨조에는 토성이란 용어를 쓰지 않았다.[2] 이와 같이『경지』와『실지』에 성씨의 대종을 이루던 토성의 용례가『여지』의 성씨조에 보이지 않는 것은 종래 토성의 토착적 의미가 희박해지고 사족의 본관이 거주지와 유리됨으로써 오로지 본관이 문제되었기 때문이다.

한편 '가속성', 내성과 속성과의 차이점은 전자는 고적에 있는 데 반하여 후자는 없다. 그래서 토성의 성립과정을 말할 때 토성과 가속성과의 관계는 토성과 입주후성 또는 토성과 '차성', '인리성'과 '차리성'과의 관계와 같다고 본다. 즉, 이러한 姓稱들은 그 형성시기의 시간적 순서로써 구분되었다. 이러한 성칭의 구분은 우선 형성시기의 선후문제도 있겠지만 당시 족단의 세력관계, 또 그로 인한 성칭이 신분적 상하우열관계에서 나왔을 것이다. 또한 토성은 고려 왕조가 확립된 다음에 나타난 사성과도 구분되어야 한다. 태조는 그 원년(918)에 춘천 출신의 朴儒를 王씨로 사성한 바 있고, 현종 20년(1029)에 청주 출신 李可道를 왕씨로 사성한 바 있으나『실지』에는 이들 사성이 그곳 토성이 되지 못하였

---

2) 이수건,「'土姓' 硏究(其一)」(『東洋文化』 16, 영남대 동양문화연구소, 1975).

다. 태조 5년 명주장군 順式에게 왕씨를 사성한바, 이는 그곳 토성이 되었음을 볼 때, 그 지방에 토착한 고유명의 호족에게 사성한 것은 토성이 된 데 반하여 이미 한성화한 토성을 다른 성씨로 사성한 것은 토성이 될 수 없었음을 알 수 있다. 改姓의 경우는 종전과 같이 토성으로 존속되었다.

이와 같이 『실지』 소재 토성은 망성 · 내성 · 속성 등과는 달리, 그 지방의 구획당초부터 『실지』 편찬 당시까지 그 지방에 토착하면서 그곳 지명을 본관으로 하는 지배적인 성씨집단을 지칭한다고 하겠다. 그런 의미에서 그것은 위진남북조시대의 '郡姓'과 비슷한 일면이 있다. 그러나 토성은 그 구역의 읍사를 구성했던 토착성씨였다는 데서 중국의 그것과는 상이하였다. 즉, 토성은 읍사의 향리를 떠나서는 논의가 될 수 없으며,[3] 향리는 군현유지의 3대요소인 구역 · 주민과 함께 필수불가결한 존재였던 것이다. 이러한 토성의 개념 규정은 토성의 형성과정과 내부구조를 다루는 항목에서 보다 구체적으로 밝혀질 것이다.

3. 본관과 토성

氏姓 또는 土姓이라 할 때 '씨'와 '토'는 그 성의 출자지인 본관을 의미하고 있다. 土姓은 『실지』 소재 각종 姓種 가운데 大宗을 차지하며 外國系 歸化姓을 제외하면 다른 성종(亡姓 · 來姓 · 續姓 등)은 모두 토성에서 분화된 것이다. 토성은 中國의 '氏姓'과 같은 의미로서 姓의 출자지를 나타낸 本貫(土＝氏)과 父系血統을 의미하는 姓으로 구성된 복합

3) 吉田光男, 「李朝初の地方支配について —『世宗實錄』地理志姓氏條の性格檢討をぬくつて —」(『社會經濟史學』 44卷 5號, 1979).

어이며 각 본관지역을 장악한 支配姓團으로서 각 邑司의 吏族(향리)과 上京官人을 공급했던 '토박이성'이란 의미도 지녔다. 성과 본관은 이처럼 불가분의 관계에 있으며 우리의 성씨체계 가운데 한 특징을 이루고 있는 것이 본관제도이다. 성이 같아도 본관이 다르면 異族이요, 반드시 성과 본관이 같아야만 동족이 된다. 그러나 이것은 원칙론이지, 실제로는 예외가 많아 상당히 복잡하다. 씨족의 연원을 같이하면서도 성 또는 본관을 서로 달리하는 성씨가 많은가 하면, 반대로 異族이면서도 성과 본관을 같이하는 경우가 많다. 편의상 성과 본관을 조합하여 보면 다음과 같이 몇 개의 유형으로 분류할 수 있다. 즉, 동족의 同姓同本과 동성이본, 동족의 이성동본과 異姓異本, 이족의 동성동본과 동성이본, 이족의 이성동본과 이성이본 등 8가지 경우가 있다.

본관이란 姓의 出自地 또는 시조의 거주지 · 賜貫地로서 鄕貫 · 貫籍 · 貫鄕 · 姓貫 · 籍 · 本이라고도 한다. 어느 시대를 막론하고 사람의 생활은 각기 血緣과 地緣으로 서로 얽혀 있게 된다. 성이 바로 父系의 혈통을 나타내면서 시간선상의 끊임없는 연속성을 보여 준다면, 본관은 어느 한 시대에 정착하였던 조상의 거주지를 나타내므로 공간상의 의미가 크다. 이러한 본관의 연원을 추적해 보면, 첫째, 성을 사용하기 전인 7세기 이전에는 그 사람의 출신지(거주지)가 신분의 표시로서 성의 구실(신라의 6부 같은)을 하였으며, 둘째, 본관이란 시조의 출신지 또는 그 씨족이 대대로 살아온 고장을 가리킨 것이며, 셋째, 신라 말 · 고려 초 이후 성이 일반화하는 과정에서 혈족계통을 전혀 달리하는 동성이 많이 생겨남으로써 이족의 동성과 구별하기 위하여 동족의 표시로서 본관이 널리 쓰이게 되었다. 성의 분화과정에서 성만으로는 동족을 구별할 수가 없으므로, 조상의 출신지 또는 씨족의 거주지를 성 앞에 붙여서 사용하게 되었다. 처음에는 본관이 곧 신분의 표시이기도 하였으므로 주로 지배층에 사용되었다가, 후대로 내려오면서 성이 널리 보급됨에 따라 신분질서의 유지와 효과적인 徵稅調役의 필요상 일반주민에게까지도 호적에 본관을 기재하게 되었다. 그래서 호적제도가 정비된 고려시대부터는 성이 없는 천민층도 본관을 호적에 기입했던 것이다. 성의 분화와 같이 본관도 후대에 내려올수록 분관·분적이 늘어 시조의 발상지 외에 封君地·賜貫地 또는 그 후손의 일파가 이주한 곳이 새 본관이 되었다.

토성은 그 자체가 혈연과 지연의 이중적 의미를 지녔기 때문에 토성 연구는 성의 생성·분화과정과 함께 그 성의 출자지, 즉 본관의 지역적 구획과 연혁을 동시에 결부시켜 고찰해야 하는 역사지리적 연구가 요청된다. 한국의 성·본관제도는 중국의 한식성씨제도를 수입·모방한 데서 시작되었지만, 그것이 본격적으로 정착된 시기는 신라 말·고려 초기라 생각된다.

『실지』 소재 각읍 토성은 고려 초기 이래 전래되던 '고적'에 등재되어 있었던 것이며, 그 고적은 태조 왕건이 후삼국을 통일한 후 태조 23년경을 전후하여 작성되기 시작했을 것이라고 본다. 최근 고려시대 본관문제는 허흥식·채웅석·김수태에 의해 어느 정도 밝혀지고 있으나, 이는 어디까지나 『실지』 소재 성씨의 형성문제와 나말려초에 걸친 '漢姓'의 수용과정, 고려 초기의 군현제편성 및 호적제도의 실시 등과 연관시켜 규명해야 할 것이다. 중국의 경우 『좌전』에서는 득성의 배경을 '賜姓受氏' 외에 '以字·諡·官·邑爲氏' 등 5가지를 열거한 데 이어 鄭樵의 『通志略』 씨족조에서는 무릇 得姓受氏한 연원으로 32가지를 들고 있다. 이렇게 생성 발전해 간 중국의 성씨는 곧 나말려초에 걸쳐 한국에 활발히 수용되었다. 삼국시대부터 『삼국사기』에 한성인명이 간혹 나타나지만 고구려·백제계통의 성은 그 계보가 후대에 거의 연계되지 않고 있으며, 다만 신라의 종성과 6성 및 가락국계의 신김씨(김해김씨)가 후대의 계보와 연결될 뿐이다. 나머지 성관들은 대부분 여초에 그 출신지별로 군현토성을 분정받게 됨으로써 『실지』 소재 각 성관의 성립을 보게 되었던 것이다.

나 · 당 간의 활발한 문물교류와 신라의 한화정책에 의하여 한식지명의 개정과 함께 중국의 유명성씨를 수입 · 모방하게 되었다. 신라에서 발생한 박씨 · 김씨가 대성으로 발전한 것도 있지만, 6촌장에게 하사했다는 6성을 비롯하여 『실지』 소재 성자들은 대부분 唐代의 『氏族志』나 「郡望表」 또는 『通志略』 소재 유명 성자를 모방했던 것이다. 『실지』의 성씨조는 중국의 역대 지지에서도 찾아볼 수 없는 특징을 갖고 있다. 그것은 오히려 당대의 『씨족지』 내지 「군망표」와 비슷한 점이 있다. 따라서 태조 왕건의 군현토성 분정책은 北魏 孝文帝의 '姓族分定' 작업과 당 태종의 『貞觀氏族志』 편찬사업과 비교된다.

曹魏의 九品中正法 실시를 계기로 문벌 사회가 확립됨에 따라 각 군별로 '郡望'이 형성되어 갔다. 그 후 晋室의 南渡와 五胡의 강북지배에서 종전의 姓望체제가 획기적으로 개편되었다. 그 결과 이른바 郡姓 · 僑姓 · 吳姓 · 虜姓이 지역과 씨족에 따라 구분되었고, 그들은 남북조 역대왕조의 흥망과 집권세력의 소장에 따라 성세와 가격이 한결같지 않았다. 『실지』의 토성도 읍격에 따라 주 · 부 · 군 · 현성이 있듯이, 남북조 및 수 · 당시대의 군망도 四海大姓 · 군성 · 주성 · 현성이 있었다. 한편 북위 효문제가 洛陽천도를 계기로 적극적인 한화(華化)정책을 실시하여 태화 9년(496)에 성족을 새로 상정하자 諸部族(部落)大人들의 한성화(代北複姓의 漢式單姓化)가 활발해진 것은, 나말려초 호족이 고유명에서 한식성명을 수용한 경우와 비슷했다고 생각된다.

隋를 이어 천하를 다시 통일한 당 태종은 그 정관 연간에 高士廉 등으로 하여금 『씨족지』를 편찬 · 반포하게 했던 것이다. 태종은 당 제국이 창건되기 이전에 성세를 자랑하던 산동의 舊閥들이 구래의 가문적 명예를 과시하면서 현실의 정치적 실력에 비해 과분한 사회적 성예를 향유하며, 다른 한편에서는 종래의 문벌을 내세워 賣婚의 폐단까지 자행하고 있음을 매우 불쾌하게 생각했던 것이다. 즉, 당 제국의 새 질서를 강화하려 했던 당 태종은 당대의 현실적 힘의 관계에 의해 기존의 '崔·盧·李·鄭'과 같은 특정 대성의 우월성을 줄이고 293성에 1,651家란 다수의 성족을 확대 개편해서 평준화했다. 그것은 기존의 문벌관념을 부정하려는 것이 아니며, 오히려 당시에 합당한 새로운 질서를 부여하려는 데 태종의 의도가 있었던 것이다. 후삼국을 통일한 왕건이 그 23년(940)경에 전국의 군현토성을 분정한 배경도 좁고 폐쇄적인 신라의 골품제도를 청산하고 신왕조를 담당할 새로운 지배신분을 편성하는 데 있었던 것이라고 볼 수 있다.

돈황에서 발견된 唐代의 「氏族志斷簡」과 「郡望表」를 비롯한 성씨 관계 자료는 나말려초에 걸쳐 한반도에 유입되었을 가능성이 있으며 더구나 당시 나당 간을 빈번히 왕래했던 인사나 중국계 귀화인들에 의해서 당대의 성씨 관계 자료와 지식이 전래 내지 습득되었을 것이라고 짐작된다. 『실지』 소재 군현토성(망성포함)을 당의 「군망표」 소재 郡姓과 대비해 보면 전자의 성자가 대부분 후자에 있으며, 어떤 군현은 그 성자를 대비해 보면 양자가 비슷한 곳도 있다. 이는 우연의 일치라고만 볼 수는 없을 것 같다. 따라서 태조 23년경에 책정한 군현토성은 당대의 성씨 관계 자료를 모방해서 정했을 것이라고 짐작되며, 나말의 최치원을 비롯하여 고려시대 문사들의 인물성관 표기에서 당대의 郡望을 즐겨 쓰고 있었다는 데서도 그러한 주장이 뒷받침된다 하겠다. 한편 성종 11년(992) 군현의 별호를 정한 것도 당대의 군망을 모방해서 雅化한 것이라고 본다. 고려시대 문사들이 당시 인물의 전기와 묘지에 성관을 기재할 때 『실지』 소재 토성을 '군성' 또는 '군망'으로 표기하면서 崔氏는 淸河·博陵, 李氏는 隴西, 姜氏와 尹氏는 天水, 蔡氏는 濟陽, 鄭氏는 滎陽으로 각각 표기하는 등 唐代「군망표」 소재 군망을 즐겨 썼다는 사실은 바로 그러한 중국 측 성씨 관계 자료를 섭렵했다는 증좌가 된다.[4)]

당대의 「군망표」와 『실지』 군현토성의 기재양식을 비교해 보면 다음과 같은 특징이 있다. 첫째, 기재형식은 거의 같지만 전자는 군을 단위로 한 데 반해 후자는 현 이상은 물론 군현의 관내인 촌과 향 · 소 · 부곡 등에까지 성씨가 개별적으로 기재되어 있다. 둘째, 전자에서는 기성의 명문거족을 대상으로 군성이 책정된 데 반해 『실지』에서는 기성사족은 물론 각기 '읍사'를 구성하고 있던 토성이족을 중심으로 토성이 배정되었다. 셋째, 전자는 임관과 혼인의 자격과 범위를 한정해 주는 기능을 지닌 데 반해 후자는 기성사족의 출자와 각 읍사를 구성하고 있던 토착성씨를 파악하여 효과적인 지방통치를 수행하는 데 참고하려 했던 것이다. 그런데 충렬왕 때 왕실과 혼인할 수 있는 이른바 '宰相之宗'을 정했던 의도는, 남북조 · 수당시대 신분적 내혼제의 범위를 정했던 각종 씨족지 · 성씨록 등의 편찬배경과 사정이 흡사하다 하겠다.

그런데 『실지』 소재 모든 성관이 태조 23년경을 전후하여 한꺼번에 정착되었다고는 볼 수 없다. 크고 작은 고을 사이에 영속관계가 형성되어 갔듯이, 태조 23년경에 정착된 기존 토성은 본읍의 읍치를 중심으로 점차 임내와 직촌으로 확산되어 감으로써 토성의 분화와 질적 변화를 가져왔다. 즉, 토성 다음에 '가속성', '입주(현)후성', '차성', '차리

---

4) 중국 측의 姓族分定과 『氏族志』 편찬 및 「郡望表」 등에 관한 참고자료와 論著; 『魏書』 卷113, 官氏志, 同書 卷63, 宋弁傳, 「(孝文帝)時, 大選內外群官, 竝定四海士族」, 同書 卷57, 崔挺傳, 「諸州中正, 本在論人, 高祖(孝文帝)將辨天下氏族, 仍亦訪定, 乃遙授挺本州大中正」, 『隋書』 卷33, 經籍志, 譜系篇, 『舊唐書』 卷3, 太宗本紀, 同書 卷65, 高士廉傳, 『新唐書』 卷95, 高儉(士廉)傳, 同書 卷199, 柳冲傳附柳芳著論條; 池田溫, 「唐代の郡望表 — 九 · 十世紀の敦煌寫本を中心として —」(『東洋學報』 42卷 3 · 4號, 1959~1960); 仁井田陞, 「敦煌發見の天下姓望氏族譜 — 唐代の身分的內婚制をめくつて —」(『石濱記念東洋學論叢』, 1958); 『中國法制史研究』(奴隷農奴法 · 家族村落法, 1962, 再收).

성' 등이 생기게 되었고, 본읍토성과는 별도로 임내(속현과 향 · 소 · 부곡 · 처 · 장)성과 촌락을 본관으로 하는 '촌성'이 시간적 선후를 두고 계속해서 생성되어 갔던 것이다.

『실지』를 편찬하던 15세기 초만 해도 본관이 주 · 부 · 군 · 현과 촌 또는 향 · 소 · 부곡 · 처 · 장별로 구분 기재되어 있었다. 여기에서 우리는 『실지』 소재 각 성씨와 본관은 그 지역적 유래가 꽤 오래되었음을 짐작케 한다. 『삼국사기』 지리지에서 『여지』까지의 역대 지지에 의거 군현의 연혁과 그 구역의 변동을 살펴보면, 과거 성읍국가시대의 國 · 城 · 村이 삼국 내지 통일신라의 발전과정에서 중국의 군현제를 모방하여 주 · 군 · 현으로 개편되어 갔다. 그 후 주부군현의 명칭과 읍격 및 영속관계는 변천을 거듭했지만 원구역 그 자체의 분할이나 분해작용은 극히 드물었던 것이다. 신라 내지 고려의 군현제는 형식상 중국의 제도를 모방했지만 실질적으로는 재래의 성읍국가체제 위에 군현제란 의상으로 장식했던 것이다. 그러므로 고려 · 조선 양 왕조의 천여 년을 경과하여도 고래의 성읍의 잔해가 근세까지 남는다. 『실지』 소재 각 성씨의 본관인 주 · 부 · 군 · 현과 촌 및 향 · 소 · 부곡 등은 각기 그 규모와 형세에 있어서 대소강약의 차가 있었다. 먼저 『여지』에 의거 15세기 후반을 기준으로 전국의 군현과 폐읍 및 기타 구역을 통계하면 주읍 331, 속현 72, 폐현 141의 합계 544읍은 신라의 9주소관읍 450에 후대 국경개척에 따라 양계의 신설주진이 가산된 것이며, 또한 전대의 군현 가운데 일부는 여초의 정비기에 와서 폐읍이 되기도 하였고 일부 군현은 종래의 향 · 소 · 부곡에서 승격된 것도 있었다. 이러한 군현과 향 · 소 · 부곡은 고려 태조 이래 승격과 강등, 병합 · 폐합, 영속의 변동, 임내의 직촌화 등 변동은 빈번했지만, 그들의 원구역만은 좀처럼 쉽게 분해되지 않고 15세기 초 『실지』 · 『여지』 편찬 때까지 존속되고 있었던 것이다. 더구나 이들 구역에는 각기 '토성이민'이 존재했기 때문에 『여지』 편찬자들은 각 읍 성씨조를 정리하면서 그 폐읍이나 향 · 소 · 부곡 등은 비록 혁파되고 소멸되었다 하더라도 그곳 토성의 출자지, 즉 본관을 밝혀야 했기 때문에 이미 혁파되고 소멸된 구역들도 각 읍의 고적조에 기재했던 것이다.[5)]

『여지』 소재 군현과 폐읍 및 과거의 향 · 소 · 부곡 등의 소재지를 현지 답사해 보면 대략 두 가지 특징을 발견할 수 있다. 첫째는 그 구역의 유래가 강인하게 후대까지 존속되고 있다는 사실이다. 그러한 곳은 한말까지 읍치와 '면'의 중심지로 존재했으며, 다시 그곳을 시기적으로 소급하면 옛 성읍국가의 중심지로서 그 주위에는 고분군이 있으며 또 대소의 산성이 위치해 있었다. 이러한 산성은 군현뿐만 아니라 향 · 소 · 부곡의 유지 부근에도 간혹 있었다. 역대에 걸쳐 너무나 많은 외적의 침략을 받아 왔기 때문에 읍치나 촌락은 평야지대보다는 전략적인 요새지에 위치하였다. 또한 이러한 곳은 대체로 배산임수했기 때문에 방어와 피난, 땔감과 식수조달 및 관개용수 확보상 유리했던 것이다. 둘째는 본관의 읍격 고하와 주읍 · 임내의 구분은 대체로 그 위치가 농업 생산성의 우열과 비례하고 있다. 가령 신라시대 9주 · 5소경이나 고려 · 조선시대 각 도 계수관의 읍치와 중소군현 · 속현 및 향 · 소 · 부곡사가

5) 『실지』 「각읍성씨조」에는 州 · 府 · 郡 · 縣과 鄕 · 所 · 部曲 · 處 · 莊별로 姓氏가 구분 기재되어 있으며 지방에 따라서는 驛姓 · 津姓 · 戍姓도 있었다. 15세기의 지리지에 기재된 姓氏條는 전대의 '古籍', 周官六翼 · 各道觀風案 및 各道의 '關'을 참고했던 것이며, 15세기 초까지 각 구획별로 각종 성씨가 本貫地別로 조사 파악되고 있었다. 이러한 각 구획의 성씨는 그 '邑司'(州 · 府 · 郡 · 縣司, 鄕 · 所 · 部曲司)를 구성하였던 鄕吏의 주체였던 것이다. "人吏則部曲, 亦皆有之"(『세조실록』, 권2, 원년 8월 정묘)란 世祖의 말이나 "(鄕 · 所 · 部曲 · 處 · 莊)右諸所, 皆有土姓吏民焉"(『여지』 권7, 〈경기도〉 「驪州牧」 '古跡 登神莊條')의 표현처럼 소멸되었거나 소멸과정에 있던 향 · 소 · 부곡에도 각기 토성이민이 있었으니 현 이상의 군 · 현에는 거의 빠짐 없이 토성이민이 있어 각기 그 구역의 읍사를 장악하고 있었던 것이다.

있었던 곳을 답사해 보면 그러한 특징을 곧 발견하게 된다. 즉, 대읍의 읍치보다 다소 협소한 곳에 중소군현의 읍치가 있었고 그보다 더 열악한 곳에 향·소·부곡사가 있었다. 따라서 읍격의 고하는 동시에 그곳을 본관으로 하는 토성세의 대소강약과 대체로 비례하였다. 여기에서 바로 본관의 우열이 나오게 되었던 것이다.

고려의 군현편제가 주부군현과 임내 및 직촌으로 구획되어 있듯이, 토성도 각기 본관에 따라 성세와 진출에 차가 있었다. 그렇다 하더라도 旗田巍의 주장처럼 여초의 군현 편성이 단지 호족세력의 대소강약에 따른 계층적인 편성이라고는 볼 수 없다. 〈표 1〉과 같이 각 읍 토성의 성장과정에서 우리는 그 토성의 본관이 보인 성세와 진출 면에서 현저한 격차를 발견할 수 있다.

대체로 〈표 1〉과 같이 대읍의 토성들은 여초부터 귀족과 관인을 많이 배출시킨 데 반하여 중소군현의 토성은 그 성세가 훨씬 뒤졌던 것이며 또 속현은 그보다 더 열세에 있었다. 주읍에 소속되어 있던 향·소·부곡성은 무신집권 이전까지는 거의 관인을 배출하지 못하다가 고려 후기에 가서 극소수의 토성이 진출했을 뿐이다. 그런데 본래 속현으로 존속했던 소현의 토성은 대읍토성에 비해 현저한 격차를 찾아볼 수 없다. 가령 土山李·崔氏, 陽川許氏, 安山金氏, 坡平尹氏, 光陽金氏처럼 고려시대 속현으로 존재했음에도 명문으로 발전했던 것이다. 본서 Ⅵ장의 〈표 1〉 소재 군현과 각 임내가 동일 시기에 설치되지 않았듯이, 주읍과 임내를 본관으로 한 각 토성이 한꺼번에 형성되었다고는 볼 수 없다. 군현은 읍치를 중심으로 성장하되 인구의 증가에 따라 신생촌이 생기게 되었고 읍치의 외곽지대와 접경지대에 향·소·부곡이 생겨나게 되었다.

『실지』의 각 읍 성씨를 각 본관별로 분석해 보면, 여초 군현토성을 분정할 때 존재했던 군현은 주읍과 속읍을 막론하고 각기 성씨가 개별적으로 기재된 데 반해 군현에 소속했던 향·소·부곡성에는 주읍의 토성

〈표 1〉 고려시대 시기별 · 지역별 군현토성(본관)의 진출상황

도별 본관 구분	고려 전기에 귀족 또는 高級官人을 진출시킨 郡縣(本貫)	後期 또는 麗末에 비로소 高級官人을 진출시킨 郡縣(本貫)	麗末까지 高級官人을 내지 못한 郡縣(本貫)
京畿	開城 · 廣州 · 黃驪 · 楊根 · 利川 · 衿川 · 楊州 · 見州 · 豊壤 · 瑞原 · 坡平 · 安峽 · 水原 · 南陽 · 安山 · 安城 · 鐵原 · 長湍 · 富平 · 江華 · 仁川 · 貞州 · 金浦 · 陽川 · 守安 · 童城 · 龍駒	砥平 · 幸州 · 交河 · 深岳 · 臨津 · 陽城 · 僧嶺 · 河陰 · 德水 · 喬桐 · 川寧	陰竹 · 果川 · 沙川 · 高峰 · 富原 · 積城 · 抱川 · 加平 · 朝宗 · 雙阜 · 永新 · 貞松 · 龍城 · 廣德 · 載陽 · 處仁 · 陽智 · 朔寧 · 永平 · 臨江 · 松林 · 麻田 · 漣川 · 鎭江 · 通津
黃海	黃州 · 瑞興 · 鳳山 · 遂安 · 谷山 · 俠溪 · 海州 · 長淵 · 永康 · 平山 · 白川 · 信川 · 殷栗	載寧 · 延安 · 牛峰 · 兎山 · 豊川 · 文化 ·	鐵和 · 安岳 · 新恩 · 三支 · 甕津 · 白翎 · 江陰 · 青松 · 嘉禾 · 海安 · 連豊 · 長命鎭
忠清	忠州 · 陰城 · 清州 · 木川 · 竹山 · 全義 · 鎭川 · 韓山 · 扶餘 · 洪州 · 沔川 · 大興 · 定山	丹陽 · 清風 · 天安 · 文義 · 稷山 · 平澤 · 溫水 · 新昌 · 永同 · 公州 · 林川 · 藍浦 · 瑞山 · 德山 · 青陽 · 結城 · 市津 · 槐山	翼安 · 延豊 · 堤川 · 永春 · 青川 · 沃川 · 安邑 · 利山 · 陽山 · 青塘 · 道安 · 燕岐 · 慶陽 · 牙山 · 黃澗 · 懷仁 · 報恩 · 青山 · 新豊 · 儒城 · 德津 · 舒川 · 庇仁 · 鴻山 · 德恩 · 連山 · 懷德 · 石城 · 鎭岑 · 尼山 · 新平 · 黎陽 · 興陽 · 合德 · 泰安 · 貞海 · 餘美 · 唐津 · 禮山 · 保寧
全羅	全州 · 沃溝 · 高山 · 羅州 · 靈岩 · 靈光 · 耽津 · 茂松 · 南平 · 務安 · 高敞 · 興德 ·	珍山 · 錦山 · 益山 · 金堤 · 萬頃 · 龍安 · 扶寧 · 泰山 · 礪山 · 潘南 · 會津 · 海南 ·	伊城 · 利城 · 沃野 · 紆州 · 犺山 · 富利 · 平皐 · 金溝 · 巨野 · 富潤 · 臨陂 · 澮尾 · 保安 · 井邑 · 仁義 · 朗山 ·

〈표 1〉 계 속

도별 본관 구분	고려 전기에 귀족 또는 高級官人을 진출시킨 郡縣(本貫)	後期 또는 麗末에 비로소 高級官人을 진출시킨 郡縣(本貫)	麗末까지 高級官人을 내지 못한 郡縣(本貫)
	南原 · 光陽 · 長興 · 潭陽 · 順天 · 濟州 · 遂寧 · 押海	道康 · 長沙 · 淳昌 · 雲峰 · 長水 · 光州 · 寶城 · 樂安 · 高興 · 綾城 · 和順 · 同福 · 玉果 · 古阜 · 咸悅 · 居寧	榮山 · 安老 · 伏龍 · 艅艎 · 長山 · 珍島 · 昆湄 · 黃原 · 玉泉 · 森溪 · 臨淄 · 六昌 · 咸豊 · 牟平 · 海際 · 長城 · 福興 · 赤城 · 龍潭 · 求禮 · 任實 · 九皐 · 長溪 · 茂豊 · 朱溪 · 鎭安 · 馬靈 · 會寧 · 長澤 · 荳原 · 原栗 · 麗水 · 突山 · 富有 · 南陽 · 泰江 · 豊安 · 道化 · 福城 · 昌平 · 珍原
慶尙	慶州 · 密陽 · 梁山 · 蔚山 · 淸道 · 東萊 · 延日 · 安東 · 醴泉 · 榮川 · 永川 · 義城 · 仁同 · 星州 · 善山 · 海平 · 陜川 · 草溪 · 高靈 · 龍宮 · 晋州 · 金海	安康 · 杞溪 · 興海 · 大丘 · 壽城 · 河濱 · 慶山 · 昌寧 · 彦陽 · 長鬐 · 靈山 · 玄風 · 臨河 · 豊山 · 加利 · 一直 · 甘泉 · 寧海 · 英陽 · 順興 · 多仁 · 靑鳧 · 禮安 · 河陽 · 殷豊 · 基川 · 奉化 · 缶溪 · 眞寶 · 比屋 · 尙州 · 八莒 · 開寧 · 咸昌 · 義昌 · 會原 · 咸安 · 咸陽 · 固城 · 巨濟 · 泗川 · 居昌 · 河東 · 江城 · 漆原 · 利安 · 宜寧 · 中牟 · 山陽 · 永順	神光 · 慈仁 · 豊角 · 守山 · 解顔 · 東平 · 機張 · 桂城 · 淸河 · 吉安 · 奈城 · 春陽 · 才山 · 靑杞 · 新寧 · 松生 · 安德 · 盈德 · 宜仁 · 若木 · 義興 · 安貞 · 靑理 · 化寧 · 丹密 · 功城 · 花園 · 冶爐 · 金山 · 禦侮 · 聞慶 · 加恩 · 虎溪 · 軍威 · 孝靈 · 知禮 · 班城 · 永善 · 岳陽 · 熊神 · 莞浦 · 昆明 · 蘭浦 · 平山 · 松邊 · 加祚 · 溟珍 · 丹溪 · 龜山 · 山陰 · 減陰 · 三岐 · 嘉樹 · 新繁 · 鎭海

〈표 1〉 계 속

도별 본관 구분	고려 전기에 귀족 또는 高級官人을 진출시킨 郡縣(本貫)	後期 또는 麗末에 비로소 高級官人을 진출시킨 郡縣(本貫)	麗末까지 高級官人을 내지 못한 郡縣(本貫)
江原	江陵 · 原州 · 橫城 · 春川 · 旌善	平昌 · 寧越 · 平康 · 三陟 · 平海 · 蔚珍 · 通川 · 翀溪	連谷 · 襄陽 · 洞山 · 酒泉 · 洪川 · 淮陽 · 和川 · 水入 · 文登 · 嵐谷 · 長楊 · 金城 · 通溝 · 岐城 · 金化 · 伊川 · 基麟 · 狼川 · 楊口 · 方山 · 麟蹄 · 瑞和 · 杆城 · 烈山 · 高城 · 安昌 · 臨道 · 碧山 · 雲嵒 · 歙谷
兩界	中和 · 祥原 · 平壤 · 成川	永興 · 安邊 · 嘉山 · 義州 · 定戎鎭 · 延州 · 泰川 · 龍川 · 寧遠 · 安州 · 宣川 · 麟山 · 龍津 · 咸從	左記 州鎭을 제외한 여타 州鎭 전부

과 별개인 것과, 동일한 것의 두 가지가 있다. 전자는 군현토성과 거의 동시에 정해진 향 · 소 · 부곡성인 데 반해 후자는 주읍영역의 확장에 따라 신생의 향 · 소 · 부곡이 생기게 되었고, 그곳에 주읍토성이 이주함에 따라 그들이 새로운 향 · 소 · 부곡성이 되었던 것이다. 몇 개 예시하면 〈표 2〉와 같다.

〈표 2〉와 같이 주읍토성의 임내토성화는 인구의 증가와 신생촌락의 증가에 따라 확산되었던 것이며 후대로 내려올수록 주읍성의 임내이주가 활발해져서 임내의 내성과 속성에는 주읍토성에서 온 예가 많았다. 이러한 주읍토성의 임내성화와 한편 그들이 읍치를 이탈하여 외곽지역으로 확산됨에 따라 주읍과 임내의 주종관계가 성립했던 것이며, 고려 · 조선시대 군현편성에 있어서 '越境地'와 '犬牙相入地'의 광범한 존

〈표 2〉 주읍토성과 소속 임내성과의 관계

郡縣名	主邑土姓	主邑土姓과 같은 任內姓
龍宮縣	金 · 朴 · 全	曲溪 · 茂松 · 陽井 · 豊壤 · 河南 · 平丘 6部曲姓: 金
開寧縣	洪 · 林 · 文 · 田 · 尋, 仇(村姓)	達烏村部曲姓: 洪 · 文 · 田 · 仇, 多叱村部曲姓: 文 · 仇, 茂攸谷 · 下活谷 · 今勿刀 · 上烏知 4部曲姓: 洪 · 仇
固城縣	李 · 蔡 · 朴 · 金 · 南	鹿鳴鄉姓: 李 · 金 · 崔, 曲山鄉姓: 金, 於禮鄉姓: 朴, 積珍 · 保令 · 義先 3鄉姓: 朴 · 金, 跪村部曲姓: 南, 丘虛部曲姓: 朴 · 金, 道先 · 竹林 · 珍餘 · 博達 4部曲姓: 金
咸悅縣	南宮 · 趙 · 張 · 廉 · 朴	道乃山銀所姓: 南宮 · 趙 · 張 · 朴
巨野縣	田 · 溫 · 郭 · 龍 · 高	從政鄉姓: 高 · 溫 · 郭
興德縣	鄭 · 張 · 陳 · 言 · 白	甲鄉 · 南調鄉姓: 陳, 左鄉 · 北調鄉姓: 言

속도 바로 이러한 주읍성과 임내성의 관계에서 그 배경을 찾아볼 수 있을 것이다.

성의 수용과정에서 자칭성과 국가로부터 賜姓한 경우가 있듯이 본관도 사용자들이 스스로 칭함으로써 비롯되었느냐, 그렇지 않으면 국가가 사람들에게 본관을 줌으로써 사용하게 되었는가 하는 문제가 있는데, 고려 초기에는 두 가지 경우가 모두 있었던 것으로 판단된다. 본관제도가 정착된 고려 초부터 조선시대까지는 楊水尺과 같은 특수한 천인을 제외하고는 양민과 천민의 구별 없이 모두 본관을 갖고 있었다. 당초에는 본관과 거주지가 대체로 일치하였으나, 지방 土姓의 上京從仕와 국가적인 徙民 및 유이민의 발생으로 인해 일치하지 않은 계층이 증가해 갔다. 고려나 조선시대의 지방에서 올라간 귀족과 관료층은 대체로 본관과 거주지가 일치하지 않았다.

국가에 의해 붙여진 본관은 그것의 바탕이 된 구역의 성격에 따라 격차가 있게 되고 신분과 직역에 따라 본관이 갖는 의미는 서로 상이했던 것이다. 읍격이 높은 토성이나 기성명문이 된 자는 그 본관을 명예롭게 생각했던 것이며, 섬이나 역 · 津을 본관으로 한 자는 기회만 있으면 그 본관으로부터 벗어나려 했던 것이다.[6] 이에 반해 조부공역을 부담하는 일반 양민들은 그 거주지역을 본관으로 해서 편호되고 있다는 사실을 국가로부터 확인받았던 것이다. 고려시대의 본관도 조선시대의 그것과 같이 현재의 '본적'과 같은 의미를 지녔던 것이다. 고금을 막론하고 인민을 파악하는 데는 항상 혈연과 지연적인 방법을 이용했던 것이다. 토성은 바로 이러한 두 가지 목적을 동시에 충족시킬 수 있는 것이며 본관은 바로 토성이 지닌 제2의 속성이라 하겠다. 그것은 곧 호적제도를 마련하여 국민을 지역별 · 계층별로 戶口成籍함으로써 한편에 있어서는 신분질서를 유지하고 다른 한편에서는 징세 · 과역을 효율적으로 수행할 수 있었다. 그것은 또한 일정한 지역에 일정한 주민을 긴박시킴으로써 인민의 유리를 방지하고, 직역부과는 물론 임관 · 선군에도 활용했던 것이다.

『실지』 소재 각 읍 성씨조는 바로 고려시대 인민을 파악하기 위한 수단으로 편제된 성관제도의 구체적인 자료라 할 수 있다. 그렇게 지역을 세분하여 파악하였던 성관도 고려 후기 이래 시대적 · 사회적 변동에 따라 지역적인 편제와 신분구조에 획기적인 변혁을 초래하였다. 임내의 승격과 이속, 향 · 소 · 부곡의 승격과 소멸, 군현구획의 개편과 폐합, 즉

---

6) 후삼국시대 강력한 豪族이면서 王建에 거역하거나 반역한 부류들은 후일 郡縣土姓과 연계되지 않음을 보아, 도태되었다는 사실을 알 수 있으며, 逆命不臣한 부류들은 奴隷로 전락하거나 海島에 流配되기도 하고 驛子 · 津尺 · 賤鄕 · 部曲民이 되기도 했던 것이다(『高麗史』 卷93, 崔承老傳, 同書 卷122, 宦者 鄭誠傳 및 『太祖實錄』 卷1, 太祖 元年 8월 己巳條 참조).

성이 딛고 선 본관의 개편과 변질이 획기적으로 가해지면서 15세기 말부터는 종래 세분된 본관이 점차 주읍중심으로 통합되어 가는 추세에 있었다. 즉, 촌과 향·소·부곡 등이 소속 군현에 폐합되듯이 종래의 촌성과 향·소·부곡성이 흡수되어 갔고, 향·소·부곡과 독자적인 촌이 소멸되듯이 그곳을 본관으로 했던 성씨가 이제는 당초의 본관을 버리고 소속 군현성에 흡수되어 갔던 것이다. 그 결과『실지』소재 폐현, 촌, 향·소·부곡 등을 본관으로 했던 성씨는 대부분 소속 주읍성에 흡수되거나 주읍을 새로운 본관으로 하게 되자, 15세기까지 존재했던 임내성의 본관은 대부분 사문화되었고 일반 민중들은 현 거주지에서 편호됨으로써『실지』에 없던 새로운 본관이 많이 나오게 되었던 것이다. 그러한 사실은 17세기 이후의 蔚山·大丘·丹城 등의 호적대장에서 확인된다. 그러나 성과 본관의 우열은 아직도 남아 있다. 본래 성씨와 더불어 본관제도가 계급적 우월성과 신분의 상징으로 대두되었고, 그러한 신분관념이 아직까지도 민간의 사고 속에 남아 있기 때문이다. 그러므로 본관은 혈통계열을 표시하는 것이 되고, 그 좋고 나쁨에 따라 등급이 부여되는 것이다. 시대를 소급할수록 더욱 심하였겠지만, 성씨와 본관의 등급은 동성동본의 성원을 범주화시켜 내적으로 성원들을 결속시키고, 나아가 그들이 가진 지체를 유지시킨다. 또한 같은 등급의 성씨와 본관의 성원들은 하나의 계층으로 형성되고, 각 계층 간에도 신분의 우열이 파생하게 되는 것이다. 이러한 현상은 宗事나 혼사 등에서 종종 나타나고 있다.

Ⅲ. 한국 성씨의 유래와 고려 초기 土姓分定

1. 漢式 성씨의 수용과 삼국 및 통일신라시대의 성씨

삼국이 성립하기 이전 고대 씨족 사회에는 아직 성이라는 것이 없었다. 가령, 『삼국지』 동이전에 "같은 성끼리는 혼인하지 않는다"는 기록이 있는데, 이는 당시 중국인들이 우리의 토착 사회에서 일정한 집단 안에서는 족내혼을 하지 않는 풍속을 보고 그 일정한 집단을 동성이라고 표현한 데 지나지 않는다. 성은 혈족관계를 표시하기 위하여 제정된 것으로 그것이 언제부터 발생하였는지는 자세히 알 수 없으나, 이미 인류 사회가 시작되는 원시시대부터 이러한 관념을 가지고 있었다. 왜냐하면, 원시 사회는 혈연을 기초로 하여 모여 사는 집단체로 조직되었기 때문이다. 사람은 처음에는 자기를 낳은 어머니만 확실히 알고 아버지는 알 수 없었다. 그러므로 처음에는 모계혈연을 중심으로 모여 사는 이른바 모계 사회가 나타났다가 뒤에 부계 사회로 전환되었거니와, 모계건 부계건 원시 사회는 조상이 같은 사람들이 집단을 이루고 모여 살았다. 이처럼 인류 사회는 혈연에서 출발하여 혈연을 중심으로 하여 발전하였기 때문에 원시시대부터 씨족에 대한 관념이 매우 강하였다. 자기 조상을 숭배하고 동족끼리 서로 사랑하고 씨족의 명예를 위하여 노력하였다. 그리고 각 씨족은 다른 씨족과 구별하기 위하여 각기 명칭이 있었을 것이며, 그 명칭은 문자를 사용한 뒤에 姓으로 표현하였다. 동양에 있어서 처음으로 성을 사용한 것은 한자를 발명한 중국이었으며, 처음에는 그들이 거주하는 지명이나 산 · 강 등의 이름으로 성을 삼았다. 神農氏 · 黃帝의 어머니가 각각 姜水와 姬水에 살았으므로 성을 강씨와 희씨로 하였던 것이며, 성자 자체가 여성에서 나온 것처럼 중국 초기의 성자에는 女字변을 딴 글자가 많았다.

우리의 성은 모두 한자를 사용하고 있으므로 중국문화를 수입한 뒤에 사용한 것임은 틀림없다. 그런데 『삼국사기』 · 『삼국유사』 등 우리의 옛 사적에 의하면, 고구려는 시조 朱蒙이 건국하여 국호를 고구려라 하였기 때문에 고씨라 하고, 백제는 시조 溫祚가 부여계통에서 나왔다 하여 성을 부여씨라 하였다 하며, 신라는 박 · 석 · 김 3성의 전설이 있고, 제3대 유리왕 때 6부(촌)에 이 · 최 · 정 · 손 · 설 · 배씨 등 6성을 주었다고 하며, 금관가야의 시조 수로왕도 황금 알에서 탄생하였다 하여 성을 김씨라고 하였다는 전설이 있다. 이와 같이 삼국은 고대 부족국가시대부터 성을 쓴 것처럼 기록되어 있으나, 이것은 모두 중국문화를 수용한 뒤에 지어낸 것이다. 신라 진흥왕 때(540~576)에 건립한 4개 순수비, 진지왕 3년(578)에 각각 건립한 戊戌塢作碑와 南山新城碑 등 7세기 이전의 금석문에 나타나 있는 인명을 보면, 성을 쓴 사람은 하나도 없다. 우리 역사상 중국식 한자성을 쓰기 시작한 것은 중국문화를 본격적으로 수입한 이후의 일로서, 고구려는 그 사용연대를 확실히 규정할 수는 없으나, 대개 장수왕 때(413~491)부터 중국에 보내는 국서에 고씨의 성을 썼으며, 백제는 근초왕 때(346~374)부터 餘氏라 하였다가 무왕 때(600~640)부터 부여씨라 하였으며, 신라는 진흥왕 때부터 김성을 사용하였는데 『삼국사기』와 『唐書』 이전의 중국 정사에 기록되어 있는 삼국의 성을 보면, 왕실의 성을 쓴 사람이 가장 많이 나타나 있다. 그 밖에 고구려는 解·乙·禮·松·穆·于·周·馬·孫·倉·董·芮·淵·明臨·乙支 등 10여 종, 백제는 沙·燕·劦·解·眞·國·木·苩의 8대성과 王·張·司馬·首彌·古爾·黑齒 등 10여 종, 신라는 3성(박·석·김)과 6성(이·최·정·손·배·설) 및 張·姚 등 10여 종에 불과하다. 고대 중국의 경우 성은 천자가 내리는 것이며, 제후의 경우 그 출생지에 연유하여 성을 주고 그 封地(采邑)에 연유하여 씨를 주는 것이라 하였다. 그리고 제후는 사성할 수 없으므로 그 支族인 公孫들은 그 王父의 字로써 씨를 삼았다 한다. 또 관직자나 治邑者는 世功이 있을 때 그 관직명이나 고을 이름으로 씨를 삼게 하였다고 한다. 따라서 초기의 성씨 사여는 우선 국왕의 지배를 전제로 그 영역 내의 인민을 출생의 지연에 따라 성별을 나누되 다시 일족을 이룰 만한 지배세력에게는 씨를 명함으로써 그 族系를 분명히 하였다.

우리나라의 경우 고구려 건국기의 성씨 사여는 국왕을 전제로 제도화한 감이 있다는 점이나, 그 受姓者들에게 정치적 배려가 주어지며, 또 그들 각자가 연고지가 있는 경향을 보인다는 점, 당시 상황이 아직은 집권화가 크게 진전되지 못하였다는 점 등을 고려하면, 그것은 곧 그 정치적 지배조직과 좀 더 직접적인 관계가 있었다. 이와 같이, 고구려·백제·신라 할 것 없이 고대국가 체제정비기에 사성은 部制개편, 관등설정 등과 함께 국왕을 중심으로 지배층의 정치적 편성의 한 방법이었음을 예상하게 한다. 신라시대 성씨취득 과정을 유형별로 분류해 보면, 박·석·김·신김씨와 같이 중고 왕실지배층의 성씨취득, 삼국통일 전후의 6부 사성 및 나당관계에서 遣唐使臣·견당유학·숙위학생·입당수도승, 기타 중국에 내왕한 인사(장보고·정년 등)들로 나눌 수 있다. 당시 그 의미는, 첫째, 성씨취득이란 주위 여러 집단에 대한 배타적 집단으로서 특히 성씨를 취득함으로써 정치적·사회적 특권이 예상된다는 점, 둘째, 전통적 친족출계관념, 즉 신라 고유의 출자관념은 부계나 모계 또는 兩系出自라는 한정적인 것이었다기보다는 성원권의 획득에 있어서 부계·모계 중에서 선택할 수 있으나 변경할 수 있는 융통성이 존재했던 사회였고, 성씨를 취득함으로써 출자율이 부계로 전환한다는 의미를 가진다는 점, 셋째, 성씨를 취득하는 집단은 족적 관념의 변질 및 혈족 자체 내의 극심한 변동으로 말미암아 분열되어 사실상 족단 또는 친족공동체라는 용어로서의 의미는 사라질 만큼 해체되었다는 세 가지 의미를 추출할 수 있다. 성을 최초로 가지는 집단은 왕실·귀족과 같이, 성이 骨·族과 관련되면서 최상층 지배집단에서 비롯되었다. 6부성을 비롯한 통일신라시대의 성씨취득이 통일과정과 그 뒤 국가체제의 재정비과정에서 발생했던 것이며, 그것은 또한 각 족단의 세력변동을 단계적으로 편제하는 과정에서 발생한 것이다. 이들 집단의 성씨취득과 등장이 비단 6부성에 그치지 않고 신라 하대로 갈수록 현저히 많은 성이 계속적으로 나오고 있음은 6성이 일시에 사성된 것이 아니라 단계적이고 계기적임을 시사한다.[1)]

우리나라에서 중국식 한자성의 수용과정을 살펴보면 왕실부터 시작해서 귀족·관료·양민 및 평민 순으로 보급되어 갔다. 한편 6성의 대두시기를 보면 설씨는 삼국 말기, 이씨는 경덕왕 때, 정·손·배씨는 통일신라 하대, 최씨는 신라 하대에 각각 나타난다.[2)] 그런데 3성 또는 6성이 한성화한 시기는 비록 7세기 이후라 하더라도 그 씨족적 유래는 오래 전부터 있어 온 것이다. 또한 신라가 삼국을 통일한 데서 고구려와 백제계의 성씨는 후대에 계승되지 못하고, 신라계의 성씨를 중심으로 후삼국시대부터 한자성이 보급되어 갔다. 7세기 후반부터 나당 간의 문물교류

---

1) 金光洙, 「高句麗 建國期의 姓氏賜與」(『金哲埈華甲紀念韓國史論叢』, 1983); 李純根, 「新羅時代姓氏取得과 그 意味」(『韓國史論』 6, 1980).

2) 李基白, 「新羅六頭品研究」(『신라정치사회사연구』, 1974).

가 활발해지면서 진골과 6두품 계층은 점차 한성을 수용했던 것이며, 또한 신라는 통일 후 9주와 5소경에 왕경의 귀족을 정책적으로 이주시킨 결과 이미 한성화한 중앙의 귀족과 관료가 전국적으로 확산되어 갔다. 이렇게 지방에 확산된 중앙귀족 · 관인 가운데는 한성화 전에 이주한 자와 그 뒤에 이주한 자로 나눌 수 있다. 한편 나당 간의 문물교류가 활발해지면서 중국의 동성불혼의 관념이 점차 수용되어 가고 있었다. 그러나 국내사정은 전혀 그러한 제도를 받아들일 준비가 되어 있지 않았을 뿐 아니라, 오히려 왕실부터 철저한 근친혼을 하고 있었다.

이에 신라는 당의 책명을 받기 위해서는 중국의 동성불혼의 예에 따라 동성의 왕대비 또는 왕비의 성을 왕의 성과 다른 성자로 표기할 필요가 있었다. 그 결과 당시 성씨 관계 기록이 국내의 실제 사실을 반영한 국내자료와 당나라의 책봉을 받기 위하여 보낸 외교문서와는 차이가 나기 마련이었다. 즉, 국내의 실제사정은 왕과 왕모 또는 왕비가 다같이 김씨였지만, 당나라의 책봉을 위해 보낸 문서에는 그 김씨가 왕모 또는 왕비의 父名을 따서 叔氏 · 申氏 · 貞氏와 같은 성자를 사용했던 것이다. 이러한 성씨표기 방식은 고려시대에도 계승되어 왕실은 지나친 근친혼을 하면서 동성의 왕비는 모성 또는 외조모성을 따르게 했던 것이며, 그러한 관념이 지배층에 보급되자 성과 본관의 분화를 촉진시키는 계기가 되었다.[3)]

중국식 한자성의 수용과정을 살펴보면 왕실부터 시작해서 귀족 · 관인 및 양 · 천민순으로 보급되어 갔다. 『삼국사기』와 『삼국유사』에 의하면 박 · 석 · 김의 신라 종성과 6부촌장에게 사성했다는 6성은 신라 초기의 사실로 되어 있으나 실제는 모두 후대에 와서 소급 추기한 것에 불과하였다. 왜냐하면 眞興王巡狩碑를 비롯한 삼국시대의 현존 금석문에서는

---

3) 이수건, 「後三國時代 支配勢力의 姓貫分析」(『大丘史學』 10, 1976).

관계인물의 소속 부명과 고유명만이 나오고 한자성은 나타나지 않기 때문이다. 그러다가 7세기 초부터 신라 종성인 김 · 박 양성이 신 · 구당서에 다음과 같이 나타난다.

『구당서』 권199, 신라열전에 "그 왕은 金眞平이며 … 國人에는 金 · 朴 양성이 많고 異姓끼리는 혼인하지 않는다."고 하였고, 『신당서』 권220, 東夷신라전에는 "왕의 성은 金氏, 貴人의 성은 朴氏이며, 백성들은 이름만 있고 氏(姓)는 없다."고 한 바와 같이 종전에는 한성이 전무하다가 진평왕 때부터 왕 · 왕자 및 당에 파견된 사절 가운데 김씨와 박씨가 나타나며, 신라 말기에는 '新金氏'가 금석문에 나오는데 이는 金庾信계의 駕洛김씨였다. 한편 6성의 대두시기를 보면 薛씨는 삼국 말기, 李씨는 경덕왕 대, 鄭씨 · 孫씨 · 裵씨는 통일신라 이후, 崔씨는 신라 하대에 각각 나타난다고 한다. 여기에서 부언해 둘 것은 한성화의 과정과 그 씨족의 분화 · 발전과는 구분되어야 한다는 것이다. 3성 또는 6성이 한성화한 시기는 비록 통일신라 이후라 할지라도 그 가문은 오래 전부터 있어 온 것이다. 다시 말하면 비록 가문은 오래 전부터 있어 왔더라도 한성을 가지게 된 시기는 훨씬 후대였을 것이다. 일반적으로 3성이 6성보다 앞서서 칭성한 것 같으며, 뒤따라 6성의 가문이 성을 일컫게 되었는데, 그 시기는 앞뒤의 차이는 있으나 그 사회적 세력이 성장한 신라 하대였을 것이다.

한성의 수용과정은 왕실 → 귀족 → 일반지배층의 순으로 나갔듯이, 신라왕실인 3성이 먼저 나타나고 그 다음 계층인 6성이 나타난 것은 위의 사실을 알려 준다 하겠다. 이에 대해 金哲埈도 '신라의 3성과 6성이 한성을 직접 사용한 것은 후대에 소급하여 붙인 것이나, 그것을 소급하여 붙일 수 있는 확실한 계보와 계보의 주체인 친족공동체는 그 전부터 있어 온 것이라' 했다. 진흥왕의 4개 순수비문에 나오는 수가인물 가운데 그 소속 부명이 나옴을 보아 성의 사용이 있기 전에는 그 친족공동체의 거주지 명칭이 성의 기능을 가졌던 것으로 보아야 하고, 족장세력의 기반이 된 '그 지방에 살고 있는 친족공동체'가 곧 성의 주체였다. 이러한 성의 실체인 친족공동체에서도 실제로 중국식 성을 사용한 것은 왕실 외에는 옛날 부족국가를 형성했던 세력이라든가, 당문화와 접촉이 잦은 층 등 극히 제한된 범위 안에서였다.

7세기부터 나당 간의 문물교류가 활발해지면서 진골과 6두품 계층은 점차 한성을 수용해 갔다. 한편 신라는 9주 · 5소경에 다음과 같이 정책적으로 중앙의 귀족을 이주시킨 결과 왕경의 신라귀성이 사방으로 확산되었다.[4)]

> 貴族子弟와 六部豪民을 옮겨 國原京(原州)을 채웠다(『삼국사기』 권4, 진흥왕 19년 2월).
>
> 文武王 14년에 六徒眞骨로써 5京과 9州에 나가 살게 하고 官名을 별도로 호칭케 하였다(같은 책 권40, 雜志 9, 外官外位條).

이렇게 지방에 이주한 중앙귀족 가운데는 한성화 전에 이주한 자와 한성화 후에 이주한 자로 나눌 수 있다. 토성의 분정시기는 비록 고려 초라 하더라도 그 토성의 씨족적 유래는 벌써 신라시대부터 있어 온 것임에 틀림없다. 그래서 토성분정 시에는 신라의 진골 · 6두품 계층이나 성주 · 촌주로서 이미 한성을 가진 성단은 그 성씨를 가진 채 각기 출신 군현의 토성이 되었고, 아직 한성을 갖지 못한 세력은 自稱姓하거나 사성과 동시에 토성으로 책정되는 두 가지 경우가 예상된다. 신라시대 지방에 이주한 귀족이나 6부자제들의 개별적인 성씨 구명은 어렵지만,

4) 『삼국사기』 卷4, 신라본기 진흥왕 19년 2월條 "徙貴族子弟及六部豪民, 以實國原"; 同書 卷40, 雜志 9, 外官外位條 "文武王十四年, 以六徒眞骨, 出居於五京 · 九州, 別稱官名"; 同書 卷8, 神文王 5년 3월條 "置南原小京, 徙諸州郡民戶, 分居之".

〈표 1〉 9주 · 5소경의 토성

區分	邑 名	土姓(人吏姓 · 百姓姓 · 亡姓 포함)
九州	梁山(良州)	金 · 李 · 朴 · 鄭 · 韓 · 房 · 曺
	尙州(尙州)	金 · 朴 · 周 · 黃
	晋州(康州)	鄭 · 河 · 姜 · 蘇
	江陵(溟州)	金 · 崔 · 朴 · 郭 · 咸 · 王
	春川(朔州)	崔 · 朴 · 辛 · 許
	廣州(漢州)	李 · 安 · 金 · 尹 · 石 · 韓 · 池 · 素
	公州(熊州)	李 · 鄭 · 宋 · 朴 · 黃 · 高 · 任
	全州(全州)	李 · 崔 · 柳 · 朴 · 全 · 庾 · 韓 · 白
	光州(武州)	卓 · 李 · 金 · 蔡 · 盧 · 張 · 鄭 · 朴 · 陳 · 許 · 潘 · 成 · 承
五小京	金海(金海)	金 · 許 · 裵 · 孫 · 宋 · 庾
	原州(北原)	元 · 李 · 安 · 申 · 金 · 石
	忠州(中原)	徐 · 石 · 崔 · 劉 · 康 · 梁 · 秦 · 安 · 朴
	淸州(西原)	韓 · 李 · 金 · 郭 · 孫 · 慶 · 宋 · 高 · 俊 · 楊 · 東方 · 鄭
	南原(南原)	梁 · 鄭 · 晋 · 尹 · 楊 · 皇甫 · 甄 · 廉 · 裵 · 柳 · 黃

『실지』 소재 관계 주군의 토성과 대비해 봄으로써 그 일면을 엿볼 수 있다. 여기 9주 · 5소경의 토성을 『실지』에 의거 적기해 보기로 한다.

〈표 1〉에서와 같이 경주에서 나온 김 · 이 · 박 · 최 · 정씨가 많은 것은 역시 신라시대 왕경인의 이주가 많았기 때문이다. 그러나 남원소경처럼 왕경뿐만 아니라 여러 군현의 민호를 이주시킨 데서 지역간의 씨족 이동이 활발했던 것이다. 중앙귀족의 집단 이주와 함께 주 · 군 · 현에 파견되었던 외관들이 나말에 임지에서 그대로 정착함으로써 이미 한성화한 가문이 사방으로 확산되어 갔다. 이렇게 일찍부터 외거하기 시작한 중앙귀족의 후예들과 나대 재래의 토착 촌주층이 중심이 되어 후삼국시대의 정치 · 사회적 변동을 주도하는 세력으로 등장하였다. 이들이 바로 지방 군현을 실질적으로 장악하고 있던 호족층이었다. 그런데 이들 호족은 신라의 지배로부터 이탈하면서 재래의 군현조직과 촌주층의 직제

를 통하여 지방행정 말단에 참여해 온 경험과 발달된 중앙관제의 영향 속에서, 중앙관제에 방불한 스스로의 '官班'을 형성하고 주민을 통치했던 것이다.

신라 이래의 군현조직체계와 후삼국시대 호족의 군읍지배기구를 이어받은 태조 왕건은 통일사업을 완수한 다음 전국 군현의 개편작업과 함께 군현토성을 분정했던 것이다. 한성화 그 자체가 중국성씨제도의 모방인 이상 고려왕조의 군현토성 분정책도 중국의 「성족분정」, 『씨족지』·『성씨록』의 편찬·반포 및 「天下郡望表」와 같은 맥락에서 이해해야 할 것 같다. 그동안 仁井田陞·池田溫 등 일본학자가 연구한 바 있는 앞의 당대 성씨 관계 자료(돈황문서)를 재인용하여 거기에 나타나는 성자와 『실지』 소재 군현토성의 성자를 대비시켜 보면 다음과 같이 당대 「군망표」에 없는 성자는 10여 자에 불과하였다.[5)]

(A) 「군망표」에 있는 성자로서 본관 수가 많은 것부터 차례로 열거하면 다음과 같다.

李·金·鄭·宋·尹·張·申·全·崔·吳·曺·黃·白·趙·韓·任·林·高·孫·文·田·徐·兪·康·安·盧·裵·丁·方·玄·辛·柳·陳·庾·洪·邊·廉·劉·蔡·石·郭·梁·朱·成·許·羅·房·周·葛·楊·姜·閔·南·仇·蔣·皮·魯·吉·秦·龍·孔·卓·禹·車·皇甫·潘·呂·孟·邢·彭·表·陰·葉·咸·南宮·扈·延·秋·嵇·余·蘇·薛·程·史·錢·陸·耿·權·池·元·嚴·卞·琴·宣·杜·祐·敬·萬·殷·陶·井·公·牟·陸·賓·智·王·段·桂·董·化·鍾·溫·宗·晋·水·魏·景·奇·堅·異·印·傅·桓·莊·簡·胡·畢·門·貢·奉·韋·滎·附·慶·東方·甄·强·候·馬·于·尙·頓·萇·彌·翟·荀·甘·章·都·夏·司空·西門·芮·艾·陽·蒙·尋·夫·邕·鞠·賈·甯·革·柴·江·伍·米·壽·水丘(170성)

---

5) 여기에 제시한 『실지』 소재 군현토성의 姓字는 亡姓과 村姓, 기타 姓種은 포함되지 않았다.

(B)「군망표」에 없는 성자
朴 · 沈 · 河 · 玉 · 明 · 俊 · 昔 · 諸 · 葅 · 森 · 邦 · 芳 · 價 · 勝 · 濯 · 承(16성)

위 (A)와 (B)의 대비는 170 : 16이며 그나마「군망표」에 없는 성자도 박씨를 제하면 그 나머지는 모두 鄭樵의『通志略』씨족지에 나타나고 있다. 정초는 그의『통지략』氏族略 氏族序에서 중국 역대에 걸쳐 得姓受氏한 연원 32가지를 열거하면서 국 · 읍 · 향 등 지명을 성씨로 한 것이 가장 많고 名 · 字로 한 것이 그 다음을 차지한다고 하였다. 한국의 한성화과정에 있어서도 역시 '以國 · 以邑 · 以名 · 以字爲氏' 한 성자가 절대다수를 차지하였는데, 그것은『실지』소재 토성이 지연과 혈연성을 동시에 지녔기 때문이다. 물론 한국의 토성이 모두 중국의 것만을 모방했다고는 생각되지 않는다. 박 · 석 · 김과 같은 신라의 종성은 신라에서 출자한 것이며, 나말려초 호족의 한성화 과정에서 스스로 칭성해 놓고 보니 우연히「군망표」소재 성자와 동일한 것도 있었다고 본다. 그러나 위 통계가 말해 주듯이 신라의 6성을 비롯하여 기타 토성의 성자는 대개 당대의 그것을 모방했던 것이다.

고려 초기 토성분정 때 사성과 함께 호족들의 自稱姓이 많아 固有名에서 漢式姓名으로 바꿀 때 고유명의 첫 字가 姓으로 고정된 경우도 많았다고 추측된다. 그리고『실지』소재 성 가운데 본관의 첫 자와 같은 성자도 있는데 이를 예시하면 高峰高 · 安山安 · 龍駒龍 · 全義全 · 林川林 · 石城石 · 洪州洪 · 安康安 · 金山金 · 金海金 · 河東河 · 全州全 · 金堤金 · 井邑井 · 高山高 · 羅州羅 · 任實任 · 朱溪朱 · 黃州黃氏 등이다.

한편, 득성사실과 시조유래에 관한 신화 · 전설 · 민담 등 설화는 상고시대의 건국신화 외에도 각 가문의 가첩 · 족보 등에서나 구전 등으로 전해지고 있다. 건국신화 겸 시조설화로는 赫居世 · 脫解 · 閼智 · 수로

왕, 제주의 高 · 良 · 夫 3성 시조설화가 있다. 신화는 신성시되는 이야기라는 입장에서 본 것이며 신성성은 현실적으로 존재하였거나 존재하는 것을 포괄적 · 규범적 의미를 가지도록 차원을 높여 나타내는 현상이라는 관점과 주인공의 숭고하고 위대한 행위로써 성립된다는 이론에 근거한다. 신라의 박 · 석 · 김씨 시조의 3성 신화를 대비하여 볼 때, 각 신화가 가지는 화소(Motif)가 공통되는 면도 보이고 있으나 많은 부분에서 서로 다른 점을 보인다. 그것은 祭儀論的 측면에서도 각 족단이 소유한 신앙대상과 체계가 서로 다르기 때문이다.

이들 신화의 화소를 비교해 보면, 동일화소로서는 ① 태어나자 부모로부터 유기받음, ② 유기 후 짐승들로부터 보호를 받거나 도움을 받음, ③ 사람에게 구출되어 양육됨, ④ 모두 신화와 관련되는 성을 가진다는 것이며, 이질화소로는 '卵生, 왕자로 태어남, 궤짝 속에 들어 있음, 표류되어 왔음, 특이한 여자와 결혼, 죽은 뒤에 신이 됨' 등이 있다. 이들 신화는 그 자체로서는 허구이지만, 우리의 상고사체계를 구성하는 요소의 하나로서 중요한 의미를 지닌다. 이를테면, 부족의 이동이나 형성, 국가를 형성하는 과정, 원시민간신앙 등을 아울러 반영하고 있다.

이들 시조설화는 대개 몇 가지 공통점을 지니고 있다. 난생설화를 가진 혁거세 · 탈해 · 수로왕의 경우는 하늘에서 내려온 천강족으로 되어 있는 데 대하여, 알영이나 허황후 또는 제주 삼을나의 배필이 된 처녀들은 바다를 건너왔거나 아니면 우물과 관련지어서 지신족임을 나타내고 있다. 상자 속에 담겨 표류하다가 노파에 의하여 건져지고 수양되는 탈해의 전승은 후세의 시조설화에 많은 영향을 끼쳤다. 파평윤씨 · 강화봉씨의 시조와 남평문씨의 시조는 각기 연못에서 석함에 담겨진 상태로 노파에 의하여 발견되거나 바다 위에서 발견된다. 이들의 탄생에는 대개 구름과 안개 또는 천둥과 번개가 개재되어 더욱 신이한 것으로 수식되었다. 또 황간견씨의 시조 甄萱은 여인과 지렁이와의 교배에 의하여 태어나고 호랑이에 의하여 길러진다.

이런 異物交婚譚은 우리 민담에 널리 퍼져 있다. 특히, 신라의 시조설화는 민간신앙과도 결부되어 지금도 영남지방에는 '골맥이'라는 동신제로 전승되고 있다. 여기에는 성씨가 붙어서 '골맥이김씨할배'·'골맥이이씨할매' 등으로 불리는데, 이때의 김씨할배는 그 마을에 최초로 정착한 시조신이며, 마을의 수호신으로 여겨진다. 후삼국시대의 인물인 申崇謙·金洪術·金忍訓·孫兢訓·朴英規 등이 『여지』에서 각기 출신지인 곡성·의성·양산·밀양·순천의 城隍神으로 기재된 것이 그 예이다.

또 남부지방에는 이른바 '조상단지'나 '삼신바가지'라는 단지에 쌀·보리 등을 넣어 방 안 시렁 위에 모시는 풍습이 있는데, 이 쌀알은 祖靈을 상징하는데, 閼智신화에서 나뭇가지에 걸려 있었다는 金櫃는 바로 이 조상단지의 신화적 반영이며, 鷄林은 곧 '골맥이제당'이었다. 신라에서 출자한 3성과 6성의 시조와 같이 고대에 등장하는 족장들은 다같이 天降說話를 가지고 있기는 매한가지이다.

이들의 전승은 고려·조선시대까지로 면면이 이어져 현존하는 대성들의 시조 또는 원조로서 숭상되고 있을 뿐만 아니라 철마다 제향이 베풀어지고 있다. 또한 이천서씨의 시조 神逸이 사냥꾼으로부터 사슴을 구하고, 문화유씨의 柳孝金이 범의 목구멍에 걸린 여자의 은비녀를 발거해 줌으로써 각각 신령이 꿈에 나타나 보은을 약속한 데서 그 자손들은 음덕을 받아 대대로 현달하였다는 설화는 후삼국시대 이래 고려·조선의 성씨 관련 자료에서 자주 발견된다. 이는 시조 또는 조상의 비상한 은공과 효성에 감복한 신령(산신령과 같음)이 그의 자손들로 하여금 대대로 음덕을 입게 하였다는 것이다.

2. 고려 태조의 군현제 개혁과 土姓分定

창업과 수성이란 양대사업을 동시에 완성할 수는 없다는 전제하에서 고려 태조의 지방통치에 관한 기존 연구는 대체로 부정적인 입장을 취해 왔다. 사실 그의 지방제도 개편에 관한 자료가 너무나 빈약하다는 데서 그러한 주장이 나오게 된 것 같다. 후대에 나온 자료나 최근 국내외의 연구경향에서 왕건은 후삼국을 우선 통일하느라고 지방세력인 호족을 회유하고 연합하는 데 급급했고 실질적인 중앙집권적 지방통치를 위한 제도적 장치나 정책적 배려는 미처 손을 대지 못했다는 것이며, 외관을 설치하지 못했다는 사실이 충분히 그것을 뒷받침한다고 하였다. 이렇게 미비했던 지방제도는 광종 · 성종 · 현종 대를 거치면서 고려왕조의 지방제도 내지 군현제가 정비되어 갔다는 것이 학계의 공통된 견해이다.

그러나 저자는 그렇게만 보고 싶지는 않다. 비록 자료상으로는 구체적인 사실이 나타나지 않지만, 태조 23년경을 전후하여 후삼국통일 후 전국적인 지방통치체제 정비를 위한 획기적인 군현제 개편과 토성분정 사업이 성취됨으로써 상주외관 없이도 고려왕조의 지방통치가 가능했다고 볼 수 있다. 후삼국통일에서 외관이 정식 설치되는 성종 2년까지는 무려 47년간이란 기간이 있었다. 이 기간 동안 중앙정계에서는 빈번한 정권쟁탈전이 있었지만, 그렇게 강성했던 지방 호족이 통일 후에는 중앙정부에 순종하면서 이렇다 할 큰 반란이나 모역행위가 빈번하지 않았다는 사실을 우리는 주목해야 할 것이다. 그러한 배경은 바로 통일 후 왕건의 효과적인 호족지배책과 지방제도의 개혁에 있었던 것이며, 그 기초 위에서 광종의 호족정비책과 왕권강화책, 성종조의 지방제도 정비책이 수행되었던 것이다.

『고려사』의 표현처럼 왕건은 初創未遑하여 군현명칭 개정에 그쳤고

외관 설치 등 실질적인 지방제도 개혁은 미처 손을 대지 못했다. 그러나 그는 후삼국을 통합하는 과정에서 토착호족의 고려에 대한 忠逆度와 역관계를 고려하여 적절한 지역편제를 진행시켰다. 그 가운데 旗田巍가 이미 구명한 고려 성립기 '府'의 설치가 가장 대표적인 조치였던 것이다.[6] 왕건의 통일정책은 각 지방을 할거해서 실질적으로 지배하고 있던 호족을 '卑辭厚幣'로써 회유하고 또 결혼정책을 써서 그들을 연합한 것은 사실이지만, 그는 주체적인 입장에서 호족을 연합하였으며 그 과정에서 대대적인 지역 개편이 수반되었다. 궁예의 기반을 인수한 왕건은 즉위하자 이미 확보해 놓은 중부지역을 철저히 장악하는 동시에 평양을 경략하여 이곳을 북진정책의 전초기지로 삼았던 것이며, 즉위 전에 자신이 이미 경략해 놓은 나주지역을 끝까지 확보하였다. 이렇게 확보한 지역에 대한 전면적인 개편은 불가능했지만 기존의 군현체제에다 당시 고려와 현지 세력과의 향배와 역관계에서 부분적인 개편이 가해졌던 것이다. 이러한 기존영역에 대한 부분적인 개편작업과 함께 새로 경략한 군현에 대해서는 호족세력을 편성하는 과정에서 '府'가 설치되었다. 『고려사』와 역대 지지에 의거 여초에 설치한 부의 설립과정과 그 토착세력의 동향을 정리하면 〈표 2〉와 같다.[7]

〈표 2〉와 같이 태조 왕건은 그 23년에 전국의 군현명호를 개정하기 전에 府를 설치하면서 부분적인 읍호개정과 구역개편 및 읍격의 승강 등을 단행하였다. 『삼국사기』 지리지 소재 9주 소관 군현 가운데 '合屬'과 '今未詳'에 해당하는 군현은 대개 태조의 개편 시에 폐합되었던 것이다. 그러한 군현은 주읍과 근접하여 독자적인 구획으로 존재할 의미가

---

6) 旗田巍, 「高麗王朝成立期の'府'と豪族」(『法制史硏究』 10, 1959).

7) 〈표 2〉를 작성함에 있어서는 旗田巍, 前揭論文과 『高麗史』·『三國史記』 地理志 및 『慶地』·『實地』·『輿地』를 참고하였다. 그런데 『慶地』는 『實地』와 『高麗史』 地理志에 비해 후대적인 수식이 가해진 서술이 없지 않다.

〈표 2〉 고려 태조조에 설치한 府

府 名	景德王時 地 名	高麗太祖代		후삼국시대 토착세력의 동향
		邑號改正	區域改編	
高鬱府	臨皐郡	高鬱府(永州)	道同縣 · 臨川縣 合屬	(太祖 8년) 金剛城將軍 皇甫能長, 高鬱府將軍能文, 率土來降
興麗(禮)府	河曲縣	興麗府(蔚州)	東津縣 · 虞風縣 合屬	太祖時 郡人朴允雄, 有大功
甫城府	眞寶縣	甫城府(載岩城)	眞安縣合屬	(太祖 5년) 眞寶城主洪術來附 (太祖 13년) 載岩城將軍善弼, 來投
義城府	聞韶郡	義城府	高丘縣合屬	(太祖 12년)(義城府) 城主將軍洪術, 戰死
京山府	新安縣	京山府(碧珍郡)	壽同縣 · 狄山縣 合屬	(太祖 6년) 碧珍郡將軍良文, 來投 (太祖 21년) 碧珍郡將軍李忩言卒
安東府	古昌郡	安東府		(太祖 13년) 以古昌郡城主金宣平爲大匡, 權幸 · 張吉爲大相, 陞其郡爲安東府
天安府		(太祖 13年) 合東 · 西兜率爲天安府, 置都督, 分湯井郡(溫陽) · 大木郡(木川) · 蛇山(稷山)地, 置天安府		

없었기 때문이며, 또한 향의귀순한 호족에 대한 은상의 대가로 합속시키기도 했다. 상기 제부 가운데 高鬱府와 같이 5부는 부의 성립과 함께 부근 군현의 합속이 있었지만 安東府는 없었던 것이며, 天安府는

그 위치상 중요성이 인정되어 토착세력과 관계없이 東·西兜率을 합치고 또 인접 3읍의 구역을 분할하여 새 읍을 설치했던 것이다. 水原은 태조의 남정 시 군인 金七(漆)·崔承珪 등 200여 명이 귀순·效力했기 때문에 승격되었고 淸道郡은 본래 신라 大城郡에 속해 있던 烏岳·荊山·蘇山 등 3현을 합쳐 형성되었으나 당시 토착세력의 동향은 나타나지 않는다.

이러한 부분적 군현개편 작업은 후삼국 통일사업과 병행해서 추진되었는데, 특히 후백제와의 각축전에 관련된 호족들은 고려와 후백제를 번갈아 섬기면서 향배가 무상한 데서 읍격의 승강과 영역의 신축이 반복되기도 하였다.

후삼국 쟁패기에는 우선 호족의 연합에 급급한 나머지 왕건의 회유책이 크게 작용했다고 볼 수 있으나 후백제가 병합된 뒤부터는 종전의 부분적인 개편보다는 신왕조의 획기적인 지방통치체제의 개혁이 발동하였는데 그것이 태조 23년에 나타난 일련의 조치였다고 생각된다. 즉, 태조 23년에 전국의 군현명칭 개정을 비롯하여 慶州府의 6부명칭 개정과 邑司 향리층 개편, 삼한공신 책정, 역분전 제정 및 開泰寺의 낙성법회 등이 있었다. 저자가 그동안 『實地』 소재 각 읍 토성의 分定시기를 두고 오랜 고민 끝에 태조 23년(940)경으로 추정하는 근거는 다음과 같다. 그 근거자료와 거기에 대한 저자의 논증 사실을 군현토성 분정문제와 결부하여 차례로 살펴보기로 한다.

(1) 태조 23년 3월 주·부·군·현의 명칭을 개정했다고 『고려사』 태조세가에 기재되어 있다. 그런데 『고려사절요』에서는 그때 경주를 大都督府로 승격한 다음 諸州郡號를 개정했다고 했는데, 이는 『고려사』 지리지의 내용과 대체로 일치한다. 『동사강목』에서는 그 해 주부군현호를 개정하면서 淸·忠·原·廣·公·梁·全·光·春州 등의 주를 설치하고 그 나머지 군현도 개정한 것이 많다고 하였다.[8)] 그런데 이러한 자료

〈표 3〉 고려 太祖朝에 명칭이 개정된 郡縣의 지역별 통계

구분 \ 지역별	王畿 開城圈	楊廣	慶尙	全羅	交州	西海	東界	합계
① 新羅景德王時地名 계승	10	34	56	54	7	1	15	177
② 高麗太祖 23년 이전 改正	1	6	9	2	1	1	-	20
③ 高麗太祖 23년 改正 明示	-	5	5	3	1	-	1	15
④ '高麗初更(改·復)今(古)名'	3	50	44	23	3	22	4	149
⑤ '高麗更(改)今名'	-	9	4	19	11	-	5	48
⑥ 高麗太祖 이후 成宗~顯宗朝 改名	-	9	11	3	4	1	5	33
합계	14	113	129	104	27	25	30	442

를 통해 볼 때 그때 개정된 읍 수가 얼마인지 또는 어떤 군현이 개정되었는지 상세히 알 수 없다. 그러나 『고려사』 지리지 소재 각 읍의 연혁조를 분석함으로써 그 구체적인 改號사실을 파악할 수 있을 것 같다. 먼저 표로서 정리하면 〈표 3〉과 같다.[9)]

〈표 3〉 소재 군현 442읍은 『삼국사기』 지리지 소재 신라 9주의 소관 군현 450여와 『고려사』 지리지 소재 10도 소관 군현 수(성종조) 580여와 비교할 때 읍 수에 다소 차가 있다.[10)] 전자의 450여 읍이 442로 나타난

8) 『三國遺事』 卷1, 五伽倻條 "又本朝史略云, 太祖天福五年庚子(태조 23년: 940), 改五伽倻名, 一金官爲金海府, 二古寧爲加利縣, 三非火(今昌寧, 恐高靈之訛), 餘二阿羅星山(同前星山, 或作碧珍伽倻)".

9) 〈표 2〉의 지역적 범위는 土姓의 분포지역과 일치하며, 토성이 없는 지역, 즉 大同江에서 元山灣을 잇는 선의 以北地方은 제외하였다.

10) 『三國史記』 地理志 九州 소관 郡縣數의 고증에 대해서는 方東仁, 「『三國史記』地理志의 郡縣考察 — 九州所管郡縣의 漏記를 中心으로 —」(『史學硏究』 23, 1973)의 연구가 있다. 그런데 『三國史記』 地理志를 비롯하여 15세기에 편찬된 地志 등 歷代地志와 本紀·世家를 통해 군현 수를 통계해 보면 서로 差가 있다. 그것은 시대에 따라 郡縣의 倂合·廢合 및 군현과 鄕·所·部曲

것은 신라대의 군현 가운데 '합속'·'미상'의 읍을 제하면 대부분 그대로 존속된 것이며 후자의 증가는 고려 초의 북진책에 의해 신설 주진이 가산되었기 때문이다. 〈표 3〉의 ②와 ③은 읍명 개정시기가 태조시대로 명기되어 있으니 재론의 여지가 없으며 특히 신라대의 9주 5소경과 昌寧이 ③에서 23년으로 명시되어 있다. 그런데 ④와 ⑤를 어느 시기로 보느냐 하는 문제가 있다. ④는 '고려 초'라 하면서 그 후속기사에 성종 또는 현종조의 명호개정사실이 나타남을 볼 때 그 시기는 바로 태조조임을 지칭한 것이며, '高麗更(改)今名'의 ⑤도 ④와 같이 간주하되 단 '初'자가 생략되었다고 본다. 金正浩도 그의 『大東地志』에서 ④와 ⑤를 아예 ③과 같이 '태조 23년 개정'으로 기술하였다. 필자도 ④와 ⑤는 결국 ③과 같이 태조 23년 3월 전국의 주부군현 명호를 개정할 때 고쳐진 것이라고 본다. 그러니 『고려사』 태조세가와 지리지 서문 및 『고려사절요』에 기재된 태조 23년 3월 주부군현명호 개정기사는 동 지리지 각 읍의 연혁조 분석에서 증명되었다. 물론 442읍 가운데 ②·③·④·⑤의 합계가 232읍이라는 데서 전국의 모든 군현이 새로 개정되었다고는 볼 수 없으나 ①도 일단 23년 개정 시 여과과정을 거쳐 계승했으니 현 이상의 전국 군현은 모두 개정대상에 올랐던 것이며, ①처럼 이미 雅化된 읍명은 굳이 고칠 필요가 없었던 것이다.

이러한 읍명개정작업은[11] 단순한 명호개정에 그친 것이 아니고 후삼

등의 陞降이 있었기 때문이다. 그러므로 너무 邑數의 계산에 얽매일 필요가 없다고 생각된다.

11) 太祖 23년의 邑名改正에는 종전의 名稱을 雅化하고 '州'字로 대체한 것이 많았다. 종전의 9州·5小京의 명칭을 尙·梁·康·廣·春·溟·公·全·光·淸·忠·原州와 金海·南原府로 각각 고치고 火王郡을 昌寧으로, 昧谷縣을 懷仁으로, 黃武를 利川으로 改號하는 한편, 특히 '州'로 대치한 것이 전국적으로 40餘 邑에 달하였다. 여기에서 中小邑에까지 州字가 붙게 됨으로써 名實이 상부하지 않은 결과를 초래하였다. 이때 州字가 붙은 중소군현

국통일 후의 전반적인 군현개편책의 일환으로 단행되었던 것이다. ③과 같이 신라 군현제의 근간인 9주와 5소경의 명호를 일일이 개정했다는 사실은 전대의 군현편성을 신왕조의 지방통치에 부합되도록 개혁한 것이다. 주 · 부와 같은 대읍의 명호가 개정되었다면 그 영속하에 있던 군소현은 읍명개정의 여부에 관계없이 모두 개편의 과정을 거쳤다고 볼 수 있다. 이러한 읍명개정 작업의 이면에는 여러 가지 부속조치가 수반되었다고 생각된다. 그것은 곧 각 읍 출신의 삼한공신이나 재경관료 및 재경관료와 재지세력과의 역관계와 그들 상호간의 존재상태를 고려한 개편이었다고 생각된다. 이러한 지역적인 편제에 부응하기 위해서는 또 다른 제도적 장치와 시책이 필요했던 것이다. 신라 왕도였던 경주의 개편과정에서 그 일면을 엿볼 수 있다.

(2) 『고려사』에 의하면 태조 18년 경순왕이 내부하자 신라 왕도를 경주로 개칭하고 그곳을 경순왕의 식읍으로 함과 동시에 그로 하여금 경주의 事審官이 되게 하여 부호장 이하의 관직을 관장케 한 데서 고려의 사심관제도가 창출되었다. 그런데 경주지역의 전면적인 개편작업은 전국의 군현명호를 개정한 태조 23년에 단행된 것 같다. 즉, 동년 3월에 경주를 대도독부로 승격시키는 한편 종전의 6부명을 고치고 나대의 良(梁)州권을 경주 중심으로 개편함에 따라 군현의 구획이 재편성되었다. 그 결과 나대의 9주 구획 가운데 양주관내 군현에서 신생군과 기존 군현의 합속이 집중되었다. 慶州府司(읍사)에서 보존해 오던 『慶州府先生案』(東都歷世諸子記)에 다음과 같은 중요한 사실이 담겨져 있다.

> 天福五年庚子(太祖 23)廣平省吏白文色, ① 以除羅號爲安東大都護府, 邑號慶州司都督府, ② 大改差慶州堂祭拾, ③ 是年功臣數科第, 東南海都部署使本營始排.

의 명칭은 조선 태종 13년(1413) 지명개정 때 山 · 川字로 대치되었다.

위의 ①은 『고려사』의 기록과 대동소이하지만, ②는 『고려사』에 전혀 나타나지 않으며 같은 부 『戶長先生案』에서는 “태조가 후삼국을 통일한 다음 신라를 경주로 고치고 읍세가 1,000丁 이상이라는 데서 堂祭를 10명으로 정액하고 광종조에 당제를 호장으로 개정하고 정원을 8명으로 정액했다”고 기재되어 있다.[12] 두 선생안에 기재된 사실은 『고려사』의 내용과는 다소 다르다. 堂祭=堂大等에서 호장으로 개칭된 시기는 『고려사』에 의하면 성종 2년인 데 반하여 「호장선생안」에는 광종시대로 되어 있으니 이는 『고려사』가 타당하다고 생각된다.[13] 호장의 개칭시기를 제하면 나머지 사실들은 그대로 인정해도 크게 이치에 어긋나지 않을 것이다.[14] 즉, 태조 23년에 왕건은 경주를 대도독부로 승격시키고 6성의 출자지 6부명을 아화하는 동시에 뒷날의 호장인 당제를 크게 개차했던 것인데, 이러한 조치는 경주 일읍에 한한 것이 아니고 바로 전국의 군현명호를 개정할 때 각 邑司를 구성할 당제 즉 호장층을 차정시켜 그들로 하여금 군현행정을 장악케 하는 한편 그들을 통해 주민에게 징세 · 조역

12) 『慶州府戶長先生案』 소재 至正 21年(恭愍王 10, 1361) 慶州司 戶長正朝李弼 등 序文, “太祖統合三韓教是時, 率領百官郊迎, (敬順王)順命始終輔佐教等用良, 新羅乙良, 京號不動東京留守官, 州號乙良慶州爲等如設排教是旀, 千丁已上乙束給教是良, 光宗朝良中, 堂祭乙段號戶長, 爻八乙制定教是置”.

13) 『高麗史』 卷75, 選擧 3, 鄕職 “成宗二年, 改州府郡縣吏職 … 堂大等爲戶長, 大等爲副戶長 …” 그런데 光宗 13年에 건립한 淸州龍頭寺幢竿記에 ‘堂大等’이 기재되었으니 ‘堂大等’의 戶長 개칭은 光宗代가 아니고 成宗代가 옳다고 생각된다.

14) 『慶州府先生案』, 『戶長先生案』, 『慶尙道先生案』은 『慶尙道地理志』, 『續撰地理志』와 함께 壬辰倭亂 때 老吏 崔洛에 의하여 보존되었던 것이다. 세 先生案은 麗代 이래의 사적을 담은 古文籍으로서 壬亂 前까지는 慶州府司에 보존해 왔던 귀중한 자료로서 그 사료적 가치는 매우 높다고 생각된다. 물론 지방자료라는 데서 正史와 비교할 때 연대와 같은 것에 약간의 차이가 있다. 이는 중앙의 자료와 비교해서 고증을 거치지 못한 데서 나온 결과라고 생각된다.

등 군현통치권을 부여했던 것이다.

경주의 6부명 개정과 함께 그곳에서 출자한 토성이 '府司'를 구성하는 성씨집단이 되었고, 그 성단의 수장급이 堂祭, 즉 호장층을 조직했던 것인데 초대 州長이 되었다는 金富軾의 증조 魏英은 바로 태조 당시 경주부 당제 10명 중에 한 사람이었을 가능성이 크다. 각 읍사의 당제 차정 문제는 군현 명칭 개정, 토성분정 및 사성, 賜貫문제와 동시에 추진되었다고 생각된다. 羅代의 군현체계를 계승하면서 기존 읍사와 그 토착씨족의 성세 및 통일 후 고려왕조와의 충역관계와 功過를 고려해서 당제층을 대개차했다는 사실은 특히 주목해야 할 것이다. 이러한 획기적인 조치가 마련되었기 때문에 당분간 상주외관을 파견하지 않고도 지방통치가 가능했던 것이다.

(3) 『고려사』와 『고려사절요』의 태조 23년조에는 다 같이 新興寺를 중수하여 功臣堂을 설치하고 삼한공신의 초상을 그곳 동서벽에 걸어 두었다고 하였다. 그런데 전기 『경주부선생안』의 ③에는 그 해(23년) '功臣數科第'라 하였으니 이는 후삼국통일 완수 후 전체 공신들에 대한 공로등급과 각 등급의 액수가 정해졌다는 사실을 반영한 것이라 생각된다. 태조 대의 공신으로서는 왕건즉위 시에 참여한 개국공신과 후삼국 통합과정에 참여한 삼한공신으로 크게 구분될 수 있지만 실제는 다 같이 '太祖功臣' 또는 '三韓功臣'으로 호칭되었던 것이며, 문종조에 나타나는 '태조공신 千明 등 3,200명'은 바로 왕건의 즉위에서 통일에 이르기까지의 공신들을 총망라한 숫자라 하겠다.[15] 여기에는 즉위 시 휘하 장상을 비롯한 개국관료와 신라·후백제의 귀부세력 등 재경세력과 향의귀순한 재지호족들도 포함되었다고 볼 수 있다.[16]

15) 『高麗史』 卷1, 태조 원년 8월 辛亥條 "(개국공신 책정)其第三等二千餘人 …"; 同書 卷7, 文宗 8년 12월 庚寅條 "有司請, 追贈太祖功臣大匡千明等三千二百人次第職, 從之".

고려 개국공신과 개국관료 · 삼한공신 · 太祖妃父 및 태조 23년(940)을 전후한 10세기 후반에 나타난 姓貫들을 지역별로 적기해 보면 다음 〈표 4〉와 같다.

〈표 4〉와 같이 태조공신과 太祖妃父들은 양계지방을 제외한 거의 전국에서 출자한 姓貫임을 미루어 보아 전국적인 토성분정책이 태조 23년경에 실시되었다는 사실을 충분히 뒷받침할 수 있다고 본다.

이러한 삼한공신의 등급책정과 사액은 각 읍사의 당제(호장) 정액 및 개차와 밀접한 상관관계가 있다고 생각된다. 즉, 여초부터 새로 편성된 신왕조의 지배세력들은 크게 재경 · 재지세력으로 분화되어 갔다. 군현 읍사의 당제층에 나아간 세력은 물론 재지세력이지만 삼한공신의 범주에는 양자가 포함되었다. 그런데 재경 · 재지세력의 모체는 『실지』의 성관상 군현토성이었다. 앞 (1)의 시책과 함께 태조공신과 각 읍의 호장층을 망라한 중앙과 지방의 지배세력들은 각기 출신지 또는 거주지별로 성씨와 본관이 책정됨으로써 토성이 비로소 전국적으로 형성되어 갔던 것이다.

그러면 태조 왕건이 이상과 같은 획기적인 시책을 실시하는 데 있어 그 제도적 전형의 근거는 무엇이었을까 하는 문제가 제기된다. 그는 문무를 겸비한 創業之主로서 신라와 궁예의 제도를 절충하면서 취사하였고 또 土風을 존중하면서도 중국의 경사나 고제에도 조예가 깊었다. 그

---

16) 『高麗史』, 高麗墓誌, 『慶地』, 『輿地』 및 후대의 族譜에서 나타나는 太祖功臣의 성분을 분석해 보면 실로 다양하다. 그런데 安東府의 吏族이나 海州吏族 崔氏의 先祖들은 분명히 재지호족이면서 '三韓功臣'의 칭호를 갖고 있었던 것이다.

"金宣平高麗太祖代, 爲亞父功臣, 權幸 · 張吉爲功臣, 皆圖畵功臣堂壁上" (『慶地』 安東府)

"(大禪師祖膺)本海州人, 皇考戶長甫尹惟△, 三韓壁△△△司徒三重大匡崔貞獻七代孫也"(『朝鮮金石總覽』 上, p. 410, 醴泉龍門寺重修碑).

〈표 4〉 10세기에 나타난 지역별 姓貫

도 명	고려 태조 23년을 전후한 10세기에 나타난 姓貫
경기도 (32本)	開城王 · 黃驪金 · 楊根咸 · 利川徐 · 衿川姜 · 楊州韓 · 見州李 · 豊壤趙 · 峰城廉 · 坡平尹 · 水原崔 · 水原金 · 南陽洪 · 龍駒(仁)李 · 南陽房 · 陽川許 · 鐵原崔 · 長湍韓 · 富平李 · 守安尹 · 貞州柳 · 交河盧 · 陽川崔 · 童城異 · 安山金 · 仁州李 · 江華韋 · 水原白 · 陰竹桓 · 利川申 · 高峰高 · 安峽孫氏
충청도 (24本)	忠州劉 · 忠州安 · 淸州金 · 淸州李 · 淸州韓 · 竹山朴 · 全義李 · 鎭川林 · 洪州洪 · 沔川卜 · 沔川朴 · 貞海韓 · 忠州崔 · 陰城宋 · 忠州秦 · 淸州俊 · 淸州郭 · 淸州孫 · 淸州慶 · 大興韓 · 陰城蔡 · 忠州安 · 懷仁李 · 公州宋氏
황해도 (24本)	黃州皇甫 · 洞州金 · 洞州安 · 遂安李 · 海州崔 · 海州吳 · 信川康 · 平山朴 · 平山申 · 白川趙 · 白川劉 · 文化柳 · 土山崔 · 中和金 · 平山庾 · 鳳山智 · 黃州黃 · 海州鄭 · 土山李 · 長淵文 · 永康康 · 谷山盧 · 殷栗洪 · 免山胡氏
강원도 (9本)	江陵金 · 江陵王 · 江陵崔 · 橫城尹 · 原州元 · 春川朴 · 原州李 · 橫城趙 · 旌善全氏
경상도 (32本)	慶州金 · 慶州崔 · 慶州李 · 慶州裵 · 安東金 · 安東權 · 安東張 · 善山金 · 海平金 · 永川皇甫 · 陜川李 · 星州(碧珍)李 · 蔚山朴 · 義城洪 · 醴泉林 · 山陽申 · 仁同張 · 奉化琴 · 密陽孫 · 寧海黃 · 義城金 · 慶州朴 · 梁山金 · 金海庾 · 禮安李 · 晋州河 · 晋州姜 · 醴泉昕 · 醴泉邦 · 若木柳 · 若木李 · 若木金 · 迎日鄭氏
전라도 (20本)	羅州吳 · 羅州羅 · 光陽金 · 順天朴 · 光州金 · 靈光田 · 靈岩崔 · 綾城具 · 龍潭高 · 遂寧魏 · 興德張 · 務安朴 · 順天金 · 求禮孫 · 南原晋 · 潭陽李 · 濟州高 · 濟州梁 · 濟州夫 · 全州柳氏

는 후삼국을 통일한 직후인 19년 11월에는 '政誡' 1권과 '戒百僚書' 8편을 친히 지어 중외에 반포한 데 이어 23년에는 왕사 忠湛비문과 開泰寺落成華嚴法會疏文을 친제한 바 있으며,[17] 26년 4월 임종을 앞두고는

大匡 朴述希를 불러 '訓要十條'를 친수할 정도로 자기 나름의 치국경륜이 확립되어 있었던 것이다. 그는 당의 문물제도에도 친숙해 있었던 것이며 통일신라 이래 적극적인 한화정책을 추진해 왔다는 사실에 대해서는 무조건 모방은 경계해야 한다고 했던 것이다.[18] 그 결과 그는 당의 군현제를 모방한 신라의 제도를 계승하면서, 또 한성제도를 수용하여 군현토성을 분정하면서도, 이것을 당시 고려왕조의 현실에 맞게 수용했던 것이다. 가령 군현명호와 성씨제도는 중국의 것을 모방하면서도 독자적인 군현구획과 읍사조직 및 토성분정이란 고려의 독특한 제도를 정착시켰던 것이다.

(4) 『고려사』 태조세가에 등장하는 인물의 성명을 살펴보면 고유명과 한식성명이 섞여 나오고 있다. 이러한 현상은 바로 한성이 당시 지배층에 수용되고 있다는 증거이다. 사실 태조 초년에 나오던 고유명이 동왕 말년에 갈수록 감소되고 혜종 이후가 되면 관인층은 거의 한성을 갖게 되었다. 중국식 칭성은 그 기원이 말해 주듯이 계급적 특권을 표시하는 씨족집단의 명칭이기 때문에 나말에 보급되기 시작한 성씨는 미구에 지배층 일반에게 파급되기 마련이었다. 나말려초 한성의 보급과정을 추적해 보면 대략 두 가지로 집약된다. 상술한 바와 같이 신라 하대 이래 이미 한성화한 신라의 귀족이 지방에 분산되면서 分貫作用을 일으키는 경우가 그 하나이며, 다른 하나는 고려왕조의 성립과 통일과정에서 왕건의 휘하장상을 위시하여 성주 · 장군 · 촌주 등 귀순호족에 대한 사성이 대대적으로 실시되었다. 裵玄慶 · 申崇謙 · 卜智謙 등 개국공신들에 대한 사성, 지방의 재지호족들에게 대한 사성도 있었고, 이미 한성을 갖고 있는 자에게는 은급의 형식으로 종실의 성인 왕씨를 하사하는 경우가 있

---

17) 『高麗史』 卷2, 太祖 19년 11월條 및 동왕 23년條 참조.

18) 上揭書, 卷2, 太祖 26년 4월 訓要十條 "(4條) 惟我東方, 舊慕唐風, 文物禮樂, 悉遵其制, 殊方異土, 人性各異, 不必苟同".

〈표 5〉 고려사 세가(태조~현종) 등장 인물의 성씨별 통계

姓 氏	金	李	崔	朴	柳	韓	鄭	林	張	劉	尹	康	元
人物數	65	49	33	22	13	13	12	12	11	9	8	8	8
姓 氏	趙	庾	孫	高	白	徐	洪	宋	盧	權	申	楊	秦
人物數	7	7	7	6	6	6	5	5	5	5	5	5	5
姓 氏	安	文	任	陳	郭	朱	廉	皇甫	黃	姜	梁	明	昕
人物數	4	4	4	4	4	4	4	4	3	3	3	3	3
姓 氏	萱	宗	吳	許	閔	全	奇	蔡	田	周	魏	咸	荀
人物數	3	2	2	2	2	2	2	2	2	2	2	2	2
姓 氏	伊	辛	羅	河	薛	禹	蘇	嚴	卜	于	方	玄	皮
人物數	2	1	1	1	1	1	1	1	1	1	1	1	1
姓 氏	桓	殷	彭	智	車	門	具	卓	尙	潘	蔣	龍	韋
人物數	1	1	1	1	1	1	1	1	1	1	1	1	1

었다.

여기에 다시 『고려사』 세가에 등장하는 인물을 성씨별로 통계해 봄으로써 고려 초기에 걸쳐 실제 한성화해 나간 결과를 엿볼 수 있다. 〈표 5〉의 시간적 범위는 태조에서 현종세가까지 약 100년을 대상으로 하였고 인물의 선정은 무릇 한성을 가진 자이면 신분과 관직에 구애받음 없이 모두 포함시켰다. 단, 왕씨는 제외시켰다.

〈표 5〉 소재 성 수와 인물 수를 합산하면 전자는 78성이며 후자는 439명으로서 金 · 李 · 崔 · 朴 · 柳 · 鄭씨 등 6성이 194명으로 전체 40%를 차지한다. 그리고 柳 · 劉 · 康 · 洪 · 盧씨 등은 본관 수는 적지만 등장 인물 수가 많은 것은 그들 가문이 명문으로 성장했기 때문이다. 그리고 〈표 5〉 소재 姓字는 모두 『실지』 소재 군현토성(亡姓 포함)들이었다.

(5) 여초에 형성된 군현토성들은 고려왕조의 발전에 따라 성장하면서 태조조부터 『고려사』에 등장하기 시작하였다. 『고려사』에 등장하는 인물의 성관을 통해 『실지』 소재 토성을 확인하는 것이 보다 쉬운 방법이지만, 보다 확실한 자료인 당시의 금석문과 기타 문헌에서도 『실지』 소재 군현토성이 여초에 분정된 사실임을 우리는 다음 자료를 통해 다시 한번 확인할 수 있다.

㉠ 여초의 금석문과 고문서: 王筍息(順式)(江陵王氏, 태조 23년 이전), 劉權說(忠州劉氏, 태조 23년 이전), 公州郡吏宋嵒(公州宋氏), 武州吏金思尹(光州金氏, 태조 23년 이전), 堂大等 金芮宗 · 金希一(淸州金氏), 前侍郎孫熙 · 學院郎中孫仁謙(淸州孫氏), 學△卿韓明寔(淸州韓氏), 司倉慶奇俊(淸州慶氏, 광종 13년), 坦文(法印國師, 高烽高氏, 경종 3년), 眞觀禪師(忠州安氏), 戶長林長富(醴泉林氏), 昕京(醴泉昕(權)氏), 隊正邦祐(醴泉村姓邦氏, 현종 원년), 戶長金△△(蔚山金氏, 현종 10년), 智宗(圓空國師, 全州李氏, 현종 16년), 戶長柳瓊(若木柳氏), 戶長李元敏(若木李氏), 攝戶長金甫(若木村姓金氏, 현종 22년) 등

㉡ 고려묘지: 柳邦憲(全州柳氏) · 柳邦憲母(潭陽李氏, 문종 5년), 李子淵(仁州李氏, 문종 15년), 崔士威(水原崔氏) · 崔士威母(金海庾氏, 문종 29년)

㉢ 광종 24년에 죽은 均如는 黃州村姓 邊氏로, 성종 9년 선행으로 표창받은 명단에 나타나는 求禮縣民 孫順과 延日縣民 鄭康俊 및 長淵縣民 文漢은 각기 求禮孫氏와 延日鄭氏 또는 長淵文氏로서 이들은 모두 『실지』의 該邑 성씨조에 토성 또는 촌성으로 기재되어 있다.

이상과 같이 토성의 형성과정은 시대와 지역에 따라 다소 차이가 있지만, 그것이 그 구역에 토착한 유력한 씨족인 데다가 그 군현의 당초 구획시 참가한 성단이 토성이 되었던 것이다. 그러니 토성의 형성시기 즉 그 씨족적 유래는 꽤 오래되었다 하더라도 그들의 漢姓化시기는 나말려초에 걸쳐 일반화되었다. 그 근거는 『실지』 소재 토성의 분포지역

을 보나, 당시 군현제의 정비에 따른 군현의 구획개편이 집중적으로 실시된 사실이나 또 한성의 보급이 활발해졌다는 사실 등을 미루어 보아 그렇게 짐작된다.

(6) 태조 23년에 실시한 정책 가운데 또 중요한 것은 役分田의 제정이다.[19] 이는 바로 통일사업 완수 후 군현명칭 개정과 구획개편, 각 읍사 구성원의 책정, 삼한공신의 등제 등 시책과 함께 신왕조 지지세력에 대하여 물질적인 기반을 제공해 주려는 의도에서였다. 이는 朝臣 · 군사와 같이 주로 재경세력에게 지급된 것으로 후일 田柴科의 전신이었다. 지방의 읍사를 구성하는 데 모체가 되었던 향의귀순 성주들에게는 나중에 勳田이 지급되었는데, 이러한 시책들은 모두 태조 23년을 전후하여 추진되었던 것이며 군현토성의 분정책도 이러한 일련의 맥락 속에서 이해해야 할 것이다.

(7) 토성의 분포지역과 토성이 없는 合屬縣과 未詳郡縣: 토성분정 시기를 태조 23년경으로 잡는 또 하나의 근거는 그 해 이전에 폐합된 군현에는 토성이 없으며, 또한 당시까지 토착씨족을 제대로 확보하지 못한 지역, 즉 신라 말의 북쪽 국경선인 대동강에서 원산만을 잇는 線의 이북 지방에는 토성이 전무하다는 사실이다. 『실지』의 각 읍 성씨조를 살펴보면 신라의 9州 소관 450여 주군현 가운데 태조 23년 이후까지 존속된 읍에는 모두 토성이 있는 데 반해 그 23년 이전에 合屬 내지 폐합된 군현에는 성씨가 기재되지 않았다. 이를 열거하면 다음과 같다.

合屬　慶州府合屬: 東安郡 · 臨關郡 · 商城郡 · 南畿 · 中畿 · 西畿 · 北畿 · 莫耶 · 東畿停 · 約章縣
　　　永川郡合屬: 臨川縣 · 道同縣

19) 上揭書, 卷78, 食貨 1, 田柴科 "太祖二十三年, 初定役分田, 統合時, 朝臣軍士, 勿論官階, 視人性行善惡, 功勞大小, 給之有差".

新寧縣合屬: 黽白縣
安康縣合屬: 音汁火縣
淸道郡合屬: 烏岳山縣 · 荊山縣 · 蘇山縣
蔚山郡合屬: 虞風縣 · 東津縣
未詳: 化昌縣 · 日谿縣 · 尒爾同兮縣(尙州圈) · 密津縣(良州圈) · 屈村縣 · 河邑縣 · 蛟火良縣(晋州圈) · 新復縣 · 壽同縣 · 都山縣(星州圈) · 善谷縣 · 隣豊縣(榮州圈) · 軼雲縣 · 狶嶺縣(交州圈) · 蘭山縣 · 蒜山縣 · 松山縣 · 幽居縣(登州圈) · 海曲縣 · 竹嶺縣 · 滿卿縣 · 海利縣(三陟圈) · 目支縣(公州圈)

상기 合屬된 19군현 또는 미상 23군현 이외에 邑司 또는 성씨조가 없는 곳으로는 開城郡과 합쳐 開京이 된 松嶽郡과 甫城府(眞寶縣)에 합쳐진 眞安縣이 있다. 신라시대 9州 소관 450邑 내외 가운데(대동강에서 원산만을 잇는 선의 이남지역: 통일신라의 영역) 상기 합속과 미상의 군현은 태조 23년 이전에 이미 폐읍되었거나 他邑에 합쳐졌기 때문에 邑司 또는 그 읍사를 구성했던 성씨조가 15세기 地志에 실리지 않았던 것이다.

이처럼 태조 23년 이전에 폐합된 군현에는 토성이 없는 데 반해 그 이전에 신설된 天安府와 洪州(運州)에는 토성이 기재되어 있다.

(8) 李重煥은 『擇里志』에서 우리 성씨의 보급시기를 고려 초로 잡고 있다. 그는 "고려가 후삼국을 통일하자 비로소 중국식 성씨제도를 전국에 반포함으로써 사람들은 모두 성을 가지게 되었다."고 하였다.[20] 그는 성씨의 보급과정을 설명하면서 크게 ① 고려 초 賜姓 이전의 성씨(삼국 및 가락국의 왕실), ② 중국에서 東來한 성, ③ 고려 초 사성 등 셋으

20) 李重煥, 『擇里志』 總論條 "自新羅末, 通中國, 而始制姓氏, 然只仕宦士族, 略有之, 民庶則皆無有也, 至高麗, 混一三韓, 而始倣中國氏族, 頒姓於八路, 而人皆有姓".

로 나누면서, ①과 ②를 제외하면 나머지는 모두 ③에 해당된다고 하였다. 신라 말 · 고려 초 漢姓化과정에 대한 그의 설명은 타당하지만, 그러나 태조조에 전국에 頒姓했다는 사실을 다른 자료에서는 찾아볼 수 없으며, 頒姓 후 '人皆有姓'이란 人도 국민전체가 아니라 넓은 의미의 지배층이라고 보아야 할 것이다. 그런데 그가 말한 후삼국 통일 후 八路(전국)에 반성했다는 사실은 저자가 주장하는 태조 23년경을 전후하여 군현토성을 분정했다는 것과 일치하고 있다.

3. 토성의 형성과정

『실지』 소재 토성의 형성과정은 중국식 한자성이 보급되던 나말려초부터 그 대상으로 삼지만, 한성으로 바뀌기 전단계까지 소급해서 고찰한다면 토성의 형성시기는 오히려 그보다 더 위로 올라간다 하겠다. 신라 종성인 박 · 석 · 김 3성과 6부촌장에게 사성했다는 6성도 문헌상으로는 신라 초까지 소급된다. 그러나 실제 그러한 한성은 대개 삼국 말기나 통일신라시대에 걸쳐 나당 간의 문물교류가 활발해지면서 수용된 것이지만, 한성화되기 전에 그 씨족은 이미 오래 전부터 있어 온 것이다.

우리나라 성씨의 변천과정을 살펴볼 때, 『실지』 소재 각 읍 토성 가운데 신라 수도였던 경주부의 6성이 '天降姓'인 박 · 석 · 김 3성과 함께 가장 오래된 것이며, 고구려 · 백제 계통의 성씨는 그 계보가 후대의 성씨와 연결되지 않음을 미루어 보아, 토성은 삼국 가운데 신라계통을 주축으로 하여 보급되어 갔다고 볼 수 있다. 그것은 토성의 분포지역이 대동강에서 원산만을 잇는 선의 이남에 한정되어 있는 것으로서도 알 수 있다. 이 경계선은 바로 통일신라시대의 북쪽 경계선인 동시에 고려왕조 성립기의 국경선도 되기 때문에 토성의 본격적인 형성시기는 통일신라 이후부터 고려 초기에 걸쳐 진행되었다고 본다.

토성의 형성과정을 구명하기 위해서 한편으로는 종전의 국 · 성 · 촌이 후대에 주부군현으로 개편되는 과정과 촌 또는 향 · 소 · 부곡 등이 어떻게 병합 내지 폐합되어 나갔느냐 하는 구역의 구획과정을 밝혀야 하며, 다른 한편으로는 그 구역주민의 씨족적 분화과정과 그 씨족의 한성화과정이 함께 구명되어야 할 것이다. 여기에 지역별로 몇 개의 사례를 예시하면서 차례로 살펴보기로 한다.

〈사례 1〉: 경주권과 제주도

『삼국유사』에 의하면 진한지방의 옛 6촌에는 謁平 등 6인이 天降하여 6촌의 장이 되고 동시에 6부(6성)의 시조가 되었다고 한다. 6촌은 말하자면 진한 12국 가운데 하나인 斯盧國을 구성한 6개의 씨족이 정착한 곳이므로 각 촌에는 각기의 수장이 있었던 것이다. 『삼국유사』에 의거 6촌의 발전과정과 그 성씨를 정리하면 〈표 6〉과 같다.[21)]

『삼국유사』와 『삼국사기』에 따라 6촌 혹은 6성의 해당관계에 약간의 차이는 있으나, 6성이 이 · 정 · 최 · 손 · 배 · 설씨인 데에는 차이가 없다. 신라 수도였던 경주는 그 전신이 사로국이며, 사로국의 주체는 이른바 진한 6부족으로 구성되었고, 이 6부족은 그 전신인 6개 씨족과 그 6개 씨족의 거주지인 6부로 구성되어 발전했던 것이다. 그래서 소위 진한 6부니 사로 6부니 하는 6촌 씨족이 뒷날 경주부의 토성이 되었고, 시기적으로 6성 다음에 대두한 박 · 석 · 김 3성은 토성과 구분, 천강성으로 처리되었다. 3성 가운데 김부족은 원래 토착족이고 박 · 석 양 부족은 유

---

21) 『三國遺事』 卷1, 紀異 第2 新羅始祖 赫居世王條, 『三國史記』 卷1, 新羅本紀 赫居世卽位年條 및 儒理尼師今 9년條 참조. 그런데 6部의 명칭과 6姓에 대해서는 『三國遺事』와 『三國史記』에 따라 약간 차이가 있다. 〈표 6〉은 『三國遺事』에 의거 작성한 것이다.

〈표 6〉 6부와 6성의 관계

村名(6村)	始祖名(6村長)	部名(6部)	姓氏(6姓)	高麗初改正部名	고려 중기 所屬地域
閼川楊山村	謁平	及梁部	李氏	中興部	東村(波潛, 東山, 彼上)
突山高墟村	蘇伐都利	沙梁部	鄭氏	南山部	南村(仇良伐, 痲等烏, 道北, 廻德)
茂山大樹村	俱禮馬	漸梁部	孫氏	長福部	西村(朴谷村 등)
觜山珍支村	智伯虎	本彼部	崔氏	通仙部	東南村(柴巴 등)
金山加里村	祇沱	漢岐部	裵氏	加德部	東村(上西知, 下西知, 乃兒 등)
明活山高耶村	虎珍	習比部	薛氏	臨川部	東北村(勿伊村, 仍仇彌村, 闕谷 등)

이족으로 보는 설도 있으나, 일반적으로 6성의 기원이 3성에 앞서는 것은 사실일 것 같다. 신라시대의 6촌 내지 6부가 고려 초에 와서 경주부라는 지역적 구획을 개편함과 동시에 종래의 6촌 씨족이 그곳의 토성이 되었다.[22] 그래서 시기적으로 좀 뒤지고 또 신라 종성이라는 데서 박·석·김 3성은 토성인 6성과 구분되어 천강성으로 처리되었던 것이다. 이들 9성의 토착지역이 고려 초 경주부내(읍내)가 됨과 동시에 그들이 '府司'를 구성하는 향리의 주체가 되었다.

신라의 6부는 고려 태조 18년(935) 경순왕의 내항으로 국도가 경주로 개칭되고 金傅의 식읍이 됨과 동시에 그는 경주의 사심관을 맡아 부호장 이하의 향직을 관장하게 되었다. 이때 김부식의 증조인 위영은 후일의 호장격인 '州長'에 선임되었다.[23] 그로부터 5년 뒤인 태조 23년

22) 지금까지 內外 學者들에 의해 6村 내지 6部에 관한 연구가 많이 나왔다. 그런데 여기서의 그것에 관한 설명은 어디까지나 慶州府 토성인 6姓과의 지역적인 관련하에서 언급한 것이며 6村 및 6部의 발전과정이나 그 지역적 범위 등에 관한 문제는 이곳에서는 논외로 한다.

(940)에 경주를 대도독부로 승격시키고 후일의 호장격인 당제 10명을 크게 개선하는 한편, 전국의 군현명호를 대대적으로 개정하는 획기적인 조치를 단행했던 것이다. 아래에 적기한 『慶州府先生案』(東都歷世諸子記)과 『戶長先生案』 소재 고려 초기 기사는 매우 귀중한 자료인 것 같다.

> 天福 5년(고려 태조 23) 庚子에 광평성吏 白文色은 신라의 호칭을 없애고 이를 安東大都護府로 하고 고을이름은 慶州司 · 都督府라 호칭하고 경주의 堂祭(戶長의 전신) 10명을 크게 改差했으며, 그 해 功臣의 등급과 수를 정했으며, 또 東南都府署使의 本營을 비로소 배치하였다.

위 자료에 나타나는 당제는 같은 부 『호장선생안』 소재 至正 21년(공민왕 10, 1361) 李弼 등의 서문에서 호장의 전신임이 확인된다.[24] 전술한 바와 같이 고려 태조 23년은 매우 중요한 한 해인 것 같다. 즉, 태조는 후삼국을 통일한 다음 그 해를 기해 군현명호의 개정, 삼한공신의 책정, 역분전의 제정 등[25] 실로 획기적인 사업을 단행했던 것이다. 이때 단행한 전국적인 군현의 명호개정과 구획개편 및 삼한공신의 정액과 등

---

23) 이에 관한 자료를 들면 다음과 같다.
『高麗史』 卷2, 太祖 18년 12월 辛酉條 "除新羅國爲慶州, 仍賜爲食邑".
上揭書 卷75, 選擧 3, 事審官條 "太祖十八年, 新羅王金傅來降, 除新羅國爲慶州, 使傅爲本州事審, 知副戶長以下官職等事".
上揭書 卷97, 金富佾傳 "太祖初置慶州, 以魏英爲州長, 卽富佾曾祖也". 그런데 후일 『增補文獻備考』 帝系攷附氏族 慶州金氏條에는 '州長'이 戶長으로 표기되고 있다.

24) "千丁已上乙東給教是遣, 堂祭十乙爻定教是良, 光宗朝良中, 堂祭乙段號戶長, 爻八乙制定教事是置 …"〔「慶州戶長先生案」, 許興植 編, 『韓國中世社會史資料集』(亞細亞文化社, 1976) 所收〕.

25) 『高麗史』 卷2, 太祖 23년條, 『高麗史節要』 卷1, 太祖 23年條 및 『東史綱目』 6上 高麗太祖 23年條 참조.

급책정은 서로 상관관계를 가지면서 추진되었고, 그 결과 『실지』 소재 군현토성의 분정이 경주부 당제(호장) 수 정액처럼 각 읍사의 호장 수 정액과[26] 동시에 추진되었다고 본다.

이러한 전국적인 추세에 편승하여 경주부도 과거의 왕도체제에서 대도독부 내지 東京留守官체제로 개편되어 갔다. 태조 23년경을 전후하여 종래의 6부 명칭을 개정하는 한편,[27] 과거 9주체제하의 良(梁)州 관내 군현을 경주를 중심으로 개편한 결과 고려시대 경주 관내의 군현영속관계가 확립되었다. 『삼국사기』 지리지에서 『실지』까지 역대 지지에 의거 고려시대 경주에 속했던 임내의 연혁과 성씨조를 정리하면 〈표 7〉과 같다.

〈표 7〉 소재 군현 가운데 고려 태조 23년 이전에 합속(폐합)된 곳에는 토성이 없다. 『삼국사기』 지리지 소재 9주 소관 제 군현 가운데 '합속'과 '미상'이란 지역에 한해 토성이 없으며 그 나머지 군현은 주읍과 속현에 관계없이 모두 토성이 있다는 사실을 염두에 둘 때, 토성의 분정시기가 태조 23년부터 임을 알 수 있다. 그런데 군현토성 분정 시에는 그 읍사를 구성하고 있던 현존 씨족을 대상으로 했기 때문에 읍격에 관계없이 주부군현이 각기 개별적이고 독자적인 성씨를 갖게 되었다. 그러나 향·소·부곡은 사정이 달랐다. 물론 그것들 가운데도 군현과 동시에 설립된 곳에는 독자적인 향·소·부곡성이 있지만, 인구의 증가와 신생촌의 발생에 따라 주읍보다 늦게 형성된 곳에는 주읍토성이 이주하

---

26) 후술하는 바와 같이 郡縣의 土姓數와 고려 초기 책정한 戶長定數와는 거의 일치하고 있다〔拙稿, 「朝鮮朝 鄕吏의 一硏究 — 戶長에 대하여 —」(『嶺南大文理大學報』 3, 1974)〕.

27) "(太祖) 二十三年, 陞爲大都督府, 改其州六部名, 梁部爲中興部, 沙梁爲南山部, 本彼爲通仙部, 習比爲臨川部, 漢祗爲加德部, 牟梁爲長福部"(『高麗史』 卷57, 慶尙道 東京留守官條).

〈표 7〉 경주부에 領屬된 군현의 연혁과 『실지』 성씨조

景德王以前	景德王時	高麗初 改名	高麗初改編	15世紀初 邑格	『實地』 소재 姓氏
斯盧六村	新羅王都	慶州	六部名 改正	慶州府尹	土姓 6: 李 · 崔 · 鄭 · 孫 · 裴 · 薛, 天降姓 3: 朴 · 昔 · 金, 來姓 1: 康(洞州), 賜姓 1: 偰, 續姓 1: 楊(杞溪來, 時爲鄕吏)
生西良郡	東安郡		合屬慶州		
毛火郡	臨關郡		〃		
西兄山郡	商城郡		〃		
道品兮停	南畿停		〃		
根乃停	中畿停		〃		
豆良彌知停	西畿停		〃		
雨谷停	北畿停		〃		
官阿良支停	莫耶停		〃		
毛只停	東畿停		〃		
惡支縣	約章縣		〃		
比火縣	安康縣		高麗顯宗 9년 來屬慶州	慶州屬縣	土姓 5: 安 · 盧 · 金 · 黃 · 廉
音汁伐國	音汁火縣		合屬安康		
奴斯火縣	慈仁縣		高麗顯宗 9년 來屬慶州	慶州屬縣	土姓 4: 朴 · 韓 · 鄭 · 周
東仍音縣	神光縣		〃	〃	土姓 4: 徐 · 陳(金) · 尹 · 申
芼兮縣	杞溪縣		〃	〃	土姓 4: 兪 · 楊 · 益 · 尹
麻珎良縣	餘粮縣	仇史部曲	—	慶州屬	部曲姓 3: 鄭 · 石 · 曺
—	長眞縣	竹長部曲	—	〃	續姓 4: 葛(花園來) · 金 · 李(本府來) · 宋(陜川來) · 皆爲長役

〈표 7〉 계 속

景德王以前	景德王時	高麗初 改名	高麗初改編	15世紀初 邑格	『實地』 소재 姓氏
—	海阿	淸河縣	高麗顯宗 9년 來屬慶州	淸河縣監	土姓 3: 金·明·李
斤烏支縣	臨汀縣	迎日縣	〃	迎日縣監	土姓 3: 鄭·成·朱
只沓縣	鬐立縣	長鬐縣	〃	長鬐縣監	土姓 5: 鄭·吳·安·任·申(金)
退火郡	義昌郡	興海郡	高麗顯宗 9년 來屬慶州	興海郡守	土姓 4: 裴·崔·李·張, 續姓 3: 鄭(長鬐)·李(安德)·朱(熊神)
押梁小國	獐山郡	章山郡	〃	慶山縣令 ·	百姓姓 3: 金·全·白, 來姓 1: 魯(豊角), 續姓 2: 朴(慈仁), 鄭(慶州), 皆爲鄕吏
哨火郡	壽昌郡	壽城郡	〃	大丘屬縣	姓 4: 賓·羅·曺·嵇
切也火郡	臨皐郡	高鬱府 (永州)	〃	永川郡守	土姓 4: 皇甫·申·李·尹
骨火小國	臨川縣		合屬永州		
刀多火縣	道同縣		〃		
史丁火縣	新寧縣		高麗顯宗 9년 來屬慶州	新寧縣監	土姓 4: 李·朴·丁(鄭)·史
買熱次縣	黽白縣		合屬新寧		
—	—	河州 (成宗 14)	(河陽縣)	河陽縣監	土姓 4: 許·玄·諸·兪
雉省火縣	解顔縣		〃	大丘屬縣	土姓 5: 牟·白·河·申·丁

여 향·소·부곡성이 되거나 토성은 전혀 없고 續姓만 있는 곳도 많았다. 〈표 7〉 소재 군현 가운데 여초에 '합속' 되었거나 이미 폐합된 지 오래되어 그 소재지를 제대로 확인할 수 없던 '미상' 군현[28]을 제외하면

나머지는 모두 개별적인 토성을 가진 데 반해, 이들 군현에 소속한 향·소·부곡에는 상술한 바와 같이 독자적인 토성을 가진 곳과 속성만 있는 곳이 있었다.『실지』의 경주부 성씨조에 의하면 安康·杞溪·神光·慈仁 등 속현과 仇史·北安谷부곡에는 각기 독자적인 토성이 있는 데 반해 竹長·省法伊부곡에는 속성만 있다.

경주부의 3성과 6성은 각기 신라의 종성과 6부성이었으며 고려왕조 성립 이전부터 성세를 자랑하던 귀성이었다. 따라서 이들 9성은 통일신라시대부터 왕경에는 물론 9주·5소경 지역으로 확산되어 정착하게 되었다. 즉, 경주부의 9성은 신라 왕도라는 특수성으로 인해『실지』소재 군현토성이 분정되기 훨씬 전에 한성화하였고, 후삼국시대에는 신라의 진골 또는 6두품 계층[29]의 귀성으로 간주되었기 때문에 호족이 한성화하는 과정에서 종래의 신라 귀성을 다투어 가면서 모방한 결과 후일 한국의 5대성인 金·李·朴·鄭·崔씨가 모두 경주부의 9성에서[30] 나왔다. 경주는 이러한 역사적 특수성으로 인해 이미 신라시대에 한성화한 9성이 여초 군현토성 분정 시 그대로 경주부의 토성 내지 천강성으로 처리되었지만, 다른 지방은 대개 호족의 한성화과정과 시기를 같이하여 군현토성으로 정착해 갔던 것이다.

---

28) '合屬'의 시기는『三國史記』地志에 '麗初'라 했으니 太祖 23년 이전임이 분명하다. '未詳'은 金富軾 등이『三國史記』를 편찬할 당시를 기준하여 표현한 것이니 廢合된 확실한 연대는 알 수 없다. 그러나『三國史記』地志 소재 군현이 고려 仁宗 때 그 소재지를 확인할 수 없을 정도였다면 그 폐합 시기는 고려 太祖朝의 郡縣制 정비기라고 볼 수 있다.

29) 慶州府의 六村(部) 姓과 六頭品의 관계에 대해서는 이미 李基白의 연구에 의해 究明된 바 있다〔「新羅六頭品研究」(『新羅政治史研究』, 1974)〕.

30) 慶州의 9姓이 모두 후대에 貴姓 또는 大姓으로 발전한 것은 아니다. 昔氏는 신라 하대에 이미 쇠미해진 것 같으며, 裵氏와 薛氏는 고려시대까지는 대체로 성세를 유지했으나 조선 초 이후 쇠미해진 것 같다.

그런데 경주부의 9성이 고려 초기부터 동일한 姓勢를 유지했다고는 볼 수 없다. 昔氏는 이미 신라 하대 이래 쇠잔하여 고려 초기부터 경주부의 향리직과에 참여하지 못한 것 같고 薛氏와 裵氏는 고려 말 · 조선 초에 간혹 등장했으나 16세기부터는 戶長 명단에 나타나지 않았다. 기타 6성도 시대에 따라 성세의 소장이 있어 金氏와 李氏는 조선 전기에, 崔氏와 孫氏는 후기에 호장직을 가장 많이 차지했던 것이며 박씨와 정씨는 4성보다는 吏族의 형세가 단약하였다.

『실지』 소재 '濟州古記'에 의거 제주목 토성 高 · 梁 · 夫 3성의 형성 및 발전과정을 정리하면 다음 표와 같다.[31]

三神人
- 高乙那-居住處: 第二都-星主-高氏
- 良乙那- 〃 : 第一都-王子-梁氏(改良爲梁)
- 夫乙那- 〃 : 第三都-都上(徒內)-夫氏

숙종 30년(1704)에 편찬한 李衡祥의 『南宦博物』 誌蹟조에 의거 제주의 3성 관계를 다시 정리해 보면 〈표 8〉과 같다. 이는 「高氏世系錄」을 참고했기 때문에 고씨 위주로 된 것 같다.

〈표 8〉 제주 3성의 내부구조

三姓始祖	所居地	三姓의 지위	18세기 초 州域內 區域
高乙那	第一徒(漢拏山北一徒里)	高爲上(君長)-星主	一徒(都)
良乙那	第二徒(漢拏右翼之南 山房里)	良(梁)爲中(臣)-王子	二徒(〃)
夫乙那	第三徒(漢拏左翼之南 土山里)	夫爲下(民)-徒內(上)	三徒(〃)

31) 『高麗史』 卷57, 地理 2, 耽羅縣에도 『실지』와 동일한 내용이 담겨 있다.

위의 「古記」나 「고씨세계록」 및 「星主高氏家傳」은 제주 3성의 유래를 고찰하는 데 중요한 자료임에는 틀림없지만 그것은 모두 후대의 추기적인 것이기 때문에 윤색됨이 없지 않았다고 본다. 제주 3성이 언제부터 고·양·부씨로 각각 칭성했는지 정확히 알 수는 없지만 고려 태조 23년 이전에 星主 高自堅과 왕자 梁且美가 왕건을 알현한 바 있고,[32] 또 태조 21년 12월에 내조한 耽羅國太子 末老(고자현의 아들)에게 성주·왕자의 작호를 준 사실[33]을 미루어 볼 때, 제주 3성도 육지 군현의 토성과 마찬가지로 태조 23년경에 정해졌던 것이다.[34] 제주는 여초 이래 고려왕조의 기미책에 의해 일반 군현과는 차원을 달리하여 성주·왕자를 주축으로 하는 3성 수장들의 자치에 거의 맡겨 두고 있었다. 『고려사』와 선초의 『실지』 및 「성주고씨가전」 등 제주 3성 관계 자료를 편년적으로 추적해 보면, 여초부터 15세기까지 제주를 실질적으로 장악하고 있던 토착세력은 토성 3씨와 고씨의 외손인 文氏였다.[35] 단, 족세에 있어 우열의 차가 심하여 고씨가 가장 강성했던 것이다.

제주도의 군현화와 토성의 유래 및 분화과정을 살펴보면 육지의 일반 군현의 경우와 유사한 면이 있다. 일반 군현의 토성들이 각기 읍사를 근거로 호장층을 세습해 나갔듯이, 제주 3성도 본읍의 치소[36]를 중심으로

---

32) "及前朝太祖統三之初, 星主高自堅, 王子梁且美, 卽良乙那之後, 改以梁, 聲相近也, 世一朝見, 太祖待以優渥"〔『東文選』 卷101, 星主高氏家傳(鄭以吾撰)〕.

33) 『高麗史』 卷2, 太祖 21년 12월條 "耽羅國太子末老來朝, 賜星主·王子爵".

34) 夫氏는 高·梁氏에 비해 족세가 미약했던 것이며, 『高麗史』에 최초로 나타나는 시기는 文宗 3년이었다(卷7, 文宗 3년 11월 壬寅條 "耽羅國振威校尉夫乙仍等七十七人 … 來獻土物").

35) 『輿地』 卷38, 濟州牧 姓氏條 "文(初寶城郡之福城縣人, 來壻于高氏, 其子孫有繼高氏爲王子者)". 그런데 여기의 文氏는 福城縣의 土姓이었다.

36) 『輿地』 卷38, 濟州牧 古跡條 "大村(合三徒居爲大村, 卽今之州城, 州人謂城內謂大村)".

성주 · 왕자직을 세습해 나가면서 중앙으로부터 '武散階'를 받기도 하고 혹은 상경종사를 하기도 하였다. 고려 후기부터 고려왕조의 제주 지배가 강화되자 충렬왕 26년에 본 치소 외에 東 · 西道縣을 설치하면서 촌이 현으로 개편되어 17개 현이 설치되었다.[37] 이 17현이 태종 16년 제주목과 旌義 · 大靜 3읍으로 개편될 때 나머지 14현은 모두 直村이 되었다.[38] 제주 본읍의 3성을 제하면 다른 현에는 토성이 없으며, 다만 후대에 이주한 내성이 있을 뿐이다.[39]

〈사례 2〉:

성 또는 촌에서 발전한 군현의 토성은 그 전신이 그 군현을 형성하였던 城姓 또는 촌성에서 유래하였다. 大丘郡의 속현 壽城縣의 4개 토성은 그 전신인 壤城의 賓氏, 勾具城의 羅氏, 仍助伊城의 査氏 · 嵇氏였던 것이며, 解顔縣의 5개 토성도 그 전신인 省火城의 牟氏, 無價城의 申氏, 佛坐城의 白氏 · 河氏, 鳴城의 丁氏였다.[40] 양천현과 영순현(상주목 속현)은 본래 각기 孔巖村과 林下村[41]이었던 것이 뒷날 현으로 승격됨에

---

37) 『太宗實錄』 卷31, 太宗 16년 5월 丁酉條 "濟州置郡之初, 漢拏山四面凡十七縣" 本邑(大村縣): 新村縣 · 咸德縣 · 金寧縣 · 貴日縣 · 高內縣 · 厓月縣 · 郭支縣 · 貴德縣 · 明月縣. 旌義縣: 兎山縣 · 孤兒縣 · 洪爐縣. 大靜縣: 猊來縣 · 遮歸縣.

38) 『輿地』 卷38, 濟州 3邑 古跡條.

39) 『實地』에 의하면 濟州島는 本邑에 한해 高 · 梁 · 夫氏 세 토성이 있을 뿐이며, 旌義 · 大靜 兩縣에는 성씨가 기재되지 않았다. 『輿地』에는 本邑土姓외에 文氏 등 많은 來姓과 기타 中國系 姓을 기재하였고 旌義와 大靜縣의 姓氏條에는 다만 本邑과 같다고 하였다.

40) 『輿地』 卷26, 大丘府 姓氏條 "(壽城) 賓 · 羅 · 査 · 嵇(周官六翼, 壽城古有三城, 壽大郡一名壤城, 其姓賓, 勾具城其姓羅, 仍助伊城其姓査 · 嵇)".
"(解顔) 牟 · 白 · 河 · 申 · 丁(六翼亦云, 省火城牟, 無價城申, 佛坐城白 · 河, 鳴城丁)".

따라 종래의 촌성인 孔巖許氏와 永順太氏는 현성으로 승격되었던 것이다.

한편 군현의 구획과정에서 성씨와 직결시켜 서술한 자료는 아니지만, 다음의 사실을 미루어 보아 군현의 토성 수는 그 군현 성립 시 참가했던 구역 수와 대체로 일치하는 것 같다. 몇 개 예시하면 다음과 같다.

① 慶山縣: "古浦城 … 金城 … 亏谷城(『周官六翼』에 "신라 때 3城을 합해 압량군을 삼았는데 통합 후 삼성으로 고쳤다"고 적었다.)"(『輿地』 卷27, 慶山縣 古跡條). "百姓姓(土姓) 三 金 · 全 · 白"(『實地』 同縣 姓氏條).

② 淸道郡: "고려 태조가 후삼국을 통합할 때 오악 · 형산 · 소산 · 이산 · 가산 · 烏ㅋ山城을 합쳐 청도군을 만들었다."[42] "土姓 五: 申 · 金 · 李 · 白 · 曺".(『慶地』 淸道郡 연혁, 姓氏條)

③ 永川郡: "고려 태조가 후삼국을 통합할 때 郡人 금강성장군 皇甫能長의 보좌한 공로로 인해 骨火 · 苦也火 · 道同 · 史丁火縣을 합하여 永州로 삼았다. 臨皐와 합쳐진 骨火縣은 지금 郡邑이며 苦也火는 지금 郡의 直村인 珍村里이며, … 임고는 지금 군의 직촌인 骨山里며, 도동은 지금 군의 직촌인 求利內里이다."[43] "土姓 四: 皇甫 · 李 · 申 · 尹"(同上 永川郡)

상기 예와 같이 경산현은 그 전신이 古浦城 · 金城 · 亏谷城의 3성이 합쳐 성립된 데서 토성의 수도 金 · 全 · 白氏의 3성이었는데, 이는 청도 · 영천에서도 마찬가지 현상이었다. 특히 영천군의 경우는 金剛城將

---

41) 『高麗史』 卷57, 地理 2, 尙州牧條 "諺傳州北面林下村人姓太者, 捕賊有功, 陞其村爲永順縣".

그런데 永順太氏는 『慶地』에는 土姓으로 기재되어 있으나 『實地』에는 "續姓一太(今爲鄕吏)"라 표현하였다. 永順縣은 고려 태조 23년보다 훨씬 뒤에 성립했기 때문에 『實地』의 서술이 보다 사실에 가깝다고 본다.

42) 『三國史記』 卷34, 地理 1 "大城郡本仇刀城, 境內率伊山城, 茄山縣(驚山城), 烏刀山城等三城, 今合屬淸道郡".

43) 『慶地』 永川郡 土姓人物條 "當新羅之季, 骨火縣金剛城將軍皇甫能長, 見高麗太祖勃興, 知天命人心之所歸, 遂擧衆助順, 太祖嘉賞, 授以左丞, 乃合能長所起之地, 骨火等四縣爲永川, 此土姓皇甫所由始也".

軍 皇甫能長의 출신지인 臨皐가 중심이 되어 인접 4개 현이 병합된 것이며, 그 임고와 骨火縣地가 읍치를 이루는 중심지가 되었고 나머지 苦也火 · 臨川 · 道同 3현은 모두 직촌이 되어 읍치 주위의 珍村里 · 骨山里 · 求利內里로 개편되었던 것이다. 전술한 바와 같이 태조 23년 이전에 합속된 군현은 영천의 경우와 같은 과정을 밟아 폐합되었던 것이다. 따라서 당시에 합속된 군현에는 토성이 별도로 존속하지 못하고 폐합된 군현의 토성에 흡수되었던 것이다.

위와 같이 고려시대의 군현은 수 개 이상의 고대 성 · 현 · 촌 등이 합쳐 구획된 것이며, 『실지』의 각 읍 토성 수는 대개 주 · 군 · 현으로 구획될 당시 참가한 구역 수와 일치하고 있다. 간혹 일치하지 않은 경우가 있는 것은 상기 수성현의 잉조이성과 해안현의 불좌성처럼 한 성에 2개의 성단이 병존한 곳도 있겠고, 그와 반대로 1개의 성단이 2개의 성 · 촌 또는 향 · 소 · 부곡에 분포된 곳도 있기 때문이다.

군현의 구획은 벌써 삼국시대 중국의 군현제를 수용하는 데서 비롯되었다. 그 결과 종래의 국 · 성 · 촌이 그대로 군현으로 개편되거나 승격된 경우도 있겠고 수 개 이상의 성 또는 촌이 병합되어 하나의 군현이 된 것도 있으며 또 한편으로는 군현으로 개편된 뒤에 다시 인접지역을 통합하거나 촌과 향 · 소 · 부곡 등을 영유하기도 하였다. 이러한 군현의 구획에 따른 병합 · 폐합이나 임내의 이속은 고려시대는 물론 조선 초기까지 계속되었다. 고려 인종 14년(1136) 서경의 구획 개편 시 中和 · 三登 · 三和 · 江東 · 江西 · 順安 등 제현을 편성할 때 종전의 촌을 병합하거나 수 개 이상의 부곡을 합치는 경우, 혹은 촌과 향, 부곡이 합치는 경우 등이 있는 것도 같은 추세라 하겠다.

〈사례 3〉:

주현의 발전과정에서 토성과 '立州後姓' 또는 '立縣後姓'이 구분되어

간 것으로 보인다. 『실지』에 의거 먼저 晋州牧과 昆明縣의 성씨를 예시하면,

> 晋州牧: 土姓 四: 河 · 姜 · 鄭 · 蘇, 立州後姓 三: 柳 · 任 · 康.
> 昆明縣: 土姓 三: 仝 · 文 · 兪, 立縣後姓 二: 玄 · 白.

과 같이 주 또는 현이 되기 전에 참가한 성단을 토성이라 하고 주와 현으로 성립된 뒤에 새로 첨가된 성씨가 '입주(현)후성'이 되었던 것이다. 『경지』의 편찬을 주관한 바 있는 河演은 그의 '晋州河氏族譜' 序(문종 2년, 1452)에서 상기 『실지』의 진주목 성씨조를 다음과 같이 부연하였다.

> "삼한(후삼국시대)으로부터 出自한 土姓이 넷이 있는데 그것이 곧 河 · 鄭 · 蘇 · 姜氏이며 州가 세워진 뒤에 나온 성이 柳 · 康 · 任氏 3성이며 기타 雜姓은 모두 庶人이다."〔『晋陽誌』(인조 10년 편, 『輿地集成』 소재) 卷3, 姓氏條〕

위에서 '土姓出自三韓'의 삼한은 후삼국시대로 보는 것이 옳을 것 같고[44] '입주'란 시기는 태조 왕건이 후백제를 통합한 다음 강주로 다시 개호한 23년 경으로 볼 수 있으니,[45] 진주의 4개 토성은 태조 23년 이전

---

44) '太祖統合三韓' · '三韓功臣' 등과 같이 고려시대 '三韓'을 의미하는 시기는 後三國時代를 일반적으로 지칭하였다. 三韓의 용례는 크게 三國 이전의 馬 · 辰 · 弁韓의 三韓, 후삼국시대 및 東國 · 韓國의 의미 등 세 가지로 사용되었으나 여기의 三韓은 분명히 후삼국시대를 지칭한 것이다.

45) 晋州牧의 沿革이 가장 상세한 『高麗史』 地理志를 비롯하여 『三國史記』 地理志, 『實地』 · 『輿地』를 대비해 보면 晋州牧의 沿革은 "百濟居列(居陀)城 → 신라 文武王 2년 置州 → 神文王 4(5)년 菁州 → 景德王改康州 → 惠恭王改菁州 → 高麗太祖又改康州 → 成宗 14년 改晋州"로 되어 있으며 『大東地志』(金

에 형성되었고, 입주한 후 3성은 태조 23년 읍호를 개정한 이후의 어느 시기에 분정되었다고 본다. 즉, 읍치(성내) 중심의 원진주지역에 토착하면서 태조 19년에서 23년에 걸쳐 한때 후백제 영역으로 되었던 康州를 다시 인수하여 '立州改號' 할 때 참여한 4개 성단과 그들의 거주지역이 통합되면서 그곳의 토성이 되었던 것이다. 3개의 입주후성은 태조 23년 강주가 새로 성립한 뒤에 읍치 주위에 인접한 지역이 새로 흡수 통합되면서 그 흡수된 지역에 거주했던 성단이었던 것이다. 이는 마치 南原府의 人吏姓과 百姓姓과의 관계와 같다고 생각된다. 곤명현은 『경지』·『여지』의 연혁조에 "三國時 稱號未詳 自高麗稱昆明 屬晋州任內"라[46] 하였으니 이것도 진주의 경우와 같이 태조 23년경에 현으로 성립된 것 같으며 현종 9년(1018)에 진주에 내속되었으니 곤명현의 토성 및 입현후성의 형성과정도 진주의 경우와 동일한 궤도를 밟았다고 본다.

이러한 진주·곤명의 '입주·현후성'은 성질상 『실지』 소재 광주목의 '加屬姓'과 동일하다 하겠다. 즉, 토성과 구분되던 가속성은 『실지』 편찬 시 '道關'에 의거 추가로 기재했던 '속성'과는 달리, 토성과 같이 '古籍'과 '關'에 기재되어 있었던 것이며, 가속이란 용어도 속성과는 달리 이미 고적에 쓰였던 것이다.[47] 그 가속성인 廣州朴氏는 李穀(稼

正浩)에서는 "高麗太祖二十三年 改晋州"라 했다. 한편 『高麗史』 太祖世家에 의하면 太祖 3년 正月에 '康州將軍閏雄來附', 同 10년 '遣將往擊康州', 同 11년 5월 '康州將軍有文降于(甄)萱', 同 19년 9월 '神劍與其弟菁州城主良劍來降'과 같이 晋州는 후삼국시대 甄萱과 王建 사이를 오가다가 태조 19년 후백제 攻滅時 확실히 고려에 편입되었고 그 후 23년경을 전후하여 고려적인 새로운 '立州改號'가 있었던 것이라고 생각한다.

46) 昆明縣은 『三國史記』 地理志에는 나타나지 않고 다만 고려시대부터 昆明으로 호칭했다 하니 그 시기는 바로 太祖 23년에 전국의 州府郡縣의 명칭을 개정할 때 '立縣定名'된 것 같다.

47) 『實地』 京畿道 廣州牧 姓氏條 "加屬姓三: 朴·盧·張(此六姓者, 據古籍及本道關, 錄之, 其云加屬者, 古籍所書也)".

亭)의 표현처럼

> 광주는 삼한 곧 후삼국시대에 諸牧의 우두머리에 있었고, 박씨 또한 광주의 대성이었다. 그 조부 朴守道 이상의 선조는 모두 본 주의 장(호장)이 되어 일향의 장 노릇을 했던 것이다(「廣州神福寺重興記」(충숙왕대)『朝鮮金石總覽』上 附 50, p. 620).

박씨는 광주대성으로서 타읍의 토성이족과 같이 본읍의 호장직을 세습하던 성씨였다.[48] 광주는 원광주라는 읍치지역이 구획될 때 그곳에 토착하던 3개 성단이 토성이 되었던 것이며, 그 후 광주의 구역이 확장됨에 따라 흡수 또는 병합되는 지역에 거주하던 성씨가 새로 첨가되면서 당초의 토성과 구분하여 가속성으로 명명한 것 같다.

〈사례 4〉

전술한 바와 같이 『실지』 소재 모든 토성이 같은 시기에 형성되었다고는 볼 수 없다. 토성의 내부구조에서 상술되겠지만 같은 토성이라도 人吏姓과 次吏姓, 토성과 次姓이 있는 것은 양자가 시간적 선후를 두고 형성되었기 때문이다. 즉, 인리성과 토성 다음에 각각 형성되었다는 데서 차리성 또는 차성이라 했던 것이다.[49] 『실지』에 의거 차리성과 차성을 적기하면 다음과 같다.

---

48) 世祖 6년(1460)에 나타나는 廣州吏 朴榮은 廣州朴氏로서 廣州土姓 李·安氏 등과 함께 本貫의 향리로 존재하였다.

49) 次吏姓과 次姓의 '次'字의 의미는 그 형성과정에서 人吏姓과 土姓 다음에 나왔다는 뜻과 姓格의 優劣에서 人吏姓과 土姓 다음가는 姓이라는 뜻을 동시에 지녔다고 생각된다. 이는 마치 眞村主와 次村主의 관계와 같다 하겠다. 『實地』의 姓種에 人吏姓·次吏姓·次姓·村姓·外村姓 등이 있듯이 신라시대의 村主에는 上村主·本村主·第二·三村主·外村主·外眞村主·鄕村主 등이 있었다〔村上四男, 「新羅の村主について」(『東洋史學論集』 1, 1953)〕.

次吏姓: 洪州牧土姓 5: 李 · 洪 · 韓 · 宋 · 白, 亡姓 1: 趙, 次吏姓 3: 尹 · 甫 · 盧

次　姓: 瑞原縣土姓 2: 徐 · 廉, 僧嶺縣土姓 1: 崔, 亡姓 4: 吳 · 李(2姓 不記), 次姓 1: 沈. 全義縣土姓 2: 李 · 兪, 亡姓 1: 河, 次姓 1: 全. 藍浦縣土姓 3: 任 · 白 · 李, 次姓 3: 庾 · 玄 · 門. 青里縣姓 3: 張 · 朴 · 黃, 次姓 1: 沈. 加恩縣姓 4: 金 · 尹 · 邊 · 延, 次姓 1: 吉. 洪川縣土姓 3: 皮 · 邊 · 龍, 亡姓 1: 石, 次姓 1: 辛.

亡次姓: 通津縣土姓 2: 石 · 康, 亡姓 1: 梁, 亡次姓 2: 吉 · 宗. 高城郡土姓 3: 柳 · 朴 · 孟, 亡次姓 2: 兪 · 吳. 隘守鎭(高原郡內) 亡姓 2: 吳 · 夜, 亡次姓 9: 金 · 許 · 庾 · 任 · 赫 · 車 · 房 · 韓 · 禹.

상기 예와 같이 차리성은 洪州牧에, 차성은 瑞原 · 僧嶺 · 全義 · 藍浦 · 青里 · 加恩 · 洪川에, 망차성은 通津 · 高城 · 隘守鎭에 각각 있을 정도로 극히 일부 군현에 편재해 있다. 차성과 망차성의 관계는 토성과 망성의 관계와 같다. 『실지』의 성씨조 기재순서에 있어서 차리성 또는 차성은 반드시 토성과 망성 다음에, 그리고 촌성과 임내성 앞에 놓은 것은 바로 토성 다음가는, 그리고 토성 다음에 형성되었다는 사실을 반영한 것이라 하겠다.

다음은 토성과 百姓姓[50] 또는 촌성과의 형성시기에 있어서 선후문제

---

50) 고려시대의 '百姓'에 관해서는 李佑成 · 武田幸男에 의하여 연구된 바 있다. 그 결과 백성은 麗代의 村長 · 村正層을 지칭하는 뜻이며, 百姓姓은 人吏姓과 함께 土姓의 二大構成要素임이 밝혀졌다.

李佑成, 「麗代 百姓考」(『歷史學報』 14, 1961); 武田幸男, 「高麗時代の百姓」(『朝鮮學報』 28, 1963).

그런데 '高麗判定'의 百姓과 『實地』 소재 百姓姓과는 물론 관련은 있지만, 별개로 보아야 할 것 같다. 麗末鮮初 신분제의 재편성과정에서 특수계층인 身良役賤=干 · 尺 · 補充軍 등을 付籍差役한다는 뜻은 종전의 非差役者를 '編戶=百姓'으로 만든다는 것이다. 百姓姓은 이미 麗初 土姓의 分定과정에서 土姓 · 村姓과 같이 군현의 성씨집단으로서 人吏姓 다음가는, 그리

가 제기된다. 『경지』와 『실지』 및 『여지』의 3개 지지 성씨조를 대비해 보면, 세 성종을 혼용 표기한 것이 있을 정도로 구분이 뚜렷하지 않은 것도 있다. 그러나 이것은 토성의 형성과정에서 시간적인 차이를 고려하는 데서 구분이 가능하다. 물론 세 성의 차이는 향리성이냐 村長(正)의 성이냐에 따라 구분되는 것으로 당연하다. 『실지』에 의거 백성성을 적기해 보면 다음과 같다.

八莒縣姓 3: 都 · 玄 · 任, 百姓姓 2: 田 · 卞.
巨濟縣土姓 4: 鄭 · 潘 · 朴 · 尹, 來姓 1: 羅, 續姓 2: 辛(豊山來) · 李(固城來, 皆爲鄕吏), 村落姓 2: 朴 · 白, 百姓姓 2: 孫 · 曺.
南原府土姓 11: 梁 · 鄭 · 晋(爲人吏姓), 尹 · 楊 · 甄 · 皇甫 · 廉 · 裵 · 柳 · 黃(百姓姓).
福興(淳昌郡古屬縣)姓 2: 林 · 趙(人吏姓), 亡姓 5: 芮 · 扈(人吏姓), 李 · 廉 · 景(百姓姓).
平海郡土姓 4: 黃 · 孫 · 房 · 水丘, 百姓姓 4: 葉 · 河 · 申 · 金.

『실지』에는 백성성이 이상과 같이 5본관 19성에 불과하지만 실제는 전국 군현의 토성 내에 포함되어 있었다고 본다. 사실 『경지』 · 『실지』 · 『여지』가 성종 표시에 있어서 실제 같은 것을 서로 異記했듯이, 『실지』 성씨조의 기재 양식도 각 도, 각 읍에 따라 상략의 차이가 있기도 하고 성종의 배열순에도 차가 있었다. 가령 남원부와 福興縣은 토성과 망성을 각기 인리성과 백성성으로 구분 기재하였는가 하면, 平海縣에는 토성과 백성성을 전혀 별개인 양 기재하였다.

그러면 촌성과 백성성의 차이점은 무엇인가? 巨濟縣의 성씨 표기에

고 村姓에 앞서는 前期村姓의 의미를 가진다 하겠다. 그러나 丹密縣(尙州牧 속현)의 경우, 『慶地』의 '土姓三: 羅 · 孫 · 申'을 『實地』에서는 '人吏姓 1: 羅, 村落姓 1: 孫'으로 기재하여 村姓이 백성성과 같이 토성의 구성요소로 되어 있다.

있어 『실지』의 백성성이 『여지』에 촌성으로 기재된 것을 보면 결국 양자는 동질적인 것을 이기한 것에 불과하다. 그런데 그 상이한 점은 본질적인 차이가 아니고 군현의 구획 및 발전과정에서 邑司에 참가한 시간적 선후에 따라 구분된 것 같다. 즉, 백성성은 본래 촌락 지배의 성단으로서 그 군현 성립 시 참가하여 이미 읍내의 인리성과 함께 토성이 된 것이며, 촌성은 토성이 확정된 후에도 그 군현 관내에서 독자적인 구역을 보유한 채 임내와 병렬해 있던 촌락의 성단을 지칭한 것이다. 다시 말하면 촌락이 군현구성의 기본 단위로서 일정한 촌락에 일정한 성씨집단이 존재했던 것이며 그 촌락은 다시 읍치(내)를 중심으로 주위의 인접촌락과 외곽촌 및 임내로 구분되는 데서, 인리성, 백성성, 촌성 및 임내성으로 나누어졌던 것이다.

〈사례 5〉:

토성 형성의 시간적 선후관계는 상기 사례에서 살펴본 것 처럼 일읍내에서 읍치 · 읍치인접촌락 및 외곽촌에 따라 인리성 · 백성성 · 촌성이 구분되었던 것이며, 다른 한편에서는 주읍과 속현 또는 향 · 소 · 부곡에 따라 성씨 형성에 차이가 있었던 것이다. 가령 『고려사』 지리지나 『실지』에 현목으로 기재된 현 가운데 토성은 없고 속성만 있는 곳은 토성이 있는 현에 비해 성씨 형성이 늦었던 것이다. 토성이 없는 현을 『실지』에 의거 적기하면 다음과 같다.

主縣: 長連縣(長命鎭 · 連豊庄合爲縣(여말선초)) · 歙谷縣(고려 고종 35년 置令)

屬縣 또는 廢縣: 廣德(水原), 慶陽(稷山), 吉安 · 奈城 · 才山(安東), 青杞(寧海), 宜仁(禮安), 梨旨(新寧), 永順(尙州), 鐵和(黃州), 海安(松禾), 水入(淮陽), 安昌(高城), 臨道 · 雲嵒(通川)

상기 소현 가운데 歙谷 · 臨道 · 雲嵓 3현만이 고려 태조 23년 이전부터 있어 온 현목이며 나머지는 모두 그 이후에 설치되었거나 향 · 소 · 부곡 · 촌 · 島에서 각기 현으로 승격된 것이므로 토성은 없고 그 대신 入姓 또는 속성이 있었다. 그런데 高城 · 淮陽 · 흡곡 · 安邊 · 永興 등 고려시대 東界의 북부지방은 여초 이래 빈번한 국경선의 신축으로 인해 주민의 집산이 반복되었기 때문에 토착세력의 유망이 심하여 미처 토성으로 책정되지 않았거나 또는 태조 23년 이후 새로 設鎭置守하면서 토성이 분정되었던 것이다.[51] 같은 양계지방이면서 和州(영흥) 지방에는 토성이 있는데 평양 이북 지방에 없는 이유는 여진족만 있고 토착한 韓族이 없었기 때문이라 생각된다. 즉, 영흥지방은 토착 한족이 있었기 때문에 설읍과 동시에 그 토착씨족을 토성으로 분정할 수 있었지만, 평양 이북 지방은 원주족인 여진을 구축하고 남부 지방의 주민을 사민입거시킨 데서 이곳에는 토성은 없고 그 대신 入鎭姓이 있게 되었다.

신라의 영역이 확장됨에 따라 6부귀족이 9주 · 5소경으로 확산되듯이, 여초에 형성되었던 군현의 토성들도 성세의 확장에 따라 읍치에서 외곽의 촌락 또는 임내로 이주하면서 분관 · 분파작용을 일으켰던 것이다. 백성성 또는 촌성이 읍역의 확장에 따라 토성으로 흡수 성장하던 추세와는 반대로 기성 토성의 외곽지 이주로 인해 새로운 촌성이나 향 · 소 · 부곡성이 생기기도 하였다. Ⅱ장의 〈표 2〉가 바로 그 예이다. 여기에서 거론한 것은 어디까지나 광의의 토성 범주에 들어가는 성종에 한

51) 과거의 신라 영역이었던 朔庭 · 井泉 兩郡지방은 태조 왕건의 경략에 의하여 登州와 湧州로 改號됨과 동시에 그 管內 諸邑에 토성이 책정되었던 것이며, 그 이북지방은 다시 和州로 개편됨에 따라 그 원주민을 토성으로 分定한 것 같은데, 그 사업은 光宗에서 顯宗朝까지 계속되었다. 光宗 24년과 顯宗 22년에 설치한 德寧鎭(高原)과 靜邊鎭에도 각기 土姓이 있다는 것은 그러한 사실을 증명해 주고 있다.

하지만 내성이나 속성의 경우는 그러한 현상이 더욱 두드러지게 나타난다.

이상에서 고찰한 바와 같이 고려 태조 23년을 전후하여 그 이전에 폐합된 군현과 11세기 이후에 신설된 군현에는 토성이 없었다. 이는 바로 『실지』 소재 군현 토성의 형성시기를 대변해 주는 것이며 임내성이 주읍 토성의 姓字와 같은 것이 많다는 사실은 군현토성이 향 · 소 · 부곡성으로 분관되었다는 사실을 반영한 것이다. 그러나 같은 토성이라 하더라도 주읍과 임내에 따라 그 형성시기가 상이했던 것이다.

Ⅳ. 고려시대 성씨(토성)의 내부구조와 分化

1. 토성의 내부구조

한국 성씨의 주체인 토성의 내부구조를 규명하기 위해서는 15세기에 편찬된 〈표 1〉 소재 3개 지리지의 성씨조를 먼저 비교·분석할 필요가 있다.

〈표 1〉을 보아 알 수 있듯이 3개 지지는 그 편찬시기에 선후의 차가 있고 성씨조 기술에도 상략의 차이가 있어서 토성의 구성요소와 그것의 변화과정을 파악할 수 있다. 『경지』의 토성이 『실지』에서는 백성성(慶山), 속성(吉安)으로, 그리고 전자의 토성이 후자에서는 인리성·망성으로 구분 기재되었다. 『여지』에 와서는 토성·天降姓·立州後姓·인리성·백성성 등의 용어가 없어지는 한편 성씨의 배열순서에 있어 경주의 3성이 6성 앞에 놓이고 진주의 입주후성인 柳씨가 토성 蘇씨 앞에 온 것 등은 시대의 진전에 따라 성의 형세와 성씨관념의 변화에 연유한 것이다. 하여튼 3개 지지의 성씨조는 토성 연구에 있어서 서로 보완적인 역할을 해주고 있으며 서로 비교한 결과 다음과 같이 정리된다. 즉,

〈표 1〉 3개 지리지 성씨조의 비교 분석

書名 / 邑名	『慶　地』	『實　地』	『輿　地』
慶州府本邑	土姓 6: 李·崔·鄭·孫·裵·薛, 天降姓 3: 朴·昔·金(3姓 出自注記), 洞州來姓 1: 康	土姓 6: 李·崔·鄭·孫·裵·薛(6姓出自注記 생략), 天降姓 3: 朴·昔·金(3姓出自注記 생략), 來姓 1: 康(洞州來), 賜姓 1: 偰, 續姓 1: 楊(杞溪來, 時爲鄕吏)	(本府)朴·昔·金(並新羅宗姓), 李(及梁), 崔(沙梁), 鄭(本彼), 孫(牟梁), 裵(漢祇), 薛(習比), 康(洞州), 偰(回鶻), 楊(續)
慶州屬部曲	仇史部曲姓 2: 鄭·石, 北安谷部曲姓 1: 李, 竹長部曲姓 1: 葛, 省法伊部曲姓 1: 金	仇史姓 3: 鄭·石·昔, 來姓 1: 全(獐山來), 北安谷姓 3: 李·宋·葛, 續姓 2: 洪(本未詳)·金(本府來, 皆爲長役), 竹長續姓 4: 葛(花園來)·金·李(本府來)·宋(陜川來, 皆爲長役), 省法伊 續姓 2: 金·崔(本府來, 皆爲長役)	(仇史)鄭·石·昔, 全(章山)(竹長)葛(續), 李·金·宋(竝來)(省法伊)金·崔(竝續)(北安谷)李·宋·葛
慶山縣	土姓 3: 全·金·白	百姓(姓) 3: 金·全·白, 來姓 1: 魯(豊角來), 續姓 2: 朴(慈仁來)鄭(慶州來, 皆爲鄕吏)唐投化姓 2: 徐·劉	(本縣)全·金·白, 徐·劉(竝唐投化), 綠·珠(竝日本投化), 朴·鄭·魯(竝來)
晉州牧	土姓 4: 河·姜·鄭·蘇, 立州後姓 3: 柳·任·康	土姓 4: 鄭·河·姜·蘇, 立州後姓 3: 柳·任·康, 續姓 2: 金(禮州來)·朴(本未詳)	(本州)鄭·河·姜·柳·蘇·任·康, 金·朴(竝來)
南海縣	土姓 5: 裵·金·陳·白·諸	南海村落姓 1: 諸, 亡姓 4: 裵·金·白·陳	(本縣)裵·金·白·陳, 諸村
豊角縣(密陽屬縣)	土姓 5: 魯·田·劉·斧·苔 來姓 1: 金	豊角姓 1: 魯(今爲人吏), 亡姓 4: 田·劉·斧·苔, 續姓 1: 金(淸道來, 今爲鄕吏)	(豊角)魯·田·劉·斧·苔, 金(淸道)

〈표 1〉 계 속

書名 / 邑名	『慶 地』	『實 地』	『輿 地』
八莒縣(星州屬縣)	土姓 5: 都 · 玄 · 任 · 田 · 卞 來姓 2: 裵 · 林	八莒姓 3: 都 · 玄 · 任, 百姓姓 2: 田 · 卞, 來姓 2: 裵 · 林	(八莒)都 · 玄 · 任 · 田 · 卞, 裵 · 林(竝來)
丹密縣(尙州屬縣)	土姓 3: 羅 · 孫 · 申	丹密人吏姓 1: 羅, 村落姓 1: 孫	(丹密)羅 · 孫
巨濟縣	土姓 6: 鄭 · 潘 · 朴 · 尹 · 曺 · 孫, 來姓 1: 羅, 村姓 2 : 朴 · 白	土姓 4: 鄭 · 潘 · 朴 · 尹, 來姓 1: 羅, 續姓 2: 辛(靈山來) · 李(固城來, 皆爲鄕吏), 村落姓 2: 朴 · 白, 百姓姓 2: 孫 · 曺	(本縣)潘 · 鄭 · 朴 · 尹 · 孫 · 曺 · 羅來, 辛(靈山) · 李(固城), 朴 · 白(竝來)
吉安縣(安東屬縣)	土姓 3: 金 · 林 · 朴	吉安續姓 3: 金 · 林 · 朴	(吉安)金 · 林 · 朴
南原府		土姓 11: 梁 · 鄭 · 晋(爲人吏姓), 尹 · 楊 · 甄 · 皇甫 · 廉 · 裵 · 柳 · 黃(百姓姓), 續姓 3: 李 · 林 · 宋(皆鄕吏)	(本府)梁 · 鄭 · 晋 · 楊 · 甄 · 皇甫 · 李 · 尹 · 黃 · 廉 · 裵 · 柳, 高 · 全 · 林 · 安 · 池 · 李 · 宋 · 曺 · 崔(竝來)
福興縣(淳昌屬縣)		福興姓 2: 林 · 趙(人吏姓), 亡姓 5: 芮 · 扈(人吏姓), 李 · 廉 · 景(百姓姓)	(福興)林 · 趙
平海郡		土姓 4: 黃 · 孫 · 房 · 水丘, 百姓姓 4: 葉 · 河 · 申 · 金, 續姓 4: 金 · 李 · 朴 · 鄭	(本郡)黃 · 孫 · 房 · 水丘, 葉 · 河 · 申 · 金(竝村), 金 · 李 · 朴 · 鄭(竝續)

〈표 1〉 계 속

書名 邑名		『慶 地』	『實 地』	『輿 地』
羅州牧 本邑			土姓 9: 金·羅·吳·鄭·陳·孫·南·朴·柳	(本州)金·羅·吳·鄭·陳·孫·南·朴·柳
羅州牧任內	潘南縣		土姓 5: 洪·曹·朴·蔡·宋	(潘南)洪·曹·朴·蔡·宋·朱
	押海縣		土姓 5: 朴·宋·丁·江·南	(押海)朴·朱(一作周)·丁·江·南·固
	安老縣		土姓 4: 金·徐·車·全	(安老)金·徐·車·全
	艅艎縣		土姓 4: 趙·曹·化·朱, 續姓 1: 全	(艅艎)趙·曹·化·朱·金(一作全)
	榮山縣		續姓 1: 尹	(榮山)尹·黃
	會津縣		土姓 4: 梁·林·申·曹	(會津)梁·林·申·曹·徐
	伏龍縣		土姓 5: 曹·朴·仇·庾·化, 續姓 1: 汎	(伏龍)曹·朴·仇·庾·化·汎(來)
	長山縣		土姓 3: 南·金·蔡	(長山)南·金·蔡·任·張
			從南鄕土姓 2: 朴·洪	(從南)朴·洪
			極浦部曲土姓 1: 尹	(極浦)尹
			群山部曲土姓 1: 兪, 亡姓 1: 尹	(群山)兪·尹
			孫利鄕亡姓 1: 吳	(孫利)吳
			居平部曲土姓 3: 司馬·柳·林	(居平)司馬·柳·林
			任城部曲土姓 1: 兪, 亡姓 1: 尹	(任城)朴·兪
			金磨部曲亡姓 1: 河	(金磨)河
				(水多所)邦·兪·李

㉠ 土姓=人吏姓, ㉡ 土姓=百姓姓, ㉢ 土姓=人吏姓+百姓姓, ㉣ 土姓=人吏姓+亡姓, ㉤ 土姓=人吏姓+村姓, ㉥ 土姓=村姓+亡姓, ㉦ 亡姓=人吏姓+百姓姓, ㉧ 百姓姓=村姓

등으로 구분된다. 그러니 토성의 전신은 신라 이래 각 읍의 지배적인 위치에 있던 족단이었고, 군현의 전신인 성 · 촌이 후세 군현으로 개편될 때 그곳을 지배하던 종래의 성주 · 촌주들이 후삼국시대에 호족이 되었다. 이들 호족 가운데는 종래의 신라 귀성을 가진 자가 많겠고, 그 다음은 고려왕조의 성립과 함께 국가로부터 사성을 받는다든지, 또는 중국의 유명성을 모방하여 자칭성함으로써 태조 왕건의 말년에 가서는 각 읍 토성이 정착되어 갔던 것이다. 그 결과 이미 상경종사한 재경세력이나 재지이족들은 군현토성 출신이 주류를 이루고 있었다. 이러한 현상은 군현에 한하지 않고 촌이나 향 · 소 · 부곡 등에서도 마찬가지였다.

군현을 지배하는 성이 그 읍격에 따라 주 · 부 · 군 · 현성으로 구분되듯이, 아직 군현에 폐합되지 않고 독자적인 구획으로 남아 있을 때 그곳을 장악하고 있던 족단의 수장이 촌주 또는 향 · 소 · 부곡장이 되는 동시에 그들의 성이 촌성 또는 향 · 소 · 부곡성이 되었던 것이다. 토성은 그 출자지에 따라 크게 주 · 부 · 군 · 현성과 촌성 및 향 · 소 · 부곡성 등으로 구분되며 거기에서 다시 신분과 거주지 및 현존 유무에 따라 인리성 · 백성성 · 차성 · 내성 · 입진성 · 속성 · 망성 등으로 나누어졌다. 군현구획이 크게 읍치(내) · 직촌 · 임내로 구성되어 있듯이 토성도 인리성 · 촌성 · 임내성으로 구분되었으니 토성의 내부구조를 규명하기 위해서는 먼저 이들 姓種에 대한 고찰이 있어야 할 것이다.

1) 州·府·郡·縣姓

상술한 바와 같이 『실지』의 각 읍 성씨조에는 여러 가지 성종이 기재되어 있다. 군현에는 촌이나 향·소·부곡에는 없는 인리성·백성성·입주후성·차리성·차성·가속성 등이 있는데 이는 바로 군현토성의 내부구조를 말해 주는 요소라 하겠다. 이미 토성의 형성문제를 다루는 곳에서 언급되었지만, 토성의 형성문제는 군현구획의 편성과는 불가분의 관계에 있었다. 토성이 전국적으로 정착되던 여초에는 신라시대부터 존재했던 주군현만 하더라도 450읍 내외가 되었다. 이들 고을은 인구의 다과와 면적의 광협에 따라 또 행정·군사·교통상의 긴완과 토착세력의 강약에 따라 주·부가 되기도 하고 군과 현이 되기도 하였다. 이러한 군현에는 경주의 6부족과 제주의 3성처럼 읍내를 장악한 족단이 있었고, 그 읍치 주위에는 여러 독립촌이 있으며 그 외곽지대에는 향·소·부곡이 존재하였다. 그런데 본읍과 병렬적으로 존재했던 독립촌과 향·소·부곡은 그 위치가 읍치와 다소 격리되어 있었다는 데서 군현성립 시에 진작 병합되지 않고 독자적으로 존속될 수 있었다.

여말선초의 호구단자에 자주 나오는 '본동촌'이란 용어는 앞에 기재된 사람의 본관과 같다는 뜻이며, 그것은 또한 고려시대에는 본관이 촌락을 단위로 했다는 증거이다. 『실지』의 성씨조는 바로 그러한 사실을 반영한 자료라 하겠다. 주·부·군·현성과 향·소·부곡·처·장·戍·역·渡성으로 구분된 것은 물론, 군현성 안에 다시 인리성·백성성·촌성·차성 등이 나누어진 것은 그만큼 본관이 세분되어 있었기 때문이다. 군현의 구역이 읍치와 그 읍치 주위의 촌락으로 구성된 것처럼 그 군현의 토성도 읍치의 인리성과 촌락의 백성성으로 구성되었던 것이다. 다만 '高麗判定百姓'과 『실지』 소재 '백성성'과는 별개로 보아야 할 것 같다. 15세기의 한 특수계층인 신양역천=보충군 · 干尺 등을 付籍差役한다는 것은 비차역자를 편호=백성호로 만든다는 것이다. 백성성은 토성 · 촌성과 같이 군현의 성씨집단으로 인리성 다음가는 촌락성에 앞서는 전기 촌성의 의미를 가진다 하겠다.

그런데 읍치와 주변 촌락의 관계는 군현에 따라 사정이 달랐다고 볼 수 있다. 처음부터 읍내의 인리성만으로 그 군현의 토성을 구성함으로써 읍치의 외곽지역에 존재했던 촌성이 끝내 그 토성에 포함되지 않고 독자적으로 존속하는 곳이 있는가 하면 진주처럼 입주 후에 토성에 참가한 입주후성과 廣州처럼 가속성이 있게 된 곳도 있었다. 한편 군현의 읍치도 처음부터 완성된 곳이 있는가 하면 최초의 읍치를 중심으로 주위의 촌락을 흡수 병합하는 데서 확장되기도 했는데 이때 새로 참가한 촌성은 백성성이 되었던 것이다. 즉, 군현의 읍치를 지배하고 있던 족단이 인리성이 되고 읍치 주위의 촌락을 지배하던 족단이 백성성이 되었던 것이다. 후자는 곧 군현에 참가함으로써 인리성과 함께 토성을 구성하는 2대 요소가 되었던 것이며,[1] 촌성은 토성과 병렬해서 독자적으로 존재한 데서 『실지』에 토성으로 기재되었던 것이다. 군현토성의 수량을 거론할 때 언급했지만 촌성이 비록 토성과 구분 기재되어 있으나 숫자상으로는 토성의 몫을 했던 것이다.

전술한 바와 같이 『고려사』 · 금석문 및 15세기의 『실록』에서 '인리백성' · '기인백성' · '향리백성' · '토성이민' 처럼 사료에 나타나는 백성은 언제나 인리와 결부되어 있으며[2] 인리가 郡縣司를 구성하는 향리집

1) 人吏姓과 百姓姓은 그 형성의 淵源을 추적하는 데서 구분되었지, 土姓으로 정착된 뒤부터는 兩者의 구분이 별로 의미가 없었다. 가령 若木郡의 土姓인 副戶長 稟柔(姓字不記)와 郡百姓 光賢은 兄弟間이었던 것이다(武田幸男, 「淨兜寺五層石塔造成形止記の硏究(1) — 高麗顯宗朝における若木郡の構造 —」, 『朝鮮學報』 25, 1962).

단임에 대하여 백성은 촌락의 지배층인 촌장 · 촌정일 것이다.[3)] 여기 백성성 내지 촌성문제와 함께 나말려초의 신분변동 가운데 주목해야 할 것은 촌주층의 개편이다. 신라 내지 후삼국시대에 걸쳐 지방행정과 지방통치에 중요한 위치를 담당했던 촌주가 성종 이후부터는 역사의 표면에 나타나지 않는다. 고려왕조의 군현제 정비와 중앙집권화에 따라 촌주는 성주와 함께 재경세력으로 변신하거나 군현향리화해 갔던 것이다. 촌의 군현에로의 통합과 촌주들의 군현 호장층화 내지 촌주직무의 향리 인수로 인해 그들의 지위와 권한은 획기적으로 저하되고 축소되어 갔던 것이다. 그것이 즉, 성종 6년 9월에 단행한 촌장직의 개편이다.[4)] 그 후부터 그들은 읍사를 구성하는 향리로 흡수되거나 군현의 하부행정체계하에 들어가서 수령 또는 읍사의 지배하에 있던 '村典'이나 '民長'에 불과했던 것이다.[5)]

Ⅱ장 〈표 8〉의 南原府 · 八莒 · 福興縣처럼 각 읍 토성은 모두 인리성과 백성성으로 구성되었을까 하는 문제가 있다. 武田幸男은 그의 논문에서 남원부의 예를 다른 군현에도 확대 적용할 수는 없을까 하여 의문을 표시한 바 있다.[6)] 군현의 구역이 읍치와 직촌으로 구성되었다면 그 군현의 토성도 남원부와 같이 양자를 구비했다고 볼 수 있으나 대소읍에 따라 상이했을 가능성도 없지 않다. 비교적 대읍인 과거의 9주 · 5소경 등지는 읍치 주위에 많은 직촌을 보유한 관계로 인리성과 백성성이

---

2) 李佑成, 「麗代 百姓考」(『歷史學報』 14, 1961) p. 28, 43 참조.

3) 崔士威墓誌(文宗 29년) "有中外人吏百姓僞造公牒, 斜用貢物"(『韓國金石文追補』 p. 88).

4) 『고려사』 卷3, 成宗 6년 9월 戊辰條 "改諸村大監 · 弟監爲村長 · 村正".

5) 『고려사』 卷78, 食貨1踏驗損實 文宗 4년 11월條 "判凡州縣水旱虫霜, 禾穀不實田疇, 村典告守令, 守令親驗申戶部, 戶部送三司 …".

6) 武田幸男, 「高麗時代の百姓」(『朝鮮學報』 28, 1963).

토성의 구성요소가 되겠지만, 속현과 같이 구역이 협소한 소현에는 반드시 양자를 다 구비했다고 볼 수 없다.

촌락은 군현의 관내에 있고 촌장 · 촌정의 촌락지배자는 군현 인리의 지배하에 있기 때문에 인리성은 백성성에 비해 우세하여 여초 이래 지배층은 주로 군현의 인리성에서 배출되었다. 그래서 『실지』 편찬 당시 각 읍의 성씨조를 기재할 때 배열순서에 있어서도 인리성은 예외없이 백성성에 앞서 배치되었다. 이 양자가 같은 토성을 구성하면서 여초이래 중앙으로 진출하는 과정에서 선후의 차가 있고 그 진출의 질적 · 양적인 면에 있어서도 우열의 차가 있었다. 이러한 현상은 바로 『실지』의 성씨조에 잘 나타나고 있다. 『실지』 또는 『여지』 소재 각 읍 인물조에 등재된 인물의 성관을 『실지』의 해읍 성씨조 배열순서별로 정리해 보면 〈표 2〉와 같다.

『여지』의 각 읍 인물조에는 신라시대 이래 15세기까지의 그 고을 토성 출신의 인물이 기재되어 있기 때문에 등장 인물들의 성씨별 · 시기별 진출상황을 파악할 수 있다. Ⅱ장의 〈표 9〉에 의하면 전체 267성관 가운데 제1번에 배열된 토성이 118성관으로서 거의 절반을 차지하고 제1번

〈표 2〉 『실지』 군현토성의 배열순과 『여지』 인물조의 관계

배열순＼도별	경 기	충 청	경 상	전 라	황 해	강 원	합 계
1番	21	14	38	28	10	7	118
2番	8	10	27	13	7	7	72
3番	4	3	11	9	4	2	33
4番	1	3	12	8	2	-	26
5番	-	-	2	4	1	2	9
6番	-	2	-	3	1	-	6
7番 以上	-	1	-	1	1	-	3
합계	34	33	90	66	26	18	267

에서 제3번까지는 223성으로서 전체의 84%를 점한다. 제4번 이하는 44성으로서 16%에 불과하다. 이러한 현상은 인리성의 진출이 백성성에 비해 압도적으로 우세함을 반영한 것이라 하겠다.

같은 군현토성이라 하더라도 읍격에 따라 성의 형세와 상경종사 면에 있어서 현저한 격차가 있었다. 읍세의 강약과 토성세는 대체로 일치하였고 또 대읍은 계수관으로서 많은 군현을 영속하고 있다는 데서 중소군현의 토성보다는 대읍 출신이 우세하였고, 속현보다는 주읍토성이 그 진출 면에서 유리하였다. 그 결과 고려 전기의 문벌귀족이나 후기의 권문세족 가운데는 대읍토성 출신이 월등히 많았고 역대의 지배세력을 대표하던 대성명문에는 역시 대읍토성이 절대다수를 차지했던 것이다. 그런데 그러한 대소읍 간의 격차도 고려 후기 내지 여말에 가서는 점차 해소되어 갔다. 대읍의 영속하에 있던 중소군현이 분리 독립하면서, 다른 한편에서는 대읍 출신의 기성세력이 몰락 내지 쇠퇴함에 따라 중소군현 토성의 진출이 활발했던 것이다.

2) 村 姓

『실지』에 의하면 촌에는 촌성과 망성만이 있고 내성과 속성 등 이주성이 없다는 것이 군현 또는 향·소·부곡과 다른 점이다. 군현과 향·소·부곡은 여초 토성이 분정된 뒤 그 토성의 변동에 따라 새로운 성씨가 보충되었다는 데서 내성과 속성이 있게 되었다. 이에 반해 촌성이 딛고 선 촌락은 읍치나 향·부곡사처럼 하나의 독립된 행정체계를 이루지 못하고 군현구획 시 1촌 1성단으로 참가하여 백성성으로 토성을 구성하기도 하였고 그냥 외촌성으로 존재했기 때문에 내성 또는 속성이 없었던 것이다. 촌은 대개 1촌 1성인데 군현 촌성 중 둘 이상 되는 것도 실제는 여러 촌의 촌성을 併記하는 데서 연유한 것임을 『경지』·『실지』에

〈표 3〉『實地』 소재 촌성의 도별 분포

구분＼도별	경 기	충 청	경 상	전 라	황 해	강 원	평 안	함 경	합 계
村(落)姓	5	43	28	2	15	-	-	-	93
亡(村)姓	5	6	-	-	6	-	-	17	34
합 계	10	49	28	2	21	-	-	17	127

기재된 盈德縣의 촌성을 미루어 보아 알 수 있다. 즉, 『실지』에는

> 盈德縣: 村姓 4: 尹 · 趙 · 鄭 · 朱(盈德縣 姓氏條)라 한 것을 『경지』에서는 盈德縣: 金津村姓은 尹, 古等村姓은 趙, 八谷村姓은 鄭, 上樹介村姓은 朱氏와 같이 기재하였다.

먼저 촌성의 분포 상황을 도별로 보면 〈표 3〉과 같다.

촌성의 배열순서를 보면 군현의 토성 · 차성 · 내성 등의 다음과 향 · 소 · 부곡성의 앞에 기재되었다. 즉, 촌성은 군현의 구획이 읍치 · 직촌 · 임내로 편성된 것처럼, 읍치성과 임내성 중간에 기재했던 것이다. 촌성은 대읍과 소현에도 있고 주읍과 속현에도 있으며, 단 하나의 예에 불과하지만 酒城部曲(青山縣 소속)에 촌성이 있다.[7] 촌성은 일반적으로 주읍에 많아서 촌성이 있는 66읍 가운데 속현은 8현에 불과하였다. 그런데 전술한 바와 같이 '토성+망성' 해야 읍당 토성 수가 나오듯이 군현에 따라서는 '토성+촌성' 해야 그 고을의 토성 수가 정확히 나타날 수 있었다. 그러니 촌성을 보유한 군현은 대읍이냐 소현이냐에 따라 그 위치가 달랐다. 다음에 예시[8]한 바와 같이 대읍에는 토성과 임내성

---

7) 『實地』 忠清道 青山縣 姓氏條 "(青山縣)土姓五金朴沈張鄭, 亡來姓二李孫, 酒城部曲亡姓一洪, 村姓一方, 續姓一金, 界銀所姓一安, 續姓一宋".

8) 『實地』 소재 村落姓에는 村姓과 外村姓이 있는데 전자는 주로 中小縣에, 후

의 중간에 개재한 것이 촌성이라면 소현의 그것은 마치 백성성이 인리성과 함께 토성의 구성요소가 된 것과 같은 몫을 했던 것이다.

① 大邑	② 小縣
忠州牧: 9(土姓)+3(村姓)=12	韓山縣: 2(土姓)+2(村姓)=4
淸州牧: 12(土姓)+4(村姓)=16	泰安縣: 3(土姓)+4(村姓)=7
公州牧: 7(土姓)+3(村姓)=10	靑陽縣: 2(土姓)+3(村姓)=5
洪州牧: 5(土姓)+3(村姓)= 8	義城縣: 2(土姓)+5(村姓)=7
安東府: 7(土姓)+1(村姓)= 8	盈德縣: 2(土姓)+4(村姓)=6
光州牧: 13(土姓)+1(村姓)=14	龍宮縣: 3(土姓)+2(村姓)=5
黃州牧: 11(土姓)+1(村姓)=12	義昌縣: 4(土姓)+2(村姓)=6

독자적인 구역과 토착씨족을 보유한 외촌은 읍치의 외곽에서 임내와 병렬해 있었으니 이러한 외촌성은 자연히 대읍에 많았던 것이며 읍치와 그 주변 촌락만을 보유한 소현의 촌성은 인리성과 함께 그 현의 토성을 구성하는 요소였다. 촌성의 형성시기는 대체로 군현성과 같으며, 토성과 마찬가지로 대동강에서 원산만 이남지역에 분포되어 있다. 광종조의 고승인 均如[9]와 「若木郡淨兜寺石塔記」에 나오는 호장 金甫 및 「醴泉開心寺石塔記」에 나오는 隊正 邦祐는 각기 黃州와 若木, 醴泉의 촌성이었다. 중소군현의 토성이 고려 후기에 와서 진출이 활발하듯이 인리성보다 열세인 촌성도 무신집권기부터 진출이 현저하였다. 文翰과 무반으로

자는 주로 大邑에 있었다. 忠州·公州·尙州와 같은 大邑에는 外村姓으로 기재되어 있다. 黃海道 鳳山郡 姓氏條에는 土姓·亡姓 외에 '外姓'이 있는데 이는 外村姓의 誤記인 것 같다.

9) 均如(923~973, 大師, 住持, 黃州遁臺葉村 출신)는 黃州의 村姓邊氏였는데, 이 邊氏는 麗代北界의 入鎭姓으로 나오는 것을 보면 徙民政策에 의해 入居하였던 것 같다〔均如傳(『三國遺事』 소재) 및 金杜珍, 「高麗 光宗代의 專制王權과 豪族」(『韓國學報』 15, 1979)〕.

성장했던 陳俊가문과 車若松·松祐系[10]는 각기 驪陽縣(홍주 속현)과 延安府의 촌성이었던 것이며, 원의 간섭기에 권문으로 성장한 池湧奇·龍壽系는 충주목의 외촌성이었다.[11]

고려 후기 이래 임내성이 그 임내의 혁파와 동시에 소속 주읍성에 흡수되듯이, 촌성도 그 독자성이 상실되면서부터 소속 읍명을 본관으로 하는 성씨로 성장해 갔다. 永順太氏처럼 촌이 현으로 승격됨에 따라 촌성이 바로 현성으로 성장한 경우도 있지만, 고려시대 (외)촌성으로 존재했던 충주池·魚씨, 연안車씨, 황주邊씨, 驪陽陳씨, 영덕鄭·尹씨, 牙山蔣씨 등은 본래 본관인 각기 該邑의 某村名을 버리고 소속 읍명을 새로운 본관으로 채택한 데서 그러한 성관이 쓰이게 되었다. 한편 촌성이나 외촌성을 막론하고 인리성과 함께 읍사에 참가하여 향리로 존재하였는데, 조선시대 영리와 邑吏案에 나타나는 예가 많았다.[12]

---

10) 陳俊은 驪陽縣 村姓으로 行伍에서 發身, 大將軍을 거쳐 參知政事까지 역임하였고, 그의 孫 陳湜·陳澕·陳溫 3형제는 모두 文學으로 淸要職에 올랐다(『高麗史』 卷100, 陳俊傳, 陳澕 『梅湖遺稿』小傳).

車學首(直史館) → 若椿(兵部侍郎)·若松(平章事)家門은 延安府의 村姓으로 武臣執權期에 크게 성장하였고, 武人으로 高宗朝에 衛社功臣이 된 車松祐도 역시 그들의 一門이었다. 그의 功勞로 인해 延安이 縣에서 州로 승격된 바 있다(『高麗史』 卷101, 車若松傳, 同書 卷58, 地理 3, 西海道鹽州條).

11) 池允輔·池贇·池龍壽·池湧奇·池奫 등은 모두 忠州 外村姓 池氏로서 元의 간섭기에 武班 또는 嬖幸으로 출세한 權門이었다(『高麗史』 卷114, 池湧奇傳, 同書 卷125, 池奫傳).

조선 世祖朝 武將인 魚有沼는 忠州 外村姓 魚氏였고, 15세기 초에 출세한 鄭自英(大司成, 知中樞府事)은 盈德村姓鄭氏였으며, 조선시대 族勢가 번창했던 牙山蔣氏는 본래 牙山縣의 村姓이었다. 그런데 『大東韻府群玉』 卷12, 牙山蔣氏條에는 "按譜 元神虎衛大將軍蔣壻, 麗末避亂東來, 屬籍牙山, 遂爲土姓"이라 하였는데 이는 사실을 부회한 것이며, 牙山蔣氏는 본래 牙山縣의 村姓에서 出自한 것이다.

12) 尙州의 外村姓 尹氏와 林川縣의 村姓田氏는 각기 慶尙道와 忠淸道營吏로 나

한편 군현토성과 별도로 존재했던 村姓 가운데는 읍사의 향리에서 배제되어 管內의 驛姓으로 이속되어 역역을 세습하는 驛吏가 되는 경우가 많았는데 안동의 村姓趙氏가 安奇驛吏, 尙州村姓 尹氏가 洛東驛吏, 順興村姓 石氏가 昌樂驛吏, 昌原村姓仇氏가 自如驛吏가 된 것이 그 예이다. 이러한 현상을 고려 말 · 조선 초 군현제의 정비에 따른 主邑과 任內 향리를 재조정하는 데서 읍사 구성에서 밀려난 향리들이 관내의 역리에 배속되는 처지가 되었던 것이다.

3) 鄕 · 所 · 部曲 · 處 · 莊 · 驛 · 戍姓

향 · 소 · 부곡 · 처 · 장 · 수 · 역은 그 성격과 기능상 향과 부곡, 소와 처 · 장, 수와 역으로 구분되지만 이들이 일정한 구역에 일정한 씨족 또는 주민을 보유한 촌락으로서 각기 하나의 지역적 구획이었다는 데는 공통성을 지녔던 것이다. 고려 초기에는 군현과 이들 외에 진(渡) · 浦 · 島도 하나의 독자적인 구획으로 존재했던 것이며, 주민은 그 거주지에 따라 신분적 지위와 직역에 차이가 있었다. 여초에 성종이 군현의 명칭과 별호를 정할 때 관 · 역 · 강 · 포의 명칭까지 개정한 것은 당시 성관의 책정과 관련이 있었던 것 같다. 종래의 성과 촌이 군현으로 성장하였듯이 고려시대에는 종전의 島와 강 · 포 또는 조창 소재지가 현으로 승격된 곳도 있었다.[13)]

타나며, 安東府村姓趙氏와 盈德縣村姓 尹 · 朱氏 등은 각각 邑吏로 나타난다.

13) 羅州牧의 榮山縣 · 長山縣과 黃州牧의 鐵和縣은 각기 黑山島 · 長山島 · 鐵島人을 수용하여 縣이 되었고, 稷山의 屬縣 慶陽縣은 河陽倉에서 승격된 것이며, 또한 海浦나 江口가 중심이 되어 군현이 되기도 했던 것이다. 그런데 고려시대 島嶼는 성격상 江華 · 珍島 · 巨濟 · 南海와 같은 既成郡縣과 그냥 섬으로 존속한 두 가지가 있었다. 전자에는 土姓이 있으나 후자는 土姓이 없

〈표 4〉 성씨가 기재된 향 · 소 · 부곡 · 처 · 장 · 역 · 수의 도별분포상황

구분 도별	部曲	鄕	所	處	莊	驛	戍	합 계
경 기	6 (18)	7(11)	(7)	5(14)	5(5)	(54)	-	23
충 청	19 (69)	8(21)	13(61)	(9)	2(2)	7 (71)	-	49
경 상	38(209)	8(32)	8(42)	(2)	(1)	(158)	-	54
전 라	46 (78)	25(50)	25(90)	(3)	-	(60)	-	96
황 해	-	(7)	(10)	(4)	1(1)	(31)	-	1
강 원	1 (10)	(3)	3(33)	(3)	1(1)	(82)	(未詳)	5
평 안	(3)	(6)	-	-	-	(39)	(未詳)	-
함 경	-	-	-	-	-	(54)	3(未詳)	3
합 계	110(387)	48(130)	49(243)	5(35)	9(10)	7(549)	3	231

향 · 소 · 부곡 · 처 · 장은 『실지』 편친 당시인 15세기 초에는 거의 소멸되었거나 소멸과정에 있었기 때문에 성씨가 기재된 곳은 〈표 4〉와 같이 『여지』의 각 읍 고적조에 소재된 전체 수에 비하면 매우 적은 편이다.[14)]

〈표 4〉 소재 286개소의 향 · 소 · 부곡 · 처 · 장 · 역 · 수의 성종을 다시 『실지』에 의거 그 분포 상황을 정리하면 〈표 5〉와 같다.

향 · 소 · 부곡 등의 분포지역과 그곳 성씨도 대체로 남부지방에 집중 분포되어 있다. 그런데 『실지』에 누락되었던 향 · 소 · 부곡성이 『여지』의 성씨조에서 많이 나타난다. 『여지』의 편찬자들의 표현처럼 '(鄕 · 所 · 部曲 · 處 · 莊)右諸所에는 모두 土姓吏民이 있다' 와 같이 15세기 중

을 뿐만 아니라 罪人의 流配地와 賤隷의 거주지로 간주되었다.

14) 〈표 4〉는 『實地』와 『輿地』에 의거 작성했는데 姓氏가 기재된 鄕 · 所 · 部曲 등 數는 『실지』에 의거하였고 ( ) 안 숫자는 『여지』의 각 邑 古跡條에 기재된 것을 모두 통계한 것이다. 驛은 『여지』의 각 읍 驛院條에 의거 통계한 것이다.

〈표 5〉『실지』 소재 향 · 소 · 부곡 · 처 · 장 · 수의 성씨 분석

도명 / 姓種	경 기	충 청	경 상	전 라	황 해	강 원	함 경 (戍姓)	합 계
土 姓	19	34	61	139	-	1	9	263
亡 姓	21	14	3	50	5	7	-	100
來 姓	2	1	5	5	-	-	1 4(入姓)	18
續 姓	13	37	41	19	-	1	-	111
합 계	55	86	110	213	5	9	14	492

엽까지 각기 토성이민이 존재했기 때문에 그 성씨의 所本之地, 곧 본관을 밝혀 주어야 하는 목적에서 비록 그 구역은 혁파되었다 하더라도 혁파된 향 · 소 · 부곡 · 처 · 장을 각 읍 고적조에 기재했던 것이다.[15] 『실지』에 상세하게 기재하지 않았던 향 · 소 · 부곡 등이 『여지』에 와서 각 읍 고적조에 비교적 상세히 그 구역을 조사 기록했기 때문에 동 지지 성씨조에도 향 · 소 · 부곡성은 『실지』보다 훨씬 많이 등재될 수 있었다. 『여지』의 각 읍 성씨 · 고적조는 고려시대 지역구획과 성씨 관계의 중요한 자료인 『周官六翼』을 많이 참고한 데서 『실지』의 성씨조와는 상보적인 관계에 있다.

군현토성이 읍사를 구성하던 성씨인 것처럼 향 · 소 · 부곡성도 각기 향사 · 소사 · 부곡사를 구성하던 長吏姓이었던 것이다. 이곳에는 인리성 · 백성성 · 차성 · 차리성은 없고 토성 · 망성 · 내성 · 속성이 있다. 이곳에는 대체로 향성 · 소성 · 부곡성으로 표기하되 수원부의 임내에는 토

15) 『輿地』 卷7, 京畿道 驪州牧 古跡 登神莊條 "今按新羅建置州郡時, 其田丁戶口, 未堪爲縣者, 或置鄕, 或置部曲, 屬于所在之邑, 高麗時, 又有稱所者 … 又有稱處者, 又有稱莊者, 分隷于各宮殿, 寺院及內莊宅, 以輸其稅, 右諸所, 皆有土姓吏民焉 … 今旣著姓氏, 則其姓氏所本之地, 不可不載, 故據周官六翼, 而質之, 當今有所可攷者, 纔十之一二, 竝附入于逐邑古蹟之下云".

성으로 기재하기도 했다. 이미 전장에서 언명했지만, 향 · 소 · 부곡에 따라 그 형성시기에 선후의 차가 있어 군현토성 분정 시 군현과 병존했던 곳에는 토성이 있는 데 반해 그 후에 새로 생겨난 곳에는 속성만 있게 되었던 것이다. 군현의 영역이 읍치 · 직촌 · 임내순으로 확장된 것처럼 고려왕조의 진전에 따라 주읍토성이 소속임내로 확산되면서 새로운 향 · 소 · 부곡성이 되어 갔던 것이다. 따라서 여대의 군현편제에 있어서 주읍과 임내의 영속관계는 구역적인 중층관계도 있지만 그곳 토성이민의 성씨관계도 서로 연결되어 있었다.

향 · 소 · 부곡을 『실지』에 의거 다시 성종별로 분석해 보면 토성이 있는 곳이 139, 망성만이 있는 곳이 28, 속성만이 있는 곳이 44개 소로 각각 나타난다. 향 · 소 · 부곡은 주읍에 소속되어 군현보다 수취체제상에 있어서나 지방행정체계상에 있어서나 매우 불리하고 열악한 상태에 놓여 있었기 때문에 장리와 주민의 유망이 심했던 것이다. 따라서 그들의 소멸시기도 속현보다 앞서서 진행되었고 잔존한 곳에는 유망을 보충한 결과가 속성으로 나타난 것이다. 군현의 유지에는 반드시 일정한 향리자원이 필요한 것처럼 향 · 소 · 부곡의 생명이 존속하는 한 장리자원이 있어야 했다. 여기에 존속이 불가능할 정도로 쇠잔한 곳은 혁파하여 직촌화하였고 아직 존속이 가능한 곳에는 기존 토성을 보충하기 위하여 주읍이나 속현 및 부근 군현의 향리를 이속시켜 조정한 데서 속성이 많았다.

주읍과 임내성은 서로 이속되기도 하였다. 가령 경주부와 밀양부 관내의 성씨 이동상황[16]을 보면 경주부 토성 金씨 · 李씨 · 崔씨가 같은 부 임내 北安谷 · 竹長 · 省法伊부곡에 속성으로 이속되어 '長役'을 담당했던 것이며, 밀양부 토성 박씨와 손씨도 같은 부 임내 豆也保 · 伊冬音부

16) 『實地』 慶尙道 慶州府, 密陽府 姓氏條 참조.

곡에 속성으로 나아가 역시 그곳 장역을 맡았던 것이다. 이와 반대로 향 · 소 · 부곡이 여말선초에 걸쳐 혁파되자 종래의 향 · 소 · 부곡성이 주읍향리에 흡수되었던 것이며, 그 결과 조선시대 각 읍 향리안에는 해읍 성씨 외에 폐합된 속현 · 향 · 소 · 부곡성 출신이 많이 포함되어 있었다.

향 · 소 · 부곡성도 군현토성과 같이 대체로 그 구역의 규모에 비례하여 보유한 촌락 수에 따라 4~5성이 있는 곳이 있는가 하면 적은 곳은 1~2성에 불과하였다. 『여지』의 속현조에 기재된 향 · 소 · 부곡과 같이 규모가 큰 곳은 소현과 비슷한 성수를 가졌고, 1~2개 촌락을 보유한 적은 곳에는 1소 1성도 있었다. 동일 주읍 내에 있는 향 · 소 · 부곡 가운데 일개 성단이 같은 성질의 부곡 또는 향 · 소를 2~3개소를 점유한 것도 많았다.[17)]

향 · 소 · 부곡성의 성장과정을 살펴보면 무신의 난 이전까지는 관인을 낸 성이 하나도 나타나지 않다가 고려 후기에 와서 비로소 관인이 나왔다. 향 · 소 · 부곡성의 관인화 시기는 그 구역의 승격시기와 대체로 일치하여 원의 간섭기부터였다. 고려시대 향 · 소 · 부곡에서 현으로 승격한 17현 가운데 貞松縣(松山部曲) · 功城縣(大幷部曲) · 道化縣(他州部曲)을 제하면 나머지 14현은 대부분 충렬왕 이후에 승격되었다. 그것을 정리하면 다음과 같다.[18)]

富原縣(本 龍山處, 충렬왕 10년)	迷原縣(本 迷原莊, 공민왕 5년)
龜山縣(本 省法部曲, 미상)	莞浦縣(本 莞浦鄕, 미상)
守山縣(本 守山部曲, 미상)	春陽縣(本 加也鄕, 충렬왕 시)

17) 그러한 예를 열거하면 다음과 같다.
龍宮縣: 茂松, 陽井, 豊壤, 河南, 平丘, 曲溪 등 6部曲姓=皆金氏
興德縣: 甲鄕 · 南調鄕姓: 皆陳氏, 高敞縣: 陶城所 · 德岩所姓: 皆崔氏

18) 고려 후기 한때 縣으로 승격되었다가 곧 혁파된 것에는 鳴鶴所(忠順縣) · 梨旨銀所(梨旨縣) 등이 있다.

才山縣(本 德山部曲, 충선왕 시) 奈城縣(本 退串部曲, 충혜왕 시)
吉安縣(本 吉安部曲, 충혜왕 시) 宜仁縣(本 知道保部曲, 공민왕 18년)
龍安縣(本 道乃山銀所, 충숙왕 8년) 高興縣(本 高伊(猫)部曲, 충렬왕 11년)
豊安縣(本 食村部曲, 충선왕 2년) 連豊縣(本 連豊莊, 공양왕 2년)

이러한 구역의 승격과 함께 향·소·부곡성 출신의 관인화가 나타나기 시작했는데 그것을 시대순으로 정리하면 다음 예와 같다.

① 朴球: 蔚州屬部曲人, 元宗時, 贊成事.
② 柳庇(淸臣): 長興府屬 高伊部曲吏, 忠烈王時, 僉議政丞.
③ 張英·張原績: 咸悅縣屬 道乃山銀所姓張氏, 入元出世還國, 官至三品
④ 陳思修: 古阜郡屬 富安鄕姓陳氏, 고려후기 政堂文學.
⑤ 林樸: 安東府屬 吉安部曲姓林氏(部曲→縣), 공민왕 시, 大司成.
⑥ 柳斗明: 靈光郡屬 陸昌鄕姓柳氏, 14세기 말, 代言.

위의 6성 가운데 ①·②·⑤만 『고려사』에 나타나며 ③·④·⑥은 『여지』의 인물조에 기재되어 있을 뿐이다. 『실지』 소재 향·소·부곡성 가운데 柳淸臣系의 高興柳氏와 柳斗明系의 陸昌柳氏만이 유일하게 명문으로 성장했던 것이다. 나머지 향소부곡姓들은 고려 후기에서 조선 초기 直村化과정에서 소속 主邑姓에 통합되면서 소멸되어 갔고 조선 후기까지 본래의 본관을 사용한 것은 극히 적었다.

한편 고려시대 향·부곡姓을 고찰하면서 향·부곡民=賤民집단說은 재고되어야 한다는 저자 나름의 논거를 제시하기로 한다.

"지금 고찰해 보니 신라가 州·郡을 설치할 때 그 田丁과 戶口가 고을의 최소단위인 縣이 될 수 없는 곳에 혹은 鄕을 설치하고 혹은 部曲을 설치하여 그곳이 있는 고을에 소속시켰다."는 『여지』 편찬자들의 견해처럼, 저자는 향 또는 부곡을 현 다음에 설정한 구획으로 보고 싶다. 향·부곡을 군현(主邑)과 병렬하여 보지 말고 군현의 하부구획으로 간주해야 하겠다. 15세기 편찬된 지리지 소재 향·소·부곡을 살펴보면 규모상 현보다 큰 것은 발견되지 않는다. 그러니 향·부곡은 어디까지나 군현이 될 수 없는 규모의 구역에 설치되었던 것이며 속현과 함께 任內로서 주읍에 소속되어 있었는데 그 임내들은 조선시대 '面里制' 정착의 전 단계로서 행정체계상 향·소·부곡은 面과 같은 존재였다고 볼 수 있다. 고려시대 존재했던 향·소·부곡의 위치를 살펴보면 군현의 邑治 부근에 있는 것도 있지만 절대 다수가 군현의 접경지역에 있으며 군현의 읍치에서 보면 그 고을의 변두리 오지에 '獨成一區' 하면서 존재하였다. 내륙지방에는 山間 溪谷과 소규모 분지에 많았고 연해지방에는 섬과 浦口에 많았다. 이는 바로 군현과 향·소·부곡이 동시에 생성된 것이 아니고 기존 군현의 영역확장과 인구의 증가에 따른 新生村의 생성에서 향·소·부곡이 생겼다고 볼 수 있다.

상술한 바와 같이 토성이 없는 향·소·부곡이 많고 또 기존 군현토성에서 관내의 향·소·부곡으로 이주한 續姓이 많았던 것이다. 또한 규모상 1개 면에 불과한 小縣들, 예를 들면 경상도의 영주(10개 부곡)·龍宮(6개 부곡)·淸河(7개 부곡)·靈山(6개 부곡·소) 등 현과 전라도의 珍山(4개 향·소)·泰仁(5개 향·부곡)·康津(14개 향·소·부곡)·海南(5개 향·소·부곡) 등 현은 邑治를 제외하면 그 주변지역은 온통 향·소나 부곡으로 편성되었으니 이들 향소부곡의 주민을 천민집단으로 간주하는 것은 무리라고 생각된다.

군현의 沿革이 다양하듯이 향·소·부곡도 그 생성과정이 다원적이었을 것이다. 그야말로 縣이 될 수 없는 규모에 향·부곡이 설치되기도 하였고 인구증가와 신생촌의 발생에 따라 읍치의 외곽지대와 각 읍의 접경지역에 군현보다 늦게 생성된 것도 있으며 또 고대국가의 발전과정에서 피정복민이나 포로를 집단적으로 수용하는 경우와 반역향을 총체적으로 천민화하는 경우도 있겠고 또 異民族(契丹·女眞 등)을 집단적으로 일정한 지역에 거주시키는 경우도 충분히 예상된다. 그러나 전자의 경우가 향 · 부곡 생성의 대부분을 차지하며, 후자의 경우로 생성된 것은 극히 소수였을 것이다. 천민집단설은 주로 후자에 해당된다고 본다. 그러니 고려시대 향 · 소 · 부곡姓은 일반 피지배층의 성으로서 고려말 · 조선 초 任內의 直村化과정에서 일부는 군현의 향리로 흡수되기도 했지만 대부분은 군현민과 같이 서민성이 되었던 것이다.

『실지』에 驛姓이 기재된 곳은 충청도의 公州 · 文義 · 新昌 · 連山 · 懷德 · 沔川 등 6읍에 한하며, 이 6읍 소속의 7개 역에 역성과 역 속성이 각각 6성으로 나타나는데[19] 이는 그대로 『여지』 소재 전국의 549역 가운데 양계지방의 신설 역을 제하면 그 나머지 500여 역은 모두 여초부터 있어 온 것인데 유독 충청도 6읍에 한해 역성이 있는 것은 이해가 잘 되지 않는다. 너구나 공주목 관내 6개 역 가운데 2개 역에 한해 역성이 기재된 이유도 알 수 없다. 그런데 전국의 그 많은 역 가운데 유독 7개 역에만 역성이 있었다고 단정할 수는 없다. 그것은 군현에 따라 성씨조 기재에 있어서 대상범위의 차이와 기재상략의 차이에서 온 것 같다. 고려시대의 역은 군현 및 향 · 소 · 부곡 등과 같이 하나의 구획으로 존재하면서 독자적인 촌락과 역민을 갖고 있었다. 군현과 향 · 소 · 부곡에 읍사와 향 · 소 · 부곡사를 구성하는 향리 · 장리의 성단이 있는 것처럼 역에도 驛役을 부담하는 역리가 있다는 데서 역성이 있었던 것이다. 그러니 역성은 상기 7개 역에만 있었다고 볼 수 없으며 다른 역에도 그것이 보편적으로 실재했지만 단 지지에 기재되지 않았을 뿐이라고 생각된다.

교통 · 운수와 같은 특수 임무를 띠고 있는 역은 진 또는 향 · 소 · 부

---

19) 『實地』에 의거 驛姓을 적기하면 다음과 같다.
公州牧 六驛: 姓 1 玄, 維鳩驛: 姓 1 崔, 文義縣德留驛: 續姓 2 李 · 姜, 新昌縣昌德驛: 續姓 1 李, 連山縣平山驛: 姓 1 黃, 續姓 1 高(有吏立役), 懷德縣貞民驛: 續姓 2 裵 · 金, 沔川郡續驛: 姓 3 韓 · 朴 · 金.

곡과 함께 일반 군현과는 구분되었고 역리는 물론 역에 거주하는 역민들도 심한 차별대우를 받았다.[20] 일정한 지역에 일정한 주민을 보유한 역촌은 독립된 구획으로 존재하면서 역사 · 관우 등 시설과 역장 · 역리 · 역민 · 역노비 등이 있었고, 그들은 소속역을 본관으로 해서 편호되어 있었던 것이다.[21] 驛役은 여대부터 세습해 왔던 것이며 조선 후기의 호적에 의하면 역촌에도 특정 驛姓이 동성촌을 형성하고 역리를 세습하고 있었다.[22] 역은 향 · 소 · 부곡과 같이 고려시대 양 · 천민 거주의 대표적 지역이었던 것이다.

역성은 역리의 성씨이며 역역은 특수 직역이기 때문에 군현토성처럼 명예로운 성관이 될 수 없고 국가에서 직역부과를 위해 성관을 편제했던 것이다. 따라서 역성은 후대에 사족으로 성장한 예도 간혹 있었으나 국가 · 사회적 대우가 향리보다 훨씬 열악하였다. 따라서 역리를 비롯한 역민들은 단지 소속 역을 본관으로 했다는 의미밖에는 없었다. 고려와 조선 초기 자료에서는 역리도 향리와 같이 소속 驛名을 본관으로 하여 호적에 편호함으로써 역성이 확보되었지만, 역역은 향역보다 더 苦役이므로 역리의 유망이 심각하여 고려 후기부터 역리의 보충이 절실한 문

---

20) 고려 成宗朝 雲梯縣祗弗驛民 車達兄弟의 孝行을 국가가 포상하는 뜻에서 그들의 所願대로 驛에서 이탈하여 州縣에 編籍케 한 사실이나 『太祖實錄』의 司憲府 上疏에 "前朝五道兩界驛子 · 津尺 · 部曲之人, 皆是太祖時逆命者, 俱當賤役"이란 사실을 미루어 보아 그렇게 생각된다(『高麗史』 卷3, 成宗 9년 9월 丙子條, 『太祖實錄』 卷1, 太祖 元年 8月 己巳條). 그런데 車達형제의 경우는 『輿地』 高山縣 人物條에는 다음과 같이 기술하였다. "(車達兄弟 3人) 成宗九年, 三人皆免役, 隨其所願州縣, 編于戶籍".

21) 『世宗實錄』 卷25, 世宗 6년 7월 癸巳 "京畿 · 江原道 程驛察訪啓, 各官驛吏, 令所在官守令, 開具根脚幷子孫名字年歲, 依平民戶口例, 以本驛稱爲本貫, 各給戶口案".

22) 四方博, 「李朝人口に關する一硏究」(『朝鮮社會法制史硏究』, 1937: 『朝鮮社會經濟史硏究』 中, 1976, 再收) 付說 1 '驛吏の部落' 참조.

제로 등장하였다. 그 결과 列邑間의 향리 수량 과부족 조정책에 의거 향역담당의 續姓이 고려 후기에 대량 발생했듯이 역리를 보충하기 위한 국가적 시책이 경주되어 元惡鄕吏의 移屬을 비롯하여 혁파된 속현리와 향소부곡 長吏의 보충이 계속되었다. 후술하겠지만 부여된 驛姓 또는 驛을 본관으로 하는 姓貫은 명예로운 것이 아니기 때문에 조선 후기 호적과 역리 形止案에 나타나는 역리들의 성관은 향리의 그것과 같이 기존의 군현토성의 본관을 썼고 고려나 조선 초기에 부여했던 驛名의 본관은 사용하지 않았던 것이다.

고려시대의 양계 연변지대에는 초소와 같은 '戍'가 있었다.[23] 수는 본래 중국에서 유래한 것으로 동진 · 후위 때 '둔병의 국경수비처'를 지칭하였고, 이것은 수당시대에도 있었다. 당대에는 주현의 하급기관으로 현 외에 鎭 · 戍 · 嶽 · 瀆 · 關이 있었는데 鎭과 戍는 주로 변경에 설치한 경비소이며 수에는 戍主 이하의 관리를 두었다.[24]

고려시대 戍가 있었던 곳을 열거해 보면 安邊 · 永興 · 江陵 · 高城 · 三陟 · 寧遠 · 昌州 등 양계 최전방의 국경초소와 동해안에 분포되어 있다. 戍마다 성씨가 있는 것은 아니지만, 『실지』에 의하면 安邊府內의 鐵垣戍 · 禾登戍 · 壓戎戍에 한해 성씨가 기재되어 있다. 수에는 수성과 같이 일정한 주민을 갖고 있다는 데서 단순한 국경 수비초소로서뿐만 아니라 하나의 구획으로 볼 수 있다. 물론 戍의 분포지역은 양계의 장성 부근과 동해안에 국한되지만 일정한 지역에 주민을 갖는 한 촌락의 형태를 취하고 있었다. 그것은 역과 진이 하나의 교통기관인 동시에 각기 일정한

---

23) 『高麗史節要』 卷4, 文宗 元年 正月條 "制霜陰 · 鶴浦兩縣沿海處, 設置軍戍, 以扼蕃賊之衝"

고려시대 兩界의 '戍'에 관해서는 李基白의 다음 논문이 참고된다〔「高麗兩界의 主鎭軍」(『高麗兵制史研究』, 1968, pp. 261~263)〕.

24) 『舊唐書』 卷44, 職官 3.

주민을 가졌다는 사실과 유사하였다. 安邊府의 3개 수에 수성이 기재된 것으로 미루어 보아 그것이 하나의 구역으로 존속하는 한 일정한 성씨가 있었다고 본다.

2. 토성의 분화와 이동

1) 亡 姓

전술한 바와 같이 망성은 여대로부터 전해 오던 '古籍'에는 기재되어 있으나 『실지』 편찬 당시인 15세기 초에는 이미 없어진 토성을 지칭하였다. 망성은 결국 '亡土姓'이란 의미로서 토성이 확립된 이래 그 족세의 성쇠 소장에 따라 나오기 마련이었다. 여초에 확립된 토성이 고려왕조의 진전에 따라 재경관인과 재지이족으로 분화되어 갔는데, 전자는 중앙정계의 와중에 휩쓸려 득세하기도 하고 실세하기도 하였으나 한 번 상경종사한 다음에는 '귀향'의[25] 경우를 제하면 다시 본관지에 복귀하지 않는 것이 고려 전기 재경세력의 한 특징이었다. 군현토성들은 그 읍격과 족세 및 인물의 성쇠에 따라 여초부터 계속 상경종사자를 내는 경우가 있는가 하면 고려 후기까지도 상경관인을 내지 못한 채 읍사구성에만 참여한 토성들도 많았다.

본관의 읍사를 구성하였던 재지토성은 역대의 관인층을 산출하는 공급원의 역할을 하고 있었다. 그런데 재지토성들은 시대에 따라 파를 달리한 관인을 중앙에 공급시켜 갔는데 중앙에 진출한 족파는 그 소장이 무상하여 세대가 단절되는 가문이 나오게 마련이었다. 상경계파는 비록

25) 文炯萬, 「麗代 歸鄕考」(『歷史學報』 23輯, 1964).

몰락하거나 세계가 중단되더라도 재지토성에서 파를 달리한 상경종사자가 또 나올 수 있었다. 즉, 상경토성이 몰락하더라도 재지토성이 온존하는 한 망성은 되지 않았다.[26] 이에 반해 재경토성의 공급원인 재지토성이 몰락하게 되면 그 성씨는 곧 망성이 되었다.

망성의 발생배경은 크게 둘로 나눌 수 있다. 자연적으로 족세가 쇠미하여 후손이 단절되는 경우가 있으며, 급격한 정치적 · 사회적 변동으로 인해 가문이 몰락하는 경우가 있다. 유아 사망률이 높은 데다가 양자제가 일반화되지 않았던 고려시대에는 無子로 인한 세대 단절이 많았다. 후자의 경우는 근기지방의 토성들이 서울로의 지향성으로 인해 재지이족보다 상경종사하려는 경향이 강했던 것이며, 재지토성을 온존시키지 못한 채 재경세력이 무신의 난과 왕조교체 등 급격한 정치적 변동에 휘말려 몰락한 세력이 여기에 해당된다. 고려시대 고관을 역임했거나 한때 권문으로 존재했던 가문 가운데 망성이 된 성씨는 鳳山智氏(智蔡文계) · 安峽孫氏(孫冠계) · 谷山拓氏(拓俊京계) · 牛峰崔氏(崔忠獻계) 등이 있다.[27] 군현에 따라서는 같은 성관이라도 파계에 따라 한 파는 계속 토성으로 남게 되는 데 반해 다른 한 파는 망성이 되기도 했다. 水原府崔氏에는 토성과 망성이 있는데 고려 중기 수원부의 토성이족에서 성장한 崔婁伯계는 전자에 해당되고, 문벌귀족으로 가문을 자랑했다가 무신란을 계기로 몰락한 崔士威계는 후자에 속했던 것 같다.[28]

---

26) 고려 전기에 族勢를 자랑했던 門閥貴族 가운데 중기 또는 후기에 와서 몰락한 家門이 많다. 崔承老 · 崔亮系의 慶州崔氏, 金富軾系의 慶州金氏, 金策系의 光陽金氏, 金永夫系의 靈光金氏 등은 고려 후기에 이미 몰락했지만 在地土姓은 그대로 온존하면서 邑司에 참여하고 있었기 때문에 亡姓이 되지 않았다.

27) 亡姓도 土姓과 같이 上京從仕하기 전에는 邑司를 구성하는 鄕吏로 존재했는데 拓俊京의 先代는 本貫 谷州의 吏族이었다("拓俊京谷州人, 其先本州吏" 『高麗史』 卷127, 叛逆 1, 拓俊京傳).

〈표 6〉 군현토성 · 망성의 도별 대비표

도별 / 구분	경기	충청	경상	전라	황해	강원	평안	함경	계
土姓數	233	325	585	679	100	115	10	90	2,137
亡姓數	161	104	16	71	82	93	-	66	593
土姓에 대한 亡姓 비율(%)	69.1	32	2.7	10.5	82	80.9	0	73.3	27.7

『실지』에 의거 군현 망성의 도별 분포상황을 통계해 보면 〈표 6〉과 같다.

〈표 6〉과 같이 망성이 많은 지역은 고려시대 경기권과 함남지방 및 제도의 잔현들이었다. 개경에 근접한 지역의 토성들은 토착성이 약한 반면 상경종사하려는 서울로의 지향성이 강했고 또 고려왕조의 중앙집권화과정에서 본다면, 경기권이라는 선진지역에 해당되어 일찍부터 중앙정부의 통제가 강했던 곳이다. 따라서 이곳 토성들은 상경종사하는 추세가 활발한 반면 재지이족의 권한은 그만큼 축소되어 있었다. 더구나 수도에 인접한 지역의 토성들은 중앙정계의 와중에 휩쓸려 성쇠 · 소장이 무상하였고 또 집권세력의 교체가 빈번하면서, 실세한 재경관인들은 도태되거나 지방으로 유산되는 자가 속출한 반면 득세한 신진세력들은 계속 중앙으로 진출하여 사환과 함께 그들의 기반을 근기지방에 새로 마련하는 데서 이 지방에는 성씨의 이동이 심하였고 따라서 망성이 많이 생기게 되었다. 그래서 고려시대에는 상경종사한 토성이 많은 지역

28) 『實地』 京畿道 水原府 姓氏條 "土姓 4: 崔 · 李 · 徐, 亡姓 4: 白 · 崔 · 李 · 方".

그런데 高麗 初期에는 빈번한 政變으로 인해 집권세력의 교체가 활발했던 것이며, 『高麗史』에 등장하는 인물 가운데는 姓貫不明者가 많다. 이러한 姓貫不明者는 대개 도태세력이었던 것이며 그들 중에는 亡姓이 많았을 것이라고 짐작된다.

일수록 망성이 많았던 것이다.

고려는 개성에 정도한 뒤 성종 14년(995)에 唐制를 모방하여 수도의 주위에 赤縣 6, 畿縣 7을 둔 바 있으며, 현종 9년(1108)에는 개성현 관하에 貞州·德水·江陰의 3현과 長湍縣 관하에 松林·臨津·兎山·臨江·積城·坡平·麻田 등 7현을 둔 바 있다. 이러한 여초의 경기는 문종조에 이르러 대폭 확장되었다. 즉, 문종 23년(1069)에는 경기에 소속된 군현이 53현으로 늘어났는데[29] 이러한 개편작업은 전시과의 更定과 밀접한 관련하에서 진행된 것 같으며,[30] 이때의 지역적 범위는 문종조 更定田柴科에 있어서 柴地의 지급대상 지역과 대체로 일치하였다.[31] 〈표 7〉과 같이 망성은 이러한 군현에 집중 분포되어 있다.

망성은 대체로 하삼도지방보다는 근기지방에, 대읍보다는 중소읍에 많았다. 이에 반해 경상·전라도처럼 수도와 멀리 떨어진 곳은 중앙정계의 변동에 그렇게 민감하지도 않고 또 직접적인 영향을 적게 받기 때문에 각 읍 토성이 '安土重遷' 한 결과 망성의 발생이 적었다. 왜구가 심했던 연해지방과 주민의 집산·국경선의 신축이 반복되었던 동계의 북단에 망성이 많았다. 고려시대 군현의 읍세를 크게 盛邑과 잔읍으로 구분할 때 망성은 대체로 잔읍·벽읍에 많으며 주읍보다는 속현에 많았다. 읍사를 구성하였던 토성이족은 대체로 그 읍세와 비례했기 때문이다.

한편 망성을 성자별로 분석해 보면 대성·유명성보다는 희성·벽성에 많다. 이를 예시하면 다음과 같다.

①姓 字: 李 金 朴 鄭 宋 尹 張 申 全 崔 曹

29)『高麗史』卷56, 地理 1, 王京條.

30) 末松保和,「高麗初期の兩班について」(『青丘史草』1, 1966), p. 171.

31)『高麗史』卷78, 食貨 1, 田制 田柴科條.

〈표 7〉 문종 23년 경기에 소속된 군현의 토성 · 망성 대비표[32)]

郡縣名	土姓數	亡姓數	郡縣名	土姓數	亡姓數
開城府	5	0	沙川縣	1	4
海豊郡	4	1	交河縣	5	1
德水縣	2	3	高峰縣	1	4
江陰縣	4	2	豊壤縣	1	4
牛峰縣	1	3	深岳縣	2	1
長湍縣	1	6	幸州縣	4	7
臨江縣	2	3	見州縣	7	0
兎山縣	2	19	抱川縣	3	6
臨津縣	1	5	金浦縣	3	1
松林縣	1	4	陽川縣	4	0
麻田縣	0	5	富平府	7	(黃魚鄕) 1
積城縣	3	3	龍城縣	4	0
坡平縣	2	3	富原縣	1	0
楊州牧	4	2	果川縣	4	3
衿川縣	6	2	朔寧縣	2	3
仁川府	6	0	鐵原府	3	15
安山縣	3	1	延安府	7	1
南陽府	6	1	白川郡	6	4
守安縣	3	1	新恩縣	2	3
永平縣	3	2	瑞原縣	2	0
平山府	6	2	通津縣	2	3
俠溪縣	2	2	載寧縣	3	4
海州牧	7	3	鳳山郡	2	3
安峽縣	1	9	瑞興府	6	2
僧嶺縣	1	4	合計	158	156

32) 〈표 7〉 소재 군현의 邑名과 邑格은 『實地』에 의거하였다. 文宗 23년 京畿에 속했던 53縣 중에는 石泉 · 荒調 · 黃魚처럼 鄕 · 部曲도 있었다.

土姓數:	138	106	85	50	48	45	42	41	39	36	35
亡姓數:	19	5	10	7	13	12	9	5	6	13	4

② 姓 字:	田	盧	任	林	孫	安
土姓數:	26	19	30	28	26	20
亡姓數:	13	8	10	8	8	7

③ 姓 字:	邢	芳	敬	那	陶	艾	井	米	麻
土姓數:	4	1	2	-	2	1	2	1	-
亡姓數:	6	2	3	2	4	2	2	2	2

④ 姓 字:	馮	卿	桓	於	騫	員	素	翼	則	標	鮮	拓	郁	賀	邵	京	柴
土姓數:	-	-	-	-	-	-	-	-	-	-	-	-	-	-	-	-	-
亡姓數:	1	1	1	1	1	1	1	1	1	1	1	1	1	1	1	1	1

위의 ①과 같이 토성의 성관 수가 많은 성자가 일반적으로 망성도 많았지만 그 비율로 보면 대체로 토성에 비해 망성이 적은 편이며, ②의 성자는 망성의 비율이 높다. ③의 경우는 토성보다 망성이 오히려 많으며, ④에서와 같이 토성에는 없으면서 망성에만 나타나는 성씨가 있다. 대체로 顯姓보다 벽성에 망성의 비율이 높았다. 그 이유는 나말려초 한성의 수용과정에서 잡다한 성자가 생김에 따라 많은 성씨가 나온 것이며 고려왕조의 발전에 따라 신라의 귀성과 중국의 유명성을 모방한 이른바 유명성관 출신이 귀족과 관인 사회를 주로 형성하게 되자 이들의 성자는 급격히 증가된 반면 그렇지 못한 희성들은 한 번 타격을 받거나 족세가 쇠미해지면 다시 회복하지 못하였던 것이다. 귀족 사회의 발전에 비례하여 문벌숭상의 풍조는 고조되어 갔고 그로 인해 명문거족이란 외적 표징도 성관에 달려 있었다. 『宋史』의 고려열전에 "고려 士人들은 族望으로 서로 높여 柳·崔·金·李氏 등 4성을 貴種으로 간주한다"(권 487)라 한 바와 같이 貞州柳氏, 경주최·해주최·水原崔氏, 경주김·安山金·光陽金·강릉김·靈光金氏, 仁州李·청주이·富平李氏 등 이른바 고려 전기 문벌귀족들의 성자는 시간이 갈수록 증가하였던 것이

다.[33] 이에 반해 후삼국시대 호족의 한성화 과정에서 아직 명문으로 확립되기 전에 도태된 세력의 성자 중에서 망성이 많았던 것이다. 『증보문헌비고』 소재 400여 성 중 절반은 망성이 합산되어 있다.

2) 來姓과 亡來姓

그 성씨의 출자지 또는 본관으로부터 이동했다는 뜻에서 본다면 來(接)姓도 후술할 續姓과 크게 다를 바 없지만 단, 형성시기와 이주의 동기 및 신분에 있어서 차이가 있는 것 같다. 내성 또는 내접성은 그 자의 대로 타지방에서 入來 또는 來接한 성씨로서 여초 이래의 '고적'에도 토성과 함께 기재되었던 성종이다.[34] 토성이 확정된 뒤 그 토성의 유망 또는 소멸에서 망성이 발생하였듯이, 입래한 내성이 그 후 다시 유망하거나 소멸함에 따라 망래성이 있게 되었다. 성씨 이동이 심했던 곳에는 망래성이 많은 비중을 차지하고 있는데, 그것은 본래 토착적 기반이 약한 이주성이 쉽게 안착하기가 어려웠던 것이며 흉황 · 전란 등으로 인해 다시 타지로 유리하는 경향이 강했기 때문이다.

『실지』에 의거 먼저 내성과 망래성의 지역적 분포상황을 대비해 보면 경기도가 27 : 13, 충청도가 16 : 20, 황해도가 11 : 40, 강원도가 3 : 17, 함경도가 39 : 21로 각각 나타나며, 경상도는 127 : 1, 전라도는 36 : 2,

---

33) 徐兢, 『高麗圖經』 卷8, 人物條 "臣聞東南之夷, 高麗人材最盛, 仕於國者, 唯貴臣, 以族望相高, 餘則或由進士選, 或納貲爲之".

34) 『實地』의 姓種 표기는 비교적 상세한 데 비해 『輿地』에서는 다음과 같이 요약 기재한 데서 『實地』의 姓種 구분이 오히려 모호하게 되었다.
"凡自他州來居者姓下, 只注本籍, 後倣此(『輿地』 卷3, 漢城府姓氏條), "凡自他州來居, 而本籍不可考者, 只注來, 或云續, 或云屬, 後倣此"(『輿地』 卷4, 開城府姓氏條).

평안도는 21 : 0으로서 위 지역에 비해 망래성은 거의 없다. 양계 지방은 사정이 다르므로 제외하고, 토성이 분포되어 있는 지역을 두고 본다면 망래성의 분포상황도 망성과 대체로 일치하였다. 이러한 현상은 바로 고려시대 인구이동의 일면을 반영해 주는 것이다.

『실지』의 성씨조 기재양식은 각 도 · 각 읍에 따라 다소 차이가 있다. 도에 따라 내성 또는 내접성으로 표기했는가 하면 황해도에서는 '來姓 … 今無'라 하여 실제는 망래성이면서 내성으로 기재하였다. 내성은 續姓의 기재처럼 所自來處(본관)가 명기된 것과 명기되지 않은 것이 있다.[35]

> 淸州牧: 亡來姓 五: 王(開京來) 盧(抱川來) 柳(木川來) 洪(懷仁來) 金(慶州來)(『실지』 淸州牧)

청주의 5개 망래성 가운데 木川에서 온 柳氏만이 토성이 아니고 나머지 4성은 모두 所自來邑의 토성이었다. 이렇게 소자래처가 명기된 내성(망래성)을 본관별로 분석해 보면 대체로 토성이 절대 다수를 차지하며 비토성은 극히 적었다. 그러니 내성도 '京來姓' · '投化姓'을 제외하면 대부분 군현토성에서 입래했음을 알 수 있다. 내성의 본래 성분이 토성이냐, 비토성이냐에 따라 입래하기 전의 신분에 있어서 차이가 있었다고 본다. 또한 같은 토성 출신이라 하더라도 사족과 이족으로 구분될 수 있었다. 즉, 내성은 입래 전의 신분에 따라 군현토성과 비토성 또는 사

35) 『實地』의 慶尙道 義昌縣(昌原府) 姓氏條에 "來姓三金 · 許 · 鄭"이 『慶地』의 該邑姓氏條에는 "來姓三: 安東來金 · 金海來許 · 東萊來鄭"이라 기술한 것을 보면 來姓에는 所自來處가 명기되어 있었다. 단, 집필자에 따라 所自來處가 생략되기도 하고 또 『實地』의 '本不知'라 한 것처럼 실제 本貫을 알지 못해 不記하는 경우도 있었던 것 같다.

족, 현직향리, 평민 등으로 나누어질 수도 있었으며 京來姓과 唐來姓 및 投化姓으로 구분되었다.

『실지』 소재 내성(망래성 포함)은 그 대두시기가 일반적으로 속성에 앞서며 따라서 기재순서도 반드시 속성 앞에 놓았다. 내성은 지역에 따라 형성시기가 다르겠지만 토성의 분포지역 내에서는 여초 이래의 사실이 반영된 것 같다. 『고려사』에 의하면 문종 21년(1067) 12월에 楊州를 南京으로 승격시키고 '徙旁郡民 實之' 했다는 기록이 있는데, 이는 다음과 같이 『실지』의 해읍 성씨조에서 확인된다.

> 來姓 五: 咸(楊根來) 朴(春川來) 洪(南陽來) 崔(水原來) 夫(果川來)(『실지』 楊州牧)

위의 다섯 내성 가운데 果川(州)현에서 온 夫씨를 제하면 나머지 4성은 모두 소자래읍의 대표적인 토성이었다. 신라시대 5소경을 설치하면서 왕경의 6부 귀족자제를 이주시킨 것처럼 여대에도 평양이나 남경(양주) 등지에 사민입거시킬 때는 군현토성이 초정대상이 되었다고 본다. 태조 원년과 5년에 걸쳐 각기 鹽·白·黃·海·鳳州 제 주민과 朴質榮·金行波 등 귀족가문과 함께 '諸郡縣良家子弟'[36]를 서경에 이주시킬 때 사민 대상인 제 주민과 양가자제란 바로 후일의 군현토성을 지칭한 것이라고 생각된다. 이는 양계의 신설주진에 입거시킨 사민과는 성질이 달랐다.[37] 그런 의미에서 『실지』의 내성은 단순한 유이민이 아니

---

36) 『高麗史』 卷1, 太祖 元年 및 5年條 참조.

37) 15세기 초에 新設한 慈城·茂昌·虞芮·渭原郡에도 來姓은 있으나 이는 시기상 남부지방의 그것과는 구분되어야 할 것이다.

한편, 徐居正은 南原梁氏인 梁誠之家門이 15세기 초에 경기도 通津屬縣 守安縣에 占籍하면서 來姓이 되었다고 말한 바 있다〔"(梁誠之) 本南原人, 今占籍守安縣, 爲來姓云" 『訥齋集』 卷6, 附錄, 通津縣大浦谷別墅落成記〕.

면 타읍토성에서 이속된 이족이거나 재경관인이 타향에 이주한 결과 나타난 것이다. 고려 중기에 명문으로 성장한 文化柳氏는 태조공신의 후예이면서 문화(儒州)현의 내성이며, 후기 내지 여말에 성장한 趙仁規·具榮儉·崔茂宣 가문은 각기 祥原(土山)·沔川·永川郡의 내성이었다. 이 3명 중에 구영검계는 본래 綾城토성 具씨에서 면천에 내거한 데서 그곳 내성이 되었던 것이며 나머지 2명은 그 소자래처가 명기되어 있지 않으나 조인규와 최무선 가문은 각기 白川조씨와 慶州최씨에서 입래된 것 같다. 토성의 분포와 분화과정에서 언급한 바와 같이, 주읍성이 외곽지대의 소속 임내로 확산됨에 따라 내성이 발생했던 것이다. 내성의 소자래처를 분석해 보면 물론 원격지에서 입래한 것도 있지만 주로 인근 군현의 토성이 많았다. 가령, 경주·진주·안동·김해 등 大邑 주위의 군현 내성에는 慶州金·李氏, 晋州姜·河·鄭氏·安東金·權氏, 金海金·許氏 등이 많았던 것이다.

내성은 속성과는 달리 '향리(役) 注記'는 없으나 조선시대 열읍의 향리에는 내성 출신이 있었다. 조선 성종조의 高陽 향리 李植培는 幸州縣 내성이며[38] 『掾曹龜鑑』의 편저자 李震興은 尙州牧의 내성이었다.[39]

내성 또는 망래성 가운데는 경래성이 많이 포함되었다. 『실지』에는 '京來姓', '來姓-皇甫(開京來)'(淸州牧), '來姓-田(京來)'(韓山縣), '亡來姓-林(京來)'(牙山縣) 등으로 기재하였는데 여기에 '경'은 바로 고려시대의 수도인 개경을 지칭한 것이니 개성부에서 입래한 성이란 뜻

---

38) 『成宗實錄』 卷82, 成宗 8년 7월 戊子條.

39) 歷代人物의 姓貫分析에 있어서 『高麗史』 列傳, 高麗墓誌, 16세기 이전의 族譜와 文集 소재 行狀·碑文 등과 같은 중간의 정리단계를 거치지 않고 17세기 이후에 비로소 나타나는 자료는 엄정한 검토와 비판을 한 다음 인용해야 한다. 『掾曹龜鑑』 소재 편저자들의 家系 서술은 상당히 수식되어 있어 사실로 인정하기가 어렵다.

이다. 경래성에는 본래 개성부의 토성인 왕씨 · 김씨가 내거한 곳도 있고[40] 일반 재경가문에서 낙향한 경우도 있다. 한편, 『실지』의 臨河縣(안동부 속현)에 '來姓一華'가 『여지』의 해읍 성씨조에서는 '華(開京)'이라 기재된 것을 보면 '京來' 또는 '開京來'가 주기되지 않은 내성에서도 경래성이 다소 포함되었다고 볼 수 있다. 경래성의 발생배경에 대해서는 잘 알 수 없지만 기성관인에서 낙향했거나 유배된 경우가 예상된다. 고려 전기에 있어서 '귀향' 조치는 鄭敍처럼 대개 본관을 대상으로 한 데 반하여 경래성은 내거읍의 토성이 아님을 미루어 보아, 기성관인이면서 어떤 연유로 인해 외향 · 처향이나 농장을 따라 낙향했을 가능성이 크다.

투화성은 크게 발해 · 한족 · 거란 · 여진 · 몽고 · 일본계로 구분되겠지만 『실지』에는 '唐來姓'(당투화성), '向國姓'(향국입성)만이 나타나는데 전자는 삼남지방에, 후자는 함경도에 한해 기재되었다.[41] 고려시대에는 발해 · 중국 · 여진계의 귀화성이 많았다고 볼 수 있는데 『실지』상에는 극소수에 불과하였다. 『실지』의 각 읍 성씨조가 읍사를 구성하는 성씨집단을 주대상으로 했기 때문에 읍사구성과 직접 관련이 없는 귀화성은 제외된 것 같다. 귀화성에는 사성 · 사관한 것도 포함된다. 『실지』에는 고려시대에 사성한 것 외에 선초에 사관한 귀화성도 사성으로 기재되어 있다.

---

40) 『實地』에 의거 그곳을 찾아보면 王氏가 來居한 곳은 燕岐縣 · 淸州 · 義城이며, 金氏는 鴻山縣이다.

41) 『실지』에 의거 唐來姓과 向國姓이 있는 군현을 적기하면 다음과 같다.
唐投化姓: 公州 · 安康 · 慶山 · 梁山 · 龍宮.
向國姓: 咸興 · 富寧 · 三水.
그런데 向國姓을 『輿地』에서는 投化姓으로 표기하였다. 그러니 『실지』에서는 漢族系를 唐來姓(唐投化姓) 蒙古 · 女眞系를 向國姓으로 구분 기재하였다.

3) 入鎭姓과 入姓

'入鎭姓'에 관한 주해가 『실지』에 없으니 명확히 단정하기는 곤란하나 하기 자료에서 대체로 그 실체를 짐작할 수 있을 것 같다.

① 오직 東西兩界가 지난 왕조(고려) 때 누차 兵亂을 겪어 군현이 騷然하고 田野가 황폐하였으므로 移民入鎭시켜 지키고 방어하는 데 제공하였다(『태종실록』 권26, 13년 11월 辛巳條).

평안도는 서쪽으로 大明과 이웃하여 주민들은 모두 徙民入鎭했으므로 본래 토성이 없다(『세조실록』 권10, 12년 11월 庚午條).

② 判에 鎭人으로서 귀향죄를 범한 자는 그대로 본래 배속처에 머무르게 하고 만약 田丁을 받은 자는 그 토지를 거두어 타인에게 준다. 流罪를 범한 자로서 東界에 入鎭한 자는 北界에 移配시키고 北界에 入鎭한 자는 東界에 移配시키되 南界에는 배속시키지 않게 하였다(『高麗史』 卷84, 刑法 2, 職制).

判에 서경과 東·西州鎭에 入居한 軍人은 本貫의 雜役을 감면시킨다(동상서 卷81, 兵志 1, 兵制).

위의 ①은 '移民入鎭' 즉 고려시대 국가의 사민정책에 의하여 입거한 것이며, ②의 '鎭人', '入鎭軍', '州鎭入居軍人'은 완전히 토착화한 軍民이기보다는 본관 즉 원주지에 가족을 남겨 둔 채 양계주진에 입거하여 교대로 진수하는 자일 것이다.[42] 이는 조선 초기의 '赴防'처럼 일정 기간 輪次鎭戍하였다가 기간이 끝나면 본적지에 귀환하기 때문에 鎭戍하는 州鎭의 호적에 기재할 필요가 없었을 것이다.

입진성의 '鎭'자를 州鎭이란 명사로 보느냐, 鎭戍란 동사로 보느냐에

42) 李基白, 『高麗兵制史研究』(一潮閣, 1968), pp. 263~266.

따라 의미가 다를 수도 있지만 주진에 입거한 성이나 이민 입거시켜 변경을 진수하는 성이나 그 근본 목적은 같다 하겠다. 고려시대 양계 주진군에는 경군에서 파견된 방수군이나 혹은 남도지방으로부터의 주진입거군인 및 투화여진인들도 그 구성요소의 하나였으나 가장 중요한 것은 여초부터 북진정책에 따라 영토확장과 함께 실시되기 마련인 사민정책에 의하여 정착한 토착민들이었다고 본다. 즉, 양계지방의 입진성은 고려시대 국가의 사민정책에 의하여 남부지방에서 사민해 온 정착민이라 하겠다. 가령 조선 초 세종조에 4군 6진을 개척함과 동시에 대규모의 사민을 실시했던바 『실지』에서는 이 같은 이민입거한 성을 입진성으로 기재한 것을 보면, 그것이 이민정착한 성임이 명백하다. 일찍이 세종이나 기타 세종조 사람들은

> 평안도 인민은 고려 때 모두 下三道(충청 · 경상 · 전라도)에서 入居한 사람들로서 하나의 토성도 없다(『世宗實錄』 卷76, 세종 19년 정월 乙未條).
>
> 고려 때 함길(경)도 永興과 평안도 평양 이북은 모두 초목이 무성하여 野人들의 사냥터가 되어 있었는데 이에 하삼도 주민을 옮겨 채웠다(동상서 권95, 24년 正月 壬申條).

고 하여 양계지방은 토성이 없고 그 대신 그곳 주민은 모두 남부지방에서 사민입거한 것이라 하여 위의 사실을 뒷받침해 주고 있다. 그러니 옛 신라영역이 아닌 양계지방(대동강에서 원산만 이북)은 고려 초기부터 북진정책에 따라 영토확장과 함께 선주족인 여진을 구축하고 정책적으로 그곳에 남부지방의 주민을 이입시켜 정착케 했던 것이다.

입진성은 양계지방에 한해 있고 그 이남지방에는 하나도 없다. 같은 양계라도 서북면은 평양을 제하면 각 읍마다 입진성이 빠짐없이 있는가 하면 함경도에는 咸興 · 富寧에 한하고 있다. 먼저 『실지』에 의거 양계

〈표 8〉 兩界지방 姓種과 姓貫數

姓種 / 姓貫數 / 도별	土姓	亡姓	亡村落姓	續姓	入鎭姓	入姓	亡入姓	來姓	亡來姓	向國入姓
평 안 도	10	-	-	14	389	-	-	8	-	-
함 경 도	90	66	18	24	15	73	259	12	31	1

지방의 성종과 그 성관 수를 정리하면 〈표 8〉과 같다.

위의 토성은 대동강과 원산만 이남지역에 있고 입성을 비롯하여 망입성·내성·망래성은 주로 함남지방에 분포되어 있다. 이입해 온 성을 '입성'이라 한다면 그것은 내성과 본질적으로 다를 바 없다. 망입성도 망래성과 같은 자의대로 해석할 때 그것은 입성에서 없어진 성을 지칭했다고 단정할 수 있다.[43] 입성 중에도 定平(함경도)의 48성과 鎭溟縣(宜川)의 8성은 『실지』에 '今皆無'라 하여 동 지지 편찬 당시 이미 없어진 성을 지칭하고 있으며 망입성에도 長州(정평)의 29성, 永興鎭(永興府)의 17성도 '今皆無'라 하였으니 이는 기재자의 잘못인 것 같다. 망입성 그 자체가 '금개무'의 의미를 이미 내포하고 있으니 구태여 그렇게 표현할 필요가 없기 때문이다.

그러면 平安道를 대표하는 입진성과 함남지방의 성씨를 대표하는 입성(망입성)을 성질상 동일한 것으로 볼 것인가? 그렇지 않으면 구분 해석할 것인가 하는 것이 문제이다. 원주지 또는 본관을 떠나 이주해 왔다는 데 대해서는 양자가 다를 바 없지만, 저자는 이를 성질상 구분하여 설명할 필요가 있다고 생각된다. 즉, 입진성은 상술한 바와 같이 移民入鎭의 목적으로 국가의 사민정책에 의하여 강제적으로 집단이주시킨 성

43) 亡入姓과 亡來姓의 '亡'字를 '亡=無'로 보지 않고 '亡=逃亡'의 뜻으로 간주할 수도 있으나 이를 亡姓과 비교하더라도 후자로 해석할 수는 없다.

이라 하겠다. 여기에서 우리는 고려시대 동·서 양계가 차지했던 국가적 비중의 차이점을 발견할 수 있다. 즉, 함남지방보다는 서북면이 국방·군사상 더 중시되어 국가가 정책적으로 이 지방의 충실을 기하기 위하여 남부지방의 인민을 집단이주시킨 데 반하여 함남지방은 평안도에 비해 연혁이 복잡하여 때로는 고려의 판도가 되기도 하고 때로는 이민족의 지배하에 넘어가는 등 국경선의 신축에 따른 주민의 집산이 빈번했다는 흔적을 그 많은 망입성과 망래성을 통하여 엿볼 수 있다.

서북면은 국방 내지 군사상 척경과 동시에 국가가 정책적으로 移民補塡한 데서 『실지』 소재 성종상 입진성이 주류를 차지하였다. 이 지방은 고려의 북진정책 수행상 전초기지로 간주되어 타지방에 비해 중시하였고 그와 동시에 현지 주민의 부담도 가중되어 피폐하기 일쑤였다. 이에 국가가 남부지방의 주민을 차출하여 집단이주시킴으로써 국방·군사상 필요한 인적 자원을 확보할 수 있었다. 이에 반해 함남지방은 한쪽에 편재하여 대륙과의 주교통로에서 떨어져 있었고 또한 고려의 통치권이 직접 미치지 못한 때가 있어 '逃賦避役' 하려는 남부지방(강원·경기·경상도)의 주민이 많이 이주하게 되었다. 이러한 연유로 인해 서북면에는 입진성이 주인 데 비해 함남지방은 입성과 망입성이 많았던 것이다.

『실지』의 입진성과 입성의 기재양식은 내성·속성과 같이 소자래처가 명기되어 있다. 이를 예시하면 다음과 같다.

① 安州入鎭姓 33: 吳·崔·金(海州), 金(交河), 康(靜州), 徐(星州), 金·池(水州), 徐(峯城), 文(長淵), 朴(喬桐), 魯(鎭江), 張(扶寧), 金(水原), 宋(龍城), 金(長沙), 李(鐵冶), 韓(載寧), 金(光陽), 金(溫水), 康(南原), 甄·文(全州), 金·方·林·崔(豊州), 吳(海州), 宋(松林), 閔(東州), 康(登州), 李(遂安), 康(白州). 安戎縣入鎭姓 2: 崔·金(平安道 安州牧 姓氏條)

② 龍津縣入姓 4: 金 · 玄(鹽州), 宋(淸州), 趙(楊州). 亡入姓 23: 徐(夫餘 · 利川), 玄 · 金 · 朴 · 劉(德州), 朴(鹽州), 黃(公州), 白(藍浦 · 淸道 · 光州 · 義安 · 道康 · 加祚 · 金州 · 高峰), 耿(川寧), 楊(安城), 李(晋州 · 利川 · 守安 · 處仁), 宋 · 劉(富城), 朴(春州 · 竹州), 盧(峯城), 崔(永州 · 稷山), 魏(燕岐), 韓(昌化 · 結城 · 進禮 · 衿川), 申(雙阜), 安(尙質), 劉(海州), 敬(天安), 宋(文州)(咸吉道 龍津縣 姓氏條)
鎭溟縣入姓 8: 鄭(迎日), 黃(平海), 張 · 金(盈德), 朴(蔚州 · 禮州), 張 · 金(長鬐 · 蔚州), 康(宜州, 右八姓 今皆無)(咸吉道 宜川郡 姓氏條)

위의 예와 같이 입진성과 입성(망입성)은 그 소자래처가 명기되어 있다. 우리는 이를 통해 고려시대 양계지방 주민의 이주경로와 원주지를 엿볼 수 있다. 4군과 6진지역을 제외하고 고려시대 서북면과 함남지방의 성씨조를 분석 정리하면 〈표 9〉와 같다.[44]

〈표 9〉를 검토해 볼 때 다음과 같이 고려시대 北方移民의 몇 가지 경향을 발견할 수 있다.

첫째, 北方移住姓을 原住地 道別로 분류통계할 때 평안도의 경우 황해도가 전체의 43.6%를 차지하고 그 다음이 경기도로서 10.9%, 下三道는 당시 도세에 비례하여 거의 균등하게 경상도가 11.7%, 전라도가

〈표 9〉 移住姓(入鎭姓 · 入姓 · 亡入姓)의 原住地 도별 통계

原住地 / 移住姓數(%) / 地域	平安	咸鏡	黃海	京畿	江原	忠淸	慶尙	全羅	計
平 安 道	8	3.6	43.6	10.9	3.3	8.3	11.7	10.6	100%
咸 南 地 方	1.6	20.4	12.5	20.9	15.7	7.5	17	4.4	100%

44) 이수건, 「高麗時代 北方移民에 대하여」(『徐廷德敎授華甲紀念學術論叢』, 1970).

10.6%, 충청도가 8.3%, 함경도가 3.6%, 강원도가 3.3%를 각각 차지하고 있으며 함경도의 경우, 경기도가 20.9%, 경상도가 17%, 강원도가 15.7%, 황해도가 12.5%, 충청도가 7.5%, 전라도가 4.4%, 평안도가 1.6%를 각각 차지하고 있다. 또한 道內 이동도 있어 평안도에는 8%로서 많지 않으나 함경도에서는 20.4%로서 전체에 首位를 점하고 있다. 그리고 서북면에는 동북면 출신이, 동북면에는 서북면 출신이 각각 3.6%와 1.6%로서 가장 적은 것은 당시 양계지방은 다 국경지대로 국방 내지 군사상 중시하여 항상 이 지방의 충실을 기하기 위하여 이민보충과 함께 현지軍民의 안착확보에도 노력했기 때문이다. 둘째, 동북양계 중 서북면은 移民상황이 당시 以南제도의 도세에 비례하여 골고루 이주한 데 반해 동북면은 지리적, 교통상으로 보아 왕래교통이 용이한 도내 이동 및 인접도인 경기, 강원 출신과 또 동해안이나 해상으로 통해 북상하기가 용이한 경상도 출신의 이주가 많고 좀 격리되어 있는 충청, 전라도의 출신이 적다는 것이다.

셋째, 原住地 가운데 5개 성 이상이 되는 地名과 姓 數를 들어 보면 평안도에는 황해도의 해주(34姓), 長淵(8), 安岳(12), 遂安(9), 豐州(25), 鹽州(14), 鳳州(5), 白州(12), 黃州(9), 平州(11), 경기도의 江華(5), 開城(6), 경상도의 晋州(5), 密陽(7), 尙州(7), 전라도의 南原(6), 全州(10), 충청도의 洪州(5), 忠州(6)가 가장 많고 함경도의 경우 황해도의 해주(7), 염주(8), 谷州(13), 경기도의 강화(6), 利川(5), 楊州(11), 개성(6), 安城(7), 安峽(7), 鐵圓(7), 강원도의 平海(5), 交州(8), 平康(9), 金化(13), 伊川(5), 春川(7), 경상도의 冶爐(5), 진주(5), 延日(8), 永州(8), 蔚州(6), 전라도의 全州(6), 충청도의 稷山(5) 등이 가장 많다.

이상과 같이 〈표 9〉를 통하여 移住姓의 原住地別 통계는 가능하지만 실제 이민 수에 대한 정확한 파악은 불가능하다는 또 하나의 史料的 한계에 부딛친다. 그러나 당초 의도하는 바의 목적달성에는 어느 정도 접근할 수 있다고 여겨진다. 왜냐하면 '入鎭姓'의 경우는 姓數와 실제 移民戶數가 거의 比例할 것이다. 국가가 정책적으로 강제이민할 때는 15세기처럼 一家 내지 親族을 집단적으로 抄定入居시켰을 것이므로 姓數만 가지고도 移民상황의 대강은 파악할 수 있기 때문이다.

고려왕조 확립 후에 점차적으로 개척해 나간 양계의 신설 州鎭에는 기존의 '토성이민'이 없었기 때문에 척경과 동시에 '州司' 또는 '鎭司'를 구성할 남부지방의 주민을 집단이주시켰던 것이다. 15세기 초 세종조의 북경개척에 따른 사민의 궁극적 목표가 하삼도처럼 각 읍 토성이 각기 군읍을 아끼고 자체 수어하는 체제를, 신설주진에도 이식해 보자는 데 있었다.[45] 고려시대 북방사민의 목적도 이와 다를 바 없다고 본다. 척경설읍과 동시에 남부지방의 군현토성을 초정, 집단이주시켜 각 주·진마다 입진성과 입성을 확보케 한 데서, 첫째, 주·진의 행정요원인 향리자원을 확보하여 지방통치체제를 정립하며, 둘째, 현지에 생활기반을 둔 土兵을 확보함으로써 외적의 침공으로부터 국경을 지키고, 여기에 다시 남부지방의 농민을 집단이주시켜 개간정착케 함으로써 국토의 균형적인 개발과 현지 농업생산성의 향상 및 군수의 현지조달이란 이중삼중의 효과를 거둘 수 있었던 것이다.

북경개척에 따른 사민대상으로 주·진의 행정실무를 담당해 나갈 향리자원, 현지방어의 토병확보 및 군량·군수의 현지조달을 위한 농민이

---

45) 世宗朝 北境防禦 문제에 관한 어떤 獻議者의 말을 적기하면 다음과 같다.
"平安道人民, 在高麗, 皆下三道入居人也, 無一土姓, 非有長久之計, 一有微役, 率皆逃竄, 視彼下三道各官土姓愛惜鄕風者, 不可同日語矣, 閭延·慈城·江界等沿邊各官人民, 尤無久遠之計. 難以率領防戍, 不可不慮, 願刷平安道各官人民, 許籍所在官, 以爲土姓, 改成戶口而給之, 實爲便益"(『世宗實錄』卷76, 世宗 19년 正月 乙未條).

필요하게 되었다. 그래서 입진성은 군현토성이족과 富實多丁戶에서 초정되어 입거했다고 볼 수 있다. 토성이 군현마다 반근착절되어 있는 이남 5도의 각 읍 향리는 그 토성이 주체가 되었는 데 반하여 신설 주 · 진에는 본래 향리가 없었다. 이곳은 원래 토성이 없었으니 원 향리가 있을 리가 없다. 원 향리가 없으니 입거해 온 입진성 또는 입성이 향리직무를 수행했던 것이다. 양계지방은 이남 5도에 비하여 여러 면에서 구분되고 있었다. 외관편제와 행정구획이 달랐고 주민의 성분이나 진출에도 현저한 차이가 있었다.

고려 전기에는 양계지방의 입진성이나 입성 출신으로 중앙정계에 진출하여 귀족이나 고급관료가 된 자는 거의 없었다. 평양지방을 제하면 나머지 신설 州鎭人으로 크게 출세한 인물은 없었다. 그렇게 된 연유는 아마 이 지방에는 토성이 없다는 데서 후삼국시대의 호족이나 '태조공신'의 후예가 존재할 수 없었기 때문이다. 그런데 양계 출신으로 고려 전기에 무예와 전공으로 출세한 자도 없지 않다고 생각되나, 이들은 『고려사』 열전에 입전될 정도가 되지 못하였고 또 설혹 무반으로 출세하였다 하더라도 성관을 밝힐 자료가 없었던 것이다.

4) 續 姓

『실지』에 의하면 속성은 각 읍 성씨조의 맨 끝에 놓였고 반드시 내성 다음에 기재되었다. 속성은 여대 이래의 '古籍'에는 없고 그 대신 『실지』 편찬 당시 각 도의 성씨 관계 보고문서인 '關'에 처음 기재된 것이니 토성 · 내성과는 다르게 亡續姓이 있을 리 없었다. 『경지』에 기재되지 않았던 속성이 그보다 7년 뒤에 편찬된 『실지』에 처음 나오고 있으니 이는 바로 『실지』 편찬 당시에 비로소 추가로 續錄한 데서 속성이란 용어가 쓰이게 된 것 같다. 그것이 기재된 시기는 『실지』 편찬 당시인 세종 14년경이라 하더라도 속성을 담은 '문적'은 이미 고려 후기부터 있어 온 것이라 생각된다. 내성이 여초부터 형성된 것이라면 속성은 고려 후기 내지 여말선초에 형성되었을 것이다.

속성은 촌을 제외하고는 주읍과 속현 및 향·소 ·부곡·처·장에도 있었고 심지어는 역에도 있다. 그런데 속성은 고려 후기 이래 북로·남왜와 격심한 사회변동 및 거기에 따른 토성이족의 유망에서 군현과 각종 임내의 향리 또는 長吏 자원이 부족하게 되자 이를 보충 내지 열읍간에 조정을 한 결과 본격적으로 형성되어 갔던 것이다. 속성의 기재양식을 보면 소자래처(본관)를 주기한 다음 '향리', '時(今)爲鄕吏(役)', '累代鄕役', '有子孫爲鄕吏(役)' 등 속성의 출자와 현황을 밝히는 문구가 있는 것과 전혀 주기가 없는 것의 두 가지가 있다. 향리(역)관계 주기가 있는 것도 소자래처가 명기된 것과 없는 것이 있다. 전자는 소자래처를 알기 때문에 명시한 것이며 후자는 『실지』에 '本不知'라 하듯이 그것을 몰랐거나 당시 자료에 명기되지 않았기 때문에 기록하지 않았다고 본다. 李成茂는 이것을 '轉入續姓'과 '土着續姓'으로 나누고 있는데,[46] 물론 그렇게도 볼 수는 있으나 속성도 내성과 같이 전입 또는 이주해 온 성을 『실지』에 비로소 속록했다는 의미를 띠고 있으니, 후자는 차라리 소자래처를 몰라서 不記한 것이라고 보아야 할 것 같다.

『실지』에 의거 먼저 속성의 분포와 이동상황을 정리하면 〈표 10〉과 같다.

〈표 10〉을 분석해 보면, 첫째, 양계지방은 속성의 수효가 적을 뿐만 아니라 모두 소자래처가 명기되지 않았고 더구나 향리 관계 주기는 평안도 成川府 6개 속성을 제하면 나머지는 찾아볼 수 없다. 둘째, 경기·

46) 李成茂, 「朝鮮初期의 鄕吏」(『韓國史硏究』 5, 1970), pp. 74~76.
그런데 〈표 10〉과 같이 鄕吏註記가 없는 續姓이 平安·咸鏡道에 집중되어 있는 것을 보더라도 그것을 土着續姓으로 지칭하기는 곤란한 것 같다.

〈표 10〉『실지』 소재 續姓의 도별분포

道別 續姓數 所自來道		경 기	충 청	경 상	전 라	황 해	강 원	평 안	함 경	합 계
鄕吏(役)註記 續姓	京畿	–	–	–	2	1	2	–	–	5
	忠淸	–	–	1	15	1	6	–	–	23
	慶尙	–	–	65	12	–	20	–	–	97
	全羅	–	–	2	13	3	2	–	–	20
	黃海	–	–	–	–	7	1	–	–	8
	江原	–	–	8	–	1	33	–	–	42
	平安	–	–	–	–	1	1	–	–	2
	咸鏡	–	–	–	–	–	–	–	–	–
本貫不記		3	11	32	32	22	4	6	–	110
無鄕吏註記續姓		19	33	23	6	17	18	8	24	148
合　計		22	44	131	80	53	87	14	24	455

충청도지방은 속성이 적고 또 소자래처가 명시되어 있지 않다. 여기에서 우리는 다시 한번 『실지』의 성씨조 기재양식이 각 도 · 각 읍에 따라 다소 상이했음을 확인할 수 있다. 따라서 『실지』 소재 성씨조를 분석함에 있어서 너무 기재형식에 천착해서는 안 될 것 같다. 셋째, 향리 주기 속성은 주읍에서 그 소속 임내로 이동한 예가 많았다. 넷째, 대체로 속성은 읍세상 盛邑에서 殘邑으로 이속되는 경우가 많았다. 이는 바로 국가의 열읍 간 향리 수 조정책에 의한 결과라 하겠다. 다음의 자료가 그러한 사실을 뒷받침하고 있다.

康翎縣: 來姓[47] 2: 趙(海安來) · 任(長淵來) 오른쪽 2姓은 洪武乙亥(태

47) 여기의 來姓은 續姓의 착오인 것 같다. 『實地』 소재 姓氏條에 鄕吏註記가 있는 것은 續姓에 한하며 來姓에는 일체 없기 때문이다. 이 자료의 내용을 보더라도 續姓으로 기재해야 할 것을 집필자의 착오로 오기한 것 같다.

> 조 4년, 1395)에 本縣(康翎) 殘亡으로 인해 도평의사사에 보고하고 부근 고을의 토성을 옮겨 鄕吏로 삼았다.(『실지』 黃海道 康翎縣 姓氏條)

특히 여말의 북로남왜로 인해 각 읍의 토성이족이 크게 유망하였으므로 향리 수는 군현에 따라 현격한 차가 있었다. 그런데 당시 읍사를 구성하고 있던 향리는 군현의 행정실무를 담당하고 있을 뿐만 아니라 관내의 징세 · 조역에 있어서 필수불가결한 존재였다. 군현의 존립에는 일정한 향리자원이 절대 필요하였기 때문에 국가로서는 열읍 간에 향리 수를 조정하였는데, 그 결과의 하나로 나타난 것이 『실지』 소재 향리(役) 주기의 속성인 것이다. 그렇다고 해서 비향리 주기의 속성이 향리와 무관하다는 것은 아니다. 단, 그러한 주기가 不載했을 뿐이다. 『실지』의 宜寧縣 성씨조에 '續姓 3: 林 · 金 · 姜(本皆未詳 今爲鄕吏)'라 한 것이 『여지』에서는 '林 · 金 · 姜(竝吏)'라 한 바와 같이 속성은 곧 향리의 성씨였던 것이다.

향리주기의 속성을 소자래처의 토성과 비토성으로 분류해 보면, 경상도와 강원도는 양자의 대비가 각각 70 : 5, 53 : 13이며 전라도와 황해도는 각각 21 : 20, 8 : 6으로 나타난다. 본래 토성이족이 이속읍에 가서도 향역을 맡는 경우는 전자에 해당되고, 이속해서 비로소 향역을 담당하는 경우는 후자에 해당된다. 15세기 『실지』에 양계지방은 원래 향리가 없다고 기술한 사실은 토성향리가 없었다는 것을 지칭한 것이지 향역을 담당하는 일반 향리가 없었다는 것은 아니다. 양계지방에 원래 향리가 없었다는 말은 토성이 당초부터 없었다는 사실을 반영한 것이다. 당초부터 토성이 존재했던 이남 6도의 각 읍 향리는 대개 해읍 토성에서 공급되었던 것이며, 본래 토성이 없던 양계지방과 기존토성이 유망된 군현은 입진성 · 내성 · 속성 등이 향역을 대신 맡아 향리로 충당되었던 것이다.

『실지』의 성씨조 소재 각종 성씨가 향리 · 장리와 같이 각기 읍사를 구성한 씨족을 대표한 것이라고 상정할 때, 하필이면 속성에 한해 '향리' 관계 주기가 있는가 하는 문제가 제기될 수 있다. 『실지』의 각 읍 성씨조 소재성은 어떤 성종을 막론하고 향리와 관계없는 것은 없다. 특히 토성은 조선 전기까지도 호장층을 거의 독점하다시피 하고 있었는데도 그것에 관해서는 향리 관계 주기가 전혀 없다. 그런데 유독 속성에 한해 향리 관계 주기가 있다는 것은 『실지』 편찬 당시 그것에 대한 국가적 관심이 그만큼 컸기 때문이다. 토성이 고려 태조 23년경을 전후하여 전국 군현별로 분정될 때 어떤 획기적인 조치와 거기에 관한 자료가 작성 · 비치되었던 것이라고 본다. 속성도 토성이 분정될 때와 같이 『실지』 편찬 때 새로 정리하여 기존 성종 즉 토성과 망성 · 내성 다음에 추가로 속록하면서 향역과 결부된 사실을 강조하기 위해서 특별히 그러한 주기를 명시한 것 같다. 다른 성종은 모두 여대 전래의 '고적'에 기재된 것임에 비하여 속성은 『실지』에 비로소 등재되는 새로운 사실이라는 데서, 다른 한편에서는 여말 이래 향리의 사족화와 유망으로 인해 열읍의 향리 확보책이 절실한 문제로 등장했기 때문에 특히 속성을 향역과 결부시킨 데서 그러한 주기가 삽입되었다고 볼 수 있다. 15세기를 기준해서 열읍 향리(양계지방 제외)의 구성을 『실지』 소재 성종별로 분류한다면 크게 토성과 속성으로 2대별될 것이다. 그만큼 속성은 토성과 함께 읍사를 구성하는 2대 성종이었던 것이다.

토성을 양반성, 속성을 향리성으로 규정하는 설도[48] 있으나 그것은 『실지』의 향리 관계 주기에 지나치게 의존한 데서 나온 오해라고 생각된다. 『실지』의 성지조에 기재된 현상만을 갖고 본다면 누구나 그렇게

---

48) 李成茂, 前揭論文, pp. 74~76.

그런데 韓沽劤도 李成茂의 說을 그대로 답습하였다(『한국사』 9, 국사편찬위원회, 1977, p. 8).

주장할 수 있다. 그러나 조선시대 열읍 향리의 吏案이나 속성 출신 인물을 추적해 보면 그렇지 않다는 사실을 곧 발견하게 된다. 속성의 성분 분석에서 이미 언급했지만 소자래처가 명기된 속성도 그 원래의 성분이 토성과 비토성으로 구분되기도 하며 출자가 전혀 명시되지 않은 속성은 그 신분의 유래를 알 수 없다.

그런데 단 하나의 예에 불과하지만 전라도 綾城縣 속성 金氏는 '高麗判定百姓'의[49] 출신이었다. 고려시대의 한 특수계층인 '判定百姓'에서 속성이 되었다는 것은 일정한 신분향상으로 속성이 된 예이다. 향리의 공급원은 지방에 따라 다소 차이가 있다. 제주에는 기존 향리 외에 양민을 차출하여 典吏로 사용하기도 했고, 양계지방은 기존의 입진성이나 입성 외에 남부지방의 향호를 입거시키기도 하고, 양민이나 군사를 차출하여 향역을 맡기기도 했다. 이남 6도지방에는 대체로 기존 향리, 타읍에서 이속된 향리, 임내의 폐합에서 흡수된 향리 및 양민이나 신양역천과 같은 특수신분층에서 상승된 부류가 향리공급원의 대상이 되었던 것이다.

임내의 속성 가운데는 주읍토성에서 이속된 것이 많았다. 慶州府의 崔·李氏가 安康縣의 속성이 되어 향역에 종사했고 역시 경주부의 金·李·崔氏가 北安谷·竹長·省法伊部曲의 속성이 되어 '長役'을 맡고 있었다. 또한 盛邑 토성이 부근 잔읍의 속성이 되는 예도 있다. 海州吳氏는 鳳山郡·安岳郡의 속성이 되었고 旌善全氏는 淮陽·春川府·杆城·

---

49) 『實地』 全羅道 綾城縣 "續姓二: 姜(晋州), 金(高麗判定百姓. 不知來處, 皆鄕吏)"

綾城縣의 속성 姜氏는 晋州土姓에서 온 것이며 金氏는 所自來處는 모르나 그 신분은 '高麗判定百姓' 출신이었던 것이다. 그것은 稱干·稱尺·補充軍 등 身良役賤의 특수계층을 良民化하여 '付籍差役' 함으로써 百姓層으로 만든다는 것이다.

烈山縣의 속성이 되었다. 한편 속성이라 해서 모두 향리가 아니라는 사실은 다음 자료에서 찾아볼 수 있다.

㉠ 杆城郡屬縣烈山縣: 續姓 5: 金 · 全(旌善來), 孫(平海來), 朴(甫城來), 林(蔚珍來, 全 · 孫 · 朴 · 林 四姓 皆鄉吏)(『實地』 江原道 杆城郡 姓氏條)

㉡ 高城郡: 續姓 5: 劉 · 吾 · 崔(江陵來), 鄭(九皐來), 金(襄陽來, 崔 · 鄭 · 金 三姓 皆鄉吏)(同上 高城郡)

㉢ 通川郡: 續姓 5: 孟 · 崔 · 李(慶州來), 朴(寧海來), 孫(平海來, 崔 · 李 · 朴 · 孫 四姓 皆鄉吏)

위의 3읍 속성 15성 가운데 향리가 아닌 것은 金(旌善) · 劉 · 吾(江陵) · 孟氏(慶州) 등 4성이며 이들은 모두 소자래처의 토성이 아니었다. 따라서 본래 토성이 이동하여 속성이 된 것은 대개 향리였다는 사실을 알 수 있다. 이는 마치 조선시대 토성이족을 향리, 非土姓吏族을 假吏라 한 것과 비교된다. 속성 출신의 인물을 추적해 보면 14세기 중엽 이전에는 없고 주로 여말선초부터 나타나기 시작한 것을 보면 속성의 형성시기를 위와 같이 추정하는 데 뒷받침이 된다 하겠다. 韓哲冲(平山府 續姓) · 劉敞(羽溪縣 續姓) · 崔雲海 · 潤德(通川郡 續姓) · 李之蘭(北青府 續姓 女眞 歸化人) · 黃喜(長水縣 續姓) · 金稠(安岳縣 續姓) · 金天錫(珍山縣 續姓) 등은 모두 여말 또는 선초에 속성에서 起家한 관인이었다. 이들 중 황희와 최윤덕 가문은 조선시대 명문으로 발전하였고, 여진계 이지란은 李成桂의 공신이 되어 賜姓 · 賜貫을 받아 본래 출신지 北青의 속성이 되었던 것이다. 장수현 속성인 황희는 장수가 본관이면서 南原을 또 본관으로 하고 있는 것을 보면 그 가계는 본래 남원부의 百姓姓인 黃氏에서 장수현에 이속되어 그곳 속성으로 나타난 것이다.[50] 그

50) 黃喜 · 黃守身 · 致身父子는 長水縣 人物條에 기재되었지만 黃喜는 太宗으로

러니 황희 가문처럼 군현토성에서 타읍 속성이 되어 起家한 관인들은 원적지와 이적지를 다같이 그들의 본관으로 사용했던 것이다. 이러한 본관사용문제는 당시 재경관인들에게는 큰 관심사인 京在所 조직과도 관련이 있었다. 111개 성관에 달했던 향 · 소 · 부곡의 속성은 조선 초기 군현제 정비에 따라 점차 소속 주현에 통합되었다.

한편 『실지』에서는 속성을 향리성으로 규정했듯이, 토성이족과 함께 속성이족의 사위 또는 외손이 처부 또는 외조의 배려로 향역을 맡은 경우가 많았다.

3. 賜姓과 改姓

토성이 정착된 여초 이래 한성의 수용과 보급과정에서 사성과 개성은 끊임없이 진행되어 왔다고 볼 수 있다. 그런데 『실지』 소재 사성과 개성은 8개 성과 1개 성밖에 없으니[51] 일정한 등재 기준이 없는 것 같다. 더구나 『고려사』 · 『여지』 및 후대의 보첩류에서는 사성과 개성의 사례를 많이 찾아볼 수 있다. 성을 하사받는 자의 성분에 따라 자국인과 귀화인에게 준 사성 · 사관으로 나눌 수 있는데, 토성이 확정된 뒤 귀화인에게 준 사성 · 사관은 토성문제와는 직접 관련이 없다. 『실지』 소재 8개 사성을 분류해 보면 4명의 귀화인에 대한 賜貫[52](본관 또는 본적 사여)과

부터 '南原은 卿之鄉貫'이란 말을 들었고 자신도 '南原은 신의 本鄕'이라 했는가 하면 그의 아들 黃守身은 '南原은 吾鄕이라'고 했던 것을 보면, 그들의 생전에는 양쪽을 本貫으로 통용한 것 같다.

51) 『實地』에 의거 賜姓과 改姓을 적기하면 다음과 같다.
賜姓: 林川李 · 慶州偰 · 密陽唐 · 尙州李(이상 賜貫) · 善山柳 · 江陵王 · 旌善文 · 三陟秦氏
改姓: 醴泉權氏(本昕氏, 神宗元年, 避明宗舊諱 改賜權)

주기가 전혀 없거나 단지 '諺傳'이라 표기한 4개 사성이 있을 뿐이다.[53] 4명의 귀화인은 이미 한성을 갖고 있었기 때문에 새로 사성은 하지 않고 본관만 주었는데, 귀화 후 새로 娶妻한 처향이 그들의 賜貫地가 되었다.[54]

이러한 귀화인들에 대한 사성과 사관의 예는 고려 초기부터 있어 온 것이며 한족 · 거란 · 여진 · 몽고 · 일본계 등 『고려사』에 나타난 수만도 많았다. 더구나 나말려초에 걸쳐 도래한 남중국계의 한인들은 고려조정에서 한때 중용되기도 하였고 수많은 발해지배층과 유민이 집단적으로 내부하였는데도 이러한 계열의 사성 · 사관에 관한 자료는 『실지』에 등재되지 않았으니 고려시대 사성문제는 『실지』가 중요한 전거가 될 수

---

52) 귀화인 4명의 賜貫에 관한 『實地』의 주기는 다음과 같다.
林川李氏(李玄, 本畏吾兒國人, 來投化, 有通譯之功, 命付籍林川)
慶州偰氏(元崇文監丞偰遜, 高昌國人, 元季避兵東來, 其長子判三司事長壽, 請賜鄕貫, 太祖命以鷄林爲本貫)
密陽唐氏(唐誠, 浙江明州人, 元季避兵東來, 自國初, 專掌事大吏文, 官至恭安府尹, 賜籍貫于府)
尙州李氏(李敏道, 河間府人, 元季避兵東來, 以有功於開國, 封商山君, 命以尙州爲本貫)
이상 4人은 모두 對明事大外交에 공로가 많아 重用되었고 『實錄』에도 구체적인 사실이 기재되어 있다.

53) 賜姓인 善山柳氏와 江陵王氏는 전혀 주기가 없고 旌善文氏와 三陟秦氏는 그 賜姓이 '諺傳'이라고만 표기되어 있다. 江陵王氏는 고려 太祖로부터 賜姓을 받은 바 있는 王順式 · 王景 · 王乂系일 것 같으며 旌善文氏는 본래 旌善土姓 全氏에서 文氏로 賜姓받았던 것이며, 善山柳氏와 三陟秦氏는 자료가 없어 사성경위를 구명할 수 없다. 姓氏의 유래에 관한 자료 가운데 '諺傳' 운운한 것은 지방에서 전래해 온 전설 · 野史 및 후손들에 의한 두찬이 많아 사료로서의 신빙성이 낮다.

54) 麗末의 邊安烈이 '賜貫原州'하게 된 배경은 그의 妻가 原州元氏였기 때문인 것처럼, 李敏道도 그의 妻가 尙州金氏였기 때문에 尙州가 그의 賜貫地가 되었는데 나머지 3人도 마찬가지였던 것이다.

없다.

중국의 한성은 본래 제왕부터 시작해서 왕실·귀족·훈신들에게 사성·受氏한 데서 점차 보급되어 갔다. 이러한 한족의 기존성씨체계에서 위진남북조를 통해 五胡의 중원점거와 함께 이른바 胡姓의 한성화가 활발히 진행되어 갔던 것이다. 나말려초에 걸쳐 진행된 호족의 한성화 과정도 그것과 비슷했다고 볼 수 있다. 북위 효문제의 성씨분정과 같이 고유명에서 한성으로 아화될 때 사성하는 경우와 역대 군왕이 은공 포상의 형식으로 왕실성을 하사하는 경우가 있는데, 태조 왕건의 토성분정은 전자에 해당되며 朴儒를 王儒로 한 것은 후자의 예에 해당된다 하겠다.[55] 여초의 토성분정 시에는 실제 사성과 사관이 대대적으로 실시되었지만 『실지』에서는 그것이 각 읍의 토성으로 기재되었다는 사실을 이해해야 한다. 裵玄慶·卜智謙·王順式·權幸 등은 사성에 해당되며, 申崇謙은 사관에도 해당되었다. 또한 같은 사성이라 하더라도 한성화 전의 호족에게 사성한 것은 토성이 된 데 반해 이미 한성화된 토성을 다른 성자로 사성했을 때는 토성이 되지 않았다. 그리고 고려 후기 묘지에 南原梁氏가 경주김씨에서 改姓했다고 기재되어 있듯이 고려 초기 漢姓化 과정에서 신라왕경의 김·박·이·최·정씨 등이 9주·5소경 등에 분산되어 군현토성이 되기도 하였고 지방호족이 성을 자칭하면서 기존의 유명성을 모방한 데서 그러한 성이 전국에 분포되었던 것이다.

은상의 목적으로 왕씨를 준 예는 상기 왕유·王乂·王可道 등을 비롯하여 발해국 세자[56] 및 崔忠獻[57]·權㫜 등이 있었다. 이와 같이 왕씨를

---

55) 『高麗史』 卷92, 王儒傳 "王儒本姓名朴儒, 字文行, 光海州(春川)人 … 遂賜姓王". 顯宗도 淸州李氏인 李可道를 王氏로 賜姓한 바 있으나 『實地』의 淸州와 王儒의 本貫인 春川의 姓氏條에는 李氏와 朴氏만이 土姓으로 기재되었을 뿐 王氏는 없다.

56) 『高麗史』 卷2, 太祖 17년 7월條 "渤海國世子大光顯, 率衆數萬來投, 賜姓名

하사받은 가문은 고려의 멸망과 동시에 모두 환원되거나 개성되었다.[58] 국성을 하사받은 성씨는 사성을 한 왕조가 교체되었을 때 복성 또는 개성되는 예는 중국에서도 많이 발견된다. 여말에 고려로부터 '賜籍原州' 한 바 있는 邊安烈의 原州邊氏가 『실지』의 원주목 성씨조에 사성으로 기재되지 않은 것처럼, 고려시대의 사성은 원칙적으로 『실지』에 기재되지 않았다.[59] 고려의 멸망과 동시에 여조로부터 왕씨를 하사받은 왕성인을 復姓 또는 개성케 한 것처럼, 『실지』는 어디까지나 조선왕조의 입장에서 편찬되었기 때문이다. 唐帝로부터 이씨를 하사받았다는 인주이씨와 문장으로 유명하여 문씨를 받았다는 旌善文氏의 사성사실은 후손들에 의한 두찬이라고 생각된다.[60]

토성이 정착된 뒤에 귀화한 한족·거란·여진계와 발해유민들은 군현토성과는 직접 관련이 없다 하더라도 우리나라 성씨구성에 큰 비중을 차지했다고 볼 수 있다. 전술한 투화성이 바로 그것이다. 특히 발해계의 大氏 또는 太氏는 『고려사』에도 자주 등장하고 있으며 실제 고려왕조의 대북방 이민족 정책에 있어서 무반세력으로 큰 몫을 담당했던 것이며,

---

王繼, 附之宗籍, 特授元甫, 守白州以奉其祀".

57) 崔忠獻은 神宗 6년에 王氏를 下賜받았으나 崔氏政權 몰락과 동시에 追奪되었고 王煦는 權溥의 아들로서 忠宣王의 총애를 받아 王室屬籍에 係錄되었으나 이 家門은 고려의 滅亡으로 復姓이 되었다.

58) 『太祖實錄』 卷5, 太祖 3년 4월 乙未條 "令前朝賜姓王氏者, 皆從本姓, 凡姓王者, 雖非前朝之裔, 亦從母姓".

59) 고려시대 賜姓·賜貫의 예로서 韓復과 邊安烈 등이 있었으나 이들은 『實地』에 賜姓으로 기재되지 않았다(『高麗史』 卷112, 韓復傳, 同書 卷126, 邊安烈傳).

60) 仁州李氏: "其先新羅大官, 奉使入唐, 天子嘉之, 賜姓李, 子孫徙居邵城縣, 卽仁州也"(同上書 卷95, 李子淵傳).
旌善文氏: "文幹本姓全, 入中朝, 以文章著名, 賜姓文, 官至平章事"(『輿地』 卷46, 旌善郡 人物條).

永順太氏는 바로 그들의 후예였던 것이다. 한편 현종에서 문종조에 걸쳐 육속 내부한 거란·여진인을 남부지방에 편호·정착시켰다. 이러한 북방 이민족의 내부에 대해서는 문종 35년 8월 禮賓省의 건의처럼, 我國邊民으로서 蕃賊에게 포로가 되었다가 귀환한 자와 재예가 있는 宋人을 제외하고는 黑水女眞의 내투를 허용하지 않았던 것이다.[61] 물론 태조조부터 거란을 경원한 나머지 북방 이민족을 '人面獸心'의 오랑캐로 간주하여 북진정책에 있어서도 가급적 그들을 북으로 구축하고 대신 남부지방의 주민을 집단이주시킨 데서 입진성이 형성되었다. 그러나 모의향화해서 자원내부해 오는 그들을 거절할 수 없어서 받아들였고, 정책상 양계이남의 남부지방에 편호·정착시켰던 것이다.[62]

한편 문종 27년에는 내부해 온 동여진의 都領에게 다음과 같이 한식성명을 하사하였다

> 古刀化 → 孫保塞, 高舍 → 張誓忠, 耶好 → 邊最, 多老 → 劉咸賓, 吳沙弗 → 魏蕃, 阿忽 → 楊東茂, 古舍 → 文格民, 黔夫 → 康績, 巴阿弗 → 盧守邢, 居首 → 張帶垣, 三彬 → 韓方鎭, 阿老大 → 高從化, 尼多弗 → 趙長衛(『高麗史』卷9, 문종 27년 2월 을미조)

이러한 사성은 이민족의 한성화에서뿐만 아니라 후삼국시대 호족의 한성화에도 적용되었을 것이라 생각된다. 이민족의 귀화인에 대한 사성은 위의 예처럼 그들의 고유명을 한식성명으로 대치하는 경우와 한성을 가진 자에 대해서는 사관만을 했던 것이다. 林下村姓에서 성장한 永順

---

61) 『高麗史節要』卷5, 文宗 35년 8월條 "禮賓省奏, 舊制本國道民, 曾被蕃賊所掠, 懷土自來者, 與宋人有才藝者外, 若黑水女眞, 並不許入".

62) 『高麗史』顯宗·文宗 世家에 北方異民族의 來附사실을 기술하면서 그들을 "處之江南州郡(縣)", '處之嶺南', '處之內地' 했다는 등의 그 지방은 대체로 兩界를 제외한 五道地方이었다고 본다.

太氏를 발해계로 추정할 때 고려시대 향소부곡성과 촌성 가운데는 이렇게 귀화해서 남부지방 군현에 편호된 북방 이민족이 섞여 있었을 것이라고 짐작된다. 이른바 '契丹場'과 '禾尺'이 남부지방의 도처에 산재했음을 연상할 때 고려시대 서민성에는 이러한 발해 · 거란 · 여진 · 몽고 · 일본 기타 외국계가 포함되었다고 본다.

고려시대 개성은 왕실의 근친결혼에서 동성혼인의 혐의를 피하기 위하여 개성하는 경우와 왕명 피휘를 위해 개성하는 경우가 있었다. 전자는 왕비가 왕씨일 경우 그 모성이나 외조모성을 따르게 했던 것이며, 후자는 醴泉昕氏가 權氏로, 一直荀氏가 孫氏로 개성된 것이 그 예이다. 왕명을 피휘해야 한다는 인식이 보급되자 처음부터 그러한 성자를 피하였기 때문에 후자의 경우는 극히 드물었다. 그런데 충청도 木川縣 성씨조에는 다음과 같은 자료가 있다.

『實地』: 土姓 6: 牛 · 馬 · 象 · 豚 · 場 · 申(諺傳에 牛氏를 于氏로, 象氏를 尙氏로, 豚氏를 頓氏로, 場氏를 張氏로 고쳤다고 전해 오고 있다.)

『輿地』: 牛 · 馬 · 象 · 豚 · 場 · 沈 · 申 · 王(전설에 고려 태조 개국 때 木州 사람들이 누차 반역함을 미워하여 그 고을 姓들을 모두 짐승이름으로써 賜姓하였는데, 뒤에 牛氏를 于氏로, 象氏를 尙氏로, 豚氏를 頓氏로, 場氏를 張氏로 각각 改姓했다고 전해지고 있다.)

『실지』에서는 목천현 토성의 개성사실을 간단히 언전이라고 표현한 데 반해 『여지』에서는 목천토성이 모두 축수명으로 사성한 것은 태조 왕건이 반역이 잦은 목천을 질시했기 때문이라고 하였다. 왕건의 후삼국통일 과정에서 대호족관계를 보거나 그의 훈요십조에서 후백제에 대한 응징조항이 삽입된 사실을 유추해 보면 사실일 가능성도 없지 않다. 그러나 고려 초기 한성화의 과정에서 그것을 적극적으로 뒷받침할 만한 자료는 발견되지 않는다. 부계혈통을 중심으로 계승해 온 한국의 성씨는 15세기 이후부터 개관은 활발했지만 개성은 특수한 경우를 제외하고는 거의 없었다. 中宗의 말과 같이, 조선시대의 사대부들은 개명은 상관없지만 개성은 크게 옳지 않다고 간주했던 것이다. 그리고 성자보다는 본관에 따라 성씨의 우열과 신분의 차등이 있었기 때문에 고려시대에는 사성·개성문제보다는 본관의 개선을 위해 노력하는 경우가 많았다. 그 결과 각 읍의 토성이민들은 그들 본관읍격의 승강에 지대한 관심을 가졌던 것이며 島민과 驛민 및 향소부곡민들은 군현을, 속현민은 주읍을 각기 본관으로 하기 위하여 노력했던 것이다.

한편 고려시대 많았던 희성, 벽성들이 조선시대에 이르러 망성이 된 것이 많았음을 미루어 볼 때 그러한 희한한 성자의 개성이 암암리에 진행되었던 것이며 또한 동성의 이본들은 당초 '同出於同祖'라는 본관의식에서 僻貫의 유명 본관화가 만연되면서 개관이 조선 후기에 이르러 기탄 없이 자행되면서 희관·벽관은 급격히 감소되는 반면 대성, 명문들의 인구 수는 기하급수적으로 증가해 갔던 것이다.

4. 토성과 기타 姓種의 분포

앞에서 살펴본 바와 같이 토성의 형성과정은 지역에 따라 차이가 있었던 것이며, 또 나말려초에 걸쳐 형성되기 시작한 토성은 읍치·직촌·임내에 따라 그 형성 시기가 반드시 일치하지 않았던 것이다. 먼저 『실지』에 의거 속현 이상의 주부군현만을 대상으로 하여 토성과 기타 성종의 분포상태를 정리해 보면 〈표 11〉과 같다.

이에 다시 『實地』 소재 姓種을 열거하면 다음과 같이 정리된다.

① 본관에 의한 구분: 州姓·府姓·郡姓·縣姓·村姓·外村姓·部曲姓·

〈표 11〉『실지』 소재 군현성씨의 도별 · 姓種別 姓貫數 통계

姓種 / 道名	土姓	亡姓 亡土姓	來姓 亡來姓	續姓	村姓 亡村姓	入鎭姓	入姓 亡入姓	賜姓	投化姓	합 계
경기도	242	162	37	35	10	–	–	–	–	486
충청도	305	98	33	81	49	–	–	1	1	568
경상도	561	15	131	172	28	–	–	4	8	919
전라도	656	69	37	99	2	–	–	–	–	863
황해도	100	82	51	53	16	–	–	–	–	302
강원도	107	82	25	87	–	–	–	3	–	304
평안도	10	–	21	14	–	389	–	–	–	434
함경도	98	57	46	24	17	15	332	–	12	601
합 계	2,079	565	381	565	122	404	332	8	21	4,477

鄕姓 · 所姓 · 處姓 · 莊姓 · 驛姓 · 戍姓

② 성씨의 출자에 의한 구분: 天降姓 · 土姓 · 次姓 · 人吏姓 · 次吏姓 · 百姓姓 · 立州後姓 · 立縣後姓 · 加屬姓

③ 성의 소멸과 이동에 의한 구분: 亡姓 · 亡村落姓 · 京來姓 · 來姓 · 入姓 · 入鎭姓 · 續姓 · 亡來姓 · 亡入姓

④ 사성 및 귀화성에 의한 구분: 賜姓 · 唐來姓 · 向國入姓 · 投化姓

〈표 11〉을 통해 우리는 고려시대 토성의 분포상태와 그 토성의 지역적 분화상을 엿볼 수 있다. 이러한 현상은 각기 그 지역의 역사적 전통과 지역적 특성에서 연유했던 것이다. 여기에 대한 구체적인 서술은 토성의 내부구조와 변질과정을 설명할 때 언급하기로 한다.

『실지』 소재 각 읍 토성이 한성화하는 시기가 신라 말 · 고려 초라는 데서 당시 가장 널리 퍼져 있었고 또 귀성으로 인식되어 있던 신라계의 성씨가 전국에 확산되었다. 즉, 신라 왕도에서 출자한 金 · 李 · 朴 · 鄭 · 崔氏 등의 성씨를 모방하여 각기 토착지명을 본관으로 사용하는 데

〈표 12〉『실지』 소재 군현토성의 성씨별 본관 수

순번	道別 本貫數	경 기	충 청	경 상	전 라	황 해	강 원	합 계
1	李	23	28	36	28	12	11	138
2	金	22	9	39	22	6	8	106
3	朴	5	13	29	27	2	9	85
4	鄭	3	6	21	14	4	2	50
5	宋	6	11	7	17	4	3	48
6	尹	5	4	17	11	5	3	45
7	張	4	11	10	12	2	3	42
8	申	7	8	16	7	1	2	41
9	全	2	7	17	9	-	2	37
10	崔	10	5	4	8	2	7	36
11	吳	-	2	12	18	3	-	35
12	曺	-	2	17	16	-	-	35
13	黃	1	5	9	16	1	2	34
14	白	1	9	12	10	1	-	33
15	趙	4	6	6	12	1	2	31
16	韓	4	12	5	9	1	-	31
17	任	-	6	10	11	3	-	30
18	林	-	4	10	11	2	1	28
19	高	5	7	3	7	2	3	27
20	孫	3	5	9	6	-	3	26
21	文	1	3	8	12	-	2	26
22	田	7	4	3	11	1	-	26
23	徐	6	3	11	3	-	-	23
21	兪	2	5	7	7	-	1	22
25	康	3	3	3	4	8	-	21
26	安	6	5	5	3	-	1	20
27	沈	1	7	7	2	1	2	20
28	盧	3	-	3	5	5	3	19
29	裵	-	1	5	10	1	-	17

〈표 12〉 계 속

순번	本貫數 \ 道別	경 기	충 청	경 상	전 라	황 해	강 원	합 계
30	河	2	3	6	5	–	–	16
31	丁	–	–	5	10	1	–	16
32	方	2	6	6	1	1	–	16
33	玄	2	3	5	4	1	–	15
34	辛	1	–	3	8	–	2	14
35	柳	5	2	3	6	–	2	18
36	陳	1	–	3	6	–	3	13
37	庾	–	2	2	8	1	–	13
38	洪	1	2	4	2	2	–	11
39	邊	3	–	2	2	2	2	11
40	廉	1	1	2	7	–	–	11
41	劉	–	2	6	–	1	2	11
42	蔡	1	1	4	4	–	1	11
43	石	1	3	4	1	1	1	11
44	郭	–	3	3	3	1	–	10
45	梁	–	3	–	6	1	–	10
合	計	154	222	399	401	80	83	1,339

서 이들 성자가 전국적으로 분포되어 갔던 것이며, 한편 신라 하대 이래 중국의 유명성을 모방한 데서 그러한 성자가 그 다음을 차지하였다. 『실지』 소재 각 읍 토성의 본관별 통계에서 〈표 12〉와 같이 그러한 사실을 발견하게 된다.

〈표 12〉를 분석해 볼 때 몇 가지 사실을 발견할 수 있다. ① 경주부의 3성과 6성 가운데 昔·薛氏를 제하고 李·金·朴·鄭·崔·孫·裴氏의 7성의 본관 수가 모두 458관에 이르며, ② 중국의 유명성을 모방했다고 볼 수 있는 宋·尹·張·申·全·吳·曺·黃·白·趙·任·林·高·

文 · 徐 · 盧氏 등 30여 성의 본관 수가 574관을 차지하였다. ③ 한성의 보급과정은 하나의 유명 성씨가 한 지방에 성립하게 되면 그 성자는 곧 주위의 인접지역에 전파되어 갔다. 金 · 朴氏 등 소위 신라 귀성과 기타 대성들은 곧 전국에 분포되어 갔는 데 반해 그렇지 않은 벽성과 희성은 일부 군현에 편재해 있었다. ④ 본관 수의 다소와 실제 성의 형세와는 반드시 일치한다고는 볼 수 없다. 각 도에 분포되어 있는 대성들은 본관수도 많고 실제 성의 형세도 번창하였으나 權 · 王 · 元氏 등은 2 · 3개 본관에 불과하지만 실제 성의 형세는 번성하였다.

한편 한성의 수용에 따라 기존 성씨의 分貫分派와 중국의 유명성을 모방하여 모성하는 경향이 활발해지는 한편, 후삼국시대 고유명을 갖고 있던 지방 호족들이 자신의 이름을 아화하는 데서 많은 성자가 새로 나오게 되었다. 즉, 고려 개국공신인 弘述이 洪儒로, 白玉三(衫)이 裵玄慶으로, 能山이 申崇謙으로, 卜沙貴가 卜智謙으로 개정되는 것처럼 종전의 고유명이 광범하게 한성화했던 것이다. 이는 마치 위진남북조시대 代北諸胡의 한성화 과정과 흡사하다 하겠다. 고유명에서 한성화하는 과정에 있어서 국가로부터 성관을 하사받든지, 성을 자칭하든지 간에 그것을 모방하는 典型(Model)이 있었을 것인데 그것이 당대의 『氏族志』, 「郡望表」와 같은 성씨 관련 자료였던 것이라 생각된다. 이미 앞에서 거론했지만 당대의 성씨 자료와 『실지』 소재 군현 성씨조를 대비해 볼 때 후자가 전자를 모방했다는 사실을 알게 된다. 중국에서도 성의 형세와 군망 수가 비례하듯이, 한국도 여초 토성이 분정된 뒤부터 성자에 따라 성잔의 차가 심하였다. 앞의 〈표 12〉 외에 본관 수가 적은 성씨를 열거하면 다음과 같다.

① 9개 본관: 朱 · 成 · 許 · 房(4성)
② 8개 본관: 周 · 葛(2성)

③ 7개 본관: 楊(1성)
④ 6개 본관: 姜 · 閔 · 南 · 仇 · 蔣 · 皮(6성)
⑤ 5개 본관: 魯 · 吉 · 秦 · 龍 · 孔(5성)
⑥ 4개 본관: 卓 · 禹 · 車 · 皇甫 · 潘 · 呂 · 孟 · 玉 · 邢 · 彭 · 表 · 陰(12성)
⑦ 3개 본관: 葉 · 咸 · 南宮 · 明 · 扈 · 延 · 秋 · 嵇 · 余 · 蘇 · 薛 · 程 · 史 · 錢 · 睦 · 耿(16성)
⑧ 2개 본관: 權 · 池 · 元 · 嚴 · 卞 · 琴 · 宣 · 杜 · 祐 · 敬 · 萬 · 殷 · 陶 · 井 · 公 · 牟 · 陸 · 賓 · 智 · 王 · 段 · 桂 · 董 · 化 · 鍾 · 溫 · 宗 · 晋 · 水 · 魏 · 景(31성)

그리고 전국적으로 단일 본관만이 있는 성이 모두 61성인데 이를 도별로 구분해 보면 다음과 같다.

경기도: 奇 · 堅 · 異 · 印 · 傅 · 桓 · 簡 · 胡 · 畢 · 門 · 貢 · 奉 · 韋 · 榮 · 附(15성)
충청도: 慶 · 東方 · 甄 · 强 · 俊 · 馬 · 于 · 尙 · 頓 · 蕢 · 彌 · 翟 · 荀(13성)
경상도: 昔 · 甘 · 章 · 都 · 諸 · 夏 · 司空 · 西門 · 芮 · 葐 · 艾 · 森 · 陽 · 蒙 · 尋 · 邦 · 芳(17성)
전라도: 夫 · 邕 · 鞠 · 賈 · 甯 · 革 · 價 · 勝 · 濯 · 柴 · 江 · 承(12성)
황해도: 伍(1성)
강원도: 米 · 壽 · 水丘(3성)

토성의 성관 수와 실제 성의 형세가 반드시 일치하지는 않지만, 성관의 수량적 분포상황은 대체로 각 도의 도세와 비례하였다. 단, 경상도와 전라도를 비교할 때 전자에 비해 도세가 약간 뒤진 후자가 토성의 성관 수에 있어서는 다소 많은 편이다. 이러한 현상은 전라도가 타도에 비해 구획이 세분되어 읍 수가 지역에 비해 많았기 때문에 토성 수도 따라서 많았던 것이다.

각 도의 토성 수가 그 도세에 대체로 비례하듯이 각 읍의 등급, 즉

주 · 부 · 군 · 현과 속현 등 읍세의 규모와 읍격의 고하에 따라 토성 수에 차이가 있었다. 한 읍의 토성 수를 구체적으로 파악하기 위해서는 ① 土姓+亡姓, ② 土姓+立州(縣)後姓, ③ 土姓+加屬姓, ④ 土姓+村姓, ⑤ 土姓=人吏姓+百姓姓, ⑥ 土姓+次姓式으로 합산되어야 한다. 이들을 『실지』에 의거 예시하면 다음과 같다.

① 沙川縣: 1(土姓)+4(亡姓)=5
坡平縣: 2(土姓)+3(亡姓)=5
安山縣: 3(土姓)+1(亡姓)=4
陽城縣: 4(土姓)+3(亡姓)=7
鐵原府: 3(土姓)+15(亡姓)=18
長湍縣: 1(土姓)+6(亡姓)=7
臨津縣: 1(土姓)+5(亡姓)=6
積城縣: 3(土姓)+3(亡姓)=6
② 晋州牧: 4(土姓)+3(立州後姓)=7
昆明縣: 3(土姓)+2(立縣後姓)=5
③ 廣州牧: 3(土姓)+3(加屬姓)+5(亡姓)=11
④ 貞州府: 4(土姓)+5(村姓)=9
韓山縣: 2(土姓)+2(村姓)=4
龍宮縣: 3(土姓)+2(村姓)=5
公州牧: 7(土姓)+3(村姓)=10
泰安縣: 3(土姓)+4(村姓)=7
醴泉縣: 3(土姓)+2(村姓)=5
義城縣: 2(土姓)+5(村姓)=7
盈德縣: 2(土姓)+4(村姓)=6
⑤ 南原府: 3(人吏姓)+8(百姓姓)=11
⑥ 藍浦縣: 3(土姓)+3(次姓)=6
高城郡: 3(土姓)+2(亡次姓)=5

대동강에서 원산만을 잇는 선의 이남지역에서 토성이 1성도 없는 속현은 廣德(水原府), 翼安(忠州牧), 水入(淮陽府), 永豊(安邊府), 靑杞(寧海府), 吉安(安東府) 등 6현이며, 주현으로서 토성이 없는 곳은 歙谷縣(江原道)과 여말에 長命鎭과 連豊莊이 합쳐서 된 長連縣(黃海道) 및 태종 16년에 濟州牧에서 분리, 독립된 旌義, 大靜縣 등이다. 토성 수가 한 둘에 불과한 소현은 守山(密陽府), 奈城, 才山(安東府), 宜仁縣(禮安縣) 등 대개 과거의 鄕·所·部曲에서 승격된 곳이다.

『실지』에 의거 주·부·군·현별 토성 수를 통계해 보면 5성이 160읍으로 전체 38.46%를 차지하고 4성과 5성을 합하면 258읍으로서 전체의 62%를 차지한다. 7성 이상은 53읍으로 12.74%이며 2성 이하는 15읍으로 3.6%이다. 그래서 3~6성이 전체 348읍으로서 84.56%를 차지하므로 1읍의 평균 토성 수는 4~5성이었다. 속현과 같은 소현은 토성이 평균 5성이며 주·부와 같은 대읍은 대개 7~8성 이상으로서 대체로 읍세에 비례하였다. 그 읍세도 군현토성이 분정되던 여초의 읍격과 비례하였던 것이다. 가령 15세기에는 소현이었으나 여초에는 주읍으로 존재했던 곳에는 토성의 수가 5성 이상이었다. 그런데 전술한 바와 같이 각 읍의 토성 수는 그 군현이 성립될 당시 참가한 구역 수 내지 그 구역에 토착하던 족단 수와 비례했던 것이다. 그러나 고려 후기 이래 군현구역의 신축과 읍격의 승강이 빈번해지고 또 유망민의 대량 발생과 신분변동이 심해짐에 따라 읍세와 토성 수와는 반드시 비례하지 않았던 것이다.

Ⅴ. 고려시대 姓貫체제의 정비와 지배세력의 재편성

1. 후삼국시대 지방豪族의 군현土姓化

호족에 대한 국내외 학자들의 연구가 많기 때문에[1] 본 장에서는 '후삼국시대 지방호족의 토성화'라는 문제에 국한시켜 논술하기로 한다. 고려 초기는 사족의 형성시기로 그것을 구체적으로 고찰하기 위해서는 그 사족의 유래를 추적해야 하는데 그것은 곧 후삼국시대 지배세력인 호족의 토성화와 토성의 吏族化 내지 이족의 사족화가 체계적으로 구명되어야 한다. 호족은 신라 말·고려 초에 존재하였던 지방세력으로서 신라 하대에 진골귀족 내부의 정쟁으로 중앙정부의 통제력이 약화되자 지방에서 독자적인 세력으로 대두하였으며, 이들은 신라의 지방 사회에 있어 실질적인 지배자로서 '고을'단위로 일정한 세력범위 안에서 촌민 또는 읍민을 지배하고 있었는데 신라 하대에 중앙의 통치력이 지방에 미치지 못하자 점차 자립하여 세력을 확장하였다.

1) 申虎澈, 「後三國時代 豪族聯合政治」(『韓國史上의 政治形態』, 一潮閣, 1993). 여기에는 호족의 개념 문제를 비롯하여 研究史的 정리가 잘 되어 있다.

신라 하대에 호족들은 성주 · 장군이라 자칭하면서 향읍 사회를 통치하였고, 중앙의 정치기구를 모방한 독자적인 지배기구, 즉 주 · 군 · 현 단위의 官班制를 갖추고 있었다.[2] 또한 이들은 군사력을 가지고 있으면서 지방의 행정을 장악하였을 뿐 아니라 조세 · 역역 등을 독자적으로 징수하였으며, 사상적으로는 당시 새로이 지방에 세력을 확장시키고 있던 선종불교를 받아들여 이를 후원하고 있었다. 이러한 독립세력의 대두는 신라왕조의 존립을 더 이상 불가능하게 하였고 실제로 이들에 의해서 신라 말 · 고려 초의 사회변동이 주도되었으며 특히 신라 사회의 골품제가 타파됨으로써 중세 사회로의 발전이 이루어질 수 있었다. 후삼국을 통일한 王建 자신이 松岳(개성)지방의 호족이었을 뿐 아니라, 그 밖에 전국적으로 군현 단위의 호족들이 왕건에 귀부하여 협력함으로써 후삼국 통일을 성취시켰던 것이다.

한편 후삼국시대 지방호족의 실체를 구명하기 위해서는 각 호족들의 거성인 군현의 구획문제와 함께 불교 특히 선종과의 관계가 구명되어야 한다. 후삼국 시대를 우선 敎 · 俗 양계로 구분할 때 교계의 선종과 속권의 호족이 대표된다 하겠다. 선종은 특히 지방의 호족들로부터 환영을 받아 그들의 종교로서 성장하였다. 선종의 개인주의적 경향은 신라의 중앙집권적인 지배체제에 반항하여 궐기한 호족들에게 그들이 독립할 수 있는 사상적 근거를 제공하였던 것이다. 그러므로 선종 9산은 모두 그들을 후원하는 유력한 호족의 근거지와 가까운 지방에 위치하였다. 당시의 신라는 왕경을 중심한 부근지역을 겨우 지탱하고 있을 뿐 다른 지방은 각지에 다투어 일어나고 있던 호족들에 의하여 점거되고 있었다. 이러한 호족들의 재지적 기반을 이용하거나 약탈적 수단에 의하거

---

2) 醴泉鳴鳳寺慈寂禪師塔碑(태조 24년, 941) 陰記; 金光洙, 「羅末麗初의 官班」(『韓國史硏究』 23, 1979) 참조.

나 간에 그들의 세속적 세력기반은 사병적 성격을 띤 군사력과 그 병력을 부양 내지 무장시킬 수 있는 물질적 기반이었다.[3] 그런데 호족들의 주민지배기반은 이러한 병력과 물력만으로 완전할 수 없었다. 즉, 일반 민중의 정신적 귀의처로 역할해 온 불교의 적극적인 협조 없이는 속권의 효과적인 지배가 불가능했던 것이다. 더구나 당시 각지에 산재한 불교사원은 지방주민의 정신적 귀의처일 뿐만 아니라 거대한 물력을 지닌 집단이기 때문에 지방호족들은 각기 세력권 내에 위치한 불교세력과 협조하지 않으면 안 되었던 것이다.

한편 사원이나 승려들의 입장에서도 무력해진 신라에 의지하기보다는 자기 교단이 위치한 지역을 세속적으로 장악하고 있는 호족과 손을 잡아 다른 流賊의 침범을 방지하고 자기 교단을 보호할 필요가 있었던 것이다. 즉, 호족과 불교는 상호보험적인 관계에 있었다 해도 과언이 아니다. 이러한 양자의 관계에 관한 구체적인 자료는『朝鮮金石總覽』上 소재 나말려초 고승들의 탑비문에서 찾아볼 수 있다. 여기에 실린 약 30명의 고승과 지방호족 및 왕건 · 甄萱 등과의 관계를 몇 개 예시하면 開淸과 王順式(溟州), 玄暉와 劉權說(忠州), 折中과 宋嵒(公州郡吏) · 金思尹(武州吏) 등과의 관계, 慶甫와 甄萱 및 왕건,[4] 眞空大師와 (皇甫 또는 王)能長 · (崔)善弼, 麗嚴과 康公萱(知基州諸軍事) 및 왕건, 利嚴과 蘇律熙(金律熙, 金海府知軍事), 逈微과 왕건의 관계 등이 대표적이라 하겠다.

후삼국의 군주들은 이러한 고승들을 자기편에 서게 하기 위하여 서로

---

3) 李基白, 「新羅私兵考」(『歷史學報』 9, 1957); 이수건, 「後三國時代 支配勢力의 姓貫分析」, pp. 8~11.

4) 朴貞柱, 「新羅末 高麗初 獅子山門과 政治勢力」(『震檀學報』 77호, 1994); 崔柄憲, 「新羅下代 禪宗九山派의 成立」(『韓國史硏究』 7, 1972); 鄭永鎬, 「新羅獅子山 興寧寺址硏究」(『白山學報』 7, 1969).

경쟁적으로 국사 · 왕사 등의 칭호를 주면서 극진한 대우를 하였다. 당시 고승들의 탑비문을 보면, 그들이 가는 곳마다 사원이 만원을 이루었고 주민이 귀의하는가 하면 폭도들도 감화했다고 하며, 전법제자의 수는 최고 2천여 명에서 최저 수백 명에 달하였는가 하면 在家제자(단월)로서는 국왕을 위시하여 왕자 · 귀족 · 고관 · 지방호족 등 당대의 실력자가 망라되어 있었다. 이러한 탑비문은 찬자들의 수식적인 과장표현도 없지 않으나 비교적 당시의 실정을 구체적으로 담았다고 생각된다.[5]

고려시대 주부군현의 대부분이 고래의 국 · 성 · 촌에서 유래했음은 『삼국사기』와 『고려사』의 두 지리지를 대비하는 데서 쉽게 알 수 있다. 한국 고래의 성읍국가에 대해 제 모습을 잘 나타내 주고 있는 『삼국지』 魏志 東夷傳 소재 삼한 지역의 제 소국이 뒷날 군현제의 수용과정에서 대개가 주 · 군 · 현화했음을 발견하게 된다. 부여와 고구려에는 읍락마다 豪民과 下戶가 있다 했으며 東沃沮에는 "큰 郡王은 없고 읍락에는 각기 長帥가 있었는데 이는 곧 고래의 縣國之制"라 하여 漢의 군현제를 토착의 邑落制에서 수용하고 있었다. 백제, 신라의 군현제가 옛 삼한지역의 성읍국가를 중심으로 정비되어 갔듯이 삼한시대의 이른바 마한 54개국, 진한 · 변한(弁辰) 각 12개 국 합계 78개 국은 나중 군현제의 수용과정에서 각기 주 · 군 · 현으로 개편되어 갔던 것이다.[6] 다시 말하면, 고구려 · 백제 · 신라 삼국이 제각기 고대국가의 발전과정에서 삼한 이래 취락의 지역 단위명인 국 · 성 · 촌이 중국의 군현제를 수용하면서 그 형세의 크기에 따라 주 · 군 · 현으로 개편되어 갔던 것이다.

후삼국시대 지방호족의 거성인 '고을'의 형성문제와 결부하여 먼저 호족들의 관할구역인 읍의 생성과 그 변천과정을 살펴보기로 한다. 일

---

5) 이수건, 『韓國中世社會史硏究』(一潮閣, 1984), pp. 239~242.

6) 『三國志』(25史, 경인문화사) 卷30, 魏志 東夷 扶餘 · 高句麗 · 東沃沮, 濊 · 韓傳 참조.

정한 구역과 주민 및 관아를 가진 읍은 고려시대에는 우선 읍격과 읍세 또는 행정, 군사, 교통을 고려한 위치에 따라 경(개경, 서경, 남경)·주(牧)·부·군·현·진 및 향·소·부곡·처·장 등으로 나누어지지만, 그러한 구획의 기초적인 구성단위는 촌락이었다. 그 촌락은 인구와 면적에 있어 각양각색이지만 삼한 이래 국읍과 별읍 또는 읍락이 있고 도읍과 향읍 등이 병렬해 있듯이 처음에는 각기 읍치를 중심으로 읍역이 확장되어 갔고 인구의 증가에 따른 신생촌의 계속적인 생성은 결과적으로 각 읍의 외곽지대에 속현과 향·소·부곡을 발생케 하였다.[7)]

『실지』와 『여지』 소재 주읍과 속현 및 향·소·부곡 등은 전국적으로 각 구획마다 토성이 분정되고 읍사제도가 정착된 고려 초기 이래 지방행정체계상에 있어서는 개별적인 행정구획인 동시에 성씨상으로는 각기 본관이 됨과 함께 또한 읍사 조직의 단위였던 것이다. 그런데 이러한 구획은 그 규모와 형세에 있어서는 대소 강약의 차이가 있었다. 먼저 『여지』에 의거 15세기를 기준, 전국의 군현과 속현, 폐읍 및 향·소·부곡 등을 통계해 보면 주읍 330읍, 속현 72현, 폐현·진 151의 합계 553읍은 신라의 9주 소관 군현 450에다 고려시대 국경개척에 따른 양계의 신설 주·진·현이 모두 가산된 것인데 고려 성종 때 전국을 10도로 나눌 때 10도 소관 주군현이 모두 580여라 한 읍 수와는 맞지 않다. 자료의 상이에 따른 전국 읍 수의 불일치는 신라에서 조선 초기까지 그 사이 군현의 읍격 승강과 병합, 폐합과 향·소·부곡 등의 승강이 잦았기 때문에 읍 수 계산에 차이가 나는 것은 오히려 당연하다 하겠다.

『고려사』 지리지에 의거 읍사의 치폐 과정을 분석해 보면 다음과 같다. 『삼국사기』 소재 9주 소관 주군현이 후삼국시대에도 그대로 존속된

7) 육상교통·운수기관인 驛은 고려 초기 전국적으로 정비된 이래 고려·조선시대에 걸쳐 500여 개 안팎이 존재하였다. 역도 역리·역민·역촌과 같이 일정한 성씨집단·주민·구역을 가지고 개별적인 지역단위로 존재하였다.

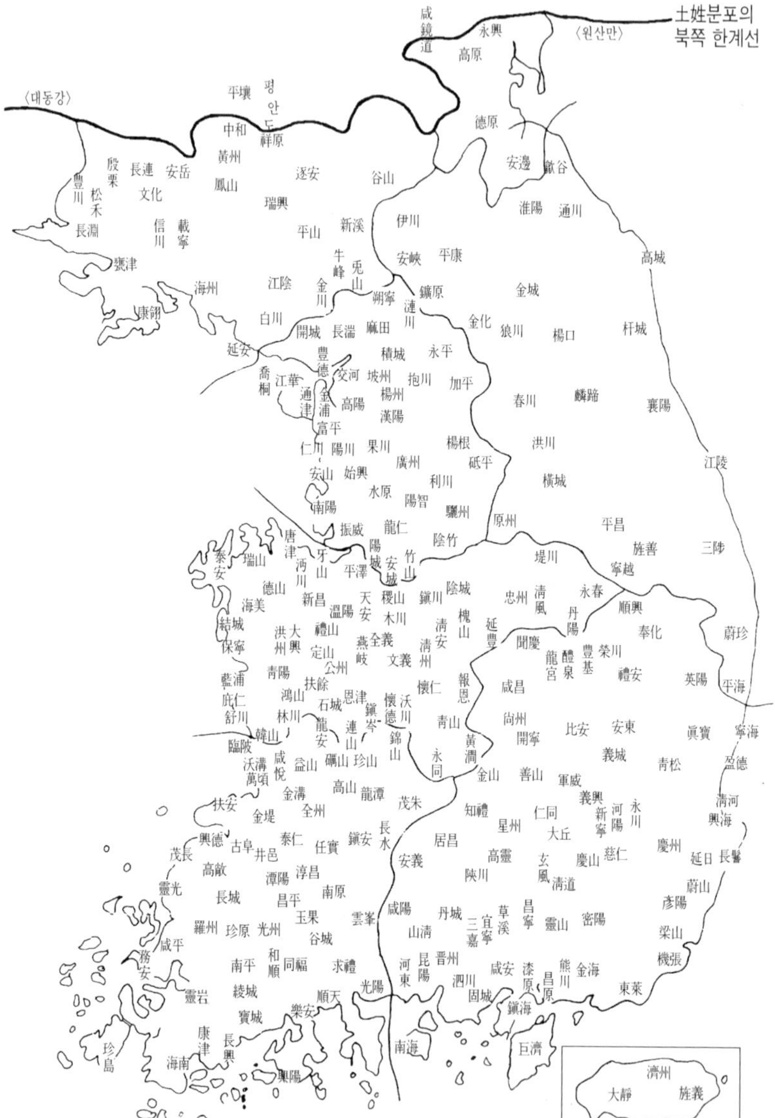

〈그림 1〉『실지』 소재 토성의 분포도

지도상에 기재하지 못한 속현과 폐현

〈京畿道〉
驪州(川寧)
楊州(見州)
(沙川)
(豊壤)
瑞原(坡平)
高陽(幸州)
交河(深岳)
加平(朝宗)
水原(雙阜)
(龍城)
(貞松)
(永新)
南陽(載陽)
朔寧(僧嶺)
臨江(松林)
江華(鎭江)
(河陰)
海豊(德水)
通津(守安)
(童城)

〈忠淸道〉
淸州(靑川)
沃川(安邑)
(陽山)
(利山)
公州(儒城)
(新豊)
(德津)
恩津(市津)
洪州(新平)
(興陽)
(驪陽)
(高丘)

〈全羅道〉
全州(伊城)
(利城)
(沃野)
(紆州)
珍山(犹山)
錦山(富利)
金溝(巨野)
(櫟陽)
萬頃(富潤)
沃溝(澮尾)
高山(雲梯)
羅州(押海)
(潘南)
(會津)
(安老)
(伏龍)
(艅艎)
(長山)
珍島(嘉興)
(臨淮)
海南(竹山)
靈岩(昆湄)
(黃原)
(玉泉)
靈光(森溪)
(陸昌)
(臨淄)
咸平(海際)
南平(鐵冶)
南原(居寧)
淳昌(赤城)
(福興)
長水(長溪)
鎭安(馬靈)
長興(荳原)
(長澤)
(會寧)
(遂寧)
潭陽(栗原)
順天(麗水)
(富有)
(突山)
寶城(福城)
(南陽)
(泰江)
(道化)
(豊安)
(兆陽)

〈慶尙道〉
慶州(安康)
(杞溪)
(神光)
(慈仁)
密陽(豊角)
大丘(壽城)
(河濱)
(解顔)
靈山(桂城)
安東(臨河)
(豊山)
(一直)
(甘泉)
寧海(英陽)
醴泉(多仁)
靑松(松生)
(安德)
豊基(殷豊)
仁同(若木)
義興(缶溪)
尙州(靑里)
(化寧)
(中牟)
(丹密)
(山陽)
(功城)
星州(漆谷)
(加利)
(花園)
善山(海平)
陜川(冶爐)
金山(禦海)
聞慶(加恩)
(虎溪)
晋州(班城)
(永善)
(岳陽)
軍威(孝令)
金海(熊神)
南海(蘭浦)
(平山)
巨濟(鵝州)
(松邊)
丹城(溟珍)
宜寧(新繁)

〈江原道〉
江陵(羽溪)
(連谷)
襄陽(洞山)
原州(酒泉)
淮陽(和川)
(文登)
(嵐谷)
(長楊)
金城(通溝)
(岐城)
楊口(方山)
麟蹄(瑞和)
杆城(烈山)
高城(豢猳)
通川(臨道)
(碧山)
(雲嵓)

〈咸鏡道〉
安邊(汶山)
(翼谷)
(瑞谷)
(鶴浦)
(派川)
(霜陰)
(福令)

것이 대부분이지만, 단 동 지지 소재 '미상' 또는 '합속'된 군현은 고려 태조 23년(940) 이전에 '읍'으로서의 생명이 끝났기 때문에 읍사가 없는 것은 물론 그 읍사를 구성했던 토성집단(향리)도 없었다. 『실지』 소재 토성이 있는 군현을 지도상에 나타내면 〈그림 1〉과 같다.[8)] 지도 소재 각 읍은 후삼국시대 지방호족들의 거성인 동시에 왕건이 토성을 분정하기 전에 존재했던 군현들이었다.

앞의 지도 소재 주읍 수는 15세기 중반을 기준할 때 8도 총 330군현 가운데 토성 소재읍은 대동강에서 동북면의 永興府 이남지역이며, 통일신라시대 9주 소관 주 · 소경 · 군 · 현이 총 450읍이다. 여기에서 고려 태조 때 합속된 군현과 洪州 · 天安府와 같은 신설된 것을 모두 지도상에 나타낼 수 없어 15세기에 주읍으로 존속된 것은 지도상에 기재하고 속현 또는 폐현은 모두 주읍과 마찬가지로 토성분정 전부터 존속된 고을로 간주하였지만 성씨조에는 성씨가 각기 현마다 개별적으로 기재되어 있다. 『실지』 소재 군현 가운데 2개 고을이 합쳐 1개 주읍이 된 比安(比屋과 安貞) · 茂朱(茂豊 · 朱溪)와 같은 고을은 하나의 고을로 간주하였지만 성씨조에는 성씨가 각기 현마다 개별적으로 기재되어 있다. 후삼국시대 지방이 각기 촌주 또는 성주로 대표되듯이 각 호족의 지배영역은 각기 거점지인 군현을 단위로 하였다. 그러나 당시 호족의 존재양태를 파악하는 데는 1차로 그들의 거성인 군현의 유래와 그 존재상태를 먼저 파악해야 한다. 각 호족들의 거성인 군현은 거의가 통일신라시대 9주 체제하의 주 · 소경 · 군 · 현에서 유래하였다. 『삼국사기』와 『고려사』의 양 지리지 소재 군현을 대비시켜 보면 ① 토성의 분포선은 대동강

8) 『실지』 소재 土姓이 있는 지역을 대상으로 각 邑名을 지도상에 나타내고 토성이 없는 兩界지방은 제외시켰다. 토성이 있는 主邑 총 273邑의 邑名은 도별로 해당 위치에 기재하고 15세기에 이미 폐현이 되었거나 속현으로 존속한 것은 지도상에 모두 기재할 수 없어 지도의 하단에 별도로 게재하였다.

에서 원산만을 경계로 하는 이남지역으로서 통일신라의 영역에 한하며 ② 『삼국사기』 소재 주 · 소경 · 군에 所領되어 있는 領縣은 『고려사』에는 대개 속현으로 나타난다. 전자에는 현령이 파견되었으나 후자에는 임내로 존재하였으니 외관 설치상으로 본다면 오히려 후퇴한 셈이다. ③ 『삼국사기』 소재 주 · 소경 · 군 · 현으로서 합속되었거나 미상인 군현을 제외하면 모두 『고려사』에 그대로 전재되었고 『실지』에서는 각기 해당 군현에 '토성'이 기재되어 있다. 토성이 기재된 군현을 유형별로 살펴보면 ① 나말까지 존속되던 군현으로서 그 생명이 고려시대까지 유지된 고을과 ② 태조 때 신설된 것으로 그 23년 이전에 설치된 洪州(運州) · 천안부에는 토성이 있고, ③ 고려 태조 초까지 존속했다 하더라도 그 23년 이전에 합속된 군현(慶州 · 蔚山 · 永川 · 眞寶 · 星州에 합속된 군현)과 그 소재가 미상인 군현에는 토성이 없다. ④ 고려 중기 이래 『실지』 소재 성씨조의 기재방식은 도와 집필자에 따라 약간 상이하다. 水原府에는 향 · 부곡 · 처 · 장까지 토성으로 기재했는가 하면 타도에서는 주읍에 한해 '토성'으로 표현하고 임내는 현성 · 향성 · 부곡성 · 소성으로 '土'자가 없다. 토성은 없고 속성만 있는 현은 소현 또는 향 · 소 · 부곡 · 島에서 승격한 벽지 소재 소현들이었다.

지방호족의 군현토성화는 앞장에서 논술한 바와 같이, 토성은 고려 초기부터 전래된 '古籍'에 기재된 성씨로서 그것은 대략 왕건이 후삼국을 통일한 다음 전국 군현의 명칭을 개정하고 고려의 개국 및 통일사업에 협찬한 中 · 外세력인 삼한(태조)공신을 책정하며 그러한 세력들에 배분할 役分田 제정과 함께 신라의 수도를 慶州로 개칭하고 邑司창설과 동시에 각 읍의 戶長層을 差定했던 태조 23년(940)을 전후하여 전국 각 읍별로 分定되었다고 본다.

왕건이 군현토성을 분정한 배경은 바로 좁고 폐쇄적인 신라의 골품제도를 청산하고 고려왕조를 창건 내지 통일하는 데 참여했던 중 · 외 제세력을 규합하여 새 왕조를 담당할 새로운 지배신분을 편성하는 데 궁극적인 목적이 있었다고 볼 수 있다. 이와 같이 왕건의 토성분정책은 일차적으로는 반도통일 후 논공행상을 겸한 신분제의 재편성이란 의도가 작용했지만, 한편으로는 효과적인 지방통치체제의 재편성이란 기본취지가 있었던 것이다. 다시 말하면 왕건이 후삼국을 통일한 다음 중·외 제 협찬세력을 각 출신지·거주지별로 군현 단위토성을 분정함으로써 지방호족의 토성화가 일단락되었다. 그런데 토성이 분정될 때 이미 군현토성에는 재경관인과 토착세력으로 나누어져 있었다.

2. 고려 초기 邑司의 정비와 토성의 군현吏族化

최근 저자는 邑司의 조직과 기능에 대해 고찰하면서 李丙燾의 「古代南堂考 — 原始集會所와 南堂 —」[9]을 읽고 많은 시사를 받은 바 있다. 읍의 형성과 읍사의 조직체계와 기능이 고대 원시집회소로서의 南堂의 변천과정과 비교, 고찰하는 데서 읍사의 실체를 구명하는 한 방법으로 유용하지 않을까 생각된다. 즉, "초기의 南堂은 부족회의소의 직접적인 후신인 만큼 君長과 각 部의 官吏들이 매일 여기에 모여 政事를 논의하고 처리 집행하는 회의기관인 동시에 정무집행기관이므로 남당 이외에 政廳이 따로 존재하지 않았다. 그러나 국가생활이 차차 복잡해지고 정무가 번다하여짐에 따라 실무기관과 관리들은 딴 장소로 옮겨 감으로써 남당은 순전히 중요회의와 종종의 儀式을 행하는 장소로 化해 갔다. 남당 중심의 정치가 稟主(執事部) 중심의 정치로 화하고 또 거기서 각종의 新府·新職이 分設됨에 따라 신라의 17等관위는 순전히 위계로 바뀌

---

9) 李丙燾, 「古代南堂考」(서울대論文集 『人文社會科學』 1집, 1954).

고 남당은 중대회의 이외에는 의례를 행하는 반형식적인 존재가 되고 말았다"는 '남당' 기능의 변화를 고려시대 邑司의 형성과 조직 및 기능의 변화와 비교 고찰할 필요가 있다고 생각된다. 토성분정과 함께 종전의 村主층이 戶長층으로 개편될 때 邑格에 따라 최고 8명에서 4명 기타 전·현직 호장으로 구성되는 회의, 그 호장조직이 점차 호장·기관·색리층으로 분화되어 나가는 과정, 조선 초기 향리조직이 三班·六房체제로 개편되었다는 사실, 우리는 비록 조선 후기 자료지만 慶州와 安東 등지의 『安逸班(房)考往錄』을 통하여 전·현직 호장으로 구성된 安逸班의 회의록에서 그 편린을 엿볼 수 있다. 고려 전기 읍사는 중앙 '朝廷'의 축소판과 비슷한 존재로서 守令 파견 전에는 실질적인 군현통치 기구였고 그 군현을 대표한 토성의 수장들이 호장층을 구성하면서 그 직역을 철저히 세습해 나간 데서 고려시대 邑司·鄕吏制는 封建的 특징을 지니고 있었다고 본다. 그리고 한국의 성과 본관문제도 그 기본은 邑司·향리문제와 결부되어 전개, 분화, 발전해 왔던 것이다.

군현제를 비롯한 고려의 지방제도에 관한 기존의 연구에서는 신라의 군현제가 고려조의 그것과 어떤 관계에 있었는지가 거의 구명되지 않고 있다. 후삼국시대라는 군현제의 단절 내지 공백기간을 설정해 놓고 그 이전의 신라 군현제와 그 이후의 고려 군현제가 서로 접목되지 않은 채 양 시기가 별개로 떨어져 있다. 8세기에 정비된 신라의 군현제가 비록 후삼국시대라는 격동기를 맞아 와해되었다 하더라도 고려의 군현제는 전대인 신라의 그것과 결코 무관하지 않을 것이다. 따라서 본 절에서는 우선 이러한 문제에 착안하여 읍사의 기원과 형성과정을 후삼국시대를 중간에 두고 신라의 군현제가 고려 초기 지방제도 정비에 어떻게 작용하고 개혁되어 나갔는가를 살펴볼 것이다. 고려가 신라의 지방통치체제인 군현제를 계승한 이상 읍사의 형성문제도 자연히 나말로 소급하여 고찰할 필요가 있다.

군현제하에서 주 · 군 · 현이란 일정한 행정구획에다 수령이 파견되고 그 수령의 하부행정 체계에 일군의 吏屬이 행정실무를 맡게 되어 있다. 그러나 읍사 또는 향리제라는 법제적인 규정이 성종 2년(983) 외관 설치와 동시에 시작되었다 하더라도 읍사 또는 향리의 전신은 신라시대부터 있어 왔다고 본다. 편년적인 순서에 의하여 읍사의 형성문제를 살펴볼 때 크게 외관 설치 이전과 이후 및 임내의 읍사로 3분 할 수 있다. 신라의 9주 · 5소경 체제하에서 현 이상의 전국 주 · 군 · 현에는 都督 · 太守 · 縣令 등 외관이 파견되었다. 신라의 군현제하에서는 향리제도 대신에 村主制를 거론하기도 하지만, 중국의 경우와 같이 군현이라는 지방행정 구역이 설정되고 거기에 외관이 파견되었다면 수령의 관아가 있었음은 물론 마땅히 그 외관 밑에 행정실무를 담당할 이속과 그 이속의 집무소인 읍사 형태의 관사가 있었을 것이다.

신라 경문왕 12년(872)에 세운 비문에 '州司'(武州)와 『삼국사기』에 熊川州의 板積 '鄕司'가 나타나며, 『삼국유사』 文虎王條에 (武州)州吏 安吉과 '上守吏'(其人) 관계 기록이 있는가 하면, 진성왕 2~5년(888~891) 사이에 折中(澄曉大師)이 공주와 무주를 역방할 때 그의 단월인 公州吏 宋嵒과 武州吏 金思尹 두 사람은 바로 토성분정 후의 토성이족과 같이 나말 해읍의 주리였던 것이다.[10)]

한편 나말려초의 금석문 비음기 소재 명단과 후삼국시대 호족들의 막료를 통하여 당시 읍사와 관련된 조직체계의 일면을 엿볼 수 있다. 그러한 신라 말 · 고려 초의 자료에는 輔州(輔縣)官班에 郎侍 · 郎中 · 執事 · 大相 · 大等 · 大奈末 · 村主 등의 직함이 나온다. 이는 신라의 관명을 모방한 것이나 실제는 지방 군현 읍사 구성원들의 존칭 또는 직함이라 생각된다. 한편, 신라의 「竅興寺鐘銘」(문성왕 18년, 856)에 "上村主 第二

10) 이수건, 「高麗時代 '邑司' 硏究」(『國史館論叢』 3집, 1989), pp. 77~84.

村主 第三村主" 등이 군현 관내에 배열되어 있음을 보아 나말의 촌주층이 여초 읍사의 형성과정에서 호장층화한 것을 구체적으로 읽을 수 있다.

읍은 중앙의 수도(경도)에 대칭되는 지방의 군현 곧 '고을'이란 뜻이며 읍의 관아 소재지를 '읍치'(치소), 그 읍치를 둘러싼 성을 '읍성', 군현의 향리들을 '읍리'라 호칭하듯이 고려 초기 이래 지방의 행정구획인 주·부·군·현의 향리 가운데 그 상층부를 구성했던 호장층의 집무청을 그 읍격에 따라 '주사·부사·군사·현사'라 했으며 이를 통칭하여 '읍사'라 하였다. '사'란 각종 행정업무를 관장하는 관청·관아·관사란 의미를 지닌다. 이러한 의미의 사란 중앙 관서나 지방 관청을 막론하고 사용되지만, 읍사라 했을 때는 지방 군현의 특정 기관을 지칭하였다. 읍사는 그 형성 이래 외관의 파견, 향리제도의 정비, 중앙집권체제의 강화 및 향리권능의 소장문제와 상관관계를 가지면서 끊임없이 변천해 왔던 것이다. 고려시대 읍사는 개경(松岳郡)과 서경(평양)을 제외하고 동경(경주)를 비롯한 전국의 주·부·군·현, 즉 향리가 있는 군현에는 으레 있기 마련이었다.

『실지』 소재 각 읍 성씨조의 성씨들은 바로 해읍의 읍사를 구성했던 호장층의 성씨였으므로 동 지지에 성씨조가 있는 군현은 고려 초기부터 읍사가 있었다. 이에 반해 개경(개성현에는 토성과 향리가 있음)과 서경에는 성씨조가 없었으니 따라서 향리가 없었고, 향리가 없으니 읍사가 있을 리 없다.

'읍사' 문제는 크게는 군현제 내지 지방통치체계, 작게는 군현행정을 담당했던 향리문제와 표리관계에 있다. 그런데 읍사가 지방통치와 지방행정체계상에 있어서 중요한 위치를 차지한다고 볼 수 있는 것은 고려의 군현제가 중국의 그것과는 판이한 체계를 갖고 있다는 데 있다. 군현제하에서는 일반적으로 군과 현이란 행정구역이 설정되고 거기에 수령이 파견됨과 동시에 지방관청이 설치되면서 군현 행정이 비로소 가동되었던 것이다. 지방호족이 마치 대소가 있듯이 그들의 據城 규모도 주군현이란 구역에 대소 광협이 있었다. 신라시대에 설치되었던 읍의 외관은 후삼국시대 모두 소멸되었지만 그 군현 단위의 관부 시설은 존재했다고 본다. 또한 고려 태조가 후삼국을 통일한 19년(936)부터는 전국 군현에 외관은 파견되지 않았어도 각기 읍사는 형성되어 가고 있었던 것이다. 다시 말하면 성종 2년(983) 외관이 파견되기 이전부터 각 군현마다 읍사는 존재하고 있었다.

고려 초기 수령 없는 읍사의 존재 기간이 근 50년간이나 된 데다가 성종 2년부터 일부 주 · 진에 상주외관이 파견되었다 하더라도, 예종 원년(1106) 감무[11)]가 설치되기 이전까지는 전국 군현 580읍 가운데 360읍에는 아직 수령이 파견되지 않고 유일한 군현행정의 기관인 읍사만 있었다. 이러한 사정으로 인해 읍사는 고려시대 지방행정사 연구에 중요한 의미를 갖게 된다. 고려시대 군현의 재지세력을 대표했던 계층은 각 읍사의 구성주체인 호장층이었다. 군현의 호장정원과 『실지』 소재 각 읍토성 수는 거의 일치하고 있었다. 따라서 군현행정의 기초인 읍사는 호장층에 위해 조직되었고 토성의 주체는 후삼국시대 호족의 후예인 호장층이었다. 이는 동시에 여초 이래 여말까지 지방에서 중앙으로 진출하는 관인을 산출시키는 공급원의 역할을 했던 것이다. 마치 중앙의 집권세력이 그 권세를 계속 유지하려면 고관요직을 놓치지 않고 부지해 나가는 데서 가문의 영광을 지킬 수 있는 것과 같이, 군 · 현이족은 호장층의 확보 여부가 그들의 세력 소장에 직결되었다.

그러므로 군 · 현향리에서 상경종사하는 계층은 대개 호장층의 자제였고 후대에 대성 명문으로 성장한 성관의 시조 가운데는 호장이 많았다.

---

11) 이수건, 「朝鮮初期 郡縣制 整備에 대하여」(『嶺南史學』 1집, 1971).

고려시대에 상경종사했던 재지세력의 진출발판은 그 읍사를 영도하였던 호장층이었던 동시에 그 읍사가 그들의 세력기반의 입각점이기도 하였다. 우리는 금석문과 호구 · 호적 기타 고문서 소재 이족성을 통하여 『실지』의 각 읍 성씨는 그 군현의 읍사를 구성했던 향리성이었음을 알게 되었고 또 그러한 자료를 통해 고려시대 읍사의 조직체계를 살필 수 있었다.

사실 향리는 군현 유지의 3대 요소인 구역 · 주민과 함께 필수 불가결한 존재였다. 군현의 치폐와 읍격의 승강 및 구획 개편에는 호구 · 전결수가 문제되었듯이, 군현의 유지에는 일정한 향리자원이 확보되어 있어야만 했다. 한번 확보된 향리는 시대의 진전에 따라 이동과 분화가 계속되었고 후기로 올수록 향리성이 다양화해졌다. 앞에서 읍성의 편성과 읍격의 승강에 대하여 고찰해 보았지만 읍사의 이족들도 시대의 진전에 따라 그 소장이 무상하였다. 9주 5소경 및 여초의 12목과 같은 대읍은 일찍부터 토성분정과 함께 읍사가 중소군현에 앞서 정착되었다고 본다. 신라의 수도였던 경주는 태조 18년부터 왕경에서 일반 주부로 개편됨에 따라 종래의 6부 명칭 개정과 함께 6성과 3성으로 정해지고 후일의 호장층인 堂祭(上大等)들을 개차한 데서 경주부의 읍사가 비로소 정착되었던 것이다.

한편 고려건국 초부터 점차적으로 개척해 나간 양계의 신설주 · 진에는 기존의 '토성이민'이 없기 때문에 척경 · 설읍과 동시에 '州司' 또는 '鎭司'를 구성할 남부지방(대동강에서 원산만 이남 지방)의 주민을 사민입거시켰던 것이다. 『고려사』에도 양계 주 · 진에 대한 사민입거가 단편적으로 나타나지만 가장 구체적인 자료는 역시 『실지』의 성씨조이다. 조선 초기의 국경개척에 따른 사민의 궁극적인 목표는 하삼도처럼 각 읍 토성이 각기 향읍을 아끼고 자체 수어하는 방어체제를 신설주 · 진에도 이식해 보자는 데 있었다. 고려시대도 이와 마찬가지로 척경설읍과 동시에 남부지방에 군현토성을 초정, 집단 이주시켜 각 주 · 진마다 입진성과 입성 또는 내입성을 확보케 한 데서, 첫째, 주 · 진의 행정요원인 향리자원을 확보하여 지방통치체제를 정립하며, 둘째, 현지에 생활기반을 둔 土兵을 확보함으로써 외적의 침공으로부터 국경을 지키고 여기에 다시 남부지방의 농민을 집단 이주시켜 개간, 정착케 함으로써 국토의 균형적인 개발과 현지 농업생산력의 향상 및 군수물자의 현지조달이란 이중삼중의 효과를 거둘 수 있었던 것이다. 그래서 양계 주 · 진에 사민된 입진성은 군현의 토성이족과 富實多丁戶가 주로 초정의 대상이 되었다고 생각된다.[12)]

읍사의 형성과 그 조직체계를 구명하기 위해서는 우선 향리제의 성립과 그 정비과정을 살펴보아야 한다. 신라의 관직체계에 京 · 外位職이 있듯이 弓裔와 고려 초의 관제에도 경직과 향직이 혼용되고 있었다. 더구나 후삼국시대의 쟁패기에는 나제 · 당제 · 태봉제 등이 혼용되었는가 하면, 지방의 호족들도 중앙의 관제를 외람되게 모방한 데서 그들의 官班과 幕僚 또는 僚佐에는 그러한 官等 · 官名이 혼용되고 있었다. 궁예에 의해 정해진 관호인 正匡 · 元輔 · 大相 · 元尹 · 佐尹 · 正朝 · 甫尹 · 軍尹 · 中尹 등이 『고려사』 향직조에 대부분 그대로 실렸다. 전모를 알 수는 없으나 거기에 나타난 上大等 · 正朝 · 兵部卿 · 司倉 · 侍郎 · 郎中 등은 바로 성종 2년 군현이직을 개정하기 전의 직명이나 향직이었다.

고려 초기 향리제도의 성립과 정비에 관해서는 金鍾國 · 朴敬子 · 趙榮濟 등의 연구가 있어[13)] 더 이상 천착할 필요성을 느끼지 않지만, 당시의

---

12) 이수건, 「高麗時代 北方移民에 대하여」(『徐廷德교수화갑기념논총』, 1970); 「朝鮮成宗朝의 北方移民政策」(『亞細亞學報』 7 · 8, 1970).

13) 金鍾國, 「高麗時代鄕吏について」(『朝鮮學報』 25, 1962); 朴敬子, 「高麗鄕吏制度의 成立」(『歷史學報』 63, 1974); 李純根, 「高麗初期 鄕吏制의 成立과 實施」(金哲埈교수화갑기념『史學論叢』, 1983); 趙榮濟, 「高麗初期 鄕吏職의

향리문제는 토성과 읍사문제와 관련짓지 않고는 그 실체를 제대로 밝힐 수 없다. 향리에 대한 기존의 연구에서 그 직제를 호장층 밑에 司兵(兵部), 司倉(倉部)과 함께 '司戶'를 병렬시키는 데서 오류를 범하고 있다. 조영제는 그 논문에서 이미 '司戶'가 없었음을 논단하였다. 사실 고려시대의 향리직명은 신라의 중앙관서인 집사성 · 병부 · 창부에서 유래한 것으로 거기에 호부가 없으니 따라서 사호가 있을 리 없다. 그런데 고려후기 자료에서 '郡司戶', '副司戶', '權司戶'란 용례가 나오는데 이는 '사호'가 아니고 '郡司戶長', '州司副戶長' · '읍사의 權知戶長'을 지칭한 것이다. 위의 분석에서 자명해지듯이 고려 초기 향리직제의 설명에서 사병 · 사창과 함께 '사호'를 억지로 끼워 넣을 필요가 없다. 사실 호장층이 민호의 장으로서 戶長-副戶長-戶正-副戶正-史로 이어진 계열이 그 업무를 수행했던 것이다. 읍사의 조직체계가 성종 2년 향리직명의 개정으로 그 모습이 비로소 구체적으로 나타났지만, 현종 9년 읍격에 따른 향리의 직급별 정원이 다음과 같이 정해졌는데 그 내용은 다음과 같다.[14)]

〈표 1〉과 같이 정비된 뒤 여말까지 큰 변동 없이 존속되었다. 국초 이래 무질서하게 미분화, 미분업화된 읍사의 조직체계가 성종 2년 개정을 거쳐 이때에 와서 읍격과 정수 및 5도 · 양계지방을 고려한 바탕 위에서 정비되었다. 향리직제는 크게 호장 · 正 · 史의 3층으로 구분되고 업무분장도 호 · 병 · 창 및 公須 · 食祿 · 客舍 · 藥店 · 司獄 등으로 세분되었다.

현종 9년의 향리직제에서 호정 · 부호정이 『고려사』에서는 누락되었다는 사실을 우리는 「若木淨兜寺五層石塔造成形止記」[15)]와 문종 5년 향

由來에 대한 小考」(『釜大史學』 4, 1980), 「高麗前期 鄕吏制度에 대한 一考察」(『釜大史學』 6, 1982).

14) 『高麗史』 卷75, 選擧 3, 鄕職條.

〈표 1〉 고려시대 州縣 및 州鎭의 丁數에 따른 향리(邑司) 정원(顯宗 9년 책정)

州縣 및 州鎭에 따른 鄕吏定數 / 鄕吏의 職名	五道				兩界		
	州	府	郡	縣	州	鎭	縣
	1000丁 以上	500丁 以上	300丁 以上	100丁 以下	1,000丁 以上	100丁 以上	100丁 以下
戶長	8	7	5	4	6	4	2
副戶長	4	2	2	1	2	2	1
兵正	2	2	2	1	2	2	1
副兵正	2	2	2	1	2	2	1
倉正	2	2	2	1	2	2	1
副倉正	2	2	2	1	2	2	1
戶正	2	2	2	1	2	2	1
副戶正	2	2	2	1	2	2	1
史	20	14	10	6	10	10	6
兵史	10	8	6	4	6	10	4
倉史	10	8	6	4	6	6	4
公須史	6	4	4	3	4	4	2
食祿史	6	4	4	3	4	4	0
客舍史	4	2	2	1	2	2	2
藥店史	4	2	2	1	2	2	2
司獄史	4	2	2	0	2	2	2
合 計	88	65	55	33	56	58	31

리들의 昇進 階梯條를 통하여 확인할 수 있다. 현종 때에 향리의 직급별 정원을 정한 데 이어 외관이 호장을 거망할 때의 자격요건을 정했으며, 그 13년에는 崔士威의 건의대로 군현과 향·소·부곡을 구분하여 '호장'과 '長'으로 호칭케 하였다.

고려의 향리직제는 문종 5년 10월에 향리의 직급별 승진계제를 정함

15) 武田幸男, 「淨兜寺五層石塔造成形止記研究(1)」(『朝鮮學報』 25, 1962).

으로써 향리제도가 일단 완비되었다. 그 승진 순서는 後壇史에서 출발하여 兵倉史 → 州府郡縣史 → 副兵 · 倉正 → 副戶正 → 戶正 → 兵 · 倉正 → 副戶長 → 戶長의 아홉 단계를 밟아 향리의 최고 지위인 호장에 이르게 되었다.[16)]

이러한 향리의 승진계제는 중앙관료와 같이 가문의 고하에 따라 승진에 遲速의 차가 있어 가령 누대에 걸쳐 가풍이 지속된 吏族의 자제는 병 · 창사에 초수되고 그 다음은 후단사에 초수되었던 것이다. 여기 가풍이란 군현의 토성이족 가운데 족세가 강성하여 호장층을 세습했던 가문을 의미한다고 본다. 다시 말하면 이족이라 하더라도 그때그때 각기 가격의 고하와 가세의 성쇠에 따라 혹은 위의 아홉 계제를 다 거치지 않고 처음부터 병창정이나 호정에서 출발하여 호장으로 올라가는 경우도 있겠고, 혹은 최말단의 후단사에서 시작하여 차례로 승진되는 경우도 있을 것이다. 따라서 '史' 이하의 색리층은 거의 승진의 길이 막힌 최하위 이속으로서 고려 말에 올수록 이 계층이 늘어났던 것이며 이들은 대개 토성이족이 아닌 假吏層이며 후기 이래 향역을 천시 내지 고역시했던 것은 바로 이들 계층이었다.

『실지』에 의하면 경주는 토성 6에 천강성 3으로서 『경주부호장선생안』 소재 首호장성 가운데 박 · 김씨는 천강성, 이 · 최 · 손 · 정씨 등은 토성이나, 본관상으로는 모두 경주에서 출자하였다. 이처럼 경주부의 역대 수호장은 고려 · 조선 양 왕조 동안 예외없이 경주를 본관으로 한 토성이족 출신들이었다. 이러한 현상은 충렬왕 7년 이전에서 고려 초까지 소급할 수 있으며, 단 같은 토성이족이라 하더라도 그 성세, 가세의 성쇠소장에 따라 호장 수에 있어 다과의 차이가 있으며 또 시기에 따라 차이가 많았을 뿐이다. 『安東鄕孫錄』과 安東權 · 金氏 족보에 의하면 안

16) 『高麗史』 卷75, 選擧3, 鄕職 文宗 5년 10月條.

동부도 여초 이래 3太師(權幸, 金宣平, 張吉)의 후예들이 다른 동읍 토성들과 함께 읍사를 구성하는 이족이었으나 특히 권·김 양성이 우세하여 호장층을 거의 독점하다시피 하였다.[17]

이상에서 몇 개의 토성이족을 예시하여 경주·안동 등의 읍사 구성체계를 살펴보았지만, 이러한 현상은 다른 군현의 읍사 조직에도 그대로 적용된다고 본다. 향리 관계자료를 남긴 읍사의 조직을 보면 시대에 따라 다소 차이는 있지만, 호장층의 4조는 대개 호장·上詔文·記官 등 향리의 상층부였다. 이러한 현상은 각 읍사마다 토성이족의 가계가 호장세계를 거의 배타적으로 독점하고 있다는 것을 의미한다. 이는 한 가계 내의 조·부·자·손에 걸쳐 호장직이 세습되는 것은 물론, 형제·숙질도 모두 향리세계에 포열되어 있었고 그들의 자녀 혼인도 호장직을 세습하는 명문이족끼리 하였으므로 위에 열거한 것과 같은 현상이 나타나게 된 것이다.

고려시대 향리의 직제는 전술한 바와 같이 성종·현종·문종조에 걸쳐 정비, 일단락 되었지만, 읍사의 조직체계는 향리의 '壇案(鄕吏案)'이 크게 상·중·하 3단으로 구분되었듯이 문종조 이래 戶長·諸正(기관)·史(색리)로 대별되었다.[18] 그리고 관료제의 발전에 따라 모든 중외의 관직체계가 문무양반 또는 이·호·예·병·형·공의 6부로 구성되어 갔듯이 향리의 직임도 점차 吏任과 軍任 또는 6방으로 나누어져 갔

17) 이수건, 「嶺南士林派의 在地的 基盤 — 朝鮮前期 安東地方을 중심으로 —」(『新羅伽倻文化硏究』 12, 1982), pp. 16～23.

18) 『安東鄕孫錄』, "花山(안동)古例, 士夫則有鄕案, 而視三參(父母妻), 鄕吏則有壇案而別三等(上中下) … 壇案完議, 公兄之任, 必以案內人擬差, 案內人若與假吏, 或庶類通婚, 則黜案"; 『晋陽誌』(인조 10년 成汝信 편) 卷24, 叢談條, "盖鄕吏有上中下三壇, 而吏房之任, 鄕所必以上壇擇之"; 『完山誌』 公廨府司條, "一曰座目, 悉書曾任戶長姓名 … 有上中下三級, 以別三壇之坐次, 所謂三端者, 吏族有正端·中端·下端之謂也".

다. '三班' 三公兄 또는 六房官屬이란 말이 수령의 하부행정체계에서 거론되듯이 여말이 되면 향리직제도 결국 호장 · 기관 · 장교의 三班체제로 보다 계열화하였다.

고려시대 읍사는 각 읍의 토성이족에 의해 장악되어 있으며, 읍사의 수반인 호장층은 당시 촌락 공동체 또는 군현단위의 지역공동체인 香徒를 통솔하여 사원 건축, 석탑 · 불상의 조성, 당간 · 종 · 반자의 주성 등 불사를 주관하며, 동량 또는 시주로서 불교행사 또는 공불사업 등에 향읍사회의 속권을 대표하는 위치에 있었다. 읍사의 수반인 호장층이 그러한 지위와 권한을 확보할 수 있었던 배경은 역시 군현의 통치권이 읍사에서 발동되고 읍민을 지배 내지 영도할 수 있는 위치에 있었기 때문이다.[19]

읍사의 직무와 권한 및 기능은 먼저 외관 파견 이전과 이후 또는 주읍과 임내에 따라 다르며 시기와 지역에 따라 각기 양상을 약간씩 달리하였다. 외관이 설치되기 전의 향리는 각기 읍사를 중심으로 군현의 실질적인 통치자로서 군림하였고, 외관이 설치된 대읍에는 많은 임내를 보유하여 이곳 읍사는 외관의 하부행정을 담당함과 동시에 임내의 읍사까지 통할하였다. 중기까지 수령이 없는 속군현이 전국적으로 수백이 넘었으니 이러한 임내 읍사는 비록 주읍의 감시를 받는다 하더라도 속현을 실질적으로 지배하고 있었다. 읍사는 이상과 같이 외관의 유무, 읍격의 고하, 시기와 지역에 따라 그 직무와 권한 및 기능에 현저한 차이가 있지만 한 고을의 행정실무는 총괄하되 읍사의 향리직제에 따라 업무가 분담되었던 것이며, 현종 9년 향리직제의 개정에서 그 내용이 밝혀졌지만, 가장 중요한 업무는 결국 향리 세계의 통할과 징세 · 조역에 있었다

---

19) 이수건, 「高麗時代 '邑司' 硏究」(『國史館論叢』 3, 1987). 그런데 邑司는 고대의 南堂이 稟主체제로 발전해 나간 과정과 흡사한 길을 밟았다고 생각된다〔李丙燾, 「古代南堂考」(『서울대학교論文集 人文社會科學篇』 1, 1954)〕.

고 본다.

한편 읍사의 수반인 수호장은 이상의 권한 외에 특기할 업무로서는 ① '掌印行公'과 ② '詣闕肅拜' 및 ③ 邑中享祀와 佛事협찬 등이 있었다.[20] 즉, 읍사 또는 수호장 권위의 상징은 호장인신을 장악, 행사하는 데서 비롯되었다. 호장인신은 외관이 파견된 군현에는 관인과 함께 존재하지만 외관이 파견되기 전이나, 외관이 설치되지 않은 임내는 호장인신이 바로 관인으로 행세했던 것이다. 그것은 1읍 1개씩이므로 호장이라 해서 모두 인신을 갖는 것이 아니라 수호장에 한해 호장인을 장악할 수 있었다. 그러므로 수호장으로서 선임되어 집무하는 첫째 조건은 그 인신을 갖고 공무를 집행한다는, 즉 '掌(開)印行公'에 있었던 것이다. 따라서『경주부호장선생안』에 의하면 수호장으로 첫째 임무는 바로 '장인행공'이었다. 그래서 비록 수호장에 임명되었다 하더라도 당사자가 正妻를 소박하거나 천첩과 대좌하는 등 체통에 어긋나는 행위가 있을 때는 호장인을 맞이할 수 없었다.

읍사의 수반인 호장의 상경숙배에는 크게 매년의 元旦숙배와 국가 또는 왕실에 경조사가 있을 때 수시로 예궐숙배하는 두 가지로 나눌 수 있다. 매년 원단(정월 1일, 正朝)을 기해 전국의 각 읍 수호장은 그 군현을 대표하여 국왕에게 신년하례(세배)를 거행하는데 이는 제후가 천자에게 정조사를 파견하여 조공하고 지방의 감사와 수령이 각기 도별 · 읍별로 왕에게 朝賀하는 것과 같은 취지였다.

읍사는 여초 이래 여말까지 그 군현행정의 중심이었고 그 지방의 지배세력을 대표했던 토성이민의 활동의 구심점으로서 관내의 중요행사가 이곳에서 논의되고 회합되어 처리되었다. 더구나 여말까지 광범위하게

20) 이수건,「朝鮮朝 鄕吏의 一硏究 — 戶長에 대하여 —」(『嶺南大文理大學報』 3, 1974).

존속했던 임내는 오로지 임내의 읍사에 의해 행정업무가 운영되었으니 지방행정상에서 본다면 실로 무시 못할 존재였다. 읍사의 실체를 여러 측면에서 천착하기 위해서는 향읍 사회에 있어서 향리들의 공동체적 의식과 상호결속을 강조하는 갖가지 신앙과 祭儀 등을 살펴볼 필요가 있다. 그러한 것에는 각 읍 향리들의 공동의 수호신으로 받드는 府君堂神과 城隍祠神 등이 있었다.[21)]

고려시대『實地』소재 각 邑 성씨조 토성들이 각기 邑司를 중심으로 어떻게 존재하였나를 우리는 慶州 · 江陵 · 安東 · 淸州 · 善山 · 若木 · 押海縣의 경우를 例示함으로써 그 실체를 보다 구체저으로 구명할 수 있다고 본다.

1) 慶州府

태조 18년(935) 경순왕의 來降으로 종래 6部로 구성된 王都(서라벌)가 慶州로 개칭되고 金傅의 食邑이 됨과 동시에 그는 경주의 사심관이 되어 副戶長 이하의 향직을 관장하게 되었다. 이때 金富軾의 曾祖인 魏英은 후일의 首戶長格인 '州長'에 선임되었다. 그로부터 5년 뒤인 태조 23년(940)에 경주를 大都督府로 승격시키고 6部名을 개정하고 후일의 호장격인 堂祭(上大等) 10명을 크게 改差하는 한편, 전국의 군현명칭을 대대적으로 개정하는 획기적 조치를 단행하였다. 뒷날 常駐外官이 파견되기 전인 태조 23년에 경주의 邑司(慶州司)가 창설되고 그 읍사를 구성할 6부의 씨족인 6姓과 신라 宗姓인 朴 · 昔 · 金 3성이 토성 또는 天降姓이 되었다. 경주를 본관으로 한 9성 가운데 김씨와 최씨는 고려 초기부터 성세가 번성하였고 昔氏는 거의 나타나지 않으며, 薛氏는 15세기

21) 이수건,『朝鮮時代地方行政史』(民音社, 1989), pp. 292~310.

부터 미약해진 것 같으며, 李·朴·孫·裵氏는 시기에 따라 성세의 소장이 있었다. 경주의 9성 가운데 昔氏 외에 8성은 고려시대 吏族과 士族을 겸비하였고 이족은 시대의 진전에 따라 계속 上京從仕하였음을 우리는 『고려사』와 묘지·기타 자료를 통해 살필 수 있다.

한편 『慶州戶長先生案』에는 忠烈王 7년부터 한말까지 역대 首戶長의 명단과 4祖가 기재되어 있는데, 충렬왕 7년에서 1592년까지 수호장을 姓別로 통계해 보면 朴氏 4명, 김씨 119명, 이씨 47명, 최씨 38명, 정씨 13명, 손씨 7명이며 昔·薛·裵氏는 한 사람도 나타나지 않으나 배씨는 호장의 外祖로 나타나기도 한다. 고려 중기 내지 후기에 출사한 金富軾 가문과 崔瀣 가문 및 李齊賢 가문들이 각기 경주의 향리 家系에서 출자했듯이, 공민왕 9년에 등과한 金質과 조선 후기 경주를 대표한 명문으로 성장한 崔震立의 先祖들은 『경주호장선생안』 소재 호장에서 출자하였다. 이와 같이 경주는 신라의 왕경으로 고려 초기부터 특별대우를 받았고 경주김씨와 최씨·이씨들은 고려시대 명문·대족으로 족세가 번창하였고 토착이족들은 상하 천 년간 경주읍사를 장악하면서 그 후손들은 시대의 진전에 따라 吏族의 士族化가 계속되었다.

2) 江陵府

『江陵金氏嘉靖譜』(1565) 소재 강릉김씨 先代 世系는 江陵읍사(府司)에 소장되어 전래해 온 고려시대 族圖와 吏案에 의거했기 때문에 「경주호장선생안」처럼 강릉부 토성의 내부구조와 존재양태를 구명하는 데 귀중한 자료라 생각된다. 그 족보 소재 강릉김씨 上系와 관련인사들의 列傳 및 묘지에 의거 金周元의 증손 東靖(大奈痲)의 4子 派系를 고려 전기와 후기로 나누어 정리하면 〈그림 2〉와 같다.

〈그림 2〉와 같이 후삼국시대에는 大奈痲·元尹·阿干·奈痲·大相

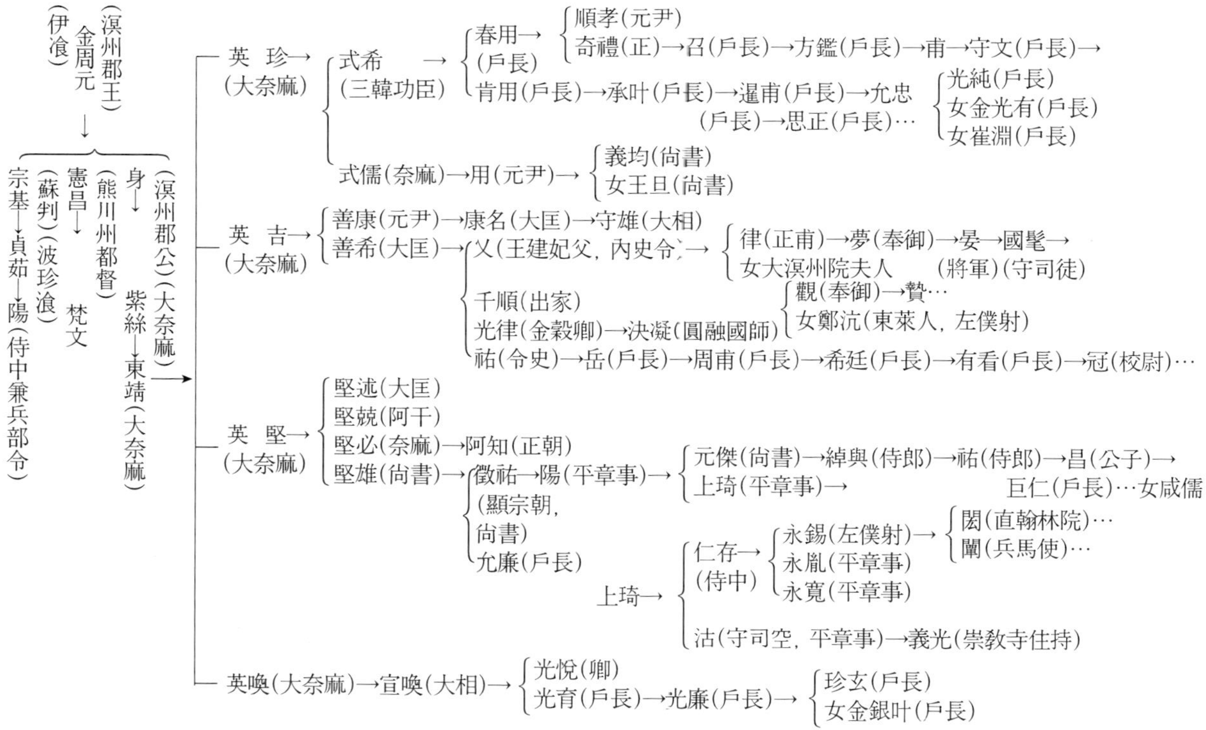

〈그림 2〉 고려 전기 강릉김씨의 세계표

등 外位職 또는 鄕職을 갖고 있었던 것이며 고려 초에 상경세력과 재지세력으로 분화되면서 王乂와 같이 왕건의 妃父가 되어 왕씨를 하사받음으로써 김씨가 왕씨로 되었다. 王乂와 金堅雄의 자손들은 서울의 문벌귀족으로 발전하였고 金式希와 金祐·金英喚系는 고려 초기부터 읍사의 호장직을 세습하면서 중기 또는 후기에 가서 士族으로 성장하기도 하였다. 한편 王乂의 아우인 金光律은 부유한 대부호로 알려졌고 그 아들은 圓融國師(決凝)였다.

『실지』 소재 강릉부의 6개 토성인 김·최·박·咸·郭·王氏와 賜姓에 또 王氏가 있다는 데서 후삼국시대 강릉의 대호족인 王順式系는 金周元系로 이어진 강릉김씨系와는 族派가 다른 것 같다. 왕순식은 토성 분정 때 기존 김씨와 함께 강릉부의 토성 王氏가 되었던 것이며 따라서 후대 김씨족보에는 왕순식계는 일체 등재되지 않았다. 즉, 김주원의 후손인 王乂系는 『실지』에 사성으로, 왕순식계는 토성으로 각각 기재되었다고 본다. 한편 地藏禪院 朗圓大師碑陰記에 의하면 "當州都令佐丞王乂·執事郎中俊文·執事郎中官育·員外金乂·色執事仁悅·純忠" 등과 당시 金石文에 王順式이 나타남을 보아 江陵에는 강력한 호족이 竝存하였고 그들은 각기 官班을 갖고 지방을 통치하였는데 그러한 호족들의 官班체계가 고려 초기 邑司와 鄕吏制의 정착에 따라 戶長과 記官 등으로 개편되었던 것이다.

김씨를 제외한 나머지 江陵崔·朴·咸·郭氏는 같은 토성이라도 족세와 진출시기에 차이가 있었다. 강릉김·최·함·박씨의 족보에 의하면 모두 고려 초기부터 나타나며 특히 吏族을 세습했던 김씨와 최씨는 조선 중기까지 族內婚을 하는 경우가 많았다.

강릉김씨는 최씨와 함께 고려 후기에 접어들자 吏族의 사족화 경향이 더욱 활발하였다. 〈그림 3〉에서 보는 것처럼 『고려사』에 나오는 金禛(仁宗朝, 同知樞密院事)은 金仁存系와는 派系를 달리한 계열이며 高宗

① 金光純(戶長)系→令儒→
- 元藍(別將)
- 正(戶長)→
  - 厚(進士)→偶(進士)→玄貝(糾正)
  - 某(大師)

② 金錫(郎將)系→
- 希有(進士)→英(戶長)→
  - 就第(進士)→
    - 光祿(令史)→元祚(令同正)→夏林
    - 長祿(令史)→甫劒→興呂
  - 貞(郎將)→
    - 玄(戶長)→元德(進士)→仁軾
    - 富(戶長)→葳(典客令)→慶生
    - 永暉(郎將)→寅(戶長)→百一
- 純仁(郎中)

③ 金光鉉(戶長)系→令譽(副戶長)→女崔仲翁(江陵人, 別坐)

④ 金守淸(戶長)系→鼎(戶長)→立成(戶長)

⑤ 金諡儒(校尉)系→元仁(副戶長)→格淸(戶長)→迪休(戶長)

⑥ 金善夫(戶長)系→
- 元(戶長)→孝公(戶長)→
  - 台之(正)
  - 台甫→汝砥(進士)→恒(令同正)→乙公
- 明(戶長)→女金介年(正)

⑦ 金純裕系→
- 得時(副戶長)→仁溫(戶長)→庇(及第)→彥(及第)→女朴之桂(及第)
- 得珠(副戶長)→女金行儉(江陵人)

⑧ 王國髦系…金贇(少監)→與可(侍御史)→輔→
- 嗣(宗(祗候)→女洪斯胤(翰林)
- 光世(卿)→永興(門下評理)→翊(判事)→坦之

⑨ 金用文(戶長)系→光柱(兵正)·女金光希(江陵人, 戶長)·金純右(江陵人, 副戶長)

⑩ 金端叔(戶長)系→黃品(戶長)→就明(戶長)→宗鍊(戶長)→德麟(令史)→女金元吉(江陵人, 進士)

⑪ 金巨仁(戶長)系→
- 元甫(戶長)→允方(郎將)→松(戶長)→用麟(戶長)→
  - 珍乙(進士)→成德
  - 琥(謁者)
- 女咸德金(江陵人, 侍郎)

⑫ 金仁存(侍中)系…革升(署丞)→弁(正言)→守精(起居舍人)→雄(侍郎)→子孫번창

〈그림 3〉 고려 후기 강릉김씨의 세계표

朝의 孝子 金遷은 江陵吏로서 그의 父는 戶長 金宗衍이며 母도 同邑戶長 金子陵의 딸인 동시에 그의 외숙 金龍은 호장의 아들로 등과출사하였다. 우리는 이러한 자료와 경우를 통해 당시 군현토성의 분화과정과 동성동본혼의 보편화를 엿볼 수 있다.

江陵崔氏는 金氏보다는 족세가 뒤지고 上京官人을 적게 배출시켰지만, 후기에 들어와서는 吏族勢가 강하였다. 仁宗朝의 崔濡는 溟州吏에서 등제하여 平章事를 역임하였고, 고종조에 출사한 崔守璜系는 후기

명문으로 성장하였다. 본관의 토착이족은 同姓婚을 하면서 戶長職을 세습하였고 여말선초에 걸쳐 派를 달리해서 계속 사족과 이족이 분화해 나가자 17세기 이후에 편찬된 족보에서는 자기 선대의 동성혼과 鄕吏職役을 은폐하기 위하여 선조의 鄕貫을 조작한 결과 江陵崔氏는 마침내 후대 족보상에서 全州(江陵) · 慶州 · 江華의 3貫으로 나누어졌다. 그러나 이들 최씨 3派는 모두 강릉의 토성이족에서 분화하는 과정에서 분파된 것이다. 조선 초에 출세한 崔漁도 향리에서 起家한 것이다.

李穀(稼亭)과 같은 시기에 출사한 朴澄(江陵人)은 母墳을 강릉에 모시고 廢刹 艷陽寺를 중건하고 토지와 노비를 희사하여 願刹로 삼았으니, 江陵朴氏의 재지적 기반을 짐작할 수 있으며, 朴氏는 여말에 起家하여 조선시대에 족세가 번창하였다. 李成桂의 공신인 咸傅霖 가문도 江陵吏族에서 여말에 사족으로 성장하였다.

3) 安東府

안동부 7개 토성 가운데 李氏를 제하면 나머지 權 · 金 · 張 · 曺 · 姜 · 高氏는 향리관계 자료가 나타난다. 『고려사』와 權適墓誌, 戶口單子 및 權氏族譜에 의거 權幸의 後裔 세계를 여말까지 정리해 보면 〈그림 4〉와 같다.

〈그림 4〉 가운데 ①은 고려 睿宗 때 출세한 權適의 묘지, ②~④는 1476년에 간행한 成化譜, ⑤는 1701년에 간행된 辛巳譜에 의거하여 정리한 것이다. 성화보와 고려 말 호구단자에 의하면 안동김씨 · 張氏 · 曹氏 · 姜氏 및 高氏가 권씨와 함께 안동부 戶長으로 나타나 있으며 안동부의 토성이족들은 서로 중첩적인 혼인을 맺고 있었다. 辛巳譜의 12권과 13권에는 ⑤와 같이 原派에 연접되지 않은 系派는 別譜로 처리하였는데 여기 13系 향리파는 고려 중기 이래 고려 말 내지 조선시대까지 향

역을 세습했다가 고려 말 또는 조선시대에 이르러 사족화하는 가문이 많았다. 安東府 관아 소장 고려 말 호적이 17세기까지 유전되고 있었기 때문에 안동부 토성이족을 비롯하여 인근 군현 吏族의 世系 유래를 밝힐 수 있었다.

① 均漢(戶長, 陪戎校尉)→佐暹(追封正朝)→德輿(檢校太子詹事)→適(登科, 右僕射)→敦禮(御史)→濬(樞密副使)(權適墓誌 및『李相國集』卷33 참조)

② 權幸…均漢→子彭(戶長正朝)→先蓋(戶正同正翼牙校尉)→廉(戶長同正行陪戎校尉)→利輿(戶長)→仲時(副戶長中允保勝別將)→
- 守平(樞密院副使)→韙(翰林學士)…溥(최고관)…
- 次平(精勇別將, 食祿正)…無后
- 性源(大禪師)
- 守洪(副戶長, 贈軍器監)…

③ 守洪→
- 子輿(檢校大護軍)→
  - 頙(僉議評理)→漢功(최고관)…
  - 允平→具(護軍)→世珍(判典客寺事)…
  - 允保(中門祗候)→演(判官)…
- 女夫方乞(戶長)→女大張茂(戶長)→女夫姜希京(隊正)
- 女夫權良俊(戶長, 二品別將)→精(戶長正位)→奕(及第)…軫(世宗朝, 左議政)
- 女夫金利堅(戶長)→女夫權美(戶長)→景(及第)

④ 利輿→(戶長)
- 就宜(戶長)→棣和(京校尉)→得元(禪師)
- 通(戶長)→英正(戶長)→均碩(戶長)→直成(戶長, 擊哈丹功, 授大相)…

⑤ ㄱ) 權至正(戶長佐尹)→世位(副戶長)→良俊(二品別將, 行兵正)→粹(及第)→奕(祗侯)→用一(郎將)→希正(監察)→軫(世宗朝左相)…
ㄴ) 權珍夫(副戶長)→公晃(戶長)→應和(一品別將)→進平(同正)→伯諝(權知戶長)→椿恪(戶長)…定(고려 말, 司諫)
ㄷ) 權衡允(給事)→節(別將)→瑞(別侍)→碩和(府使)→彥臣(寺丞)…
ㄹ) 權用和(戶長)→愼行(戶長)→養(戶長)→省(戶長)→從仝(攝戶長)…
ㅁ) 權祐(戶長)→成冲(戶長)→禮(戶長)→希敏(戶長)→忠恕(戶長)…
ㅂ) 權之平(戶長)→輶(戶長)→孝元(戶長)→忠義→胤金(主簿)…
ㅅ) 權千富(戶長)→福至(戶長)→邇(戶長)→賢(戶長)→守元…
ㅇ) 權化民(戶長)→守仁(軍尹)→義平(戶長)→英成(神騎都令, 行副戶長)→取正(戶長)→通義(戶長)…
ㅈ) 權桂(戶長)→脩(戶長)→成吉(戶長)→得矩(戶長)→鍾(戶長)·敬(倉正)…
ㅊ) 權法升(別將)→信彥(戶長)→規(戶長)→希孫(戶長)→理(戶長)…
ㅋ) 權暹(戶長)→處和(戶長)→三山(戶長)→孝生(戶長)→世弼(戶長)…
ㅌ) 權愼近(戶長)→抨(戶長)→若性(戶長)·若守(戶長)…
ㅍ) 權瞻(戶長)→碩(戶長)→孟均(戶長)→宙(戶長)→允傑(戶長)…

〈그림 4〉 고려시대 安東權氏의 世系

4) 清州牧

청주의 12개 토성 가운데 김 · 한 · 손 · 慶 · 郭氏는 고려 초기부터 吏族과 士族이 병존하였고, 李氏는 김씨와 함께 고려시대 명문으로 발전하였고 정씨와 한씨 · 경씨는 고려 후기에 크게 성장하였다. 宋氏와 楊氏는 官人으로 간혹 나타나기도 하지만 俊氏와 東方氏는 稀姓으로 그 성세가 대체로 미약하였다. 그런데 청주는 수도권과 원격해 있는 경상도나 전라도와는 달리 조선조에 오게 되면 토성이족이 격감되는 동시에 청주를 본관으로 한 사족들은 대개 상경종사하거나 처향 · 외향을 따라 거주지를 옮긴 데서 청주 관내에 거주하는 몇몇 한씨가문 외에는 토성사족은 거의 없었다.

후삼국시대 청주는 충주와 함께 지방세력이 가장 강한 지역의 하나였다. 孝恭王 4년(900)에 弓裔는 왕건을 시켜 청주를 討平한 다음 동왕 8년에는 이곳 人戶 1千을 鐵原에 이주시키는 등 처음부터 궁예나 왕건은 다같이 이 지방을 장악하기 위한 노력을 경주하였다. 한편 청주에는 강력한 豪族이 많아 그들대로 서로 猜忌하였고 왕건과의 관계에 있어서도 忠逆이 無常하여 고려 개국 당시에는 왕건이 가장 골치를 앓은 지방이었다.

청주 출신의 강력한 호족들은 벌써 고려의 개국 초부터 이미 本貫을 떠나 上京從仕하는 세력과 아직 토착해 있는 현지세력으로 나누어져 서로 시기 · 反目하고 있었다. 당시 왕건은 지방호족의 일반적인 포섭책과 마찬가지로 청주 출신 가운데 전기 궁예가 철원에 이주시킨 세력 및 현지인물의 일부를 王京에 招致하여 회유하는 동시에 그들을 통하여 청주의 재지세력을 조종 내지 감시코자 하였다. 청주 출신 인사 가운데 金勤謙 · 金寬駿 · 金言規 등은 바로 청주토성 金氏일 것이나, 나머지 堅金 ·

聽逸 · 能達 · 明吉 등은 완전한 漢式姓名이 아니기 때문에 청주의 다른 토성과 연결시킬 방법이 없다. 비록 성씨는 밝혀지지 않았지만 그들은 모두 청주를 기반으로 했던 강력한 族團의 대표자였을 것이다.

청주토성 가운데 고려 초기에는 김씨의 족세가 가장 강성했으며, 특히 金兢律(元甫)은 두 딸을 각각 惠宗 또는 定宗夫人으로 삼았으니 그 가세를 가히 짐작할 것 같다. 한편 光宗 13년(962)에 鑄成된 '淸州龍頭寺鐵幢竿記'에 의하면 청주토성인 金 · 韓 · 慶 · 孫氏 등 4姓 人物이 다음과 같이 나타난다.

金氏: 金芮宗(堂大等) · 金希一(堂大等) · 金守△(正朝) · 金寬謙 · 金遠(前翰林學生, 幢竿記撰 兼 書者)
韓氏: 韓明寔(奈末, 學△卿)
慶氏: 慶柱洪(奈末, 前兵部卿) · 慶奇俊(大舍, 時司倉)
孫氏: 孫熙(奈末, 前侍郎) · 孫仁謙(學院郎中) · 孫錫(鐫者)

위 4姓은 모두 청주토성이며, 특히 金芮宗과 金希一은 4촌간으로 후일의 戶長에 해당되는 堂大等을 맡고 있던, 그야말로 '州里豪家, 鄕閭冠族'으로 청주지방을 실질적으로 지배하던 호족이었다.

5) 善山府

토성 金 · 郭 · 文 · 林 · 沈 · 秦 · 白氏 등 7성 가운데 金宗直이 편찬한 『彝尊錄』 소재 先代世系에 의하면 김씨와 혼인한 선산토성으로서 林 · 文 · 白氏가 등장하며 郭氏와 沈氏 · 秦氏는 사족 또는 吏族으로 나타난다. 김종직은 그 先代世系를 정리함에 있어 본관인 선산에 세거해 왔다는 사실과 자신이 선산부사라는 이점을 살려 선산邑司 소장의 자료, 고려 전래의 호적단간 및 戚族의 族圖까지 동원하여 世系를 밑에서 위로 소급, 추심하는 과정을 거쳐 譜圖를 완성한 것으로 고려시대 토성이족들의 직역과 혼인관계 등 존재양태를 잘 보여 주고 있다. 고려 말 이전의 그 선대는 줄곧 향리의 상층부를 세습해 온 데다가 그 외조들도 모두 호장층이었다. 그들의 통혼권은 士族化 전에는 同本의 토성이족에 한하며, 심지어는 9대 가운데 7대가 동성동본의 김씨끼리 혼인하였다. 또한 여기에도 김씨 외에 善山土姓인 林氏 · 文氏 · 白氏가 호장층으로 나타난다.

6) 若木郡

고려 · 조선 초기 줄곧 屬縣으로 존재했던 若木縣의 성씨로는 토성 李 · 柳 · 韓氏 3성과 村姓 金氏 1성 및 續姓 白氏가 있었다. 고려 顯宗 22년(1031)에 세운 '淨兜寺石塔造成記'에 의하면 『실지』 소재 성씨 가운데 토성 李氏와 柳氏 및 村姓 金氏가 若木邑司(당시는 郡司)의 향리층으로 나타나고 있다. 若木縣은 조선 전기에 폐현이 되었기 때문에 읍사의 폐쇄와 함께 토성이족들도 유산되었으니 그 성씨의 향방은 자료의 결여로 추적이 불가능하며 若木柳氏만이 조선 초기까지 존재하다가 후기에 改貫하였다. 武田幸男의 石塔造成記 분석에서 고려 현종 당시 약목군(속현)의 읍사조직과 그 토성이족들의 존재양태가 비교적 심도 있게 연구된 바 있다.

7) 押海縣

押海縣은 고려 · 조선 초기까지 羅州牧의 속현으로 존재했다가 태종 9년(1409) 폐현이 되면서 縣司는 폐쇄되었지만, 고려시대는 그 고을 토성들이 현사를 장악, 향역을 세습했던 것이다. 15세기에 작성된 押海丁

氏世系表에 의하면 『실지』 소재 토성 가운데 丁·朴·朱·江氏 등 4성이 나타나며 南氏만 기재되지 않았다.

한편 조선시대 유전된 고려 말·조선 초의 호구단자·호적단간을 갖고 고려시대 군현토성의 존재양태를 살필 수 있는데, 몇 개 예시하면 다음과 같다.

① 麗末의 宜寧南·玉·余氏의 戶口單子에 의하면 『실지』 소재의 의령현 4개 토성 南·沈·余·玉氏가 고려시대 모두 吏族으로 나타나며 沈氏는 고려 전기에, 南·余·玉氏는 고려 후기 또는 麗末에 士族으로 성장하였다. 戶長 玉成의 妻는 호장 南君甫의 손녀이며 玉成의 자부는 이미 사족이 된 沈有亨의 딸이며 그 증손자 玉安德의 妻父는 余氏로서 의령吏族의 후예인 余公伯이었다.

② 冶爐(陜川屬縣)宋氏의 世系表에 의하면 宋氏는 야로현 토성으로서 고려 중기까지 본관의 호장을 세습하다가 宋璟이 향역에서 벗어나면서 처향을 따라 星州에 移居하였는데, 그 처가는 京山李氏로서 李唐謙(戶長) → 希伯(倉正) → 仲和(戶長)의 딸이며 그 京山(성주)李氏의 외조는 성주박씨로서 호장인 朴暉였다. 송경의 자부는 성주배씨로서 裵火耿(正朝戶長) → 公就(安逸戶長)의 손녀였으며 그 배씨의 외가는 성주이씨로서 외증조는 호장인 李長庚이었다.

③ 『昌原黃氏족보』 소재 고려 말 호구단자에 의거 황씨의 世系와 그 통혼권을 살펴보면 황씨의 선조는 黃亮沖(正朝戶長) → 養敦(正朝戶長) → 石柱(大相) → 英烈(上護軍)로 이어지며 그 영렬의 처계는 黃存佑(戶長) → 允貞(戶長) → 漢珪(檢校大將軍)이며 영렬의 외조도 同本의 황씨였는데 동본의 의미로 同村을 써야 하는데 후대족보에서는 '東村'으로 오기했던 것이다.

④ 『昌寧曹氏族譜』 소재 梅溪(曺偉: 1454~1503)譜에 의거 고려 후기 창녕현 토성吏族의 존재양태를 살펴보면, 曹鍊(令同正)의 자녀에는 子

英(令同正)과 사위 張有冲(戶長, 昌寧張氏)이 있고 자영의 사위는 河占(戶長, 창녕하씨), 그 하점의 사위는 鄭之覺(창녕정씨)이며, 조련의 4寸 曹碩의 두 아들 裕와 誼는 모두 戶長이며 유의 증손서는 張天祐(戶長)이며 誼의 증손자 松茂의 아들 曹位는 호장이고 조위의 사위는 역시 호장인 成履였다. 이와 같이 15세기 말에 작성된 매계보에는 창녕현 토성인 張·成·曹·河·鄭氏가 향리로 나타나 있다. 그런데 麗末에 고관을 역임한 曹益淸·曹敏修 등은 모두 戶長인 曹誼의 후예들이었다.

⑤ 蔚珍張氏戶口單子(1415, 『울진장씨족보』 소재)에는 울진장씨와 혼인관계에 있던 蔚珍林·英陽南·羽溪李·江陵崔·奉化琴氏 등의 조상 世系와 직역이 기재되어 있는데 이들 성관의 세계와 직역을 추적해 보면 향역을 세습해 오다가 고려 말기에 이르러 士族化하였다.

3. 군현이족의 士族化

후삼국시대의 지방호족을 대표하던 성주·촌주들은 태조 왕건과 연결되면서 토성분정 시 각기 출신지 군현토성이 되어 갔다. 이들 호족은 마침내 고려왕조 창건과 통일의 주역자가 되었고 시대의 진전에 따라 그들은 다시 재경세력과 토착세력으로 분화되었다. 전자는 귀족과 관인으로 성장하였는가 하면, 후자는 각기 '읍사'를 구성하여 군현을 실질적으로 지배하고 있었다. 고려왕조는 이 양자를 연결 내지 조정하는 제도로 사심관과 기인제를 활용했으며 중앙집권화에 따라 중앙정부는 향직의 개편·외관의 파견 등을 통하여 재지토성의 군현 지배권을 수렴하는 동시에 그들의 자제를 중앙관인화시켜 나갔다. 이에 여초 군현의 읍사를 장악하고 있던 호장층의 자제들이 계속 상경종사하면서 새로운 지배세력을 공급해 나갔다.

이와 같이 후삼국시대에는 호족이 되고 고려왕조의 진전에 따라 그들의 후예들이 계속 상경종사할 수 있었던 군현토성의 출신기반은 과연 무엇이었을까? 당시 호족의 대두에 일차적인 배경이 된 것은 강력한 인적 자원을 동원할 수 있는 씨족적 유대와 강력한 私兵집단을 부양하고 무장시킬 수 있는 확고한 사회 · 경제적 기반이었던 것이다. 고려왕조의 진전에 따라 군현토성이 중앙정계로 진출할 수 있었던 또 하나의 배경은 군현통치의 행정적 기능과 관인이 될 수 있는 학문적 소양을 들 수 있다. 토성의 시원적 개념이 혈연적 씨족집단의 의미를 지니고 있는 만큼 그것의 일차적 세력기반은 족적 유대에 있다 하겠다. 군현토성의 주체는 인리성이었는데 이들은 읍내에 씨족적 기반을 가진 수 삼 개 이상의 성씨 집단으로서 고려 초기 향직개편에 따라 향리의 상층부인 호장, 부호장직을 세습한 데서 인리성이라 명명된 것 같다. 고려 초기 이래 상경종사한 가문도 주로 여기에서 나왔다.

당시 친족의 범위와 가족제도가 구체적으로 밝혀지지 않은 이상 호족의 족적 유대는 제대로 구명이 되지 않을 것 같다. 그러나 지역의 단위인 한 촌락이 한 족단에 의해 장악되었으니 호족의 일차적인 세력기반은 성씨집단이라 하겠다. 1개 읍은 읍내에 대개 4 · 5개 촌락을 포용하였고 이러한 촌락들은 대개 1개 성이 1촌을 장악하고 있었다. 즉, 1읍의 토성 수는 그 읍의 구획 당시 참가한 족단 수와 대체로 일치하였다. 주 · 부 · 군 · 현과 같은 읍세의 강약은 그 읍이 포용하고 있는 족단 수 및 그 촌락 수와 비례한다. 대읍일수록 본읍을 위시하여 주위에 많은 직촌과 임내를 거느리고 있었다. 일반적으로 당초 4 · 5개 촌락이 합쳐서 1읍을 형성하였고, 합쳐진 각 촌의 족단이 그 읍의 토성이 되었다.

읍사의 주도권을 장악하기 위해서 때로는 동읍 토성끼리 경쟁도 하겠지만, 타읍과의 경쟁에 있어서나 자기 읍세를 신장시키기 위해서 서로 단합하였던 것이다. 1읍의 토성들은 읍사의 호장직을 세습하면서 혼인도 그들끼리 하였다. 여말선초의 각종 자료를 통해 볼 때 군현의 토성이족들의 통혼권은 동성혼과 동본혼이 주류를 이루고 있었다. 그들은 같은 이족끼리의 계급내혼제와 동읍토성 간의 지역내혼제를 고수하면서 동읍토성끼리 철저히 서로 얽혀 있었다. 15세기를 기준하여 시대가 올라갈수록 토성이족들의 통혼권은 더욱 폐쇄적이었음을 감안한다면 여초에는 그러한 동성혼과 동본혼이 일반적이었다고 볼 수 있다.

그들은 혼인을 통해 족적 결합을 더욱 굳혀 갔던 것이며 읍사의 향리직도 배타적으로 점유 내지 세습해 갔던 것이다. 여초에 분정된 각 읍 토성이 장구한 세월을 두고 내려오는 과정에서 성에 따라 또는 파계에 따라 성세 내지 족세의 성쇠와 소장이 한결같지 않았다. 여기에서 가장 중요한 기반은 읍사를 장악하고 있던 호장층의 확보 여부에 달려 있었다.

족단의 규모가 그 토성의 인적 자원을 제공해 준다면 그 족단이 장악하고 있는 지배 영역은 물적 기반을 뒷받침해 준다 하겠다. 한 토성이 포용하는 족단이 크면 클수록 지배 영역도 그만큼 넓기 마련이다. 지배 영역이 넓다는 말은 그 관내에 많은 직촌과 임내를 영유하였다는 것이므로 그만큼 경제적 기반이 강하다는 말과 같다. 고려의 군현구획은 대부분 나대의 것을 계승한 위에 당시 호족의 존재상태를 고려하여 재편성한 것인데, 주·부·군·현이란 읍격의 고하와 주읍·속현 및 향·소·부곡 등은 각기 그 구역의 광협 및 농업생산성의 우열과 상관관계를 갖는 것 같다. 농업생산력 문제는 당대 농법과 불가분의 관계에 있다. 고려시대는 휴한법과 직파법하에 있었으니 계곡·산간·분지보다는 비교적 평원·광야지대인 구조평야가 농경에 유리하였다. 주읍보다는 속현이, 군현보다는 향·소·부곡의 영역이 협소할 뿐만 아니라 농업생산성도 열악한 지역을 차지한 것이 일반적인 현상이다.

군현토성에게 부여했던 이러한 경제적 기반은 고려왕조의 중앙집권화에 따라 점차 축소되어 갔다. 초기에 단행된 호족의 정리, 새로운 군현 구획과 외관 파견 및 향직과 촌직의 개편, 과거의 실시 등 신왕조의 집권화에 따라 토착세력의 재지적 기반은 계속 축소되어 갔다. 그러나 개경을 중심한 선진지역을 제외한 대부분의 지방 군현은 고려 중기까지도 그 토착세력의 협조 없이는 중앙정령이 효과적으로 침투될 수 없었다. 그 토착세력이란 다름 아닌 군현토성으로서 사심관·기인제도와 연결된 호장층과 그 하부의 촌장층인 향촌의 실질적인 지배세력이었다. 후삼국시대 성주와 병렬해 있었던 촌주층은 여초의 군현향직 개편 때 읍내의 인리성과 함께 향리로 탈바꿈하였고, 읍치의 외곽지역에 분포한 직촌의 大監·弟監들도 읍사에 참여하기도 하고 일부는 村長·村正으로 격하되기도 하였다. 그들은 종래의 군현지배권을 그대로 보유할 수는 없었지만, 아직 그 지방을 실질적으로 장악하고 있던 토착세력으로서 수령의 하부행정체계에 깊숙이 참가하였고 조세공역을 실제 주민에게 부과·징수하는 위치에 있었으니 부를 축적할 수 있었던 것이다.

한편 후대의 기록이지만 『여지』 소재 성씨·인물자료와 각 성 족보의 득성유래를 살펴보면 각 토성 시조들의 강력한 지연성을 엿볼 수 있다. 가령 咸規(태조공신)와 楊根郡의 咸公城, 洪殷悅(태조공신)과 南陽郡의 古唐城, 李棹(태조공신)와 全義縣의 李城, 朴允雄(태조공신)과 蔚山郡의 神鶴城 등이 그 예이다. 또한 토성 시조 가운데 의성의 金洪述과 밀양의 孫兢訓, 순천의 金摠·朴英規, 곡성의 申崇謙처럼 죽어서는 본관의 성황신이 된 경우도 있고 본관의 산택·전지가 그 토성시조의 소유였다는 전설이 각 읍마다 산재해 있다. 이러한 것이 비록 후대 전설적인 유래라 하더라도 그것은 또한 각 읍 토성들의 지연성을 강력히 시사해 주는 사례라 하겠다.

고려 초기에 재지토성의 존재양상을 우리에게 제시해 주는 자료로서는 청주의 「龍頭寺幢竿記」(광종 13년), 예천의 「開心寺石塔記」(현종 원년), 약목의 「정도사석탑조성형지기」(현종 22년)가 있다. 이를 통해 우리는 청주 · 약목 · 예천의 토성들이 각기 읍사를 구성하여 군현지배는 물론 당간건립 · 석탑조성 · 향도동원 등을 주관하기도 하였다는 것을 알 수 있다. 이러한 토성들을 당시 자료에서는 州里豪家 · 鄕閭冠族이니, 邑長 · 州長 · 長吏 '百姓'이니 하는 식으로 표현하였다. 이에 앞서 나말려초에 건립된 고승들의 탑비음기 소재 '재가제자' 명단에는 군현토성의 전신인 재지호족의 한성화 전의 이름이 많이 기재되어 있다. 그들은 태조 23년 군현토성이 분정되기 전에 이미 '輔州官班'과 군현향직자 또는 촌주로 존재했던 것이다.

광종의 과거제 실시와 성종조의 외관파견 및 지방교육 장려책으로 인해 군현의 토성자제들이 수학할 수 있는 기회가 많아졌다. 그런데 성종 이전에 있어서 그들이 상경종사할 수 있는 학문적 연원과 관료적 기능은 어디에서 유래하였을까?

9주 5소경을 근간으로 한 신라의 군현제도하에서의 외관은 대개 '文籍' 출신의 학문적 소양과 관료적 기능을 갖춘 관인이었던 것이며, 그들을 통해 수도문화가 지방의 군현에 파급되었던 것이다. 신라의 외관인 도독 · 仕臣 · 태수(군) · 현령(현)과 부관격인 州助 · 長史 · 仕大舍 · 小守 등과 外司正이 설치된 주 · 소경 · 군 · 현에는 비록 차원은 다르지만 고려왕조와 비슷한 군현통치기구가 구성되어 있었다고 본다. 그러니 뒷날 호장층으로 이어지는 토성자제들의 행정실무능력과 관인의 기능은 벌써 나대부터 내려온 전통일 것이며, 군현에 파견되었던 외관도 이러한 토성이족의 협조에 의하여 그 지방의 징세조역이 가능했을 것이다.

한편 토성 자제가 지닌 학문적 소양은 어디에서 유래하였을까? 그것은 신라 하대에 접어들면서 중앙의 귀족과 관인이 지방으로 사민 · 낙향하는 경우도 있겠고, 나말의 고승들과 최치원처럼 6두품계의 불교 승려와 유학자들이 지방군현에 분산되면서 그들이 일으킨 문풍이 지방의 호족자제에게 파급되었던 것이다. 더구나 신라 중대 이래 나당 간의 문물 교류가 활기를 띠면서부터 중앙의 귀족자제는 물론 지방의 호족자제들도 해로를 통해 입당유학·수도하는 자가 많아졌다. 그들은 대개 사신편이나 상선편을 이용하였는데, 그러한 기회를 포착할 수 있는 배경은 역시 지방의 실력자인 호족의 자제였기 때문이다. 후삼국시대 호족과 선종과의 관계가 어느 정도 긴밀했느냐 하는 문제는 전술한 바이지만 입당유학·수도하고 귀국한 문사와 승려들이 지방에 확산되었는데[22] 이러한 사정이 바로 당시 호족의 자제에게 학문적 소양을 부여한 배경이라 하겠다.

당시 지성을 대표했다고 볼 수 있는 '三崔'(최치원·최언위·최승우)를 비롯한 문사와 고승들의 신분은 진골 출신도 있지만 오히려 6두품 계층과 호족의 자제들이 많았다. 그들은 왕경을 떠나 지방에 산재하면서 현지의 유력한 호족들과 긴밀한 관계에 있었고 당시 지방의 호족들은 자제교육을 그들에게 맡겼던 것이다. 더구나 당시는 승속을 막론하고 사원이 유일한 강학·수도의 장소로 이용되었고 유불관계가 상호보완적이었음을 감안할 때 고려 초기 군현 토성자제들의 학문적 연원은 바로 입당유학하고 돌아온 자거나 그들의 제자들로부터 전수한 것이라고 생각된다. 그러한 연유로 인해 고려 전기의 학풍은 唐代의 그것을 강하게 모방했던 것이며, 문벌귀족의 정치적 성향도 불교적 경향을 강하게 띠고 있었다.

토성의 진출과정은 그 시기와 지역에 따라 현저한 차이가 있으며 또 토성의 성분에 따라 상이하였다. 우선 시기별로는 크게 둘로 나눌 수 있다. 첫째는 고려왕조 창건에 적극 참여하여 태조조에 이미 재경권귀가

22) 羅末·麗初의 高僧으로 塔碑文을 남긴 자가 30여 명이나 되는데 그러한 塔碑文(『조선금석총람』 소재)을 통해 구체적인 모습을 엿볼 수 있다.

된 태조공신(삼한공신)[23] 계열이며, 둘째는 광종 이후부터 군현의 재지 토성에서 향공·상경유학·시위·선군 등의 수단을 통하여 새로 상경종사하는 계열이다. 태조 대의 삼한공신은 후삼국 통일의 유공자에게 주어진 것이며, 태조 이후의 '三韓後功臣'과는 성분상 구분된다. 삼한공신은 의당 태조공신에 포함되지만 그 공신 수에 있어서 개국공신 3등에 2,000여 명과 문종 세가에 나타나는 태조공신 3,200명이라는 숫자와 같이 조선왕조 개국 당시 친공신과 원종공신을 합산한 것과 같은 성질의 것이다.

먼저 태조공신이 노출되는 토성을 지역별로 열거해 보면 경기도가 16명, 황해 9명, 충청 8명, 경상 12명, 전라 7명, 강원 4명 합계 56명이며 토성이 없는 대동강에서 원산만 이북 출신은 한 명도 없다. 상기 열거한 숫자는 전체 태조공신 가운데 일부에 불과하지만 거의 전국에 분포되어 있으며 고려 전기에 진출한 토성과 대체로 일치하였다. 태조공신에는 그 성분상 왕건 잠저 시의 휘하도 있겠고, 즉위 시 추대세력인 개국공신도 포함된 것이며, 후삼국통일과정에 유공한 중외인물이 총망라되었을 것이다. 당시 재지호족으로서 태조공신에 참여한 자 중에 자신은 그대로 토착하면서 자제를 보내 귀순하고 공신호를 遙受하는 부류들도 많았음이 예상된다. 태조공신에게는 공신녹권이 주어져서 후손은 그 녹권을 가지면서 공신의 자손으로서 특전을 향유할 수 있었다. 이러한 공신자손들은 국가로부터 각종 특혜를 받아 쉽게 입사할 수 있는 보장을 받았다.

태조에서 광종조까지 재경 훈척가문은 온통 태조공신계열이 주류를 이루었고 문무관인 중에는 중국계 귀화인과 발해계 유민들이 약간 참여했던 것이다. 광종조까지의 기성관인 중 일부는 광종·경종의 교체기에

---

23) 金光洙, 「高麗太祖의 三韓功臣」(『史學志』 7, 1973).

도태되고 일부는 자기 지위를 유지하면서 고려 전기의 대표적인 명문으로 발전하였다. 광종 이후 재지토성 자제의 상경종사가 다시 활발하였는데, 그 부류들도 태조에 의해 공신호를 받으면서도 즉시 관인화하지 않고 군현향직을 맡고 있던 자의 후예들이었다. 이와 같이 고려왕조의 발전에 따라 재지토성 자제가 계속 상경종사하여 귀족 · 관료로 성장하였는데 이는 단순히 군현의 호장층 자제란 이유보다는 태조공신의 후예였다는 데 신분적인 인정을 받고 있었던 것이다.

군현토성의 진출에는 태조공신이란 자격 못지않게 왕실과 인척관계를 맺는 것이 또한 중요하였다. 예성강 일대에 자리한 개성왕씨는 왕건의 선대부터 내려온 호족적 기반에다 長湍韓氏 · 白川劉氏 · 貞州柳氏 등과는 일찍부터 밀착되어 있어, 이들 토성집단이 왕건의 핵심세력이었고, 기다 지방에서 산재한 대호족은 왕건의 결혼정책에 의하여 외척가문으로 성장하였다. 고려 전기의 외척가문은 27개 성관이며 대동강 이남지역에 산재해 있었다. 이들 외척가문의 본관을 열거하면 貞州 · 長湍 · 黃州 · 平山 · 瑞興 · 信川 · 海州 · 楊州 · 安山 · 仁川 · 利川 · 忠州 · 淸州 · 鎭川 · 洪城 · 扶餘 · 春川 · 江陵 · 慶州 · 善山 · 陜川 · 羅州 · 順天 · 全州 · 長興 등지로서 토성세가 강한 정치적 · 군사적 요충지인 동시에 후삼국시대의 각축지였다.

먼저 태조조에 있어서 지방호족과 왕건의 관계 및 그들의 진출과정을 보면 江陵 王順式, 碧珍 李忩言, 淸州호족, 昧谷 龔直, 선산 金宣弓, 수원 崔士威 가문 등과 같이 군현호족(토성)은 벌써 여초부터 재경사족과 토착이족으로 분화해 가는 한편 족세의 소장도 한결같지 않았다.

위의 왕순식과 공직 가문은 여초에 벌써 몰락한 것 같으며 이총언과 김선궁의 후예는 전기에 침체했다가 고려 후기에 다시 강성해졌는가 하면 청주김씨와 수원최씨는 문벌귀족으로 성장했다가 무신집권을 계기로 몰락하였다.

徐弼(이천)·崔冲(해주)·崔士威(수원)가문과 같이 비록 관료나 군현이족 출신이라 하더라도 이들 토성은 다른 한편에 있어서는 태조공신을 내고 있다. 그들의 직계선조는 아니더라도 이천의 徐穆, 해주의 崔貞獻, 수원의 崔承珪는 모두 그 지방을 대표하던 호족으로서 왕건을 도와 공신이 된 자들이다. 그러니 후삼국시대의 호족, 태조공신 및 여초의 토착세력을 대표하던 군현 호장층은 결국 같은 뿌리에서 나누어진 가지라 하겠다. 그 뿌리란 다름 아닌 군현의 읍사를 구성하였던 성씨집단인 토성이며, 이는 신라시대의 골품귀족이나 조선시대의 '양반'처럼 당시 지배계급이 될 수 있었던 사회적 신분제도라 하여도 과언은 아닐 것이다.

다음에는 광종·성종 이후에 있어서 군현토성의 진출과정을 살펴보기로 한다. 고려왕조 창건의 주체세력들은 왕권확립과정에서 대부분 도태되었다. 그들은 혜종조 이래 빈번한 왕위계승전과 광종의 호족억압책에 휘말려 거의 세력을 잃거나 숙청되고 경종 즉위 시까지 생존한 구신의 수는 겨우 40여 명에 불과하였다. 그러나 그들의 잔존자 중에서 경종조에 다시 도태된 자가 있었으니 성종조에 가서는 새로운 관인의 보충문제가 절실히 요청되었다. 즉, 광종의 왕권강화책과 성종의 적극적인 한화정책(유교주의)을 추진하는 데는 새로운 성분의 관인이 필요하였다.

광종조 이후부터 필요로 하는 새로운 관인은 후삼국시대의 호족과는 성격을 달리한다. 호족은 대개 학문적 기반과 행정적 관료기능이 결여된 우직한 무인이었고, 중앙집권적 왕권강화에는 대항적인 동시에 지방분권적인 개별성을 유지하려고 했던 것이다. 이러한 성향은 자연 광종의 왕권강화책과 충돌하여 도태되었다. 이는 또한 시대적 발전과정에서 후삼국시대를 담당했던 호족은 신라라는 낡은 기존체제를 타도하고 고려왕조를 창건하는 데까지는 소임을 다했지만, 신왕조의 기반을 구축하고 새로운 질서를 수립하는 데는 적격자가 될 수 없었다. 그러한 소임을 수행할 수 있는 새로운 관인은 유교적인 학문소양과 행정적인 기능을 갖춘 인물이라야 가능했으며, 그것은 광종의 과거제 실시와 성종의 적극적인 교육장려책에 의하여 달성될 수 있었던 것이다.

광종 9년 과거제가 실시되면서 향공진사도 선발되었다. 최초의 향공진사라 할 수 있는 晋兢(남원토성: 인리성)은 광종 9년에 급제하였고 柳邦憲(전주토성)은 동왕 23년에 급제하였다. 『고려사』 선거지에 의하면 향공의 주류를 이루는 자들은 부호장 이상의 손자와 부호정 이상의 아들에 해당되고 이들은 군현의 읍격에 따라 1,000정인 주군에는 3명, 500정 이상에서는 2명, 그 이하는 1명씩 공상할 수 있었다. 그런데 향공을 선발하는 주체는 계수관이었고 응시자격은 주로 군현의 상급 향리층 자제였다. 과거실시 초기에는 향공진사의 급제율이 서울의 국학생보다는 높다는 사실이 밝혀진 바 있다.[24)]

당시 과거제도는 군현토성의 자제를 선발하여 중앙의 새로운 관인화를 기하려는 데 목적이 있었다면, 그와 동시에 과거를 응시할 수 있는 인재를 양성해야 하며, 그를 위해 실시한 것이 성종조의 지방교육 장려책이라 하겠다. 성종 2년부터 파견되기 시작한 상주외관도 경학박사 등과 같은 문신이 주였고, 외관을 보좌하는 재지세력은 주로 군현의 읍사를 구성하던 인리성이었다. 따라서 상경 유학생과 향공을 선발하는 권한이 외관에 주어졌던 것이며 그것도 초기에는 12목을 비롯한 계수관이었다. 마치 조선시대 과거 응시자격이 양인 이상 신분에 개방되었음에도 실제 과거에 응시하여 합격한 자는 대개 양반의 자제였듯이, 고려시대에도 과거 응시자격이 군현의 일반 주민에게 개방되었다 하더라도 실제 응시할 수 있고 합격되는 자는 주로 군현 이족자제였던 것이다. 그러한 선발의 범위는 일반 주민의 자제에는 개방된 것이 아니고 토성이족

24) 許興植, 「高麗의 國子監試와 이를 통한 身分流動」(『韓國史研究』 12, 1976), p. 64.

의 자제들이 유일한 대상이었다. 또한 모든 군현이 향공선발에 있어서 동등한 대우를 받았다기보다는 향공 수가 군현 정수에 따라 정해져 있듯이 계수관이 설치된 경·목과 같이 과거의 9주·5소경 등 대읍에 그 기회가 많이 주어졌던 것이다. 그것이 결국 군현 토성자제들의 진출에 있어 중소군현보다는 주부와 같은 대읍토성의 진출이 현저히 우세하였던 배경이라 하겠다.

한편 과거의 실시에 따라 재경권귀 가운데 무신계가 소외되고 후삼국시대 지식층을 대표했던 6두품계 가문이 득세하는 계기가 되었다. 고려의 과거제도는 재지토성 자제들에게 중요한 출사로의 하나였고 재경 관인사회에 있어서는 仕宦진출상 하나의 여과과정이었다.

과거와 음서는 이론상 별개일 것 같으나 당시 문벌귀족의 입장에서 본다면 양자의 관계가 밀접할 뿐만 아니라 때로는 구분이 애매하였다. 고려 전기 과거운영을 후대의 정비된 과거제와 동일한 성질의 것으로는 볼 수 없다. 제도적·형식적으로는 관료제적 과거제가 실시되었다 하더라도 그 운영은 귀족제적 상황에서 실시되고 있었다고 본다. 문음은 각종 공신의 후예나 5품 이상 내지 3품 이상의 고급관인의 자손에게는 쉽게 보장되었으니 이들 가문은 비록 과거를 거치지 않더라도 출사의 길은 이미 보장받고 있었다. 더 빠르게 더 높게 승진하기 위해서 학문적 능력을 시험하는 것이 과거였던 것이다.

『고려사』 열전에는 인물의 출사경력에 간단히 과거 출신 여부만을 서술하고 있지만, 그들의 묘지에는 비교적 상세히 기술되어 있다. 당시 경화자제들은 과거 응시 전에 이미 음서로 출사하고 있었으며, 인물전기의 출신성분에 '서리'로 나오는 것은 바로 문음을 의미하였다. 고려 전기 관인의 환력을 보면 문음과 과거 출신이 명확하지 않다. 문음 혜택을 받을 수 있는 자가 처음부터 문음을 포기하고 과거를 택한 경우는 극히 드물고 대개는 문음으로 출사하면서 또 과거의 관문을 통과하였던 것이다.

성종조의 지방교육 장려책도 광종의 과거제 실시와 함께 지방토성의 자제를 중앙의 관료기구에 흡수하여 관인화시키는 데에 궁극적인 목적이 있었던 것이다. 성종은 처음에는 군현토성 자제들을 상경시켜 수학토록 했다가 나중에는 경학박사를 12목에 파견하여 교육시켰다. 즉, 성종은 그의 5년 이전에 외관파견과 아울러 모든 군현에 지시하여 자제를 선발, 上京習業케 하였는데 이때의 군현 자제란 다름 아닌 토성 향리의 자제였다고 본다. 그 후 동왕 5년 7월 교에 의하면 위 상경유학생 가운데 본관 歸寧者가 207명이었고 계속 留京하려는 자가 53명이었다. 상경습업하던 지방학생을 각기 본관에 귀환시키고 보니 그들을 교육시킬 교수가 필요하였다. 그 결과 동왕 6년 8월에는 경학 · 의학박사 각 1명씩을 12목에 파견하여 지방교육을 권장하되 특히 '諸州郡縣長吏 · 百姓有兒可教學者'에 대한 교육을 특히 강조하였다.[25] 여기 제주군현의 장리 · 백성은 곧 군현토성의 2대 구성요소인 인리성과 백성성의 계층을 지칭한 것이며, 이들이 읍사를 구성하여 군현행정을 장악하고 있었던 것이다. 이외 천거의 경우도 각 군현의 이족자제가 주대상이었다고 본다.

상술한 바와 같이 군현토성 자제의 출사로는 향공과 함께 상경유학이 큰 비중을 차지하고 있었다. 이와 함께 성종 2년부터 외관이 파견되기 시작하면서 군현토성 자제가 외관에 의해 帶率상경하여 입학도 시키고 과거에도 응시케 하는 경우가 많았다. 경주의 李周佐와 전주의 崔陟卿 · 崔均 · 崔松年, 延州의 玄德秀 등이 바로 그 예이다.[26] 외관파견은 군현향리의 지위를 격하시키고 그들의 권한을 축소시킨 결과가 되기도 하였지만, 다른 한편에 있어서는 군현의 토성자제가 외관을 매개로 하

25) 『高麗史』 卷3, 成宗世家 5년 7월條, 同王 6년 8월條 및 同書 卷74, 選擧2, 學校條 참조.

26) 이수건, 「高麗前期 土姓研究」(『大丘史學』 14집, 1978), pp. 63~64.

여 중앙에 진출할 수 있는 기회가 제공되었다. 고려 초기 이래 군현의 승격과 속현의 주읍화를 해읍 토성이민이 갈망해 마지않은 이유 중의 하나가 바로 외관을 매체로 하여 그들의 자제가 중앙에 진출할 수 있었기 때문이다.

외관은 주·부와 같은 대읍부터 파견되었고 수령을 싸고 있는 토착세력은 해읍의 토성이족이었으므로 자연히 그들 자제는 외관에 의해 향공·상경유학생·유일천거 등으로 쉽게 발탁될 수 있었던 것이다. 고려 중기 이후 외관이 증설되면서 지방토성 출신의 상경종사가 그만큼 활발해졌으며 '登科士類'는 반드시 수령을 거치게 되었다. 군현토성 출신 인물의 관력을 살펴보면 등과 후에 군현의 사록·장서기·현령·감무 등 외관으로 많이 부임하였고 서울의 경화자제들은 일반적으로 외관을 기피하였다. 지방군현 출신의 등과사류가 외관에 부임하자 그 결과 지방교육이 발전하고 그러한 외관을 매개로 하여 군현의 향리자제가 계속 중앙으로 진출하였던 것이다. 한편 성종조의 지방교육장려와 경학박사 파견 등이 지방의 향족자제의 교육과 진출에 크게 기여했듯이 인종조 향교의 설치는 지방의 군현 향리자제 진출에 결정적인 계기를 마련했던 것이다. 향교를 설치하고 "吏人子弟를 모집하여 교육하였다"[27] 했듯이 향교 생도들의 출신성분이 주로 군현향리 자제였던 것이다.

군현토성 자제들이 상경종사하면서 當路者에 발탁되어 출세하는 경우가 많았다. 金審言(靈光人)은 지공거를 역임한 崔暹에 의해 발탁되었고 마침내 그의 사위가 되면서 출세가도를 달리게 되었다. 향공 출신이거나 상경유학하는 지방토성의 자제들은 여러 단계의 여과과정에서 재질이 준수하고 문사를 겸비한 장래 유망의 인재가 그러한 기회를 포착하

27) 李奎報, 『李相國集』 後集 卷12, 李世華墓誌; 『고려사』 卷121, 良吏鄭云敬傳 참조.

게 되면 단한한 시골 선비가 일약 권세가에 출입하여 고관요직에 오를 수가 있었다. 인주이씨의 대두가 국구 金殷傅의 처가였다는 데 한 원인이 있었던 것이며, 文公仁(南平人)이 벌족 崔思諏(海州 · 시중)의 사위가 되고 鄭沆(東萊 호장의 손)이 훈신 王國髦(강릉 · 守司徒)의 사위가 된 것이 그 예라 하겠다. 군현토성의 향직 내지 향리후예로서 진출한 崔士威(수원) · 韓安仁(長湍) · 鄭沆(동래) · 權適(안동) · 金端(수원) 등의 가문도 상경종사하면서 당시 귀척가문인 경주김씨 · 정주유씨 · 해주최씨 · 인주이씨 · 강릉김씨 등과 중첩적인 인척관계를 맺고 있었다.

한편 고려시대에는 당의 학풍에 영향을 받아 시문이 숭상되었고 지방토성의 진출에도 시부를 잘 지을 수 있는 문재가 크게 좌우되었다. 『고려사』 열전이나 묘지에 자주 나오는 '少好學 善屬文'의 조건이 출세의 중요한 관건이 되었다. '善屬文'이란 다름 아닌 시부사장과 같은 작문재능을 의미하는 것이며 그것이 단한한 시골선비가 경화자제를 능가하여 당당하게 과거에 급제할 수 있는 유일한 무기였던 것이다.

군현토성 자제의 출사로 가운데 진사시 외에 잡과로 진출하는 기회가 많았다. 문종 2년 10월 판에 "醫業과 같은 잡과는 모름지기 널리 학습을 요하니 戶正 이상의 아들에 한정하지 말고 비록 庶人이라도 樂工 · 雜類 계열이 아니면 모두 試解케"[28] 했듯이 의업과 같은 잡과는 문과보다는 응시자격을 한 단계 낮추었던 것이며, 계수관의 토성자제가 주로 문과로 진출한 데 비하여 중소군현이나 속현토성들은 잡과로 나간 경우가 많은 것 같다. 崔思全(耽津人) · 尹應瞻(안동부 속현 臨河人) · 李坦之(永川人) 등이 그 예이다. 崔知夢(靈岩人)과 晋含祚(남원인) · 崔思全 · 伍允孚(平山人) 등은 경사 외에 천문 · 복서와 같은 잡술로 출세한 지방토성이었다.[29]

---

28) 『高麗史』 卷73, 選擧1, 科目1, 文宗 2년 10월判.

과거는 지방 토성자제의 등용문이었다. 등과하게 되면 출세의 길이 보장되는 동시에 응분의 토지가 지급되었다. 문종 30년 12월의 등과자에게 대한 급전규정은 실제 여말의 裵尙謙傳에서 확인된다.[30] 그러니 군현토성 자제로서 과거에 급제하면 귀와 부를 동시에 확보할 수 있었기 때문에 지방토성들의 신분향상에는 과거가 가장 큰 비중을 차지했던 것이다.

사심관 제도는 호족 출신의 재경관인을 통하여 각기 본관의 토착세력을 管攝하려는 데 국가의 목적이 있었다면 사심관에 임명되는 재경관인의 입장에서는 부호장 이하의 본관향리를 관장하여 출신지의 기반을 계속 유지한다는 데서 중앙의 왕권과 지방의 호족이 타협해서 만들어 낸 제도라 하겠다. 사심관의 정원도 군현의 정수에 따라 차등정액 되었는데, 그것은 향리 및 향공의 정액과 같은 취지이며, 동시에 각 읍 토성세의 강약과도 비례한 것 같다. 사심관의 참여 범위가 말해 주듯 내향(본관)·외향·처향·조모향·증조모향 등 5향은 고려시대 친척 범위 가운데 가장 절근한 관계였으며 승음·가산상속과도 불가분의 관계에 있었다. 그러니 군현토성과 읍사의 향리 조직 및 사심관의 참가 범위인 5향과는 서로 관련이 있었다.

현종초에는 "부 및 친형제가 호장으로 있는 재경관인은 사심관에 제수될 수 없다"는 규정을 두었다.[31] 이 조치는 결국 재경관인과 재지세력의 결탁을 예방하고자 하는 데서 나온 것이며, 당시에는 부자 내지 형제간에 재경관인과 향리가 나란히 존재할 수 있었다. 그런데 지방토성

---

29)『高麗史』卷98, 崔思全傳, 尹應瞻墓誌,『韓國金石文追補』, pp. 199~200; 李坦之墓誌,『조선금석총람』上, pp. 363~364.

30)『東文選』卷101, 儒生裵尙謙傳.

31)『高麗史』卷75, 選擧3, 事審官 成宗 15年條, 仁宗 12년條 및 旗田巍,「高麗の事審官」(『朝鮮中世社會史の硏究』, 1972), pp. 105~138 참조.

의 진출에는 사심관이 크게 작용한 것 같다. 사심관의 기능 가운데 '宗主人民, 甄別流品'이 바로 그것이다.[32] 외관이 군현토성의 진출에 하나의 매개체가 되었듯이, 본관과 밀접한 관계에 있던 사심관이 크게 작용한 것은 사실이다. 사심관에 대해서는 이미 정치한 연구가 있으니 여기서는 다만 그것이 지방토성의 진출에 중요한 매개체가 되었다는 사실만 언급해 두기로 한다.

기인제도는 사심관과 표리관계를 이루면서 지방호족을 견제하기 위한 인질적 목적과 그들의 자제를 상경시위케 하고 사환 등 상당한 대우를 해 줌으로써 지방호족을 회유하고 나아가서는 과거 상경유학의 목적과 같이 군현토성 자제의 중앙관인화의 한 길이었던 것이다. 기인제에 관한 종래의 연구에 대하여 최근에는 "지방호족의 억제라는 면만이 아니라 그들에 회유의 일면을 생각해야 한다."는 설이 나오고 있다. 문종 31년 판에 주현 정수에 따라 足丁 半丁의 기인선상규정을 정하고 일정 기간 입역한 다음에는 '許同正職, 役滿加職'케 했듯이 사실 기인으로 일정 기간 입역하게 되면 입사의 길이 보장되어 있었다. 기인제는 군현향리 출신이 과거를 거치지 않고 중앙관직에 진출할 수 있는 떳떳한 길의 하나였던 것이다.[33] 고려 후기 이래 군현이족의 세계를 추적해 보면 同正職을 겸대한 자가 많다. 특히 조선시대 편찬한 족보에서 각 성관의 상계(고려시대)직역을 살펴보면 향직과 함께 동정직이 큰 비중을 차지하였다.

태조조 왕순식 · 이총언 · 공직 등 당시 지방호족들의 '遣子弟入朝' 사

---

32) 『高麗史』 卷75, 選擧3, 事審官條.

33) 金成俊, 「其人의 性格에 對한 考察」(『歷史學報』 10 · 11집, 1959); 韓沽劤, 「古代國家 成長過程에 있어서의 對服屬民施策」(『歷史學報』 12 · 13집, 1960); 「麗初의 其人選上規制」(『歷史學報』 14집, 1961); 李佑成, 「高麗朝의 '吏'에 대하여」(『歷史學報』 23집, 1964).

실은 기인제와 같은 성격의 것으로 여초에는 회유적인 목적이 더 강했다고 본다. 제도나 시책이 대개 그렇듯이 기인제도는 시대적 변천을 고려하여 이해해야 할 것이다. 기인으로 선발된 향리자제의 재경지위는 그들 본관의 재지적 세력의 강약에 따라 달랐던 것이다. 중앙 정부가 군현이족을 충분히 통제할 수 있는 시기에 오게 되면 기인에 대한 국가적 대우가 격하될 것은 뻔한 사실이다. 이와 같이 기인제가 고려 초기에는 군현토성 자제들의 중요한 입사로였는 데 반하여 중기 이후부터는 점차 고역으로 전락되어 갔다.

한편 기인제와 함께 군현향리의 출사로 가운데 '上計吏'(計偕)가 있다. 이는 본래 漢代의 제도로서 군국의 掾吏가 중앙에 회계보고를 하기 위하여 장부를 가지고 상경한 자를 지칭하였다. 고려시대 상계리도 군현리로서 회계보고 · 문서연락 · 진봉리 등의 사명을 띠고 경향간을 왕래하는 자를 말하였다. 고려시대 향공 · 상경유학 기타 사환하려는 지방자제들은 주로 상계리를 따라 상경했던 것이며, 그들은 비록 향리였지만 중앙정계의 동향을 잘 알고 있었다. 상계리로서의 입사로는 극히 협소했겠지만, 여말선초의 중앙관서 서리에 군현향리 출신이 많았듯이 고려 전기에도 많았다고 생각된다.[34] 상계리는 현직 향리라는 데서 평소 학문적인 소양을 갖추지 못해 고관요직으로 출세하는 경우는 적다 하더라도 상경하여 출사의 발판을 만들고 서리직으로 나아가는 데는 상당한 작용을 했다고 볼 수 있다. 하여튼 상계리는 정조호장 · 조문기관 · 貢吏와 함께 군현과 중앙정부를 연결하는 존재로서 토성이족의 진출에 직접 · 간접으로 크게 기여했다고 볼 수 있다.

어느 왕조든지 관직체계에는 문무양반이 병존하기 마련이지만, 창업기와 전란시기에는 무장이 중용 내지 득세하다가 일단 안정기에 접어들

34) 이수건, 『韓國中世社會史研究』, pp. 261~262.

면 숭문억무책을 쓰게 됨으로써 무신을 천대하게 된다. 사실 군주의 입장에서 본다면 무신은 위협적인 존재가 되기 때문이다. 고려 초기에는 문신보다는 무신계가 더 우세하였던 것이며 후삼국시대의 주역을 담당했던 지방호족들도 대개 무장의 성향을 띠고 있어 그들의 자제가 무반으로 많이 진출할 가능성이 있었다. 그러니 성종 이전의 관인은 문신계보다는 오히려 무신적 성격을 띤 자가 더 많았던 것이며 따라서 군현토성 자제의 출사에도 무반계가 우세했다고 볼 수 있다.

광종조의 호족억압책에 의하여 무장계열이 문신계보다 더 많이 도태되었겠지만, 미구에 고려는 다시 무장을 필요로 하게 되었다. 그것은 바로 거란의 침략에 대한 대비였다. 특히 성종에서 현종조에 걸친 누차의 거란침입은 기존 무장의 역할이 커진 것은 물론 전란에 동원된 군현토성 자제들의 무반진출이 활발해졌다. 태조기 발해의 유민을 적극적으로 받아들인 의도는 장차 거란의 침입에 대비하여 공동작전을 펴기 위한 것이며 일단 거란이 침입했을 때 양계 주둔군이나 주현군만으로 막았다고는 볼 수 없다. 군현에는 주현군이 있었고, 그 지방군의 장교는 당시 읍사를 장악하고 있던 향리들이 겸대하고 있었으니, 이들이 각기 주현군을 인솔하고 부전했던 것이다.

먼저 주현군과 군현향리와의 관계를 살펴보면 문종 23년 3월에 규정한 2개의 자료가 있다.[35] 두 기록이 내용상 약간의 차이는 있으나 주현군의 장교는 향리 중에 궁술로 선발해서 향리직의 등급에 따라 적절히 겸임되었음을 알 수 있다. 주현군 가운데 保勝과 精勇의 장교는 향리와 무관하다는 설이 있으나 저자가 보기에는 그렇지 않다. 군현 호장층 가운데는 일품군 장교뿐만 아니라 보승·정용의 장교로도 나타나고 있기 때문이다. 군현의 토성이족들은 주현군의 장교직을 차임했을 뿐만 아니

35)『高麗史』卷75, 選擧 3, 銓注 鄕職條, 同書 卷81, 兵志 1, 兵制條.

라 상경시위와 선군에 선발되어 경군의 장교로서도 진출하였다.

현종조 대 거란전에 참가한 무장이 동왕 세가에 많이 등장하는데, 이들이 비록 본관은 밝혀져 있지 않으나 대개 중앙군이나 지방군을 인솔하고 참전한 군현토성 출신이었다고 본다.

향공 · 상경유학 등이 문반진출의 중요 통로였다면 상경시위 · 선군응모 · 지방군 인솔부전 · 군공 등이 군현토성 자제들의 중요한 무반진출로였던 것이다. 즉, 군현토성 자제들도 재경관인과 같이 문 · 무 · 리 3계열로 진출하였지만 그 진출의 양상은 시기와 지역에 따라 현저한 차이가 있었다. 전술한 바와 같이 문신과는 다르게 무장은 자기 기록을 후대에 남기는 경우가 적었던 것이며 그로 인해 향관 미상자 중에는 무반계 인사가 많았던 것이다. 지방토성의 무반진출 상황을 시기별로 살펴보면 여초에 활발하였다가 문종 이후 의종 말까지 침체하였고 무신란을 계기로 다시 진출이 현저하였다. 지역별로 보면 충청 · 경상 · 전라도 지방보다는 중부 및 양계 지방에 무반 진출이 많았다.

郡縣土姓의 구성요소는 邑治(治所 · 邑內: 관아 · 邑司소재)의 支配姓團인 '人吏姓'과 村落支配姓團인 百姓姓 · 村姓이었다. 이들 성씨의 首長은 후삼국(羅末麗初)시대에는 城主 · 將軍 · 村主 등의 직함을 지니면서 각 '고을'을 대표했던 이른바 豪族이었다. 이들 호족은 王建과의 연결과정에서 麾下 將相으로서 고려의 開國功臣 · 官僚와 王建의 妃父가 되기도 하였고 후삼국 통합과정에서 고려에 적극 협찬한 데서 '太祖' 또는 '三韓功臣'이 되면서 각기 출신지 · 거주지 고을 단위로 姓貫(성과 본)을 分定 또는 하사받거나 스스로 성관을 갖는 自稱姓했던 것이다. 이렇게 형성된 각 邑 土姓들은 고려 개국과 동시에 본관을 떠나 上京從仕함으로써 外戚 · 貴族 · 官僚가 되었고 그대로 토착하던 土姓들은 각기 邑司를 장악하여 상급 鄕吏層을 구성하여 군현을 지배하면서 그들의 子弟들은 고려왕조의 진전에 따라 文 · 武 · 吏의 3대 出仕路를 통하여 계속 上京從仕해 갔던 것이다. 그 결과 고려·조선시대를 통해 名門鉅族으로 성장한 土姓의 始祖는 三韓功臣이거나 향리의 상층부인 戶長이 주류를 이루었던 것이다. 여기 각 성관의 先祖世系자료를 통하여 시조의 성분을 몇 개의 유형으로 나누어 정리해 보면 다음 〈표 2〉와 같다.

〈표 2〉는 저자가 서술의 편의상 크게 (A)·(B)·(C) 세 부류로 나누어 보았지만, (A)의 성관 가운데 토착세력은 고려 초기부터 戶長 등 향리직역을 세습했다가 뒤에 上京從仕하는 경우가 많았으며, (B)는 현존 자료상으로는 향리 관련 자료가 없지만, 『實地』에 土姓으로 기재되어 있으니 그 성관의 토착세력이 본관의 邑司를 장악한 土姓吏族으로 존재했다가 어느 시기 上京從仕했다고 볼 수 있다. (C)는 『고려사』·『金石文』·麗末鮮初의 戶口자료 및 조선시대 작성된 公私文獻에 의거 추출한 것인데 사실 고려·조선 양 왕조의 지배세력을 始祖의 성분별로 구분해 보면 크게 네 부류로 나눌 수 있는데 첫째가 고려왕조의 개국공신과 개국관료, 후삼국통합에 적극 협찬한 中·外세력으로 그 수가 2,000여 명(개국공신) 내지 3,200명(삼한공신)이란 숫자가 말해 주듯 '三韓功臣' 또는 '太祖功臣'으로 대표되는 것이며, 이들 삼한공신 가운데도 다시 둘로 구분되어 한쪽은 고려 초부터 上京從仕하여 귀족·관료로 발전한 계열이 있고 다른 한쪽은 安東의 金·權·張氏 시조처럼 그대로 토착하여 戶長職을 세습하다가 그 후손이 上京從仕하는 경우가 있었다. 둘째는 고려 초기부터 고려 말까지 본관의 邑司를 장악한 戶長層으로 향리직역을 세습해 오다가 고려왕조의 진전에 따라 과거·選軍·軍功·其人 등의 수단을 통해 士族으로 성장한 계열인데 성관상 절대다수가 이 부류에 해당된다. 셋째는 中國系 歸化人과 渤海遺民 기타 이민족으로 고려개국 초부터 우리나라에 와서 고려로부터 賜貫 또는 賜姓을 받은 부류로서 이들 성관은 『실지』 소재 土姓은 아니었다. 이들은 한때 고관·요직을 역임한 바는 있으나 그 후예가 대성·명문으로 발전한 예는 原

〈표 2〉 각 성관의 先祖世系 자료를 통해 본 시조의 성분 유형

(A) 三韓功臣과 戶長을 겸유한 姓貫	開城王 · 貞州柳 · 長湍韓 · 黃州皇甫 · 白川趙 · 忠州劉 · 淸州金 · 淸州李 · 鎭川林 · 春川朴 · 陽川許 · 守安尹 · 坡平尹 · 瑞原廉 · 平山朴 · 平山庾 · 平山申 · 中和金 · 鐵原崔 · 沔川朴 · 沔川卜 · 洪州洪 · 見州李 · 土山崔 · 橫城趙 · 橫城尹 · 陽川崔 · 豊壤趙 · 文化柳 · 驪州金 · 江陵金 · 江陵王 · 富平李 · 衿川姜 · 竹山朴 · 黃州黃 · 瑞興金 · 海州崔 · 海州吳 · 遂安李 · 信川康 · 利川徐 · 南陽洪 · 原州元 · 全義李 · 龍仁李 · 水原金 · 楊根咸 · 慶州金 · 慶州崔 · 慶州李 · 慶州裵 · 安東金 · 安東權 · 安東張 · 善山金 · 陜川李 · 醴泉林 · 碧珍李 · 星州裵 · 義城洪 · 海平金 · 永川皇甫 · 蔚山朴 · 禮安李 · 密陽孫 · 羅州吳 · 羅州羅 · 光州金 · 靈岩崔 · 光陽金 · 順天金 · 順天朴 · 靈光田 · 綾城具 · 興德張氏 등
(B) 三韓功臣과 戶長 관련 자료가 없는 姓貫	安山金 · 仁川李 · 鳳山智 · 土山李 · 長淵文 · 大興韓 · 旌善文 · 長興任 · 南平文 · 楊州韓 · 水原白 · 開城高 · 谷山盧 · 安峽孫 · 見州宋 · 木川于 · 牛峰李 · 利川申 · 幸州奇 · 交河盧 · 河陰奉 · 扶餘李 · 泗川睦 · 遂寧魏 · 高敞吳 · 延安李氏 등
(C) 土姓吏族(戶長層)을 시조로 한 姓貫	開城金 · 水原崔 · 驪州李 · 陰城蔡 · 淸州郭 · 忠州崔 · 陰城朴 · 懷仁李 · 忠州梁 · 驪興閔 · 安城李 · 安山安 · 南陽宋 · 楊州趙 · 楊州申 · 川寧崔 · 廣州李 · 廣州安 · 廣州石 · 淸州孫 · 金浦公 · 稷山崔 · 僧嶺崔 · 谷山拓 · 江華崔 · 原州金 · 德水李 · 韓山李 · 仁川蔡 · 瑞山柳 · 德山李 · 竹山安 · 淸州宋 · 公州李 · 恩津宋 · 懷德黃 · 德山黃 · 高峰高 · 定山李 · 鴻山李 · 忠州石 · 忠州安 · 喬桐高 · 丹陽禹 · 丹陽池 · 淸風金 · 槐山陰 · 堤川智 · 天安全 · 天安申 · 東萊鄭 · 草溪鄭 · 晋州河 · 晋州姜 · 晋州鄭 · 迎日鄭 · 高靈申 · 仁同張 · 龍宮金 · 密陽朴 · 密陽卞 · 淸道金 · 淸道白 · 孝令司空 · 星州李 · 義城金 · 杞溪兪 · 杞溪尹 · 蔚山金 · 蔚山李 · 興海崔 · 昌原黃 · 大邱徐 · 河濱李 · 慶山全 · 昌寧成 · 昌寧曹 · 昌寧張 · 靈山辛 · 彦陽金 · 長鬐吳 · 玄風郭 · 豊山金 · 豊山柳 · 豊山洪 · 一直孫 · 甘泉文 · 英陽南 · 英陽金 · 順興安 · 醴泉權 · 醴泉尹 · 永川李 · 靑松沈 · 盈德金 · 禮安金 · 河陽許 · 豊基秦 · 殷豊申 · 奉化鄭 · 義興朴 · 缶溪洪 · 新寧李 · 眞寶李 · 比安朴 · 安定羅 · 尙州金 · 尙州朴 · 尙州周 · 星州呂 · 八莒都 · 海平吉 ·

〈표 2〉 계 속

	冶爐宋 · 草溪卞 · 高靈朴 · 高靈金 · 咸昌金 · 開寧洪 · 聞慶宋 · 金海裵 · 金海金 · 會原甘 · 咸安趙 · 咸陽朴 · 咸陽吳 · 固城李 · 巨濟潘 · 靈光金 · 全州柳 · 全州李 · 全州崔 · 南原梁 · 南原晋 · 南原尹 · 沃溝林 · 茂松庾 · 茂松尹 · 濟州高 · 濟州梁 · 高山高 · 耽津崔 · 務安朴 · 潭陽李 · 押海朱 · 押海丁 · 礪山宋 · 羅州陳 · 潘南朴 · 海南尹 · 長沙兪 · 咸平李 · 淳昌薛 · 淳昌趙 · 淳昌邕 · 雲峰朴 · 潭陽鞠 · 光州卓 · 寶城吳 · 樂安金 · 綾城具 · 和順崔 · 同福吳 · 玉果趙 · 延安宋 · 延安金 · 白川劉 · 江陵崔 · 江陵咸 · 平昌李 · 原州安 · 寧越嚴 · 三陟沈 · 三陟金 · 平海黃 · 平海孫 · 蔚珍張 · 蔚珍林氏 등

州邊氏 등 몇 개가 있을 뿐 거의 없다. 넷째는 『實地』에 기재되지 않은 新生本貫으로서 『고려사』와 금석문 소재 인물 가운데 『실지』에 없는 성관이 간혹 발견되며 조선시대에 와서 성장한 豊山沈 · 楊根金氏 등이 있으나 豊山沈氏를 제하면 역시 대성 · 명문으로 성장한 경우는 거의 없다.

한편 『고려사』와 「고려묘지」 · 『輿地』 人物條 및 여말선초 狀碣文을 참고하여 고려 초기 및 전기에 군현토성에서 上京從仕하여 명문 · 거족으로 성장한 성관들의 上代世系를 정리해 보면 다음과 같다.

① 坡平尹氏: 尹莘達(시조, 三韓功臣)-先之-金剛-執衡-瓘(侍中:起家祖)
② 陽川許氏: 許宣文(시조, 孔岩村主)-玄-元-正-載-純-利涉-京-遂-珙(中贊, 中興祖)
③ 仁州李氏: 李許謙(시조, 邵城伯)-翰(右僕射)-子淵(文宗妃父, 中興祖)
④ 平山朴氏: 朴赤烏(시조, 察山侯)-直胤-遲胤-守卿(三韓功臣)-抃琮-忠厚-寅亮-景仁-孝廉
⑤ 竹山朴氏: 朴奇悟(시조, 三韓功臣)-述-忠淑-溫裕-衡-永候-挺蕤-育和-仁碩-犀
⑥ 海州崔氏: 崔溫(시조, 州吏)-冲(侍中)-惟善 · 惟吉-思齊 · 思諒 · 思諏-瀹 · 灌 · 湧 · 洙 · 源 · 溱

⑦ 利川徐氏: 徐神逸(시조)-弼(內議令)-熙(侍中)-訥 · 惟傑-靖-鈞-淳

⑧ 水原崔氏: 崔徐遷(시조, 戶長)-韓用-融乂-士威(侍中, 起家祖)-자손번창-무신란 몰락

⑨ 淸州金氏: 金勤謙(시조, 三韓功臣)-忠良-懷玉-元戩-德冲-珍幹-周美

⑩ 忠州梁氏: 梁攸達(시조, 上將軍)-逸-暢受-公紹-元俊(平章事, 中興祖)-文炯 · 文秀

⑪ 大興韓氏: 韓億(시조, 知制誥)-元卿-惟忠-文俊(平章事)

⑫ 江陵金氏: 金周元(시조, 溟州郡王)-身-紫絲-東靖(大奈麻)-英珍 · 英吉 · 英堅 · 英喚 등 4大派로 分派

⑬ 原州元氏: 元克猷(시조, 三韓功臣)-徵衎-穎-禹卿-德-深夫-禮-承胤-瑨-傅(中贊, 中興祖)

⑭ 慶州金氏因渭系: 신라 元聖王-禮-仁允(三韓功臣)-信雄-因渭-元晃-景庸-仁揆-之祐

⑮ 慶州崔氏承老系: 崔殷諴(시조, 正甫)-承老(侍中)-肅-齊顔-繼勳 · 繼游

⑯ 安東權氏: 權幸(시조, 三韓功臣)-仁幸(郎中)-冊(戶長)-均漢(戶長)-子彭(戶長)-先盖(戶長) … 守平(樞密副使, 起家祖)

⑰ 東萊鄭氏: 鄭之遠(시조, 戶長)-文道(戶長)-穆(大府卿)-漸 · 澤 · 沆

⑱ 光陽金氏: 金佶(시조, 重大匡)-峻-策(左僕射, 起家祖)-廷俊-良鑑-若溫 · 義元-光中

⑲ 全州柳氏: 柳其休(시조, 角干)- 法攀-潤謙(檢務 · 租藏)-邦憲(鄕貢, 平章事, 起家祖)

⑳ 定安(長興)任氏: 任顥(시조, 員外郎)-懿-元淑 · 元厚 · 元濬-克忠 · 克正 · 溥 · 濡-景肅(侍中)

㉑ 文化柳氏: 柳車達(시조, 三韓功臣)-孝金-金奐(中尹)-盧一-寶春-寵-公權(參知政事, 中興祖)

또한 고려 후기 및 麗末에 군현 향리계열에서 성장한 성관들의 上代世系를 戶口 · 묘지 · 『고려사』 列傳 및 족보 등에 의거 정리해 보면 아래와 같다.

① 驪州李氏李行系: 李仁德(시조, 戶長)-元傑(副戶長)-孝溫(戶長, 軍尹)-

喬(部將同正)-秀龍(令同正) … 行(大提學, 起家祖)

② 廣州李氏: 李蔚(시조, 戶長)-漢(州吏)·唐(州戶)-集(5兄弟登科) … 조선시대鉅族

③ 韓山李氏: 李允卿(戶長)-孝進(戶長)-昌世(戶長)-自成(郡吏)-穀-穡(목은)

④ 楊州趙氏: 趙岑(시조, 戶長)-仁弼(郎將)-誼(書雲官正)-啓生·末生-克寬·遂生

⑤ 德水李氏: 李敦守(시조, 縣吏, 中郎將)-陽俊-邵-允藎·允蕃-千善(司空)

⑥ 淸州韓氏: 韓蘭(시조, 三韓功臣)-穎-尙休-奕-希愈-光胤-康(中贊, 中興祖)

⑦ 淸州鄭氏: 鄭克卿(시조, 別將)-孝聞-顗-僓-瑎(贊成事, 中興祖)

⑧ 全義李氏: 李棹(시조, 三韓功臣)-康-秀英-文景-允寬-順-阡-子蒝-混(僉議政丞)

⑨ 光山金氏金稹系: 金珠永(시조, 行隊正)-光存(別將)-大鱗-璉(政堂文學)-士元-稹(政堂文學)

⑩ 光山金氏金須·金周鼎系: 金吉(시조, 太祖功臣) … 匡瑞(中郎將)-偉-須·周鼎

⑪ 光山金氏金之淑系: 金位(시조, 追封司空)-元義-坪-鍊-之淑(中贊)-仁沇(密直)

⑫ 順興安氏安珦系: 安子美(시조, 州吏)-永儒(州吏)-孚(州吏)-珦(中贊)

⑬ 安東金氏方慶系: '先金'; 金義和(시조, 司戶)-敏成-孝印-方慶(中贊)

⑭ 綾城曹氏: 曹思旦(시조, 戶長)-子廉(戶長, 甫尹)-樞材-著(上將軍, 起家祖)

⑮ 安東金氏金得雨系: '後金'; 金習敦(시조, 公須副正)-呂基(戶長)-南秀(戶長)-熙-資-義-得雨(典農正)

⑯ 豊山柳氏: 柳節(시조, 戶長)-敦升(戶長)-廷莊(戶長)-伯(恩賜及第, 起家祖)-蘭玉(縣令)

⑰ 善山金氏: 金興述(시조, 戶長)-成彦(戶長)-儒正(戶長)-濟永(戶長)-美(戶長)-之瑩(戶長)-用品(一品別將)-忠義(戶長)-自守(專知)-延(戶長)-光偉(明法科, 起家祖)

⑱ 晋州姜氏姜彰瑞系: 姜某(戶長)-彰瑞(壯元及第)-啓庸-引文-師瞻-昌貴-

君寶-著 · 箮兄弟

⑲ 益山李氏: 李周衍(시조, 左僕射)-洌-英梓-陽眞-湊-行儉-崖-公遂(侍中)

⑳ 押海丁氏: 丁允宗(시조, 檢校大將軍)-奕材-良-信-俊-公逸-元甫-世(瑞)-安景-衍-子伋(文科, 中興祖)

㉑ 扶安金氏: 金景修(戶長同正)-春(戶長)-仁順(正位戶長)-作幸(戶長)-宜(登第祇候)-坵(平章事)

㉒ 義城金氏金洊世系圖: 金公祐(別將同正)-龍庇-宜-瑞-台權-居斗-洊(郎將)

㉓ 豊山金氏: 金文迪(시조, 戶長)-永玄(戶長)-有連(散員)-鍊成(郎將) … 楊震

㉔ 禮安金氏: 金尙(시조, 戶長)-存誠(戶長)-敦富(戶長)-希寶(戶長)-成世-鈕 … 淡(文科, 吏判)

㉕ 宜寧玉氏: 玉恩宗(시조, 倉正)-均之(戶長)-文亮(戶長)-全伯(隊正)-安德-斯溫 · 斯美兄弟(麗末, 登第)

㉖ 宜寧南氏: 南國美(戶長)-大山(戶長)-君甫(戶長)-奕(部將同正) … 南在 · 誾兄弟(조선조의 개국공신)

㉗ 眞城(寶)李氏: 李松柱(시조, 戶長)-英贇(正朝戶長)-碩(縣吏)-子脩(鄕貢, 明書業及第) … 滉(退溪)

고려 초기에 형성된 각 읍 토성들은 벌써 그때부터 上京세력과 재지吏族으로 분화되어 혹은 본관을 떠나 상경종사함으로써 재경官人이 되었고 그대로 토착하던 세력은 그 邑司를 장악한 상급 향리층을 구성하여 군현을 지배하였다. 이러한 토성에서 吏族과 士族으로 분화된 것은 고려 초기부터 계속되어 갔는데 그러한 경우를 例示하면 아래와 같다.

① 長湍韓氏: 長湍은 王建의 출신지 松嶽과 접경하여 일찍부터 왕건 가문과 인척관계에 있었고 개국공신과 개국관료로 재경세력이 강성했는가 하면, 睿宗朝에 출사한 韓安仁과 安中형제는 鄕貢 출신 韓圭(侍郎)의 아들이며, 그의 종제 韓冲은 본시 長湍 향리 출신으로 등과하여 樞密院副使를 역임하였다.

② 海州崔氏: 崔冲은 해주향리 溫의 아들로 고려 초기에 등과출사하여

최고 관직에 오르면서 문벌귀족으로 발전하였고, 明宗朝의 大禪師 祖膺은 三韓壁上功臣 貞猷의 7代孫이며 父는 戶長甫尹이었으니 이 가계는 최충가문이 문벌귀족으로 존재할 때 해주의 향역을 세습하고 있었던 것이며 향역을 맡고 있던 토착의 최씨들은 조선시대까지 해주 吏族을 대표하였다.

③ 水原崔氏: 최씨는 후삼국시대 이미 水原의 토착적 기반을 배경으로 본관을 실질적으로 장악하고 있던 강력한 호족이었다. 수원의 2대 토성인 金七(漆)과 崔承珪 등 200여 명이 왕건의 南征時 歸順効力하여 삼한공신이 되었던 것이며 顯宗朝에 출세한 崔士威는 戶長의 曾孫이며, 이 가계는 자손이 번창하여 고려 전기 대표적인 문벌귀족이었다. 그리고 毅宗朝에 한림학사를 역임한 崔婁伯은 수원향리의 아들이었다.

④ 驪州李氏: 여주이씨는 同本의 閔氏와 함께 고려 초기부터 토성향리에서 上京從仕하면서 吏族과 士族으로 분화되어 갔다. 12세기에 樞密院副使를 역임한 李仁植 家系가 재경 사족으로 존재하고 있을 때 李奎報 가계는 향리에서 출발하여 사족화해 갔고 고려 말에 출세한 李行의 先祖는 13세기까지 본관의 향리에서 아직 벗어나지 못했고 16세기에 출세한 李彦迪(晦齋)의 先世는 고려 말까지 향리로 있다가 士族이 된 가계였다.

⑤ 韓山李氏: 고려 毅宗朝에 출사한 李知命, 최씨집권기에 출사한 李孝純 및 고려 말기 향리가계에서 출세한 李穀은 각각 한산이씨로서 모두 고려왕조의 진전에 따라 향리가계에서 士族이 되었다. 조선시대에 편찬된 족보에 의하면 한산이씨는 조선시대까지 吏族과 士族이 나란히 존재하고 있었다.

⑥ 조선시대에 편찬된 족보에 의하면 吏·士族의 분화가 형제·숙질 사이에서 이루어지고 있었다. 동래정씨는 鄭穆과 先祚兄弟 사이에서, 眞寶李氏는 李子脩와 子芳형제 사이에서, 善山金氏는 그 선조 金延(戶長)의 전처 자손은 士族, 그 후처의 자손들은 吏族이 되어 향역을 세습하였다.

Ⅵ. 고려 및 조선시대 성관의 존재양태와 분포상태

1. 고려시대 姓數와 주요본관

『실지』 소재 姓들이 고려시대 어떻게 존재했나를 고찰하기 위하여 먼저 『고려사』 人名索引에 의거 姓別 文武官人數를 통계해 보니 아래와 같다. 다만 여기에는 宗室系 王氏와 외국인을 제외하였다. 이러한 통계를 통해 우리는 『실지』 소재 주요 姓들이 대부분 고려 초기부터 존재했음을 알 수 있다.

① 100명 이상 官人을 배출한 姓: 李(990명)·金(957)·崔(514)·朴(363)·鄭(315)·王(196)·尹(163)·韓(161)·柳(135)·宋(132)·張(129)·安(124)·洪(121)·林(107)·吳(104)·權(101): 16성

② 10명에서 99명까지 官人을 배출한 姓: 高(99명)·康(95)·文(92)·盧(84)·趙(83)·姜(76)·劉(69)·黃(68)·白(65)·許(64)·徐(64)·閔(63)·任(62)·申(60)·孫(60)·裵(55)·郭(52)·庾(51)·曹(48)·梁(47)·全(47)·陳(46)·元(44)·楊(40)·禹(33)·田(32)·池(31)·河(30)·蔡(29)·辛(28)·兪(28)·羅(26)·石(26)·周(26)·廉(24)·奇(24)·方(23)·皇甫(23)·薛(23)·玄(22)·朱(21)·成(21)·沈(21)·丁(20)·魏(18)·車(17)·咸(16)·秦(15)·邊(14)·慶(13)·印(13)·

馬(13) · 于(12) · 南(11) · 智(11) · 史(11) · 具(11) · 魯(10) · 蘇(10) · 都(10): 60성

③ 2명에서 9명까지 官人을 배출한 姓: 房(9) · 殷(9) · 孔(8) · 桓(8) · 玉 · 卓 · 宣 · 宗 · 韋 · 偰(7) · 昕 · 景 · 呂 · 潘 · 明 · 連 · 良 · 琴 · 卜(6) · 龍 · 仇 · 杜 · 井 · 堅 · 俊 · 邵 · 承(5) · 蔣 · 吉 · 睦 · 卞 · 陸 · 簡 · 異 · 奉 · 大(太) · 愼 · 牛(4) · 陰 · 彭 · 嚴 · 公 · 桂 · 伍 · 平 · 弓 · 聶 · 拓 · 石抹(3) · 皮 · 孟 · 邢 · 表 · 秋 · 段 · 晋 · 胡 · 畢 · 貢 · 榮 · 甄 · 荀 · 敷 · 柴 · 赫 · 廐 · 芮 · 魚 · 端 · 丘 · 牙 · 國 · 乘 · 尙 · 伊 · 式 · 信 · 南宮 · 獨孤(2): 79성

④ 1姓 1명 姓: 葛 · 延 · 錢 · 耿 · 敬 · 陶 · 賓 · 董 · 水 · 傅 · 莊 · 門 · 甘 · 章 · 邦 · 鞠 · 壽 · 於 · 澤 · 燕 · 夜 · 袁 · 吾 · 曲 · 楚 · 何 · 姚 · 唐 · 宮 · 泰 · 郝 · 梅 · 弼 · 華 · 東方 · 水丘: 36성

⑤ 官人이 없는 姓: 葉 · 扈 · 嵇 · 余 · 程 · 萬 · 牟 · 化 · 鍾 · 溫 · 附 · 强 · 頓 · 萇 · 弥 · 翟 · 昔 · 諸 · 夏 · 益 · 艾 · 森 · 陽 · 蒙 · 尋 · 芳 · 邕 · 賈 · 髥 · 革 · 價 · 勝 · 濯 · 江 · 米 · 那 · 馮 · 包 · 雷 · 合 · 提 · 冊 · 汎(范) · 甫 · 遜 · 固 · 桑 · 童 · 翁 · 荊 · 骨 · 卿 · 騫 · 員 · 素 · 翼 · 則 · 標 · 時 · 凉 · 鮮 · 郁 · 賀 · 瞿 · 京 · 爪 · 谷 · 斧 · 苔 · 碣 · 司空 · 西門 · 令狐 · 公孫 · 司馬: 75성

이상 266성 가운데 『實地』에 없는 성은 牙氏 · 顧氏 · 獨孤氏 · 石抹氏 등 10여 성에 불과하고 나머지는 모두 『實地』 소재 성씨였다. ⑤의 성 가운데 『고려사』에는 나타나지 않으나 고려묘지와 문집 및 고려 말 戶口자료에 기재된 성씨도 있다. 그리고 266성 가운데 200여 성은 고려 전기에 나타나며 60여 성은 고려 중기 또는 고려 말기에 나타나기도 하였다.

고려 전기에 진출한 姓貫들을 『고려사』 · 墓誌 등 관계 자료에 의거 지역별로 분석해 본 결과 총 151貫 가운데 후삼국시대 泰封지역이 93본, 후백제지역이 31본, 原신라지역이 27본으로 각각 나타나 궁예 → 왕건의 세력기반인 중부이북지방 군현토성의 진출이 월등히 우세하였다.

고려 전기 250년간을 통하여 태봉지역 토성이 전체의 60% 이상을 차지하고 있다. 여기에 다시 3品 이상 고급관인을 성관별로 구분해 보면 토성의 비율보다 더 높아 전체의 75%를 차지하였다.

泰封地域을 다시 세분해 보면 ㉠ 開京을 중심으로 한 王京圈, ㉡ 平山(浿江鎭)·黃州·海州·洞州를 연결하는 소위 浿西 13鎭地域, ㉢ 江陵·春川·原州·忠州·淸州·水原을 연결한 중부지방, ㉣ 西海岸地方의 군현토성들의 진출이 특히 현저하였다.

후백제지역은 왕건이 궁예의 부하로 있을 때 그의 經略에 의해 확보한 서·남해안지방의 토성진출이 현저하였고, 내륙지방 토성은 고려 중기 이후부터 비로소 진출하고 있다. 原신라지역의 경우는, 소위 新羅貴姓은 敬順王과 함께 고려에 귀부하였지만 기타 지방의 호족들은 이미 고려개국 초부터 고려에 귀순하기 시작하였다. 이에 해당되는 지역은 주로 후삼국의 爭覇地域인 安東·星州·善山·陜川·晋州 등지였던 것이다.

또한 중앙에 진출한 군현토성들을 그 本貫의 沿海·內陸이란 위치별로 구분해 보면 내륙지방보다는 연해지방, 그것도 西南沿海 토성의 진출이 훨씬 활발하였다. 그 이유는 신라 하대 이래 羅唐間의 文物交流가 주로 해로를 통해 전달되었고, 唐의 선진문화를 수용하는 데도 서·남해안지역이 시기적으로 내륙지방에 비해 앞서 있었으며 위치상으로도 유리한 입장에 있었기 때문이다. 한편 당시 韓·中·日을 연결하는 東아시아의 국제무역이 활발해지자 沿海郡縣 토성들은 해상활동을 통해 경제적 기반과 사회적 지위를 향상시킬 수 있었던 것이다. 당시 渡唐留學生이나 修道僧 또는 중국에서 우리나라로 오는 彼我間 往來人士들의 寄港地 내지 通過地가 대개 서·남해안이기 때문에 沿海郡縣은 내륙지방보다 國際的 眼目과 시대적 감각이 앞섰던 것이다.

한편, 고려 전기에 진출한 유력 토성의 분포지역을 살펴보면 통일신라 이래 행정 · 군사 및 문화적 중심지인 九州 · 五小京이나 慶州 · 鐵原 · 開京과 같은 首都地域, 羅末 禪宗九山의 각 本山과 인접한 지역, 신라시대의 西 · 北軍鎭地 및 서 · 남해안의 중요 寄港地가 여기에 해당된다. 이러한 현상은 대개 지방세력이란 단시일 내에 突起하기는 어렵고 累代 축적해 온 토착적 기반을 배경으로 하여 성장할 수 있기 때문이다. 즉, 신라시대의 행정적 · 군사적 체제를 그대로 인수하는 한편, 羅末에 와서 中央政府와 단절되면서 이미 그 지방에 구축되었던 지방지배체제와 軍事力을 발판으로 하여 마침내 후삼국시대의 강력한 豪族으로 등장할 수 있었던 것이며, 이들은 弓裔→王建과 연결되면서 高麗王朝 건설의 주체가 되었고, 나중에는 중앙의 귀족과 관료로 성장한 토성이 많았다.

한편 고려왕조의 발전에 따라 초기의 호족적인 체질이 문벌귀족으로 탈바꿈하여 그 모습을 뚜렷하게 나타내는 동시에 지방토성의 계속적인 上京從仕에 따라 지배세력의 저변확대를 가져왔다. 고려 전기에 문벌귀족으로 성장한 성관은 대략 30개 안팎인데 이들은 外戚 · 高官 · 禘祫功臣 및 科擧試官 등 주요 지배기구를 장악하여 고려왕조의 정권을 실질적으로 담당해 갔던 것이다. 중요 명문거족들의 성분과 권력관계를 표로써 정리하면 〈표 1〉과 같다.

상기 30개 성관은 모두 군현토성으로서 국초 이래 상경종사하여 귀족과 관료가 되었지만 그들은 동시에 家勢의 消長과 계층분화를 계속하였다. 그들의 진출배경도 다양하였지만 그들의 정치적 성향과 官人의 체질도 각양각색이었다. 太祖功臣으로서, 외척으로서 혹은 郡縣吏族에서 文武兩班으로 진출하여 각기 가문적인 특색을 지니게 되었다. 한편 이들 가문은 성관에 따라 派系에 따라 消長이 한결같지 않았다. 위의 30개 성관 가운데 慶州金氏, 仁州李氏, 海州崔氏, 長興任氏, 坡平尹氏, 南平文氏, 陽川許氏를 제외하면 나머지는 무신란을 전후하여 모두 몰락하

〈표 1〉 고려 전기 대표적인 문벌귀족

姓 貫	3品 이상 官人數	禘 祫 功臣數	知貢擧 歷任 횟수	后妃數	合 計
仁州李氏	21	1	11	10	43
慶州金氏	23	2	7	6	38
海州崔氏	16	4	9	1	30
開城王氏 (宗室 제외)	21	1	-	-	22
平山朴氏	16	-	2	3	21
慶州崔氏	8	5	7	1	21
江陵金氏	8	2	10	-	20
貞州柳氏	10	3	2	3	18
水原崔氏	12	1	2	-	15
利川徐氏	9	3	1	1	14
長湍韓氏	9	1	2	2	14
淸州李氏	7	1	4	2	14
光陽金氏	9	-	4	-	13
忠州劉氏	6	1	3	2	12
江陵王氏	7	2	-	2	11
長興任氏	7	-	2	1	10
淸州金氏	6	1	-	2	9
平山庾氏	6	1	-	2	9
中和金氏	8	-	-	-	8
黃州皇甫氏	7	-	-	1	8
沃溝林氏	5	-	3	-	8
坡平尹氏	5	1	2	-	8
靈光金氏	4	-	4	-	8
富平李氏	4	1	2	-	7
南平文氏	4	1	2	-	7
醴泉林氏	5	-	1	-	6
長淵文氏	4	1	1	-	6
陽川許氏	4	-	2	-	6
遂寧魏氏	3	1	2	-	6
鳳山智氏	4	-	-	-	4

고 말았다. 표면상으로는 이들 가문의 안정성이 유지된 것 같이 보이지만 실제 문벌귀족에게도 자체 내의 세력교체가 끊임없이 진행되었던 것이다.

고려 전기에는 양계지방의 入鎭姓이나 入姓 출신으로 중앙정계에 진출하여 귀족이나 고급관료가 된 자는 거의 없었다. 평양과 中和 · 祥原지방을 제외하면 나머지 신설 주진인으로 크게 출세한 인물은 없었다. 그렇게 된 연유는 아마 이 지방에는 토성이 없다는 데서 후삼국시대의 호족이나 '太祖功臣'의 후예가 존재할 수 없었기 때문이다. 그런데 양계 출신으로 고려 전기에 무예와 전공으로 출세한 자도 없지 않다고 생각되나 이들은 『高麗史』 列傳에 立傳될 정도가 되지 못하였고 또 설혹 무반으로 출세하였다 하더라도 성관을 밝힐 자료가 없었던 것이다. 그런데 고려 초기 이래 북경개척과 契丹 침입에 대응하는 등 국방 · 군사면에서 양계 吏族 출신들의 역할이 컸다고 볼 수 있다.

한편 고려 초기 내지 전기에 진출한 군현토성들의 消長관계를 살펴보면 아래와 같다.

① 고려 전기 대표적인 문벌귀족이었다가 무신란 기타 정변으로 인해 家系기록이 조선시대에 유전되지 못한 姓貫: 貞州柳 · 長湍韓 · 陽川崔 · 富平李 · 開城王 · 峰城廉 · 守安尹 · 童城異 · 平山朴 · 平山庾 · 黃州皇甫 · 黃州黃 · 中和金 · 洞州金 · 鳳山智 · 土山(祥原)李 · 遂安李 · 信川康 · 水原崔(士威系) · 江華韋 · 淸州金 · 忠州劉 · 忠州崔 · 忠州梁 · 鎭川林 · 陰城蔡 · 大興韓 · 春川朴 · 鐵原崔 · 橫城尹 · 慶州金(富軾系) · 慶州崔(承老 · 彦撝 · 亮系) · 梁山金 · 醴泉林 · 陜川李(元 · 仲系) · 光陽金 · 靈光金(永夫系) · 全州柳(邦憲系) · 南原晋 · 南原梁(禎 · 淑系) · 遂寧魏(繼廷系) · 長興任 · 沃溝林 · 茂松庾 · 沔川卜 · 沔川朴 · 土山崔 · 洪州洪 · 楊州韓 · 開城金 · 金浦鄭 · 見州李 · 水原金 · 稷山崔 · 靈光田氏

② 고려 전기 대표적인 문벌귀족, 후기의 권문세족, 조선시대 명문으로 그 성세가 지속된 성관: 坡平尹 · 陽川許 · 衿川姜 · 安山金 · 仁州李 · 竹山

朴 · 海州崔 · 海州吳 · 海州鄭 · 白川趙 · 利川徐 · 驪興閔 · 淸州李 · 淸州郭 · 江陵金 · 原州元 · 橫城趙 · 慶州李 · 安東權 · 安東金 · 草溪鄭 · 東萊鄭 · 南平文 · 濟州高 · 平山申 · 開城高 · 江陵崔 · 韓山李 · 晋州河 · 晋州姜 · 延日鄭 · 高靈申 · 仁同張 · 順天朴 · 務安朴 · 全州李 · 全州崔氏 등.

①에 관한 자료는 『고려사』에 단편적으로 나타나지만 후대에 발견된 墓誌를 통해 그 주인공의 본관과 4祖 등 가계기록을 재구성할 수 있다. 그러나 「고려묘지」는 족보가 편찬되던 조선시대에는 발견되지 않았기 때문에 그들 성관의 世系를 정리할 자료를 찾지 못했던 것이며, 이들 성관이 고려 전기 또는 후기에 한때 문벌귀족 또는 권문세족으로 존재했으나 조선시대에는 姓勢가 쇠미하여 그 후손 가운데 조선시대 명문 · 벌족으로 성장하지 못하였다. 이와 같이 ①의 성관들은 조선시대 족보 편찬 때 世系와 같은 가계기록과 顯達한 인사를 확보하지 못했기 때문에 고려시대는 명문 · 벌족이었으나 조선시대는 족보를 제대로 갖추지 못한 성관이 되었던 것이다.

②는 고려 전기 또는 후기를 대표한 명문거족으로 조선시대에도 그 성세가 지속된 성관이다. 이들 성관은 고려 또는 조선 전기에 起家祖나 중흥조가 중간정리한 가계기록(고려 후기 묘지 · 戶口單子 · 家牒 등)을 이어받고 또 그 후손들이 조선시대에도 가세를 유지했기 때문에 구체적인 세계도와 족도의 바탕 위에서 족보가 편찬되었던 것이다.

이상에서 살펴본 바와 같이 고려 전기, 무신집권기, 元의 간섭기 및 여말을 거치면서 지방의 中小郡縣 토성의 진출이 특히 활발하였다. 고려 전기에 비해 후기 내지 여말로 내려올수록 군현토성의 진출이 활발하였음을 일목요연하게 알 수 있다. 전기에 진출한 성관이 대략 150여 개인 데 비하여 후기에 와서는 100여 개의 성관이 새로 진출함으로써 그만큼 지배세력의 저변확대를 가져왔다. 이를 통해 우리는 당초 제시한 假說인 "후기로 올수록 전기에 비해 군현토성의 진출이 近畿地方에서 三

南地方으로, 大邑에서 中小郡縣으로 점차 확산되었다"는 사실이 증명된 셈이다. 한편 〈표 2〉와 같이 고려시대를 통하여 집권세력도 끊임없이 변천해 갔음을 알 수 있다.

상기 명문 가운데 무신란 이전에 이미 몰락한 慶州崔氏(彦撝·承老·亮系), 貞州柳氏, 忠州劉氏, 中和金氏, 平山朴氏(寅亮系), 慶州金氏(景庸系), 淸州金氏, 黃州皇甫氏, 安山金氏, 富平李氏, 長湍韓氏(彦恭系), 平山庾氏, 鳳山智氏, 黃州黃氏 등이 있는가 하면, 무신란을 계기로 몰락한 가문에는 慶州金氏(富軾系), 靈光金氏(審言系), 光陽金氏(良鑑系), 水原崔氏(崔士威系) 등이 있다. 문벌귀족이면서도 무신집권기에 큰 타격을 입지 않은 가문에는 仁州李氏, 海州崔氏, 南平文氏, 定安任氏, 坡平尹氏, 鐵原崔氏 등이 있으며, 새로운 명문으로 성장한 가문에는 慶州金氏(鳳毛·台瑞系), 安東金氏, 彦陽金氏, 光州金氏, 橫城趙氏, 全州崔氏 등이 있다. 이들 가문은 元의 간섭기에도 가세가 번창하여 安東權氏, 南陽洪氏, 陽川許氏, 原州元氏, 淸州韓氏, 平壤趙氏 등과 함께 여말의 권문세족을 형성했던 것이다.[1)]

고려 후기에 오면 양계 출신 인사가 간혹 나타난다. 그것은 고려 후기라는 시대적·사회적 변화에 따라 이곳 출신들이 전기에 비해 출세할 수 있는 기회를 보다 많이 포착할 수 있었기 때문이다. 즉, 무신란 직후에 야기된 ① 金甫當·趙位寵 등 무신집권을 반대한 전란으로 인해 무신정권이 현지세력을 회유할 필요성이 절실히 요청되었고, ② 곧 이어 蒙古침입에 대항한 현지 州鎭司 官員·軍民들의 혁혁한 戰功으로 중앙에 진출한 인사가 많아졌으며, ③ 元의 간섭기 이곳 출신 가운데는 附元세력으로 등장하여 元의 배경하에 중앙정계에 진출하는 자가 많아졌다. ④ 이와 함께 여말에 李成桂 가문이 동북면 일대에 강력한 세력기반을

1) 閔賢九, 「高麗後期 權門世族의 成立」(『湖南文化硏究』 6, 1974).

〈표 2〉 고려시대 名門鉅族의 消長表

姓 貫	高級官人(3品 이상) 數			
	高麗前期	武臣執權期	元의 간섭기 및 麗末	15세기 鉅族與否
慶州金氏	27	8	4	○
仁州李氏	21	5	2	○
海州崔氏	17	4	2	○
平山朴氏	16	-	-	×
水原崔氏	14	-	-	×
長湍韓氏	12	2	-	×
貞州柳氏	11	-	-	×
利川徐氏	9	1	-	○
光陽金氏	9	-	-	×
南陽洪氏	8	4	25	○
慶州崔氏	8	1	1	×
江陵金氏	8	-	-	×
中和金氏	8	-	-	×
定安任氏	7	5	2	×
淸州李氏	7	3	3	×
白川趙氏	7	2	1	○
忠州劉氏	7	-	-	×
黃州皇甫氏	7	-	-	×
峰城廉氏	6	1	6	×
原州元氏	6	-	11	○
淸州金氏	6	-	-	×
平山庾氏	6	-	-	×
驪興閔氏	5	3	8	○
竹山朴氏	5	3	5	○
坡平尹氏	5	2	5	○
靈光金氏	5	-	-	×
南平文氏	4	3	1	×
陽川許氏	4	1	12	○

〈표 2〉 계 속

姓 貫	高級官人(3品 이상) 數 高麗前期	武臣執權期	元의 간섭기 및 麗末	15세기 鉅族與否
富平李氏	4	–	–	×
羅州羅氏	3	1	5	○
鐵原崔氏	2	6	4	×
安東權氏	2	3	14	○
陜川李氏	2	2	4	×
橫城趙氏	2	2	2	×
慶州李氏	2	1	10	○
星州李氏	2	1	9	○
忠州池氏	2	–	5	×
安東金氏	1	3	13	○
全州崔氏	1	3	5	×
全州柳氏	1	2	–	×
尙州金氏	1	–	4	○
晋州姜氏	1	–	4	○
江陵崔氏	1	1	2	○
木川于氏	–	4	–	×
淸州慶氏	–	2	3	○
牛峰崔氏	–	5	–	×
平康蔡氏	–	2	5	×
文化柳氏	–	3	4	○
晋州柳氏	–	1	4	×
幸州奇氏	–	6	3	○
彦陽金氏	–	3	8	×
驪州李氏	–	2	2	×
光州金氏	–	4	19	○
韓山李氏	–	2	2	○
淳昌薛氏	–	1	4	×
淸州韓氏	–	–	9	○

〈표 2〉 계 속

高級官人(3品 이상) 數				
姓 貫	高麗前期	武臣執權期	元의 간섭기 및 麗末	15세기 鉅族與否
順興安氏	-	-	6	○
密陽朴氏	-	-	5	○
固城李氏	-	-	5	×
淸州鄭氏	-	-	4	×
平壤趙氏	-	-	10	○
丹陽禹氏	-	-	9	○
靈山辛氏	-	-	5	○
海平尹氏	-	1	6	×

삼고 중앙에 크게 부상되자 과거 부원세력으로 성장한 趙仁璧 가문과 義州豪族 張思吉(化寧縣(尙州속현) 토성에서 義州에 入居한 入鎭姓) 및 女眞 출신 李之蘭(佟豆蘭) 등이 이성계와 함께 진출하였다.

고려 후기 양계 출신으로 중앙정계 또는 官界에 진출한 家系를 열거해 보면 다음과 같다.[2)]

趙仁規가문(祥原郡來姓) · 宋子淸(安州入鎭姓, 水原府속현 龍城縣토성) · 玄德秀(延州入鎭姓) · 房瑞鸞(宣州鄕貢進士) · 邊呂(泰州入鎭姓, 黃州村姓에서 入居) · 趙文拔(본래 定戎鎭吏에서 登第出仕) · 韓希愈(嘉州入鎭姓, 嘉州吏) · 洪福源(南陽에서 麟州에 入居, 麟州都領) · 崔安道(海州崔氏에서 龍州에 入居, 吏族) · 趙暉(漢陽(楊州) 토성에서 龍津縣入居) · 李成桂가문(全州토성에서 함경도 전전) · 金承遠(信州에서 入居, 居定州 鄕貢進士) · 吳思忠(長鬐토성에서 寧遠郡 入鎭, 조선개국공신) · 李龜鐵(太祖時 官都摠制, 遂安토성에서 順川郡入鎭) · 金宇(熙川入鎭姓, 조선 佐命功臣)

2) 이수건, 『高麗後期 土姓硏究』(『東洋文化』 20 · 21, 1981).

이상에서 열거해 본 15개 성관은 고려 후기 양계지방 출신으로 성장한 세력 가운데 대표적인 몇 개 가문을 예시한 데 불과하다. 여기에 예시한 15개 성씨 외에도 양계 출신 인물이 많았던 것이며 특히 문반보다 무반으로 많이 진출했다고 생각된다. 상기 가문들의 先祖는 入居 前에는 원주읍의 토성吏族이었으며 入居 後에는 入居邑의 邑司 장악세력으로서 戶長·都領層에서 選軍응모·軍功·附元·舌人·鄕貢 등 그 진출경로는 각각 다르다 하더라도 모두 강력한 재지적 기반을 배경으로 했던 것이다. 그것은 이남 6도 토성이족의 진출과정처럼 州·鎭司의 戶長·都領層에서 진출하는 자가 많았다. 양계 주·진도 이남 6도와 마찬가지로 州·鎭司의 구성주체인 이족이 재지세력을 대표하였다. 그들은 그 지방의 토호인 동시에 州鎭의 행정실무를 장악하였고 또 都領·郎將·隊正 등과 같은 주진군의 장교직을 겸대하고 있었다.

고려시대 金石文(墓誌 포함)과 『고려사』·戶口단자·譜牒類 및 『掾曹龜鑑』에 의거 고려·조선시대 鄕吏를 배출한 성관을 적기하면 다음과 같다. 즉, 『실지』 소재 각읍 성씨는 거의 향리로 나타나며 고려·조선시대를 통해 대표적인 명문·거족들은 士族과 함께 吏族을 겸비하고 있었다.

경기도: 廣州李·安·朴·驪州李·閔·安城李·水原崔·金·長湍韓·高峰高·楊根咸·南陽洪·喬桐高·果川邊· 衿川莊·楊州趙·申·韓·高陽李·朝宗李·南陽宋·安山安·富平李·江華崔·仁川蔡·德水李·金浦公·陽川邊氏

충청도: 淸州金·韓·孫·慶·忠州劉·崔·梁·石·安·陰城蔡·韓山李·公州李·槐山陰·淸州郭·丹陽禹·池·淸風金·槐山智·陰城朴·堤川智·天安申·沈·全·淸州宋·文義李·朴·木川尙·竹山朴·安·全義李·燕岐河·稷山崔·金·平澤朴·溫陽方·牙山李·全·永同金·懷仁洪·李·報恩李·大興李·林川田·韓山金·禮山沈·張·靑山朴·舒川羅·鎭川林·洪州李·公州鄭·

宋·定山李·鴻山李·泰安賈·瑞山柳·德山李·保寧李·結城張氏

황해도: 海州崔·吳·黃州金·瑞興閔·安岳李·遂安李·谷山拓·延安宋·白川趙·白川扈氏

강원도: 江陵金·崔·咸·朴·春川朴·寧越嚴·辛·原州元·平海黃·孫·三陟金·沈·旌善高·平昌李·原州李·安·橫城高·黃·伊川崔·三陟陳·平海丘·蔚珍林·張·楊口柳·杆城李·高城朴·通川金·崔·歙谷申氏

경상도: 慶州金·李·崔·朴·鄭·孫·裵·善山金·白·文·林·蔚山朴·金·李·義城金·丁·陜川李·杞溪兪·尹·星州李·裵·呂·朴·全·白·安東權·金·張·曹·姜·迎日鄭·豊山洪·柳·金·昌寧成·曹·張·河·順興安·醴泉林·尹·權·開寧文·尙州金·朴·周·淸道金·高靈申·金海金·東萊鄭·眞寶李·晋州姜·河·鄭·靑松沈·居昌劉·章·愼·朱·義興朴·知禮李·阜溪鄭·卜·永川李·尹·東萊朱·大丘裵·白·李·八莒都·高靈朴·金·李·新寧李·安義河·寧海朴·申·黃·山淸陳·三嘉廉·嘉樹李·盈德尹·熊川朱·比安朴·咸陽朴·吳·呂·河陽許·軍威朴·徐·昌原黃·甘·仇·壽城羅·金山朴·密陽朴·孫·孝令司空·桀川禹·閔·咸昌金·三嘉朴·宜寧南·玉·余·沈·丹密孫·豊基安·秦·仁同張·劉·兪·長鬐鄭·吳·梁山鄭·巨濟潘·蘭浦鄭·興海崔·機張李·靈山辛·文·大丘徐·禮安李·金·金山白·固城李·朴·金·玄風郭·奉化鄭·英陽南·金·彦陽金·龍宮全·金·松生尹·聞慶 錢·慶山金·全·殷豊申氏

전라도: 全州李·崔·柳·張·白·綾城朱·曹·昌平卓·羅州吳·羅·鄭·陳·高興柳·茂松尹·南原晋·梁·李·淳昌邕·潭陽鞠·李·求禮孫·結城張·靈光金·珍同陳·錦山金·高阜李·殷·金堤趙·金·李·金溝李·臨陂李·扶安金·黃·張·泰仁松·田·許·雲梯兪·礪山宋·羅州朴·押海丁·朱·朴·江·潘南朴·安老金·海南尹·鄭·車·宋·靈岩崔·靈光金·田·耽津崔·長沙兪·咸平魯·牟平牟·南平丁·務安朴·丁·興德張·長城李·南原鄭·楊·淳昌趙·薛·龍潭文·廉·雲峰朴·長水李·鎭安全·

潭陽全 · 順天朴 · 張 · 光州金 · 卓 · 蔡 · 李 · 鄭 · 程 · 寶城朴 · 樂安李 · 高興申 · 昌平文 · 和順金 · 崔 · 同福吳 · 朴 · 成 · 玉果趙 · 濟州高 · 梁 · 夫氏

양계지방: 咸從魚 · 安州宋 · 延州玄 · 宣川房 · 嘉州韓 · 麟州洪 · 龍川崔 · 龍津趙 · 安邊崔 · 韓 · 永興崔 · 金 · 義州張氏

상술한 바와 같이 『實地』 소재 각 읍 성씨조가 고려시대 성관에 관한 기본자료이기는 하나 그것을 갖고는 고려시대 전 인민의 성과 본의 존재양태를 살필 수는 없다. 조선 후기 『읍지』 소재 성씨조가 그 고을 「향안」에 입록될 수 있는 士族의 성씨를 대상으로 했듯이, 『실지』 소재 성씨조는 그 고을 '邑司'를 구성했던 향리들의 성씨였던 것이다. 조선 후기 호적대장을 갖고 해당 고을의 전 주민 성관을 살펴볼 수 있듯이 고려시대 고을 단위의 호적대장이 남아 있지 않으니 전 주민의 성관을 파악하는 것은 불가능하다. 여기에 『실지』의 성씨조가 지닌 한계가 있으나 우리는 그것을 통하여 고려시대 성관의 존재상태를 유추할 수 있다. 조선 후기 호적대장에 나타나는 현상을 갖고 고려시대의 주민성관 상태를 유추해 보면 읍사 구성주체인 향리들은 『실지』 소재 성관을 갖고 있었던 것이며 향리에서 배제된 향리의 동성들이 읍치를 중심으로 관내에 살았던 것이며 타읍에서 이주한 성관도 있으며, 무성층인 천민은 성은 없으나 編戶된 곳을 본관으로 하고 있었던 것이다. 참고 삼아 光海君 1년(1609)에 작성된 『蔚山府호적대장』에 의거 당시 울산주민들의 성관을 살펴보면 『실지』 소재 11성(토성 9, 京來姓 2성) 가운데 朴 · 金 · 李 · 全 · 吳 · 尹 · 文 · 林 · 黃 · 許氏 10성은 있는데 睦氏는 없으며, 『실지』에 없던 申 · 皇甫 · 高 · 張 · 池 · 姜 · 河 · 卞 · 白 · 梁 · 太 · 韓 · 安 · 田 · 徐 · 裵 · 方 · 曹 · 陳 · 石 · 孫 · 劉 · 千 · 宋 · 兪 · 仇 · 郭 · 諸 · 沈 · 丁 · 都 · 成 · 孔 · 南 · 鄭 · 崔 · 趙 · 車 · 文 · 朱氏 등 울산을 본관으로 하는 40여 성이 기재되어 있다. 이러한 현상은 천인층의 良人化에 따라 有姓

層이 격증하게 되었는가 하면, 일반 피지배층은 각기 거주지에서 編戶됨으로써 『실지』에 기재되지 않았던 본관이 각 읍마다 많이 나오게 되었다. 向化人들의 본관에는 大元·黑龍·大同江 등이 있고 召募戶에는 그 原住地를 본관으로 적었는데 「本江原道杆城公兄津·本襄陽仇浦津·本古(高)城梨津」 등이 있다. 또 流移民의 경우 그 소종래처를 본관으로 적고 있는 「本京中」이 있다. 본래 제주도민을 뜻하는 '豆毛岳'(海女·海夫)의 本에는 제주·울산·熊川·昌原 등이 있으며, 두모악과 노비 등 천인은 성은 없으면서 本은 기재하였다. 임진왜란 때 降倭는 本을 기재하지 않은 대신 그 妻는 양천을 불문하고 本을 기재하였다.[3)]

2. 『실지』 성씨조의 각 읍별 姓種과 성관분포

조선 초기 姓과 本의 존재양태와 지역별 성관의 분포상태를 구체적으로 파악하기 위해서는 세종 14년에 편찬된 『실지』 소재 각도의 각 읍별 성씨조를 분석, 정리할 필요가 있다. 왜냐하면 『실지』는 한국 성관에 관한 자료 가운데 가장 일찍이 그리고 가장 구체적으로 정리된 것인데도 편찬 이후 한말까지 민간에 공개되지 않고 그 대신 『실지』의 성씨조를 축약·혼효한 『여지』가 조선시대 성관의 기본자료로 인식, 성관의식과 보첩 편찬에 유일한 전거가 되었기 때문이다. 그 결과 한국 성관의 원형이 상실되고 말았다. 그러니 우리는 『실지』 소재 성관체제와 그 『실지』 편찬을 전후한 여말선초의 성관관련 자료를 갖고 한국 성관의 원형을 복원해야 할 필요가 있다. 그러기 위해서는 비록 장황하나마 『실지』 소재 각 읍의 성씨조를 그대로 정리해서 전재하기로 한다. 『실지』의 성씨

3) 『蔚山府戶籍大帳』(己酉, 1609, 서울대 규장각 소장).

조를 그보다 7년 전에 편찬된 『경상도지리지』, 50여 년 뒤에 편찬된 『여지』의 성씨조와 비교할 때 『실지』의 성씨조 내용이 가장 상세하고 정확함을 미루어 보아 15세기 초 편찬 당시 성관의 존재양태를 우리에게 가장 잘 보여 주고 있다. 그리고 이 表는 동시에 고려 초기 토성분정 이래 고려시대 토성의 형성과 분화과정 및 성관의 분포상태를 고찰하는 데 유일한 자료라 할 수 있다.[4)]

이 책 뒤의 〈부표〉는 『실지』 소재 모든 성종과 본관을 총망라한 것이며 『여지』와 대조하여 『실지』에 없는 것이 『여지』에 기재된 것은 '〈 〉'로 표시하였다.

조선 초기 성관에 대한 대표적인 자료는 무엇보다 『실지』를 비롯한 『경지』와 『여지』의 성씨조라 할 수 있다. 『실지』 편찬의 저본이라고 볼 수 있는 『八道地理志』 가운데 유일한 현존본인 『경지』는 감사의 주관하에 도내 문관수령과 향중인사들에 의해 편찬되었기 때문에 일정한 지역의식을 갖고 향토인물을 諺傳의 자료를 통해 영웅시하려는 의도가 작용해서 때로는 사실과 부합되지 않는 서술이 있다. 그 성씨조도 『실지』의 그것과 비교해 보면 『실지』에 누락된 것이 『경지』에 있는가 하면 그 반대인 경우도 있으며, 『경지』의 토성이 『실지』에는 次姓 · 續姓 · 賜姓으로 기재되기도 하였고 『실지』 소재 亡姓 · 續姓 · 亡來姓 등이 『경지』에는 없다. 『경지』에는 人吏 · 百姓姓과 같은 구분도 하지 않았다. 대체로 『경지』는 도내 각 읍사에 전래되고 있던 전대의 성씨 관계 고적에 의거, 작성했던 것이며 그 기재형태가 고졸해서 세련되지 못한 느낌을 준다. 이에 반해 『실지』는 당대 최고의 문사들을 동원하여 고려 이래 전래되고 있던 중앙의 성씨 관계 자료와 『경지』와 같은 각 '도지' 및 기타 고

---

4) 〈부표〉 소재 姓種에 대한 개념 規定과 道別 · 지역별 · 성관별 분포상태와 그 특징에 관해서는 저자가 이미 앞에 든 『韓國中世社會史硏究』 土姓篇에서 상세히 논증한 바 있다.

금의 古籍, 『周官六翼』, 각 도의 성관 관련 보고 문서인 '道關' 등 각종 성씨 관련 자료를 참고하여 종합정리했던 것이다. 그러므로 『실지』의 성씨조는 당시까지 현존했던 중·외 및 고금의 성씨 관계 자료를 총동원하여 각 읍 성관의 내부구조와 그 존재양태 및 그 변화과정을 구체적으로 체계화했던 것이다.

『실지』보다 50여 년 뒤에 나온 『여지』의 성씨조를 보면 『실지』 소재 토성·차성·인리성·차리성·백성성·입주(현)후성 등의 용어가 없어지고 단지 본관을 본읍과 임내로 구분해 기재하였고 특히 토성과 망성을 혼효해서 기재하였다. 그 편찬자의 주해처럼 『여지』의 성씨조는 『주관육익』·尹淮地理志(『실지』)·『慶尙·全羅觀風案』에 의거해서 편찬했던 것이며 移來한 성씨에 대해서는 본관을 세자로 주기하되 본관을 모를 때는 성자 다음에 '來'·'續'·'屬' 자를 부기하였다 『실지』에 비해 『여지』의 성씨조가 이러한 특징을 갖게 된 배경은 무엇보다 시대적 성관 관념의 변화에 기인한 것이며 고려 이래 성씨의 대종을 이루었던 토성이란 용어를 쓰지 않은 것은 당시 사족의 본관이 거주지와 분리되는 현상이 일반화하면서 종래 토착적 의미의 토성은 이제 무의미해지고 그 대신 성의 출자지와 地望 내지 家格을 추상적으로 의미하는 본관만이 문제되었기 때문이다. 이처럼 『여지』의 성씨조는 그 기재 내용이 『실지』에 비해 훨씬 후퇴했으므로 고려 초기 토성분정 이래 성관의 본래 모습이 상실되고 말았다. 그러나 다른 한편에서는 인물조와 고적조를 대폭 보강하여 해읍을 본관으로 한 인물과 각 성의 본관을 구체적으로 파악해서 기재함으로써 후대 족보와 『읍지』 및 『大東韻府群玉』 성씨조와 『증보문헌비고』 帝系攷 附氏族條에서 인용할 수 있는 많은 자료를 제공해 주었던 것이다. 더구나 『실지』에 누락되었던 군현 또는 향·소·부곡성이 기재되었기 때문에 『여지』는 『실지』를 보완하는 자료로 이용할 수 있다.

『실지』·『여지』 성씨조 자료와 통계는 바로 15세기 한국 성관의 유래와 연변과정 및 당시까지 존재했던 성종과 성관의 분포상태를 우리에게 잘 보여 주고 있다. 이미 서두에서 언명했듯이 『실지』 소재 고려시대 성관체제가 고려 말·조선 초 사회변동과 함께 획기적으로 개편되어 나갔다. 그것은 신분제의 개편과 군현제의 개혁 및 이족과 사족의 확연한 구분과 사족의 본관과 거주지 불일치, 양반 사회의 진전에 따른 이족의 멸시와 문벌숭상, 성과 본관에 대한 의식의 변화 등이 그러한 분위기를 더욱 부채질하였다.

『實地』 소재 稀姓과 僻貫들을 도별로 열거해 보면 다음과 같다. ( ) 안의 土·亡·來·續은 각기 토성·망성·내성·속성을 지칭한 것이다.

경기도: 楊州 艾(亡)·楊州夫(果川來), 沙川耿(土), 幸州夫·則·那(亡), 衿川桂·莊·皮(土), 瑞原夜(次), 坡平邦(亡), 石淺鄕夜·扈(亡), 長湍馮·宣(亡), 海豊段(土)·鐘·杜·包(亡), 德水員(亡), 臨津邢·標·宣(亡)·宗(續), 臨江卿·史(亡), 松林米(亡), 麻田於(亡), 漣川井·邢(土), 永平榮(土)·燕·麻(亡), 乳石鄕何(土), 加平卓·簡(土), 朝宗胡(土)·邢(亡), 抱川桓(亡), 富平邢(土), 仁川門(土), 載陽祐(土), 金浦翁(土), 通津宗(亡), 童城祐·附·異(土), 廣州素(亡), 驪州畢(土), 川寧堅(土), 陰竹桓(土)·翼(亡), 陽城葛(土), 龍駒龍(土), 處仁葉(土), 雙阜愼(亡), 安城敬(土), 楊根傅·耿(土)·敬(亡), 砥平敬(土), 鎭江井·萬(土), 河陰萬(土), 喬桐印(土)·合·雷(亡)

충청도: 忠州嵇(外村), 延豊艾(亡), 長豊祐(亡), 槐山强(土), 鎭川弥(土), 淸塘葛(土), 淸州俊·東方(土)·西門(續), 楸子所畢(亡), 木川象(尙)·豚(頓)·場(張), 天安敬(來), 豊歲花(土), 燕岐耿·萇(土), 沃川陸(土), 黃澗甄(土), 彩雲鄕良(亡), 林川翟(土), 韓山端(村), 藍浦門(次), 庇仁龍(土), 鴻山荀(土)·涼(亡), 洪州萬(村), 泰安明(村)·賈(續)·餘美明(土), 瑞山杜(土), 沔川井(土), 保寧那(村), 靑陽異(續)

황해도: 黃州董 · 段(土), 鳳山開(外) · 智(亡), 安岳彭(土), 遂安桂(土), 谷山拓(亡) · 嘉禾騫 · 拓(亡), 俠溪鮮(亡), 海州景(土) · 郁(亡), 載寧董(亡), 翁津賀 · 瞿(亡), 長淵景(來), 延安段(續), 白川伍(土) · 扈(續), 兎山蒙 · 程 · 邢(亡), 豊川部(亡來), 文化令狐(亡)

강원도: 烈山麻(亡), 高山孟(土) · 吾(續), 平海水丘(土) · 葉(百姓), 平昌秋(土), 洪川皮 · 龍(土), 方山米(土), 瑞和谷 · 邵(亡), 文登壽(土) · 信(亡), 長楊華(土), 金化陽 · 京 · 柴(亡), 平康爪(亡), 伊川司馬 · 芳(亡)

경상도: 慶州昔(土), 杞溪兪(土), 北安谷葛(土), 河陽諸(土), 大丘夏(土) · 壽城賓 · 嵇(土), 奉化蒙(土), 比屋袁(土), 孝令司空(土), 榮川艾 · 董(土), 尙州荊(來), 山陽芳(土), 聞慶錢(土), 開寧尋(土) · 翁(來), 海平葉(來), 花園葛(土), 川邑部曲公(土), 會原甘(土), 龜山諸(土), 固城登(來), 三嘉森(土), 宜寧余(土)

전라도: 景明鄕印(土), 豆毛所冊(土), 犺山提(堤), 雲梯水(土), 平皐溫(土), 萬頃杜(土), 富潤勝(土), 尼波山所宗 · 葉(土), 井邑井(土), 泰仁柴(土) · 景(土), 押海江(土), 伏龍化(土), 靈岩嵇 · 陸(土), 淳昌邕(土), 南原晋(土), 求禮陶(土), 九皐扈(土), 樂安髥(土), 荳原鍾(土), 古多山部曲遜(土), 寶城宣 · 和(土), 福城革(土), 甲鄕昇(土), 遂寧魏(土), 潭陽鞠(土)

양계지방: 咸從魚(江陵에서 入鎭), 順川弓(兎山에서 入鎭), 安邊桑(土), 衛山邢(土) · 芳(土), 霜陰陽(土), 永豊赫(開城 등에서 亡入姓), 永興扈 · 固 · 拓 · 魏(土), 長平鎭桑(平海에서 亡入), 預州弘 · 位(亡來), 宣德弘(永同에서 亡入), 定平涓(廣州에서 亡入), 富寧童(投化姓)

그리고 『실지』 소재 僻姓 가운데는 다음과 같이 집필자의 誤記나 착오로 인해 생긴 경우도 있다고 본다. 州 → 朱(熊川縣) · 陽 → 楊(永善縣) · 鍾 → 種(昆湄縣) · 何 → 河(定平) · 價 → 賈(馬靈縣) · 遜 → 孫(古多山部曲) · 奕 → 赫(隘守鎭).

3. 고려 말·조선 초 신분제의 재편성과 성관체제 개편

『실지』 소재 각 읍 토성은 앞에서 고찰한 바와 같이 나말려초에 형성되었으며, 그것은 고려왕조의 진전에 따라 상경관인과 재지이족으로 분화되어 갔다. 후자는 다시 여초부터 각기 본관읍의 호장층을 세습하면서 상경유학·향공·선군응모·무공·기인 등의 수단을 통하여 3대 출사로인 문·무·리의 3계열로 진출하여 역대 지배세력을 공급해 갔던 것이다. 그런데 군현토성의 진출과정은 시기와 지역에 따라 현저한 차이가 있었다. 호족세력을 재정비한 10세기 후반과 무신란을 전후한 12세기 및 元의 간섭기와 여말의 왕조교체기에 지방토성의 진출이 가장 활발하였다. 그렇게 된 연유는 기성세력의 도태와 집권세력의 교체에 따른 결과라 하겠다.

흔히 한국사상 향리자제가 본격적으로 중앙에 진출하기 시작한 것은 무신집권기부터라고 하지만, 실제는 고려 초기부터 14세기 말까지 지방에서 새로 상경종사한 신진세력들은 주로 군현의 호장층에서 출자하였던 것이다. 그러한 사실을 우리는 당시의 호구단자와 보첩류를 통하여 확인할 수 있으며, 고려 말기 호구단자와 『成化譜』(1476년)와 『嘉靖譜』(1565년)를 각각 남긴 安東權氏와 江陵金氏 등의 성장과 분화과정이 그 대표적 예라 하겠다.

최근에 간행된 『安東權氏大同譜』(1961)에 의하면 시조(權幸: 삼한공신)에서 10대손까지가 14파, 17대손(대체로 15세기 초)까지가 100계파로 구분되어 있는데 어느 파계를 막론하고 그 세계를 소급 추적해 올라가면 예외없이 모두 안동호장층의 자손이 되는 셈이다.[5] 12세기 초에

---

5) 여기 안동권씨의 성장과 분화에 관한 논술은 『成化譜』를 비롯하여 權適墓

출사한 權適의 증조는 안동호장으로서 무산계인 陪戎校尉를 겸했던 것이며 그 조부와 부는 그의 출세로 관직이 추서되었으니 실제는 증조와 같이 호장일 가능성이 크다. 권적은 바로 호장의 자손으로 출사하여 宋의 制科에까지 합격하였고 내외요직과 문한직을 역임하였다. 그의 아들 權敦禮는 사환 중 무신란을 만나 원주에 낙향 은거하면서 지방자제 교육에 몰두하였다.[6] 권적과 거의 동시에 출사한 權正鈞(의종조, 刑部尙書行上將軍)은 무반으로 출세한 것 같으며, 인종 4년 李資謙 제거모의에 가담했다가 피살된 權秀(大將軍), 崔忠獻에 의해 피살된 權節平(平章事) 權準(將軍)父子, 權衍(대장군) 權允(장군) 등도 모두 안동권씨인 것 같다. 『고려사』 열전에 처음으로 본관이 명시된 權守平의 출자를 서술하면서 "출신이 한미하여 그 족보를 알 수 없다"고 하였고 "隊正을 거쳐 나중에 樞密院副使가 되었다" 했지만 『성화보』에 의하면 그는 바로 안동부 '保勝別將 副戶長 中允'의 직함을 지닌 權仲時의 아들이며, 숙부인 權就宜와 權通은 호장, 권수평의 弟 次平은 精勇別將 · 食祿正이며 守洪은 부호장이었다. 특히 권수홍은 증손 權漢功의 출세로 증직에 추서되었고 그의 아들 權子輿는 檢校大護軍이 되었으나 그의 3女壻 方乞(호장) 權良俊(호장, 일품별장) 金利堅(안동김씨, 호장)은 모두 현직 호장이었다.

무신집권기와 원의 간섭기에 호장층의 자제에서 성장한 권수평계와 권수홍계는 후기의 권문세족으로 발전한 데 이어 왕조교체기에는 집권세력과 재야세력으로 분화되면서 전자는 주로 기호지방에 분포되고 후

誌, 權守平傳 기타 人物의 狀碣文을 참고하였다. 郡縣土姓의 성장과 士族 · 吏族의 분화과정을 저자 나름대로 추적하여 논증한 것이며, 이는 安東權氏에 한하지 않고 모든 군현토성에도 적용된다고 본다.

6) 前揭 權適墓誌, 『補閑集』 卷下, 『破閑集』 卷下, 『西河集』 卷4, 寄山人悟生書, 代李湛之寄權御史敦禮書 및 『動安居士集』 卷1, 水多寺留題條 참조.

자는 각기 외향과 처향을 따라 낙향하였다. 권수평계는 안동 이외의 지방 즉 기호지방을 위시하여 전라 황해 강원 및 경남지방에 확산되었는데 특히 후대의 權近系는 훈구세력으로 계속 내려왔다. 권수평의 아우 수홍계 가운데 權漢功계는 위의 수평계와 비슷하게 주로 기호지방에 분포되었고 다른 파계는 각 도에 분포되었는데 그들 가운데 일부는 안동을 중심으로 경북일원에 확산되었다. 여말의 첨설직에서 겨우 품관이 되어 나중에 안동에 대표적인 재지사족(士林派)으로 성장한 權柱(佳逸洞), 權好文(松坡洞), 權檥(酉谷)계가 여기에 속한다. 14세기 초까지 호장을 세습하다가 여말에 사족으로 성장한 權軫(世宗朝, 左議政)계는 위의 수홍계와 같이 기호파와 영남파로 나누어졌다. 권진계와 거의 동시에 진출하였던 權專(文宗의 妃父)계는 사육신사건을 계기로 일부는 몰락하고 일부는 青松 寧海 등지에 은거하다가 16세기 이후에 재지사족으로 존재하였다. 15세기까지는 安東吏族으로 존재하였던 邑內 鄕吏系는 同本의 金氏, 張氏들과 함께 17세기 이후에는 간혹 吏籍에서 이탈해 사족의 길을 걸었고 사족이 된 그들은 읍내에서 벗어나 시골 또는 타읍으로 이주하였다. 이들 향리는 조선왕조의 향리억압책에 의하여 양반과 구분되는 중인층에 속해 있었지만 17세기 이후 신분제의 해이와 중인층의 성장에 따라 자기지위를 현저히 고양시켜 갔던 것이다.

상술한 바와 같이 고려의 건국 내지 통일과정에서 왕건의 휘하장상이나 귀순성주로서 상경종사하여 여초에 이미 재경관인이 된 기성세력을 제하면 그 이후의 신진세력들은 상기 안동권씨와 같이 대개 군현이족 출신이었다. 15세기 양반사대부 가문의 선조가 고려시대 군현이족이 아닌 것이 별로 없다는 사실은 고려 후기의 지배세력에게도 그대로 적용된다 하겠다. 14세기 말 왕조교체는 유불교체와 함께 정치·사회적 성격에 큰 변혁을 가져왔지만 특히 집권세력의 교체를 비롯하여 신분제의 재편성과정에서 양반과 중인층이 확연하게 구분되어 갔다. 일찍이 成俔

〈표 3〉 15세기 名門巨族들의 姓貫一覽表

명문 / 지역	15세기 名門巨族	本貫數
경기도	廣州李·安, 驪興閔·李, 楊根咸, 利川徐, 衿川姜, 楊州趙, 豊壤趙, 坡平尹, 幸州奇, 交河盧, 南陽洪, 安山金, 龍仁李, 陽城李, 漢陽趙, 僧嶺崔, 仁川李, 德水李, 陽川許, 水原崔, 仁川蔡, 竹山朴·安, 江華奉氏	26
충청도	丹陽禹, 淸州李·郭·韓·鄭·慶, 天安全, 全義李, 平澤林, 新昌孟, 鎭川宋, 韓山李, 洪州李, 瑞山柳, 沃川陸氏	15
경상도	慶州李·金·崔·鄭, 杞溪尹, 密陽朴·孫, 梁山李, 淸道金, 大丘徐, 東萊鄭, 昌寧成·曺, 彦陽金, 靈山辛, 玄風郭, 迎日鄭, 安東金·權, 寧海朴, 順興安, 永川李, 咸陽朴, 青松沈, 義城金, 河陽許, 尙州金, 星州李, 善山金, 海平尹, 陜川李, 草溪鄭, 高靈申, 晋州姜·河·鄭, 金海金·許, 固城李, 居昌愼, 河東鄭, 漆原尹, 宜寧南氏	43
전라도	全州李·崔·柳, 益山李, 羅州羅, 潘南朴, 茂松尹, 南平文, 務安朴, 南原梁, 順天朴, 長水黃(續姓), 光州金, 綾城具, 和順崔, 押海丁, 礪山宋, 濟州高氏	18
황해도	遂安李, 海州崔·吳, 延安李·金, 信川康, 平山申, 白川趙, 牛峰李, 豊川任, 文化柳氏(來姓)	11
강원도	江陵金·崔·咸, 旌善全, 原州元, 通川崔氏(續姓)	6
평안·함경	平壤(祥原)趙(來姓), 咸從魚氏(入鎭姓)	2

은 15세기의 대표적인 명문거족을 75개 성관으로 열거한 바 있다. 저자는 그가 열거한 75개 '거족'을 다소 수정 보완하여 〈표 3〉과 같이 제시한다.

〈표 3〉 소재 121성관은 조선 초기를 대표한 명문거족이며 이들이 최초로 상경종사한 시기별로 분석해 보면 ① 고려 전기가 23, ② 무신집권기가 18, ③ 원의 간섭기가 48, ④ 여말선초가 32개 본관으로 각각 분류

된다. 그러니 15세기 명문들은 70% 이상이 13세기 말에서 14세기 말에 걸쳐 기가한 신흥세력이었던 것이다. 한편 121개 성관 가운데 향리 관계가 자료에 나타나지 않은 것으로는 利川徐, 豊壤趙, 坡平尹, 陽川許, 幸州奇, 交河盧, 仁川李, 延安李·金, 文化柳, 平壤趙氏 등 11본관에 불과하며 이들은 모두 개경과 한양을 중심으로 한 근기지방에 위치하여 일찍부터 읍사에서 이탈했거나 관계 자료의 결여에 연유했다고 볼 수 있다. 이 11본관을 제외하면 나머지는 모두 향리 관계 자료를 확인할 수 있었다.

여말선초에 걸쳐 사회신분 면에 있어서의 획기적인 변화는 재지사족의 존재와 사족과 이족의 확연한 구분이라 하겠다. 무신란을 계기로 전시과체제가 붕괴되면서 토지의 사유화가 일반화되어 갔고, 기성관인의 낙향생활과 재지중소지주 출신이라 할 수 있는 향리자제의 대거 등장은 마침내 지주적 성격을 강하게 지니는 신흥관료를 창출시키게 되었다. 한편 고려·조선 양 왕조의 중앙집권화와 군현제의 정비에 따라 군현이족의 지위는 저락되고 권한은 계속 위축되어 갔다. 또한 고려 후기부터 군현이족의 대량 진출은 결과적으로 관료군의 포화상태를 유발하여 여말에 오게 되면 기성 사족으로도 내외관료기구를 감당하고도 남음이 있었기 때문에 이 이상 더 새로운 관인의 배출을 바라지 않았던 것이다. 향리자제의 계속적인 진출은 기성사족의 입장에서 본다면 그들의 독점적인 특권을 위협하는 요인이 되므로 이족의 관계진출을 봉쇄한 데서 사족과 이족의 분화가 점차 명확해 갔다. 고려 중기까지는 학문상으로나 행정업무상으로나 官과 吏의 업무한계가 명확하지 않았다. 등과사류가 初任職으로 州牧의 하부행정직책인 장서기·사록·참군사에 임명되기도 하였고 중앙관서의 서리·녹사직에도 임용되곤 하였다. 그렇던 것이 여말부터 성리학의 수용에 따라 사류는 실무보다 이론을 숭상하게 되었고 따라서 文·吏의 업무한계가 점차 명확해지면서 사족과 이족의 분화가 더욱 촉진되었다.

사족과 이족의 분화에는 세대의 소원에서 오는 친족관념의 희박과 향촌사회의 변모에서도 그 배경을 찾아볼 수 있을 것 같다. 여말까지만 하더라도 동일 친족 내에 사족과 이족이 공존했으며, 심지어는 형제와 숙질 간에 양자가 나란히 존재하기도 하였다. 그러나 이러한 현상도 시간이 지남에 따라 종전의 형제 · 숙질관계가 3종 · 4종관계가 되고 有服之親이 이제 路人과 다름없는 관계가 된 데서 양자의 구분은 더욱 확실해졌다. 고려 전기에는 군현토성에서 분화된 재경관인과 재지이족이 제각기 자기의 위치를 지키면서 부여된 권한을 행사함으로써 양자의 공존이 가능했다. 그러나 고려 후기부터는 상경종사한 관인층이 재지지주적 성격을 농후하게 지니게 되었다. 여기에서 상경관인의 낙향생활과 농장의 확대 및 재지사족의 광범한 존재로 인해 중앙의 관직에만 의존하지 않고 지방에 관심을 가지면서 비로소 留鄕所가 나타나게 되었다. 이러한 유향소의 설치 운영이 결국 사족과 이족을 분화시키는 촉진제가 되었다고 볼 수 있다.

이러한 시대적 사회적 배경에서 사족과 이족의 분화는 14세기 말에서 15세기로 넘어오면서 더욱 촉진되어 같은 토성 출신이면서 한쪽은 상경종사하여 재경관인이 되고 다른 한쪽은 다시 이족과 재지사족으로 구분되고, 더 나아가서는 양반과 중인이란 계층분화로까지 발전시켜 나갔다. 이는 또한 사족은 벼슬인 '官'을, 이족은 행정실무인 '吏'事를 담당한다는 데서 소관직무까지 확연히 구분되어 갔다.

이러한 사족과 이족의 분화현상은 그들의 거주지까지 구분하게 되었다. 대체로 14세기 전반까지는 재지토성이 각기 읍내에 거주하였으나 그 이후부터 이족에서 벗어나 사족화하면서 읍외 촌락 또는 타읍으로 복거하거나 이주하는 것이 일반적인 경향이었던 것이다. 그 결과 조선시대 吏族은 군현 관아 소재지인 읍내에 세거하였고 재지사족은 읍내를 벗어나 향촌에 이주, 정착하게 되자 사족 중심의 同姓村은 대개 향촌에 존재하였다. 그러한 배경은 당시 가족제도와 재산상속에도 하나의 요인이 있었다고 본다. 재산상속에 있어서 子女均分相續制가 철저히 지켜진 사회에서 子女婚娶를 할 때 딸을 출가시킨다는 의미보다는 사위를 영입한다는 의미를 더 강하게 지니게 되었다. 따라서 아들은 娶妻와 동시에 처가로부터 처남과 동일한 양의 재산을 分衿받았던 것이며 그 분금받은 재산(주택 · 노비 · 토지 등)은 처가 소재지와 그 처가의 연고가 있는 곳에 분포되어 있었기 때문에 결혼과 동시에 분가하여 처향으로 이주하는 것이 일반적인 경향이었다.[7)] 그 결과 고려 후기 이래 재경관인이 낙향하거나 기성사족이 거주지를 옮길 때는 대개 처향과 외향을 택했던 것이다. 15세기 후반에 작성된 『여지』에서는 토착적 의미를 지닌 토성이 사용되지 않고 그 대신 거주지에 관계없이 본관이 주로 문제되었던 것이며, 기성사족의 타향 이주가 많았다는 데서 각 읍의 인물조에 '寓居' 조항이 새로 첨가되었던 것이다.

4. 조선 전기 재지사족의 성장과 양반층의 확대

조선왕조는 '士大夫政權'이라 할 만큼 讀書儒生인 士(章甫)와 전 · 현직관료인 大夫(搢紳)가 在朝와 在野에서 정치 · 사회적 지배세력으로서 역대의 정권을 담당해 나갔다. 이러한 사대부는 士族 또는 양반과 동의어로 사용되었지만 그 형성시기는 고려 후기로 소급된다. 그들은 대개 지방의 郡縣鄕吏가문에서 출자하여 경제적으로는 지방의 中小地主的 기반을 가진 데다가 고려 후기 정치적 혼란과 北虜 · 南倭의 외침이 거듭되는 가운데 科擧 · 軍功 · 添設職 등을 통해 中央官人 또는 그에 준하는

7) 이수건, 「朝鮮前期의 社會變動과 相續制度」(『歷史學報』 129, 1991).

자격을 획득한 자들로서 '能文能吏'의 조건을 갖춘 새로운 官人像을 지닌 동시에 때마침 元나라로부터 전래된 新儒學을 적극 수용하면서 여말에 가서 마침내 숭유배불과 反元親明策 및 왕조교체라는 방향으로 나서게 되었다.

그들은 14세기 말 왕조교체를 계기로 집권사대부와 재야사대부로 나누어졌는가 하면, 15세기 후반 世祖의 왕위찬탈을 겪으면서 다시 勳舊派와 士林派로 分岐되어 갔다. 특히 후자는 왕조교체기의 재야사대부와 맥락을 같이하면서 훈구파의 집권 아래 朱子學的 향촌지배 질서와 새로운 선진농법을 향촌사회에 적용하여 원만한 '主奴'關係와 地主佃戶制를 근간으로 지역개발을 활발히 추진하는 과정에서 향촌사회의 획기적인 성장과 함께 자신들의 정치 · 사회적 진출을 꾀하였다.

국초 이래 조선왕조의 적극적인 文敎장려와 선비양성책은 16세기에 접어들자 지방에서 급격한 재지사족의 저변확대를 가져왔다. 科田法의 해체로 인한 사족의 地主的 성격의 강화, 거듭되던 政變 · 士禍로 인한 落鄕官人의 증가, 토성이족의 士族化에 따른 '任內'移住 및 재지세력의 향촌지배권 장악에 따른 留鄕所 · 司馬所의 설치운영, 鄕規 · 鄕約 · 洞約의 제정실시, 書堂 · 書院의 보급, 씨족 · 문중을 중심으로 한 同姓村의 발달 등 일련의 정치 · 사회 · 경제적 변화에 따라 지방 사림의 형세는 16세기 중반부터 급격히 신장되어 갔던 것이다.

사대부에서 사림으로 演變하는 과정에서 그들은 중간에 비록 집권사대부와 재야사대부, 훈구파와 사림파 또는 나중에 東西 · 南北 · 老少의 당파로 나누어지기도 했지만, 그들은 敎學과 신분상으로 본다면 모두 주자학에 훈도된 兩班士類였다는 점에서 공통의 특징이 있다. 따라서 조선왕조는 京鄕을 막론하고 士類가 중심이 된 양반지배가 확고한 사회인 동시에 사림이라 불리는 선비집단이 그 사회의 영도세력이었다.

조선 초기는 前代의 遺制(비유교적인 禮制와 儀式)가 주자학적 禮制

와 의식으로 대체되어 가는 시기였다. 그러한 양 체제의 교체과정에서 심각한 모순과 갈등을 초래하였는데 그 단적인 예가 太宗朝 처첩분간과 서얼차대법을 단행하면서부터 거의 집집마다 처첩과 그 소생들의 적서분간문제가 발생하였고, 承重 · 分財 · 奉祀 · 喪祭禮에 걸쳐 古制와 時王之制 또는 時俗 그 어느 것에 준거하느냐에 따라 이른바 '情法' 문제가 심각하게 거론되었다. 兩側的 가족제도, 同姓결혼, 異姓收(侍)養, 男歸女家婚, 夫妻 또는 父子의 異財, 子女均分相續制 및 子女輪回奉祀制와 같은 전통적인 遺制를 이어받은 조선의 사대부정권은, 국초부터 성리학적 禮制와 윤리에 입각하여 그러한 유제를 父系 친족 중심의 가족제도, 同姓不婚, 異姓不養, 親迎禮, 夫妻 또는 父子의 共財, 子女差等相續制 및 長子奉祀와 같은 중국의 宗法的 가족제도로 개정하려고 노력하였다. 조선 전기는 바로 이러한 두 가지 체제가 혼재한 데서 사대부정권이 지향하려는 법제적인 면과 실제의 민간습속과는 상당히 괴리되어 있었다. 士林세력의 저변확대와 주자학적 의례의 보급에 따라 전자의 것이 점차 후자의 방향으로 나아가는 추세에 있었지만, 그 진행속도는 매우 완만하였다.

조선시대 양반을 크게 在京勳戚 · 官僚와 지방의 재지사족으로 구분할 때, 그들의 재산소유형태도 전자가 대지주로서 그들의 토지와 노비가 각지에 분산되어 있는 데 비하여 후자는 대체로 중소지주로서 그들의 田民이 거주지를 중심한 통혼권 내에 분포되어 있다. 사족의 재산은 크게 노비와 토지, 家舍와 기타 가재도구로 구분되며 전민의 비중은 시대에 따라 한결같지 않았다. 그리고 재산증식에는 첫째, 父 · 母 · 妻邊에서 전래되는 상속과 분배 및 기타 친척으로부터 受贈하는 경우, 둘째, '卜居'와 개간에 의한 새 家舍와 田畓의 확보, 셋째, 이러한 자산의 기반 위에서 買得하거나 증식하는 경우의 세 가지로 대별된다고 볼 수 있다. 첫째는 祖業 계승과 子女均分制下의 혼인에서 증식되는 것으로 이는 家勢와 名望 또는 貴婚과 富婚에서 가산이 축적되는 경우이며, 각 지방을 대표한 명문들의 복거나 지역개발의 경우가 둘째에 해당된다. 그들은 父祖 전래의 世居地를 떠나 자신이 새 터전을 잡거나 妻鄕·外鄕을 따라와서 이주한 곳인데 이러한 곳은 대개 避兵·避世에 적합하고 背山臨水하여 山水勝景이 있었다. 그들은 내외조상의 배경과 현지 外官의 官權庇護下에 無主地·陳荒地를 立案받거나 影占하기도 하며 개간가능지를 찾아서 새 전답을 확보하기도 하고 廢寺의 전민을 冒占하기도 하였다. 첫째와 둘째에서 축적된 재력으로 다시 長利와 商行爲를 통하여 전민을 계속 증식시켜 나갔던 것이다.

재지사족의 신분유지에는 무엇보다 문·무관직을 갖는 것이 첫째 요건이 되겠지만, 吏族의 士族化에는 科擧·軍功·學問·卓行 등이 중요한 수단이며, 그것은 또한 일정한 부와 학문적 기반 위에서 성취될 수 있었다. 文科나 생진과에 합격하는 것이 士族子弟로서 가장 소망스러운 길이지만, 그것이 여의치 않을 때는 조선개국기·世祖 靖難期와 倭亂·胡亂 및 英祖 4년 李麟佐亂 때와 같은 집권층의 회유책과 軍功으로 인한 정규 功臣과 原從功臣 책록에 참여함으로써 신분을 고양시킬 수 있었다. 그러한 정변과 전란이 기성 士族에게는 큰 타격을 주어 몰락하는 가문도 있지만, 반면에 신흥 세력에게는 起家의 한 계기가 되기도 하였다.

그러한 婚俗과 균분제는 통혼권의 확대와 함께 士族의 저변확대와 부의 확산이라는 효과를 가져왔다. 국초 이래 功臣·宗室·外戚 및 재경관료들은 왕조의 개창 및 정비기에 집권세력으로 토지·노비·가옥 등 제반 특권을 배타적으로 점유하였다. 특히 李成桂父子代부터 中宗까지는 많은 妃嬪의 몸에서 王子女가 수없이 태어났고, 그 많은 왕자녀가 양반가문과 혼인함으로써 특권과 부의 분산을 가져왔다. 왕자·왕녀와 기타 宗室은 제일의 귀족으로 막대한 전민과 賜牌地를 갖고 있었다. 그러한 재산과 특권은 당시 자녀균분상속제에 의하여 균분, 상속되기 때문에 왕실과의 혼인이 조선시대 사족의 저변 확대에 크게 기여하였다. 자녀균분제는 기성 세력 간에 재산의 수수로 인한 부의 평준화, 귀와 부의 연결에서 권력과 부력의 상호작용 및 京·鄕士族 간의 交婚과 부의 교류 등으로 인해 단시일 내에 양반층의 저변확대와 부의 분산을 가져왔다.

역대 지배세력의 성분구성과 시기별 진출상황을 살피는 기준으로서는 당대 后妃數·功臣數·高級官人數를 갖고 분석하기도 하지만 조선시대 官人의 등용문인 文科及第者를 갖고 살피는 것이 가장 타당하다고 생각된다. 中宗 元年(1506)에서 肅宗 46년(1720)까지 약 200년 동안 문과급제자를 분석해 보면 〈표 4〉와 같다.[8)]

〈표 4〉 소재 文科及第者 20명 이상을 배출한 73개 성관을 『實地』 소재 姓種별로 분석해 보면 文化柳氏가 文化縣의 來姓, 長水黃氏가 長水縣의 續姓으로 기재된 것을 제외하면 나머지는 모두 州府郡縣의 토성이었다. 본관의 도별 분포를 보면 경상도 30, 전라도 14, 경기도 12, 충청도 8, 황해도 7, 강원도 2개 本으로서 경상도가 조선 초기의 鉅族처럼 절대다수를 차지하였다. 19명 이하 1本 1명을 급제시킨 성관을 도별로 분석해 보면 거족과는 달리 이남 6도에 비교적 고르게 분포되어 있고 1본 1명을 낸 僻貫·稀貫의 분포는 경상도보다는 오히려 전라도가 많았다. 약 200년 동안 1本 1명만을 낸 192本을 『實地』 소재 성종별로 분류해 보면 非『實地』 소재 성관은 20여 本에 지나지 않고 나머지는 모두 『實地』 소재 토성이 주류를 차지하고 있다. 문과급제자 4명 이하를 낸 성관 341本은 200년 동안 전체 합격자 532성관에서 약 70%를 차지하며 이들 성관은 조선 초기 이전에 이미 명문사족으로 성장한 가계도 있으나 그 수도 극

8) 李昌杰, 「朝鮮中期 支配엘리트의 充員에 관한 實證的硏究」(고려대 대학원 사학과 박사학위논문, 1993), pp. 161~167.

〈표 4〉 조선 中期(1506~1720) 文科及第者 姓貫의 道別統計表

姓貫數 / 도 명	1명	2~4 명	5~19 명	20명 이상	合計	20명 이상 及第者를 배출한 姓貫
경기도	23	17	12	12	64	坡平尹 · 南陽洪 · 驪興閔 · 廣州李 · 陽川許 · 豊壤趙 · 德水李 · 驪州李 · 漢陽趙 · 楊州趙 · 龍仁李 · 廣州安
충청도	35	23	15	8	81	淸州韓 · 全義李 · 韓山李 · 淸風金 · 恩津宋 · 竹山安 · 竹山朴 · 鎭川宋
경상도	46	53	40	30	169	安東權 · 安東金 · 密陽朴 · 晋州姜 · 靑松沈 · 東萊鄭 · 慶州金 · 慶州李 · 晋州柳 · 昌寧成 · 宜寧南 · 昌寧曹 · 延日鄭 · 星州李 · 順興安 · 義城金 · 豊山洪 · 昌原黃 · 杞溪兪 · 咸陽朴 · 高靈申 · 金海金 · 草溪鄭 · 海平尹 · 善山金 · 高靈朴 · 尙州金 · 玄風郭 · 固城李 · 永川李
전라도	51	33	27	14	125	全州李 · 光州金 · 完山李 · 潘南朴 · 全州柳 · 全州崔 · 南原尹 · 礪山宋 · 咸平李 · 長水黃 · 綾城具 · 光州鄭 · 南原梁 · 押海丁
황해도	11	12	8	7	38	延安李 · 延安金 · 文化柳 · 平山申 · 豊川任 · 海州吳 · 海州崔
강원도	17	7	13	2	39	江陵金 · 原州元
평안도	7	2	2	-	11	
함경도	2	2	1	-	5	
합 계	192	149	118	73	532	

히 적고 대개는 15세기 이래 본관에서 또는 거주지에서 재지사족으로 성장한 家系였던 것이다.

崔珍玉의 연구에 의하면[9] 조선시대 司馬試合格者 전체 姓種은 150姓, 本貫數는 1,442本 가운데 5.82%에 해당하는 84개 성관에서 71.78%를 차지했으며 1명만 낸 성관은 587本으로서 전체 성관 수에서는 40.70%를 차지한 반면 入格者 587명은 전체 수에 불과 1.52%로서 司馬合格者도 문과처럼 특정의 명문거족에 편중되어 있었다. 특히 300명 이상을 배출한 성관은 30개 本으로서 入格者 17,580명을 차지하여 전체 45.61%를 차지하였다. 『實地』 소재 姓數가 250인 데 비해 조선시대 司馬合格者 성 수가 150이라는 데서 대체로 당시의 姓勢 · 族勢와 비례하였다. 사마입격자의 성관을 도별로 분류해 보면 경기 65, 충청 94, 경상 137, 전라 103, 황해 33, 강원 27, 양계 25, 합계 464邑으로 나타나는데 『實地』 소재 縣(廢縣 · 屬縣 포함) 이상 고을 수가 대략 550여 읍이었으니 사마합격자가 전국 군현별로 분포되었음을 알 수 있다.

한편 15세기에서 19세기까지 시기별 합격자도 분석되어 있는데 15세기에는 入格者의 직역 중 鄕吏家系인 貢生이 32人, 16세기 52人, 17세기 7人, 18세기 3人 합계 94명이었다. 幼學이 전체 入格者의 96.57%에 비하면 貢生은 극히 적은 수이지만 15세기와 16세기까지는 기성사족의 자제인 幼學 다음으로 많은 수를 차지했던 것이며 이는 바로 당시까지도 吏族의 士族化가 진행되고 있다는 사실을 반영한 것이다. 司馬入格者의 성관 가운데 다수를 낸 1위 全州李氏에서 30위 海州吳氏까지 30개 성관의 도별 분포를 보면 경기도 5(坡平尹, 南陽洪, 驪興閔, 豊壤趙, 廣州李), 충청도 3(淸州韓, 韓山李, 全義李), 경상도 14(安東權, 密陽朴, 安

9) 崔珍玉, 「朝鮮時代 生員進士硏究 — 司馬榜目의 分析 —」(한국정신문화연구원 한국학대학원 박사학위논문, 1993), pp. 83~114.

東金, 靑松沈, 慶州金, 慶州李, 晋州姜, 東萊鄭, 金海金, 大邱徐, 宜寧南, 星州李, 順興安, 昌寧成), 전라도 3(全州李, 光州金, 全州崔), 황해도 5(延安李, 平山申, 文化柳, 豊川任, 海州吳)로 서울 · 개성을 중심으로 한 중부 경기권, 영남 및 호남 순으로 분포되어 있다.

같은 司馬試라도 製述인 進士는 서울과 경기도지방 京華子弟에 많고 明經인 生員은 지방의 在地士族에서 많이 나왔다. 그러한 현상은 시험과목과 시험 준비과정 및 응시방법 등에 있어 각기 유리하고 편리한 쪽을 택했기 때문이다. 또한 文科예시를 비롯하여 司馬試는 "各道赴擧者一從鄕貫"이라 하여 거주지 冒錄者에 대해서는 일정한 벌칙이 가해졌지만, 17세기 이래 地望 내지 姓望을 중시하는 풍조가 만연되어 거주지 모록이 있었다. 사실 조선시대 大小科 응시에 있어 姓望과 地望이 고려되었고 전체적으로 보면 入格者의 거주지기 거의 전국 군현에 분포되었지만 大邑과 특정 군현에 편재되어 있었다. 司馬入格者의 출신 군현별 누계를 보면 서울이 월등하게 많고(14,338人), 安東(783) · 忠州(624) · 原州(570) · 開城(569) · 平壤(529) · 公州(512) 순이며 총 분포 군현 수는 당시 主邑 총수와 맞먹는 349읍이었다. 지방 가운데는 경상도가 타도를 압도하여 가장 많은 入格者를 내고 있는데 이는 당시 각 읍의 토성勢 · 在地士族勢와 비례하였다.

한편 조선시대 司馬入格者의 성관별 · 거주지별 통계에서 在京세력과 在鄕세력의 구분이 다음과 같이 분명히 나타난다.

서울: 全州李, 坡平尹, 南陽洪, 淸州韓, 安東金, 延安李, 靑松沈, 平山申, 韓山李, 東萊鄭, 驪興閔, 全義李, 大邱徐, 豊壤趙, 文化柳, 宜寧南, 昌寧成, 豊川任, 杞溪兪, 潘南朴, 晋州柳, 海平尹, 楊州趙, 驪州李, 淸風金, 陽川許, 龍仁李, 泗川睦, 原州金, 德水張氏 등 31개(서울 거주자가 40% 이상인 성관)

지방: 義城金, 羅州丁, 江陵崔, 眞寶李, 南原梁, 羅州羅, 玄風郭, 禮安金,

〈표 5〉 조선시대 生員 · 進士合格者의 姓貫(『實地』 · 非『實地』)별 · 도별 통계

구분 도별	『實地』에 있는 성관 수	非『實地』(新生本貫)성관 수
경 기	140	62
황 해	77	35
충 청	157	52
경 상	339	90
전 라	273	68
강 원	59	24
양 계	14	53
합 계	1,059	384

英陽南, 密陽孫, 扶安金, 豊山柳氏(서울 居住者가 10% 미만인 성관)

상기 崔珍玉의 논문 부록 「郡縣別 출자 성씨 및 인원」에 의거 『實地』 소재 성관과 非『실지』성관과 구분해서 도별로 통계해 보면 상기 〈표 5〉와 같다.

〈표 5〉와 같이 신생본관 수는 대개 16세기 이후에 성장한 가계로 추측되며 入格者 수도 거의 1本 1명으로서 그 수가 극히 적다는 것은 『實地』 소재 토성을 제외하면 16세기 이후에도 京鄕을 막론하고 지배세력의 주류는 역시 고려시대 군현토성에서 공급되었다는 사실을 반영한 것이다. 단 『실지』 소재 성관 가운데 조선 초기의 군현구획 정비과정에서 任內의 통합과 僻貫의 개관 · 모관으로 인한 결과 『실지』 소재 主邑 · 任內별로 세분된 본관이 司馬入格者의 본관 기재에는 당초 임내의 성관이 主邑 본관에 통합, 합칭되어 있다. 조선시대 文科 · 司馬試入格者를 많이 배출한 성관은 거의가 여말 이전에 군현토성에서 士族으로 성장한 가계인데, 단 文化縣來姓인 柳氏와 長水縣續姓인 黃氏, 본래 部曲姓인 高興

柳氏 및 『實地』에 없던 豊山沈氏(太宗功臣 沈龜齡)가 조선시대 명문으로 그 성세를 유지하였다. 咸·平兩道는 본래 토성이 없는 데다가 徙民入居시켜 정착州鎭에 編戶, 새 본관을 주었지만 16세기 이래 그곳의 鄕班들은 정착지의 새 본관을 쓰지 않고 入居 前의 原本貫을 되살려 쓰게 되었는데 그러한 현상은 각기 문벌과 名祖의식에서 찾을 수 있다. 그래서 양계 출신 士族들은 본래 名門·名祖의 후예로서 귀양·徙民 또는 外官의 任地 따라 移住한 것으로 부회하였다. 兩界 출신자의 본관기재는 平壤趙氏, 咸從魚氏, 靑海李氏, 中和(唐岳)金·楊氏, 太原鮮于氏와 같이 조선 초기 또는 후기에 이미 명문으로 알려진 본관 외에는 양계 邑名의 본관을 잘 쓰지 않았다. 그래서 양계 출신자들은 入居 前의 원본관을 쓰고 원본관을 모르는 신흥세력은 그들 나름의 이상한 본관을 사용하기도 하였다. 위의 통계를 분석한 결과 中小郡縣 토성일수록 『實地』 소재 토성이 주가 되고 각 도 界首官을 비롯한 大邑에는 『실지』에 없는 新生 本貫이 많으며 그 신생본관들은 그 入格者 수가 1本 1명이 절대다수를 차지하였다.

조선시대 총 司馬試入格者 가운데 6명 이상을 낸 437성관 중 非『實地』 성관은 全州朱(女眞歸化姓)·西蜀明(본래 토성이면서 뒤에 改貫), 金寧金, 江華河, 太原鮮于, 南原秦, 衿川崔, 晋州李, 平海吳, 加平李, 楊州許, 昌原成氏 등 12개 성관에 불과하였다. 入格者 중 15세기 이전에 이미 大姓名門이 된 것을 제외하고 中小郡縣 토성에서 入格한 자는 조선 초기까지도 本貫에 世居했거나 인접지역에 이주한 가계로서 비교적 늦게 士族化하는 것으로 보이며 麗末鮮初 吏族의 분화과정에서 즉시 上京從仕는 못했다 하더라도 邑司와 향리적 기반을 갖고 재지세력으로 성장하여 마침내 司馬까지 획득했던 것으로 합격 전 신분은 '貢生'이 다수였다고 본다. 15세기 司馬榜目이 21%밖에 현존하지 않는 데도 貢生이 32人이나 되니 그것이 100% 현존한다고 가정할 때 貢生의 수는 적어도 100명 내외는 되었다고 짐작된다.

조선왕조 5세기 동안 司馬試入格者는 신분과 家系상으로 국가 · 사회적으로 '士族'이란 公式 인정을 받은 확실한 양반이며, 그들의 성관상 대개 『實地』 소재 토성이었다는 데서 우선 성관상으로는 고려 후기 · 조선 전기 · 후기에 따라 크게 변동되지 않았다. 그리고 성관상으로는 크게 변동되지 않았다 하더라도 15세기에서 19세기에 걸쳐 본관과 家系를 투탁 · 가탁 · 冒稱 · 改變해서 大姓名門인 양 행세한 신흥세력이 많았다고 여겨지며 더구나 평민 이하의 신분에서 사족으로 성장한 入格者는 극히 드물었다.

고려 후기에 와서 전기보다 지배세력의 폭이 대폭 확대되었듯이, 조선 초기 이래 文科 · 司馬試 · 雜科入格者가 전국적으로 확대되자 조선시대 지배세력은 거의 전국적으로 확대되었다. 그런데 피지배계층인 常 · 賤民에서 바로 양반으로 상승하는 것이 아니고 주로 양반 다음 계층인 中人층으로 성장하여 양반화해 갔다. 麗末鮮初 吏族의 士族化 내지 士族 · 吏族의 분화과정에서 과거 · 軍功 · 添設職 등으로 15세기 초엽 이전에 이미 士族化한 계열을 제외하고, 그렇지 못한 토성吏族 중 한쪽은 현직 향역에 종사한 吏族으로 계승되고 다른 한쪽은 吏族에서 벗어나 당장 士族의 반열에는 끼지 못하면서도 경제적인 부를 축적하여 納粟補官 · 군직 · 영직 · 鄕品으로 착실한 경제적 기반 구축과 子弟를 교육시켜 향청과 향교를 출입하고 鄕試와 道試에 응시하면서 점차 향촌에서의 사회적 지위를 향상시켜 司馬試에 入格함으로써 떳떳한 향반이 되어갔다.

조선시대 6名 이상 司馬試入格者를 낸 437성관 중 본관에서의 '향리자료'가 전무한 것은 坡平尹, 豊壤趙, 文化柳(來姓), 德水李, 陽川許, 平壤趙(祥原來姓), 原州邊(귀화성), 咸從魚(入鎭姓), 慶州薛氏 등 몇 개 성관에 불과하다. 그리고 15세기 전반에 이미 任內로서의 邑司의 기능이 정지된 屬縣의 성관은 일단 15세기 후반부터 '향리'와는 무관한 것이 되었다. 德水李, 杞溪兪, 豊山洪, 潘南朴, 海平尹氏 등은 이미 名門이 된 다음에 그 본관의 邑司가 폐쇄되었지만 그러한 任內 성씨는 본래의 본관을 사용했으나 名祖를 확보하지 못한 任內姓은 거의가 主邑을 그들의 새 본관으로 함에 따라 16세기 이래 본관의 통합이 대대적으로 이루어졌다.

5. 조선 후기 양반 사회의 동요와 中人層의 성장

조선의 양반 사회는 기본적으로 신분제와 지주제를 기반으로 하여 성립, 운영되고 있었다. 양반은 국가권력을 독점하고 법적 제도적 장치를 통하여 그들 자신의 이해를 관철하고 있었다. 그리고 이들 양반의 일차적인 세력기반은 鄕村社會에 있었다. 士族은 麗末鮮初 이래 水田農法과 이앙법의 보급 등 농법의 발달을 배경하여 鄕村地域을 적극 개발함으로써 향촌 사회에 경제적 기반을 확보할 수 있었고, 留鄕所 · 鄕規 · 鄕案 · 鄕約 · 洞約 · 族契 등 자치적인 각종 조직과 규약을 만들거나 書院을 건립하고 향교를 장악함으로써 농민을 지배하고 邑治지역을 통제해 나갈 수 있었다. 나아가서는 이를 바탕하여 중앙권력에 참여하여 사회경제적 기득권을 더욱 확고하게 하였다. 말하자면 사족의 지배체제가 형성된 셈이었다.

그러나 18세기 이후의 사회 · 경제적 변화는 이러한 사족지배체제를 크게 동요시키고 있었다. 사회 · 경제적 변화에 있어서 가장 근본적인 것은 바로 농업상의 생산력 발전이었고 이를 바탕으로 상공업과 상품화폐경제 또한 발달하고 있었다. 이러한 경제적 변화는 궁극적으로 사회신분제의 동요로 귀결되면서, 그 핵심은 일정하게 경제적 부의 축적이

가능하였던 平賤民層의 신분상승이었다. 한편 벌열세력의 정권독점과 세도권력의 형성 또한 이러한 사회·경제적인 변화에 조응하면서 전개되고 있었는데, 이것은 결국 대다수의 양반들을 국가권력으로부터 소외시키고 있었다.

이러한 사회·경제적 변화와 정치구조상의 변화는 특히 향촌 사회에 세력기반을 두고 있던 대다수 양반층의 제 특권을 상실 또는 크게 약화시킴으로써 양반중심의 신분질서와 이를 바탕으로 운영되던 지주제의 안정을 크게 동요하게 하였다. 따라서 조선 후기 여러 변화는 그 자체로서 양반 사회를 동요시키는 것이었지만, 이것은 향촌 사회에서 보다 구체적으로 전개되고 있었다.

18세기 이후 전개된 국가의 향촌지배정책 또한 이러한 사회·경제적 변화와 관련하면서 추진되고 있었다. 그 구체적인 내용은 面里制의 정착과 里定法의 실시, 共同納의 강화, 賦稅의 金納化 그리고 書院政策 등이었다. 이러한 국가의 향촌정책은 한편에서는 사족의 역할을 公的 지배체제 속으로 흡수하면서, 다른 한편으로는 국가권력과 농민과의 일정한 결합을 모색하고자 한 것으로 결국 향촌 사회에서의 사족의 사적 지배를 크게 제약하는 것이었다.

양반 사회를 동요시키고 있었던 보다 근본적인 것은 이상의 제반 변화와 관련하면서 전개되고 있던 새로운 세력의 성장이었다. 여기서 새로운 세력이란 새로운 사회세력이라기보다는 기존의 양반지배체제에 편입됨으로써 기득권의 향유에 새롭게 참여한다는 의미에 보다 큰 비중을 두고 있다. 이들의 구체적 존재는 기존의 지배질서에 참여하지 못하였던 小邑·僻邑의 鄕班層과 하층양반, 서얼, 향리, 그리고 사회경제적 변화에 바탕하여 성장하던 饒戶 또는 富民層으로 표현되고 있던 다양한 존재들이었다. 한편 상공업의 발달과 도시의 성장에 따라 기술관·역관 등 중인층과 상공인들의 신분향상도 현저하였다. 이들은 하층양반을 제외하고는 身分職役上에 있어서 대체로 중인층으로 불릴 수 있는 계층이었다. 이들은 기존의 사족이 독점적으로 장악하고 있던 제 특권에 적극적으로 참여하고자 하였다.

李俊九의 연구에 의하면[10] 중인층은 대체로 네 부류로 구분된다. 첫째는 諸衛屬 · 校生 · 院生 · 閑良 · 諸軍官 · 武學 · 都訓導 · 旗牌官 · 別武士 등으로 일시적 免役 또는 歇役으로 閑遊하던 직역 소유자이다. 이들은 중인층의 절대 다수를 차지하고 있다. 둘째로는 業儒 · 業武가 바로 이들이다. 업유, 업무는 원래 서얼의 호칭이었으나, 18세기로 접어들면서 자신이 서얼일 경우에만 업유, 업무를 지칭하였을 뿐이었고, 그 후손은 幼學을 호칭하고 있었던 사정에서 사실상 업유, 업무층은 常賤民의 신분상승을 위한 冒稱에 불과하였다. 셋째로는 戶長 · 記官 · 鄕吏 · 營吏 · 府吏 · 鎭吏 · 貢生 · 律生 등 上級衙前들이다. 이들 가운데 공생이 대부분을 차지하고 있다. 공생은 장차 기관에 오를 자격을 가진 향리의 자손을 지칭하기도 하였지만, 이들의 역할이 각종 물품의 조달과 제조와 관련된 것임에서 향리뿐만 아니라 이를 가칭하여 관아와 관련을 가지면서 상공업에 종사하는 자들 또한 많았을 것으로 추측된다. 넷째로는 納粟品職과 그들의 자녀들이다. 이들 중인은 향리층과 같이 전통적으로 중인신분을 계승하고 있었던 경우도 있었지만, 대부분 조선 후기 경제적인 부를 바탕하여 평천민층에서 중인으로 신분을 상승시킨 계층이었다.

조선 후기 中人층의 급격한 성장은 서울과 지방에서 동시에 진행되었다. 서울에서 대외무역의 발달과 함께 성장한 역관을 비롯한 잡과 출신의 기술관과 중앙관서의 서리들의 활동이 강화되었고 지방에서는 작

10) 李俊九, 「朝鮮後期 都市지역에서의 身分職役 구성과 商人의 존재」(『黃鍾東 정년기념 史學論叢』, 1994).

〈표 6〉 잡과합격자 科別 本人姓貫 大姓順位

區分／順位	譯科		醫科		雲科		律科		籌學	
	姓貫	人員	姓貫	人員	姓貫	人員	姓貫	人員	姓貫	人員
1	全州李	119	全州李	70	全州李	77	淸州韓	43	慶州崔	203
2	南陽洪	111	慶州崔	54	稷山崔	36	金海金	33	全州李	169
3	密陽卞	106	川寧玄	46	慶州金	34	安陰林	25	井邑李	122
4	川寧玄	99	泰安李	45	咸陽朴	28	密陽朴	24	南陽洪	110
5	牛峰金	92	慶州鄭	42	金山全	26	密陽卞	22	泰安李	103
6	慶州崔	86	密陽朴	42	順興安	26	仁同張	22	朱溪崔	82
7	淸州韓	84	金海金	39	淸州韓	25	漢陽劉	20	陜川李	64
8	慶州金	82	溫陽鄭	39	南陽洪	20	全州李	17	慶州李	59
9	密陽朴	75	慶州金	36	密陽朴	19	玄風郭	15	新平韓	57
10	完山李	65	溫陽方	36	靑陽金	17	慶州崔	14	川寧玄	45
11	金山李	63	慶州李	34	漢陽劉	16	慶州李	14	豊壤尹	40
12	金海金	59	原州邊	29	慶州崔	15	三陟金	13	慶州金	38
13	海州吳	55	密陽卞	27	金海金	15	溫陽鄭	13	樂安金	34
14	溫陽方	49	順興安	24	南陽李	15	河陰田	12	江陰李	26
15	高城金	48	南陽洪	23	安山李	15	曲阜孔	11	昇平康	26
16	海州李	47	江陰李	22	陽城李	15	坡平尹	10	慶州林	25
17	漢陽劉	46	新平韓	22	樂安金	14	順興安	9	固城金	25
18	河東鄭	43	安山李	22	忠州池	14	河東鄭	9	荳原吳	24
19	慶州李	42	淸州韓	22	漢陽趙	14	咸陽朴	9	淸州慶	20
20	順興安	42	河東鄭	21	川寧玄	13	固城金	8	光山金	19
21	寧海朴	41	海州金	21	開城金	12	樂安金	8	豊德張	19
22	坡平尹	40	海平尹	21	洪川皮	12	扶餘徐	8	羅州朴	17
23	濟州高	38	洪川皮	20	河陰田	11	利安朴	8	龍宮金	15
24	樂安吳	37	光州金	19	密陽卞	10	全州金	8	牛峰金	15
25	江陰李	36	三陟金	19	忠州崔	10	濟州高	8	金山李	11
26	淸州崔	36	天安李	18	全州全	9	海州李	8	密陽卞	10
27	原州邊	32	昇平康	17	江陵崔	8	稷山崔	7	海州李	10
28	平壤趙	32	靑陽金	17	江陰李	8	昌原黃	7	全州金	9
29	高靈申	31	豊基秦	16	羅州林	8	慶州金	6	靑陽金	9
30	溫陽鄭	30	海州李	16	河東鄭	8	錦城李	6	淸州韓	9
	計	1,766	計	879	計	550	計	417	計	1,415

〈표 7〉 조선시대 잡과합격자의 성관 『實地』·非『實地』별·도별 통계

구분		도별	경기도	황해도	충청도	경상도	전라도	강원도	양 계	합 계
『實地』 소재 姓貫	土姓	主邑	42	16	39	80	49	17	2	245
		屬縣	17	-	2	8	21	1	-	49
		部曲	-	-	-	1	1	-	-	2
		村姓	-	1	1	2	-	-	-	4
	亡 姓		3	-	2	-	-	-	-	5
	來 姓		2	1	-	4	1	1	2	11
	續 姓		1	4	3	7	6	3	-	24
	投化姓		2	-	2	1	-	1	-	6
非『實地』姓貫			26	8	24	23	12	-	-	93
합 계			93	30	73	126	90	23	4	439

청·감영·병영·수영 등 관청의 행정실무를 세습적으로 장악했던 향리들의 경제적 기반과 정치·사회적 기능이 강화된 데서 中·外 中人세력의 성장이 날로 두드러지게 되었다.

崔珍玉과 李南姬의 '잡과' 출신자들의 성관분석에 의거 과별로 인원을 많이 배출한 大姓順으로 30위까지 열거해 보면 〈표 6〉과 같다.[11)]

최진옥 등이 정리, 편간한 자료에 의거 조선시대 잡과합격자의 성관을 『實地』 소재 성관과 非『實地』성관별로 분석하면 다음 〈표 7〉과 같다.[12)]

---

11) 李成茂·崔珍玉·金喜福 공편, 『朝鮮時代 雜科合格者總覽』(한국정신문화연구원, 1990).

12) 崔珍玉, 「朝鮮時代雜科設行과 入格者分析」(『朝鮮時代 雜科合格者總覽』), pp. 28~37; 李南姬, 「朝鮮時代 雜科入格者硏究」(한국정신문화연구원 한국학대학원 박사학위논문, 1998).

〈표 7〉과 같이 雜科入格者도 司馬試의 경우와 같이 전체 439성관 가운데 신생본관은 93개에 불과하고 군현 토성을 비롯하여 고려시대 邑司를 장악했던 군현 이족의 후예들이 대부분을 차지하였다. 譯科 · 醫科 · 雲科 · 律科 · 籌學 등 5개 과에 入格한 자를 성관별로 살펴보면 100명 이상을 배출시킨 全州李氏(452)를 비롯하여 慶州崔(372), 南陽洪(268), 川寧玄(207), 慶州金(196), 淸州韓(183), 密陽卞(175), 泰安李(174), 密陽朴(166), 井邑李(164), 金海金(154), 慶州李(153), 牛峰金(113), 朱溪崔(104), 新平韓(103), 順興安(102)氏 순이다. 90명 이상을 배출한 성관이 20, 10명 이상이 98, 2명에서 9명까지 141, 1명이 182개 성관으로 나타난다. 잡과 합격자 성관의 도별 분포도 사마시와 같이 경상도가 가장 많고 그 다음이 경기 · 전라 · 충청 · 황해 · 강원도 순이며 양계지방은 4명에 불과하지만 거주지별로 추정해 볼 때 양계지방 출신도 상당히 포함되어 있었다고 본다.

잡과입격자의 성관을 文科 · 司馬試入格者와 비교해 보면 성관상으로나 家系상으로 뚜렷이 구분된다. 위에 열거한 바와 같이 대성명문 가운데 합격자가 많이 배출되기도 하지만, 그것은 성관상 같은 것이지 家系上으로는 구분되며, 특히 잡과에는 科에 따라 특정 성관 또는 특정가계가 배타적으로 다수를 점하고 있는데, 가령 譯科의 川寧玄, 密陽卞, 牛峰金, 金山李, 溫陽方, 漢陽劉, 寧海朴氏와 醫科의 溫陽鄭, 洪川皮, 海州金(非토성), 英陽南, 咸平鄭, 朔寧朴(續姓), 雲科의 稷山崔, 咸陽朴, 金山全(非『實地』), 忠州池, 忠州崔, 南原梁, 律科의 河陰田, 安陰林, 玄風郭, 昌原(曲阜)孔, 扶餘徐氏, 籌學의 泰安李, 朱溪崔, 新平韓(非『實地』), 陜川李, 樂安金, 豊壤尹, 昇平康, 荳原吳, 淸州慶, 豊德張, 慶州林(非『實地』), 羅州朴氏 등이 각기 해당 잡과에서 入格者를 많이 배출하였다.

이상과 같은 잡과 入格者들의 성관을 살펴볼 때 각 과마다 稀貫 · 僻

貫이 文科나 生進科에 비해 많은 비중을 차지하고 있는데 이는 바로 중소군현 · 속현 및 非토성인 신생본관 출신이 잡과에 많이 응시했기 때문이다. 특히 신분적인 제약으로 문과나 사마시에 응시할 수 없는 사족의 서얼층과 향리 · 서리들의 자제들의 잡과 진출이 활발하였으며 특히 잡과합격자들은 가계와 관직 · 계보상으로 '世傳性'이 가장 뚜렷하게 나타난다. 고려 이래 군현이족이 철저한 직역세습과 계급내혼 · 지역내혼제를 취하는 것처럼, 조선시대 잡과합격자들의 가계를 분석한 결과 직역의 世傳性과 계급내혼제가 가장 특징적으로 나타나고 있다.

조선시대 잡과 출신자 총 439개 성관 가운데 비『실지』 소재 성관도 있지만 절대다수는 군현 토성들이며 1~2명을 낸 僻貫일수록 『실지』에 실린 성관이었다. 여기에서 잡과 출신 기술관과 지방관청의 행정실무를 세습했던 향리들의 성관 지속성이 양반계층과 함께 강인하게 남아 있다. 시대적 · 사회적 변화에 따라 희관 · 벽관들의 개관 · 모관도 많은 동시에 당초의 본관을 지키려는 의지도 강한 양면성을 띠고 있었다. 『실지』 소재 토성을 비롯한 성관들이 고려 · 조선 상하 천 년 동안 성세 · 족세의 성쇠와 소장이 계속되었지만 당초의 성관을 오랜 세월 동안 강인하게 지속시킨 것은 各邑 향리들과 中央 서리 · 기술관들의 강인한 世傳性에 연유했다고 본다.

『실지』 각 읍 성씨조 소재 성관이 고려 후기 이래 조선 초기까지 邑司를 구성했던 향리들의 것인만큼 한국 성관의 유래와 강인한 지속성을 이해하기 위해서는 무엇보다 읍사와 향리에 대한 史的 정리가 전제되어야 한다. 그리고 私家의 가계기록은 대개 읍사 소장 吏案과 세계도 · 족도에 의거 15세기 이전의 가계가 정리될 수 있었고 조선 후기까지 각 읍의 향리들이 世傳鄕役하면서 자기들의 당초 성관을 고수하거나 신분향상을 위해 개관 · 모관했던 것이다. 고려 또는 조선시대 하급지배신분인 이족들은 중 · 외 관청의 행정실무를 세습적으로 장악, 중세 사회를 떠

받들고 있는 중요한 한 축을 형성하여 기층사회의 통치와 관리에 실무를 담당하고 있었다.

한국사항 향리의 지위와 기능을 역사적으로 요약해 보면

첫째, 11세기 이래 지방의 신진세력들은 거의 군현 土姓吏族에서 출자하였다.

둘째, 군현향리는 각기 본관의 邑司를 장악, 지방행정업무를 세습적으로 담당하였다.

셋째, 고려 말 · 조선 초 중앙집권적 사족지배체제 확립을 위한 조치로 현직 향리의 士族化를 봉쇄하고 강력한 향리를 규제하기 위한 조치로 元惡鄕吏處罰法을 규정하고 任內의 혁파와 함께 기존 향리들의 兩界入居와 향리 수 조정책에 의하여 토성이족들의 본관 이탈이 격증하게 되었다. 조선 초기 향리억압책이 계속되었지만 그들의 폐단은 16세기 이후에도 계속되었다.

재야학자인 曺植(1501~1572)은 宣祖 元年 戊辰封事에서 '胥吏亡國論'을 다음과 같이 개진하였다. 즉, "옛부터 權臣 · 戚里가 專國한 예는 더러 있었지만 지금과 같이 胥吏가 국정을 오로지 한 예는 일찍이 역사상에서 들어본 적이 없다. 정권이 大夫에 있는 것도 옳지 않는데 하물며 서리의 손에 있었어야 되겠는가. 당당한 千乘의 나라에다 이백 년의 조종유업을 전승하면서 公卿大夫가 모두 수수방관한 채 미천한 서리에게 정사를 위임해야 되겠는가. 이러한 사실은 차마 牛耳에도 들려 줄 수 없다. 軍民庶政과 국가 기무가 모두 刀筆吏의 손에서 나오며 錢穀財富에도 回捧이 아니면 행하지 않으며, 재물이 안으로 모일수록 밖에서는 백성이 유산하는 실정에 있다. 국가의 징세조역과 공물진상을 위시하여 중앙과 지방관청의 庶政이 온통 서리의 손아귀에 쥐어져 있으니 비록 亡國之世라도 이런 일은 없다."고 통렬히 비판하였다.[13]

---

13) 『宣祖實錄』 권2, 선조 1년 6월 乙亥條; 『南冥集』 권2, 戊辰封事.

선조 27년 壬亂 중 왕과 柳成龍과의 대화에서 "근래 모든 관청이 완급을 막론하고 제대로 처리되지 못하고 나라를 해치고 백성을 병들게 하는 것은 모두 서리들의 소행입니다."라고 유성룡이 말하자 선조는 "양반관료들은 이미 스스로 다스리지 못하고 부득이 서리에 전적으로 위임하고 있으니 俗語에 '서리는 양반관료의 乳母'라는 이 말은 참으로 놀랄 일이다. 이 어찌 서리의 죄인가"라 했듯이 조선시대 中外 관청의 행정실무를 전담하고 있던 서리 · 향리는 그야말로 양반관료를 먹여 살리는 유모와 같은 존재였던 것이다.[14)]

조선 후기 경세학자와 실학자들은 모두 시정개혁안에 향리문제를 거론했지만, 특히 정약용은 그의 논저에서 향리문제는 더 미룰 수 없는 개혁안으로 무엇보다 먼저 ① 과다한 향리 수를 정액해야 하며, ② 향역의 세습제를 금지하며, ③ 향역의 중요한 직과를 父子 · 兄弟 · 叔侄이 連任하거나 分任할 수 없게 해야 한다는 것이다.[15)]

조선시대 향리는 시대가 내려올수록 지위와 권한이 저락 또는 위축되어 갔고 양반 사회의 발달에 따라 향리를 아전이라 하여 멸시 내지 천시하는 풍조는 더욱 심해 갔지만 中外 관청의 행정실무는 종전과 다름없이 그들에 위임되어 있었고 징제조역과 주민의 일상생활에서 향리들의 가렴주구는 도를 더해 갔고 평천민들의 생사 · 여탈권은 거의 서리 손에 쥐어 있다 해도 과언이 아니었다. 하급지배신분으로 양반지배가 유지될 때는 어쩔 수 없이 양반의 지배하에 잠재해 있었으나 양반지배가 동요되게 되면 그들은 급격히 성장하게 되는데 19세기 후반부터 신흥지주와 신흥관인 가운데는 향리가문이 가장 많았다.

한국의 근대화과정에서 서리 · 향리를 비롯한 중인층의 성장이 가장 주목되며 종래의 비양반층에서 양반으로 성장한 가계 가운데는 향리가

14) 『宣祖實錄』 권48, 선조 27년 2월 癸丑條.

15) 『茶山全書』 1. 詩文集 鄕吏論.

계가 가장 많았던 것이며 조선 후기 호적 · 족보 등을 위조하여 양반이 되고자 하였으니 본관을 바꾸거나 조상 世系를 가탁하는 등 위보를 편간하는 주체도 향리 가계가 가장 많았다.

한국의 성씨와 본관, 조상의 세계 및 족보를 연구하는 데 항상 밀접한 관계가 있는 것에 향리를 배제하고는 불가능하다. 왜냐하면 한국의 성과 본관이 고려 초기 토성분정에서 정착되어 갔고, 그 토성의 주체가 고려 말 城主 · 村主라는 고을 단위의 지방호족의 후신이며 토성분정과 함께 그들은 邑司를 구성하는 주체가 되었고, 그 후 신진세력은 거의 군현 향리에서 나왔으며, 그러한 성과 본관 및 조상의 세계와 족도 등 뒷날 족보편찬에 필요한 선조에 관한 기록이 읍사에 비치되었던 것이며, 뒷날 본관을 바꾸고 조상의 세계를 조작하는 행위도 향리층에서 자행되었기 때문이다.

그러니 한국의 성씨와 족보문제는 고려 · 조선시대 향리의 유래와 존재 및 기능과 그들에 관한 자료를 제쳐 놓고는 제대로 구명할 수 없다.

고려왕조는 개국 초 지방호족의 군현지배권을 수렴하고 그 자제들을 과거 · 기인 · 선군 등 文 · 武 · 吏의 出仕路를 통해 官人化시키는 데서 왕권의 강화와 중앙집권적 지방통치체제를 확립해 나갔다. 고려시대는 많은 中小郡縣까지 수령을 파견하지 않고 任內로 존속했지만, 각 구획마다 분정된 성씨집단과 읍사가 있어 그들이 중앙정부의 法制와 지시에 따라 행정업무를 수행하고 있었으니 지방주민에 대한 실질적인 지배는 그들에게 맡겨져 있었다. 고려와 조선은 지방통치와 군현제에 있어 약간의 차이는 있지만 다같이 군현제를 기반으로 일정한 구획에 일정한 주민, 일정한 성씨집단이 고을 단위로 邑域 · 邑民 · 토성이민으로 구성되어 있는 데다가 당초 고을을 구성했던 구역(村數) 수와 그 구획의 성단 수 및 읍사 운영주체인 戶長數, 이 3자는 서로 유기적인 연관하에서 나타난 숫자이며, 여기에 수령이 파견되어 재래의 읍사를 감독하는 관아가 설치되면서 관청 · 관리 · 官威 · 官權의 용어와 함께 '官'이란 존재가 중요한 의미를 갖게 되었다. 더구나 조선 초기에는 72개의 수령 없는 속현이 있었기 때문에 전국의 수령 있는 고을, 즉 主邑을 '各官'으로 표현하였다. 읍사 또는 군현행정을 장악했던 향리의 지위와 권한은 고려 초기 이래 조선 후기까지 계속 저하되고 위축해 왔지만 군현의 행정실무는 시종 그들의 손아귀에 쥐어져 있었다.

조선 후기 수령권의 강화는 동시에 지방 관청의 官權을 강화하는 계기가 되었다. 재지사족의 향촌지배권이 수령의 관권에 의해 위축되고 그 관권을 군현주민에게 행사하는 존재는 향리였으니 여우가 호랑이의 위엄을 빌리는 것처럼, 향리들은 관권을 빙자하여 얼마든지 평천민들 앞에서 군림할 수 있었다. 특히 조선 후기 300년간 군현 주민들의 일상생활의 고락은 거의 관권에 좌우되었다 하더라도 과언이 아니었다. 여기에서 군현의 행정실무를 장악했던 향리들의 존재와 앞으로의 성장추세를 전망할 수 있다.

고려 · 조선시대의 향리제도는 다분히 封建制的 요소를 지니고 있었다. 고려시대는 鄕役을 세습하는 世臣的 성격과 邑吏田의 지급이란 世祿의 의미를 지닌 데다가 각 고을마다 일정한 성씨집단이 행정실무를 철저히 세습하면서 중앙정부가 있는 수도에는 봉건제하 제후의 京邸처럼 京邸와 京邸吏를 두어 문서전달과 업무연락 등을 맡고 다른 한편에서는 재경관인들로 구성된 사심관과 횡적 연락을 취하면서 각 邑의 서울출장소로서 그 임무를 수행하였다. 또한 읍사의 首班인 首戶長은 그 고을을 대표하여 매년 元旦과 왕실 또는 국가의 경조사가 있을 때마다 詣闕肅拜하는 의식은 봉건제하에 제후가 天子에게 朝貢하는 것과 같은 취지였다.

『실지』 소재 성씨가 그 고을 향리들의 성으로서 고려 초기 이래 상경세력과 토착세력으로 분화하면서 토착세력은 고려 말부터 다시 재지사족과 향리로 나누어졌고 土姓吏族들의 流亡에 따라 移住姓과 非土姓鄕吏, 즉 假吏의 증가와 함께 지역적으로도 경기 · 황해 · 충청도 등 근기지방은 非土姓吏族이 더욱 증가해 갔다. 물론 군현에 따라 가리의 증가는 시대의 대세지만 토성이족이 온존한 고을들은 道에 관계없이 그 고을의 향리세계를 배타적으로 장악하고 있었다. 그들은 邑吏뿐만 아니라 서울에는 京邸吏, 감영 · 병영 · 수영에는 영리를 파견하여 고을 · 감영 · 병영 · 중앙정부와 연결되어 있었다. 조선시대 營吏자료를 갖고 살펴보면 경상 · 전라 · 강원도와 같은 토성이족이 온존한 감영의 營吏는 대개 도내 유수한 名門吏族들에 의해 장악되어 있었다. 가령 황해도 지방도 海州는 崔氏와 吳氏, 黃州는 金氏와 皇甫氏, 鳳山은 李氏, 殷栗은 洪氏, 安岳은 李氏 등 토성이족이 세습하고 있었다.

『湖南掾房先生案』(金錫禧 소장)은 일찍이 李勛相에 의해 분석되어 그의 논저에서 활용했기 때문에 자료소개는 생략하겠지만, 여기에는 약 580명(566명 확인)이 기재되어 있는데 대상시기는 대략 1530년경부터 1817년경에 이르는 약 300년간이다. 조선 중기 전라도 총 56邑(제주 3邑포함) 가운데 營吏가 없는 읍은 제주 3읍과 光陽 · 谷城 · 茂朱 · 珍島 · 樂安 · 海南 · 礪山 등 10읍이며 나머지 46읍은 최다 72명(나주)에서 최소 1명(萬頃)까지 기재되어 있다.

영리를 많이 배출한 읍을 열거해 보면 나주 72, 金堤 55, 古阜 45, 全州 42, 扶安 32, 南原 23, 龍潭 21, 南平 20, 結城 17, 雲峰 21, 光州 10, 茂長 10, 咸平 12, 井邑 21, 泰仁 13, 臨陂 11, 金溝 11, 沃溝 10人 등 읍세와 영리 수는 반드시 일치하지 않다.

위 소재 영리를 성관별로 분석해 보면 총 105本 가운데 主邑土姓이 60本, 속현토성 19本, 續姓 10本, 향소부곡성 4本, 기타 2本, 非『實地』姓이 8本으로서 1本 1人이 4本, 1本 7人, 1本 6人, 1本 5人, 1本 2人이다. 전라도 영리는 主邑과 속현 土姓과 鄕吏주기가 첨부된 續姓 출신이 대부분을 차지하였다.

가장 많은 영리를 배출한 성관을 적기해 보면, 古阜殷 30人, 金堤趙 22, 井邑李 21, 雲峰朴 21, 靈光曹 20, 龍潭高 20, 金堤金 20, 扶安金 19, 羅州羅 18, 羅州鄭 16, 羅州梁(會津土) 16, 羅州孫 13, 全州柳 15, 全州張 6, 全州金(續) 12, 金溝溫 8, 臨陂李 7, 泰仁宋 13, 咸平李 7, 南平丁 14, 南原李(續) 12, 南原梁 10, 綾城具 9, 綾城曹 7, 光州金 4, 光州崔(續) 4, 長興申(土) 3人 등으로 각 읍의 대표적인 土姓과 續姓의 吏族들이었다.

경상도에는 안동의 權 · 金 양성을 비롯하여 경주의 金 · 李 · 崔 · 孫, 상주의 朴 · 李(來姓), 진주의 鄭 · 姜 · 河, 義城의 金 · 吳 · 李, 靑松의 尹, 軍威의 徐, 善山의 金, 金海의 許, 星州의 白 · 裵, 大丘의 徐 · 李氏 吏族이 가장 유명하였다.[16)]

이상과 같이 조선시대 하급지배신분인 잡과 출신과 향리 등 중인층은 각기 조상으로부터 물려받은 성관과 직역을 世傳하면서 신분상승의 기회가 왔을 때는 그 기회를 잘 포착하였다. 그들의 강인한 성관 의식과 직역의 世傳性은 한국성관의 강인한 지속성을 유지하는 한 요인이 됨과 동시에 신분향상의 기회가 왔을 때는 본래의 본관을 버리고 쉽게 개관 · 모관하는 등 양면성을 지니고 있었다.

6. 조선시대 성관의식과 성관의 변화

이상과 같이 고려 초기 이래 지역을 세분하여 파악했던 성관체계는 고려 말 · 조선 초의 시대적 사회적 변동에 따라 지역적인 편제와 신분

16) 李勛相, 『朝鮮後期의 鄕吏』(일조각, 1990).

구조에 획기적인 변화를 초래하였다. 즉, 임내의 승격과 소속의 변동 및 소멸, 군현구획의 개편과 병합 폐합 등 각 성이 딛고 선 본관의 개편과 변질이 획기적으로 가해지면서 15세기 후반부터는 종래 세분된 본관이 점차 주읍 중심으로 통합되어 가는 추세에 있었다. 다시 말하면 속현과 촌 및 향 · 소 · 부곡성이 군현성에 흡수되거나 동화되어 갔고 속현 향 · 소 · 부곡과 독자적인 촌이 소멸되듯이 그곳을 본관으로 했던 성씨가 이제는 당초의 본관을 버리고 소속 군현성에 흡수되거나 그 주읍을 그들의 새 본관으로 정했던 것이다. 그 결과 15세기 초까지의 성관체제의 실상을 구체적으로 반영했던 『실지』 소재 속현과 향 · 소 · 부곡 · 처 · 장 · 역 · 수 · 촌을 본관으로 했던 성씨는 대부분 그 소속 읍을 새 본관으로 하게 되자 16세기 이후는 15세기까지 존속했던 각종 임내성이나 촌성은 거의 사문화되었다. 이러한 사문화는 본관의 개변으로 인한 것이지 그 성 자체가 소멸된 것을 의미하는 것은 아니었다.

한편 양반 사회의 발달에 따라 문벌의식이 고조되자[17] 미처 名祖 顯祖를 받들지 못한 僻貫들은 기성의 명문거족에 동화되기 위하여 본관을 바꾸는 개관 모관행위가 자행된 데서 재래 성관의 대대적인 통폐합이 이루어졌다. 그러나 德水李, 潘南朴, 杞溪兪, 海平尹, 豊山洪 · 柳 · 金氏 등은 이미 조선 초기에 명문사족으로 기반을 굳혔기 때문에 본관의 폐합에도 불구하고 본래의 본관을 사용했던 것이며, 본래의 高伊(貓)部曲에서 승격된 高興柳氏는 여말에 이미 그 본관 읍격의 승격과 함께 명문으로 성장했기 때문에 본관을 굳이 바꿀 필요가 없었던 것이다. 그러니 속현 이상의 군현을 본관으로 하면서 이미 조선 초기에 사족으로 성장했거나 또는 명조 현조를 확보한 가문들은 본관을 바꾸지 않는 반면, 그렇지 못한 소현 벽관이나 종래 향 소 부곡 및 촌명을 본관으로 했던 성

17) 李泰鎭, 「15世紀 後半期의 「鉅族」과 名族意識」(『韓國史論』 3, 1976).

관들은 당초의 본관을 버리고 소속 주읍을 새 본관으로 정했던 것이다. 조선시대 일정한 성세를 유지했던 黃州邊, 延安車, 盈德鄭, 驪陽陳, 忠州池·魚, 牙山蔣氏 등은 본래 그 본관 군현의 관내 某村姓으로서『실지』의 해읍 성씨조에 기재되었던 것이 나중에 주읍을 새 본관으로 한 예이다.

고려시대에는 소수의 문벌귀족 또는 권문세족이 당시의 정권을 배타적으로 장악해 나간 것이 사실이지만 전국의 군현은 각 읍사 단위로 토성이족이 향읍 사회를 영도하면서 그 자제들은 고려왕조의 진전에 따라 끊임없이 상경종사 하였으니 당대의 중·외 지배세력을 두고 본다면 주·부·군·현 또는 주읍 임내 할 것 없이 각기 본관을 사용했던 것이다. 그러한 현상은 조선 초기까지 계속되어 당시의 호구단자 호적단편이나 전기 족보 및 인물들의 狀碣文을 살펴보면 미밀의 첨설직을 가진 하급관리 및 서리 향리층에는『실지』소재 무명의 이른바 稀姓 稀貫 僻貫들이 많이 노출된다. 특히 고려시대는 각 고을 단위로 그 '土姓吏民'이 그 향읍 사회를 장악하면서 그 자제들은 각기 문·무·리(문음)의 3대 출사로를 통하여 중앙의 왕실과 조정을 뒷받침하였고 또한 지방의 각 구획들은 중앙정부의 번병으로서 반란이 일어나거나 외적이 침입할 때는 읍사 단위로 방어체제를 갖추고 있었기 때문에『실지』소재 성관이 제 모습을 지니고 있었는 데 반해, 16세기 이후는 임내의 혁파로 인한 그 본관의 소멸과 함께 신흥양반들은 당초의 벽관을 버리고 기성명문 거족의 본관으로 개변했기 때문에 시대의 진전에 따른 사족층의 저변확대를 가져온 반면, 관인층의 본관 수는 오히려 축소되는 경향을 띠고 있었다.

다시 말하면『실지』소재 본관 수는 15세기 이후 계속 감축되는 반면 일반 서민층은 각기 거주지에서 편호됨으로써『실지』에 없던 서민층의 새 본관이 대량 창출되었던 것이다. 조선 후기 각 읍 호적대장상에 나타나는 무명의 본관들은 주로 현 거주지와 일치하는 본관으로서 이들 본관은 또한 18세기 이래 그들의 양반화에 따라 개관을 자행한 결과 자연히 근대화과정 속에서 소멸되어 갔던 것이다. 『실지』 소재 성의 본관이 16세기 이래 양반 사회의 발전에 따라 어떻게 개변해 갔는가를 우리는 『실지』 소재 경상도 각 읍 성씨조에 기재된 성관의 개변 상을 통해 확연히 파악할 수 있다.

『실지』소재 경상도 각 읍 성관이 조선 후기에 이르러 개변되어 간 사정을 표로서 정리하면 다음 〈표 8〉과 같다(향 · 소 · 부곡 등을 본관으로 한 것은 제외했음).

『실지』 소재 경상도 郡縣土姓을 현존(1930년대) 유무에 따라 현존과 사용하지 않는 본관으로 구분하면 〈표 8〉과 같다. 이러한 表를 통해 우리는 『실지』 소재 본관 가운데 任內姓은 물론 主邑의 토성 가운데도 僻貫들은 17세기 이래 대부분 改貫되었음을 알 수 있다.

이상 외에도 榮川 · 禮安禹氏는 丹陽으로, 선산 · 하동郭氏는 玄風으로 청송 · 안덕 · 문경 · 의성蔣氏는 牙山으로, 桂城 · 神光 · 南海陳氏는 驪陽으로, 울산 · 다인睦氏는 泗川으로, 기계 · 밀양 · 영선楊氏는 밀양 또는 中和로, 풍각 · 의성魯氏는 咸平으로 각각 개관되었던 것이다.

한편, 전라도의 개관사실을 몇 개 군현의 『읍지』 성씨조에 의거 예시해 보면 〈표 9〉와 같다.

〈표 8〉과 같이 조선 후기 이전에 이미 명조 · 현조를 확보하여 명문거족이 된 성관은 본래의 성관을 사용한 반면, 그렇지 못한 무명의 성관들은 기존의 대성 · 명문의 본관으로 개관했던 것이며 어떤 토성은 16세기 이래 족세의 소멸로 인해 망성화하기도 했던 것이다. 이를 다시 전국적으로 본다면 김씨는 김해 · 경주 · 광주 · 김녕 · 의성 등으로, 이씨는 전주 · 경주 · 성주 · 광주 · 연안 등으로, 박씨는 밀양 · 반남 · 함양 · 무안 · 순천 등으로, 최씨는 경주 · 전주 · 해주 · 강릉 등으로, 정씨는 동

〈표 8〉『실지』 소재 경상도 각읍 姓貫 가운데 현존본관과 개관 · 모관된 성관 일람표

	현재 널리 사용되고 있는 본관	개관 · 모관되었거나 僻貫으로 잔존한 본관
金氏	경주 · 양산 · 울산 · 청도 · 경산 · 언양 · 안동 · 풍산 · 영양 · 의성 · 영덕 · 예안 · 상주 · 선산 · 해평 · 고령 · 함창 · 용궁 · 김해	안강 · 밀양 · 기장 · 청하 · 일직 · 甘泉 · 寧海 · 靑鳧 · 安德 · 若木 · 義興 · 缶溪 · 眞寶 · 中牟 · 金山 · 漆原 · 安陰 · 鎭海 · 殷豊
李氏	경주 · 양산 · 울산 · 하빈 · 기장 · 안동 · 영해 · 영천 · 예안 · 신녕 · 진보 · 성주 · 합천 · 고령 · 함안 · 고성 · 사천	청도 · 흥해 · 대구 · 청하 · 임하 · 감천 · 영양 · 순흥 · 안덕 · 약목 · 금산 · 하동 · 江城 · 단계 · 가수 · 加利
朴氏	경주 · 밀양 · 울산 · 언양 · 영해 · 비안 · 상주 · 고령 · 군위 · 창원 · 함양 · 고성	자인 · 양산 · 은풍 · 신녕 · 진보 · 청리 · 중모 · 성주 · 야로 · 어모 · 용궁 · 문경 · 지례 · 악양 · 난포 · 거제 · 송변 · 三岐 · 가수
崔氏	경주 · 흥해	다인 · 문경 · 청기 · 청도
鄭氏	경주 · 동래 · 창녕 · 장기 · 영일 · 하동 · 영덕 · 봉화 · 초계 · 진주 · 창원	자인 · 양산 · 울산 · 기장 · 송생 · 가리 · 기천 · 야로 · 어모 · 고령 · 용궁 · 난포 · 거제
尹氏	기계 · 현풍 · 예천 · 영천 · 영덕 · 해평 · 함안 · 칠원	신광 · 울산 · 임하 · 순흥 · 송생 · 상주 · 야로 · 용궁 · 거제 · 산음 · 가리 · 가은
曹氏	창녕	양산 · 청도 · 수성 · 동래 · 안동 · 영덕 · 함양 · 거제 · 아주 · 가조 · 명진 · 산음 · 이안 · 삼기 · 진해
申氏	영해 · 고령 · 아주	신광 · 청도 · 하빈 · 해안 · 장기 · 임하 · 순흥 · 영천 · 은풍 · 화녕 · 산양 · 진해

〈표 8〉 계 속

	현재 널리 사용되고 있는 본관	개관 · 모관되었거나 僻貫으로 잔존한 본관
吳氏	울산 · 장기 · 함양 · 군위	은풍 · 안정 · 어모 · 함창 · 악양 · 사천 · 삼기 · 가수 · 신번
全氏	경산 · 성주 · 용궁	울산 · 영산 · 임하 · 청부 · 송생 · 안덕 · 화녕 · 중모 · 해평 · 금산 · 용궁 · 곤명
白氏	청도 · 대구	해안 · 경산 · 의흥 · 진보 · 성주 · 선산 · 금산 · 고령 · 곤명 · 平山 · 거제
孫氏	경주 · 밀양 · 일직	안덕 · 비안 · 단밀 · 해평 · 악양 · 김해 · 거제 · 송변
徐氏	대구	신광 · 계성 · 군위 · 웅신 · 함양 · 단계 · 산음 · 화원 · 신번 · 감음
林氏	예천 · 개령	울산 · 현풍 · 풍산 · 영해 · 안정 · 선산 · 개녕 · 영선 · 利安
文氏	甘泉 · 江城	울산 · 영산 · 현풍 · 선산 · 개녕 · 곤명 · 아주
張氏	창녕 · 안동 · 인동 · 지례	홍해 · 다인 · 비옥 · 청리 · 화녕
宋氏	야로 · 문경 · 김해	하빈 · 동래 · 합천 · 강성 · 단계
丁氏	창원 · 의성	해안 · 동래 · 신녕 · 거창 · 칠원 · 화원
黃氏	상주 · 창원	안강 · 영해 · 예천 · 다인 · 청리 · 사천 · 감음
趙氏	함안 · 진보	밀양 · 감천 · 영덕 · 예안 · 평산 · 가리
沈氏	의령 · 청송	의성 · 인동 · 청리 · 선산 · 어모 · 산음
任氏	진주	장기 · 일직 · 화녕 · 八莒 · 함창 · 영선 · 악양 · 명진 · 신번

〈표 8〉 계 속

<table>
<tr><th></th><th>현재 널리 사용되고 있는 본관</th><th>개관 · 모관되었거나 僻貫으로
잔존한 본관</th></tr>
<tr><td>河氏</td><td>진주</td><td>해안 · 하동 · 명진 · 단계 · 利安 · 창녕</td></tr>
<tr><td>兪氏</td><td>기계 · 창원</td><td>해안 · 缶溪 · 곤명 · 고령 · 인동</td></tr>
<tr><td colspan="2">裵氏: 경주 · 대구 · 성주 · 김해 · 흥해, 韓氏: 0, 劉氏: 거창, 安氏: 순흥, 盧氏: 안강, 周氏: 상주 · 초계, 卞氏: 밀양 · 초계, 呂氏: 성주 · 함양, 睦氏: 사천, 錢氏: 문경, 羅氏: 안정 · 수성, 玉氏: 의령, 成氏: 창녕, 蔡氏: 고성, 石氏: 화원, 朱氏: 웅천, 姜氏: 진주, 高氏: 안동, 洪氏: 풍산 · 부계 · 개령, 康氏: 진주, 田氏: 0, 蔣氏: 0, 方氏: 합천 · 군위, 玄氏: 창원, 薛氏: 경주, 夏氏: 대구, 賓氏: 수성, 楊氏: 밀양, 陳氏: 신광, 三嘉森, 班城邢, 경주昔, 山陰西門, 奉化琴, 八莒都, 비안袁, 현풍郭, 權氏: 안동 · 예천, 柳氏: 풍산 · 진주, 南氏: 의령 · 영양 · 고성, 許氏: 하양 · 김해</td><td>韓氏:자인 · 양산 · 일직 · 약목 · 영선 · 명진, 劉氏: 인동 · 孝令 · 웅신 · 함안, 安氏: 안강 · 장기 · 예안 · 기천, 盧氏: 일직 · 송생 · 의성, 周氏: 자인 · 班城, 卞氏: 八莒, 呂氏: 강성, 睦氏: 울산 · 다인, 錢氏: 缶溪 · 知禮, 羅氏: 단밀 · 군위, 玉氏: 동래 · 반성, 成氏: 영일 · 반성 · 진해, 蔡氏: 영산 · 산양 · 함안, 石氏: 계성 · 순흥 · 봉화 · 신번, 朱氏: 영일 · 영덕 · 거창, 姜氏: 안동 · 예안 · 중모, 高氏: 인동 · 화령 · 난포, 洪氏: 가조, 康氏: 풍산 · 의성 · 지례, 田氏: 일직 · 八莒 · 어모 · 개령, 蔣氏: 청송 · 안덕 · 의성 · 문경, 方氏: 화령 · 中牟 · 어모, 玄氏: 하양 · 팔거 · 곤명, 廉氏: 安康 · 三岐, 楊氏: 기계, 陳氏: 계성 · 신번, 밀양邊, 房氏: 양산 · 영양, 岳陽陶, 庾氏: 산양 · 김해, 星州車, 基川皮, 해안牟, 表氏: 창녕 · 利安, 郭氏: 선산 · 하동, 淸河明, 若木柳, 榮川閔, 禹氏: 榮川 · 예안, 명진許, 풍기陰, 孔氏: 창원, 감음</td></tr>
</table>

〈표 9〉『실지』 소재 전라도 성관의 개관표

邑名	『實地』	『邑誌』	개관된 성
咸悅縣	土姓 5: 南宮 · 趙 · 張 · 廉 · 朴	南宮(咸悅) · 趙(林川) · 張(海州) · 廉(咸悅) · 朴(密陽)	林 · 張 · 朴
羅州牧	土姓 9: 金 · 羅 · 吳 · 鄭 · 陳 · 孫 · 南 · 朴 · 柳	金(光山) · 羅(羅州) · 吳(錦城) · 陳(三陟) · 孫(密陽) · 南(宜寧) · 朴(潘南) · 柳(文化)	金 · 陳 · 孫 · 南 · 朴 · 柳
珍島縣	土姓 4: 任 · 金 · 李 · 韓	金(金海) · 李(延安) · 韓(淸州)	金 · 李 · 韓
靈岩郡	土姓 6: 崔 · 朴 · 周 · 白 · 秕 · 陸	崔(朗州) · 朴(密陽) · 周(晋州) · 白(水原) · 陸(沃川)	朴 · 周 · 白 · 陸
靈光郡	土姓 6: 金 · 田 · 曹 · 宋 · 尹 · 丁	金 · 丁(靈光) · 曹(昌寧) · 宋(新平) · 尹(坡平) · 田(密陽)	曹 · 宋 · 尹 · 田
務安縣	土姓 5: 丁 · 朴 · 兪 · 曹 · 尹	丁(羅州) · 兪(杞溪) · 曹(昌寧) · 尹(坡平) · 朴(錦城)	丁 · 兪 · 曹 · 尹 · 朴
龍潭縣	土姓 6: 高 · 文 · 林 · 廉 · 賈 · 任	高(濟州) · 文(南平) · 林(羅州) · 廉(龍潭) · 任(豊川) · 賈(龍潭)	高 · 文 · 林 · 任
鎭安縣	土姓 5: 李 · 全 · 白 · 韓 · 庾	李(慶州) · 白(水原) · 全(天安) · 韓(淸州) · 崔(全州)	李 · 全 · 白 · 韓
谷城縣	土姓 4: 任 · 申 · 呂 · 吳, 續姓: 李	申(平山) · 吳(海州) · 呂(咸陽) · 李(星州)	申 · 吳 · 呂 · 李

래 · 경주 · 영일 · 진주 · 하동 등으로, 姜氏는 진주, 趙氏는 한양 · 함안 · 풍양 등으로, 尹氏는 파평, 張氏는 인동 · 안동, 한씨는 청주, 申氏는 평산 · 고령, 吳氏는 해주, 徐氏는 대구(달성) · 利川, 황씨는 창원 · 장수 · 평해, 송씨는 여산 · 은진, 안씨는 순흥 · 광주, 柳氏는 文化 · 진주, 洪氏는 남양 · 풍산, 全氏는 정선 · 천안, 고씨는 제주 · 장흥, 文氏는

남평, 孫氏는 밀양 · 경주, 梁氏는 남원 · 제주, 배씨는 경주 · 성주 · 김해, 白氏는 수원, 曹氏는 창녕, 許씨는 김해 · 양천, 南氏는 의령 · 영양 · 고성, 沈氏는 청송, 閔氏는 驪興, 劉氏는 강릉, 하씨는 진주, 兪氏는 기계, 丁氏는 나주(압해), 成氏는 창녕, 郭氏는 현풍 · 청주, 車氏는 延安, 具氏는 綾城, 禹氏는 단양, 朱氏는 新安, 羅氏는 나주, 任氏는 豊川, 田氏는 담양, 辛氏는 영산 · 영월, 池氏는 충주, 陳氏는 여양, 엄씨는 영월, 元氏는 原州, 蔡氏는 평강 · 인천, 方氏는 온양, 孔氏는 曲阜, 玄氏는 延州, 康氏는 信川, 咸氏는 강릉, 卞氏는 초계 · 밀양, 廉氏는 파주, 石氏는 忠州, 조선 중기에 나온 千氏는 穎陽으로 본관이 집중되는 양상을 띠면서 모든 성씨가 특정본관으로 통합되어 가는 경향이었다.

16세기 이래 개관의 구체적 예로써 三嘉李 → 仁川李, 軍威徐 → 利川徐, 昌寧河 → 晋州河, 星州白 → 水原白, 古阜殷 → 幸州殷, 黃州皇甫 → 永川皇甫, 星州車氏가 延安으로, 三陟沈氏가 청송으로, 安東姜氏가 진주로, 安東趙氏가 咸安으로, 金海宋氏가 청주로, 大丘李氏가 경주로, 安邊韓氏가 淸州로 개관한 것처럼, 名祖가 없는 僻貫들이 기존의 유명본관이 되기 위하여 개관했던 것이다. 한편 고려 말기 이래 기성사족이 처향 또는 외향을 따라 낙향하게 되자 현지의 무명토성들이 슬그머니 그 낙향한 사족의 본관으로 바꾸는 것이 도처에서 자행되고 있어 기존의 유명본관은 후대에 올수록 격증하게 되었고 무명의 벽관들은 반대로 계속 감소되어 갔던 것이다.

이러한 개관 · 冒貫의 경우를 尙州권을 例示해 보면 『실지』 소재 상주 村姓尹氏가 坡平으로, 化寧申 · 山陽申氏가 平山으로, 山陽蔡氏가 仁川으로, 功城成氏가 昌寧으로, 中牟姜氏가 晋州로, 靑里黃氏가 長水로 각각 개관 또는 모관했던 것이다. 이는 바로 고려 말 · 조선 초 기성사족의 대대적인 낙향과 지방이주로 인해 그런 사족과 同姓인 토착의 異本들이 명조 · 현조를 확보하기 위하여 본관을 개변했던 것이다.

평안도를 비롯한 양계지방은 고려 초기 이래 조선 전기까지 남부지방의 주민을 사민입거시켜 각기 거주지 州鎭別로 편호, 새 본관을 주었지만, 역시 후기에 와서 문벌의식의 고조로 인해 거주지 본관을 쓰지 않고 원출신지 본관(명조를 가진 기성의 대성 · 명문) 또는 다른 유명본관을 모칭하는 것이 일반적인 경향이었다.

한편 15세기 초의 『실지』와 16세기 전반의 『여지』 소재 성 수는 각각 250성과 270여 성으로 나타나며, 조선 후기 『陶谷叢說』(李宜顯)에는 298성, 한말의 『增補文獻備考』에는 496성 및 1930년대 국세조사 때는 250성으로 각각 나타나고 있다. 15세기의 성 수가 『증보문헌비고』에서 격증하게 된 것은 실제 성 수가 증가한 것이 아니고 고려 초기 본격적인 한성화 이전의 고유명자와 벌써 소멸된 망성까지 현존 유무에 관계없이 역대의 姓을 총수록했기 때문이다. 그러니 앞에서 살펴본 바와 같이 본관의 수적 증감의 폭은 컸지만 성 수는 15세기 이래 최근(1985년)까지 250성을 크게 벗어나지 않았던 것이다. 이는 바로 조선시대 개성이나 신생성은 많지 않았다는 사실을 반영한 것이다. 이에 반해 본관 수의 증감과 기존 본관의 통폐합과 소멸 및 새 본관의 생성은 시대적 · 사회적 변동에 따라 끊임없이 진행되었던 것이다. 이와 함께 15세기 이래 천인층의 양인화에 따라 유성층이 격증하게 되었는가 하면, 일반 서민층은 각기 거주지에서 편호됨으로써 『실지』에 없던 새로운 본관이 각 읍마다 쏟아져 나오게 되었다. 그러나 그러한 본관들은 현조가 없기 때문에 끝내 유명 본관으로 존속되지 못하였다.

또한 15, 16세기 각 군현의 土姓士族과 이주사족들은 많은 가내 · 외노비를 소유하고 많은 婢妾에서 소생이 태어나자 그 소유노비와 비첩소생들이 上典 또는 父系의 姓을 冒稱하는 데서 번성한 사족성은 무성층의 유성화 과정에 성의 형세가 급증해 갔던 것이다. 朱子가 언급했듯이 士族 소유의 노비가 稱姓할 때 대개 상전의 성을 따랐던 것이다. 그러니 조선 전기 노비가 전체 인구 가운데 40%를 차지한 현실을 감안할 때 이들의 유성화 과정에서 기성사족의 성관이 격증해 갔던 것이다.

17세기 이후부터 양반 사회에서 稀姓·僻姓을 멸시하는 관념이 만연되어 갔지만 조선 전기까지는 성보다는 본관에 따라 성씨의 우열과 家格의 차등이 정해진다는 경우가 많았다. 조선 후기 과거 방목이 발표될 때나 관리의 銓注에 희성·벽관자가 있게 되면 임금이나 신하들이 이상히 생각하거나 별시하는 경향이 있었다. 더구나 유교 사회에서는 改姓은 곧 '換父'·'易祖'로 간주했기 때문에 특수한 경우를 제외하고는 용납되지 않았다.

고려시대는 한·당의 경우와 같이 은급의 형식으로 공신 총신들에게 종성(왕실성)을 하사하는 예가 많았지만, 조선시대에는 자국인에 대한 사성은 없었고 단 외국계 귀화인에 한해 사성(日本·女眞系)·賜貫(중국계 漢姓소지자)을 했을 뿐이다. 그 결과 『經國大典』을 비롯한 법규에서도 개성에 관한 제재규정이 없었고 또 개관에 관한 처벌규정이 별도로 규정되지 않았기 때문에 16세기 이래 군현이족이나 신흥세력들은 본관을 개변하는 경우가 많았다. 그리고 조선 초기 군현제 정비과정에서 각 읍의 토성이민들은 각기 본관의 읍격 승강과 존폐에 지대한 관심을 가졌던 것이며, 향·소·부곡과 역촌·島民(군현이 아닌 섬)들은 그들의 본래 본관을 버리고 소속 군현을 새 본관으로 하기 위해 노력하였다. 그런데 조선왕조는 '尊祖'·'敬宗'·'收族'·'睦親'·'孝悌'를 治國·敎民의 기본으로 삼아 개성을 환조 역부행위로 간주, 죄악시한 반면, 군신상하가 모두 동성은 당초 '同出於一祖(同祖)'라는 관념을 가졌기 때문에 『실지』 소재 열읍 동성의 異本들이 후대에 와서 改貫·冒貫하는 것이 매우 자연스럽게 이루어졌다. 그 결과 개명에 대해서는 법제적 규정이 있는 데 반해 개관에 관한 규정이나 제재조치는 없었던 것이다.

한편 개성의 예를 살펴보면 상술한 바와 같이 고려시대에는 왕이 공신 총신들에게 왕의 성을 하사하기도 하고 왕명을 피해 荀氏가 孫氏(一直孫氏)로, 昕氏가 權氏(醴泉權氏)로 개정한 바 있었으나 조선시대는 그러한 예가 없었다. 단 개국 초에 고려 종성인 왕씨를 개성케 한다든지, 水丘氏(平海郡 토성)가 丘氏 또는 具氏로, 義昌縣 村姓 仇氏가 昌原具氏로, 나주목 속현 伏龍縣 속성 汎氏가 나주 范氏로 개성하는 등 그 예는 얼마되지 않았다. 이에 반해 개관의 경우는 상술한 경우 외에 조선후기 모화사상의 심화로 인해 유명성관 시조들의 東來說과 함께 창원孔氏가 '曲阜'로, 熊川朱氏 등이 '新安'으로, 錦山(富利)程氏가 '河南'으로 개관되기도 하였다. 17세기 이래 인조반정과 병자호란을 겪으면서 대의명분과 숭명배청사상이 고조되고 숙종조 단종복위와 영조조 이른바 杜門洞 72賢 추숭과 같은 국가적인 표충장절책에 편승한 신흥세력들의 조상 세계 조작과 함께 위보가 속출하게 되었다.

이러한 추세와 함께 이본이라도 동성은 당초 같은 조상에서 분관되었다는 의식 아래 개관을 자행하면서 대동보적 성격의 족보가 유행하게 되었고 모든 성관이 명조·현조를 확보해야 한다는 집념 아래 조상세계를 조작, 소급하는 풍조가 만연되어 갔다. 그 결과 18세기 이래 朴氏는 혁거세, 김씨는 閼智와 敬順王 또는 首露王, 李·崔·孫·鄭씨 등은 신라 6성에서, 趙·姜·洪·林·黃·南·楊·盧씨 등은 중국의 유명성에서 각각 소급, 연접시켰다. 韓氏와 奇씨·鮮于씨는 馬韓 내지 箕子까지, 민족의 시조인 단군까지 소급, 계보화하려는 데서 조상 세계가 지나치게 소급된 것이나 조상세계가 날조, 가탁된 위보들과 함께 『車原頫雪寃記』(그것을 보완한 『車文節公遺事』)와 같은 위서들이 나오게 되었던 것이다. 이러한 개관·모관, 조상세계 조작과 투탁행위는 17세기 이래 신흥세력이나 '양반이 되고자 하는 자'(欲爲 兩班者)들에 의해 자행되었고 그 결과 갖가지 수단과 방법을 동원해서 편간된 보첩류에 연접, 등재됨으로써 후대 족보상으로는 모두 명조·현조를 확보하여 양반으로 성장해 갔던 것이다. 중국은 일찍부터 犯罪 도피, 避仇 등의 수단으로 변성하는 경우가 많았는데 한국에서도 비록 자료상에는 자주 나타나지 않으나 실제 사회에서는 범죄 도피나 피구 외에 신분향상을 위한 필요에서 개성 · 변성하는 예가 많았다고 보는데 英祖 때 全義吏族인 李萬江이 향역에서 도망가 嚴宅周로 성명을 바꾸고 文科에 합격, 迎日縣監까지 역임했다가 탄로나서 엄형 끝에 흑산도에 유배된 바 있다. 신분향상을 위한 개성 · 개관은 주로 서리, 향리, 서얼 등 中人층에서 자행되었으며 일반 평 · 천민은 그러한 기회를 잡기가 어려웠던 것이다. 이에 반해 신분상승의 기회를 잡지 못했거나 비록 한미하나마 조상의 세계를 견지하려는 자 및 이미 평 · 천민으로 전락하여 양반층과 담을 쌓고 있는 피지배층에서는 『실지』 소재의 당초 본관을 최근까지도 잘 지켜 가고 있다.

『실지』의 성관세제가 고려 후기부터 사회변동과 함께 서서히 변동되어 갔지만 특히 고려 말 · 조선 초에 걸쳐 중앙과 지방에서 동시에 진행되었다. 북로 · 남왜로 인한 군현토성의 대규모적 이동이 있었을 뿐더러, 촌성과 부곡 · 향 · 소성 등 비군현토성 출신의 중앙관인으로의 진출도 증가하였고, 토성집단의 직분이던 향리의 지위와 권한이 현저히 저하, 축소되었다. 이 과정에서 향리와 토성의 상관성은 크게 약화되고 향리의 역 자체가 종전의 특권적인 것에서 과중한 고역으로 바뀌는 변화가 일어났다. 특히 사회신분 면에 있어서의 획기적인 변화는 재지사족의 광범한 존재, 사족과 이족의 확연한 구분이라 하겠다.[18)]

16세기 후반부터 나타나는 私撰 『읍지』에는 해읍 토성보다는 이주 또는 流寓한 성관과 인물이 오히려 주류를 차지하였다. 여기에서 우리는 15세기 초까지의 각 읍 지배성씨를 반영한 『실지』와 16세기 이래 향촌

---

18) 이수건, 「古文書를 통해 본 朝鮮朝 社會史의 一研究」(『韓國史學』 9, 한국정신문화연구원, 1987).

사회의 지배성관을 수록한 읍지의 성씨 · 인물조를 비교할 때, 양자 사이의 시대적 · 사회적 신분구조와 향촌 사회 지배세력의 변동을 일목요연하게 추적 · 비교할 수 있다. 즉, 전자의 성씨는 각 구획의 읍사를 구성했던 향리(또는 장리)들의 성씨를 수록의 범위로 한 데 반해, 후자는 해읍의 토성사족은 물론, 여말 이래 이주한 재지사족들을 등재범위로 삼았는데, 이는 바로 각 읍의 『향안』에 입록될 수 있는 향중사족들의 성씨였던 것이다.

그런데 본관에 세거해 온 토성사족과 본관을 떠난 이주사족의 분포를 도별 · 지역별로 살펴보면, 경상 · 전라 · 충청도의 내륙지방과 강원도는 토성사족이 많은 데 반해 개성과 한양을 중심으로 한 경기, 황해도 지방과 삼남의 연해지방 및 양계지방에는 이주사족이 주류를 이루었고 토성사족은 극히 희소하거나 거의 존재하지 않았다.

조선 초기 이래 屬縣 또는 廢縣을 본관으로 한 名門을 열거해 보면 다음과 같다. 고려 말 · 조선 초 任內의 直村化에 따라 고려시대 任內로 존재했던 본관은 대부분 그 소속읍에 통합되었지만 아래에 열거한 任內 성관은 조선 초기 이전에 이미 名祖를 확보하여 사족가문으로 성장했기 때문에 그 본관을 명예롭게 생각했던 것이다. 德水李 · 坡平尹 · 杞溪兪 · 豊山洪 · 豊山柳 · 豊山金 · 海平尹 · 海平金 · 海平吉 · 冶爐宋 · 潘南朴 · 押海丁 · 川寧堅 · 川寧玄 · 豊壤趙 · 幸州奇 · 幸州殷 · 龍城車 · 河陰奉 · 新平李 · 新平宋 · 驪陽陳 · 安康盧 · 神光陳 · 一直孫 · 甘泉文 · 缶溪洪 · 缶溪芮 · 鵝洲申 · 長澤高 · 會津林 · 會津梁 · 道康金 · 羽溪李 · 安貞羅 · 遂寧魏氏 등이 여기에 속한다.

본관의 병합 또는 폐합으로 인해 당초 본관이 병합 또는 폐합된 主邑을 새 본관으로 변경한 성관을 열거해 보면 아래와 같다.

龍駒李 → 龍仁李 · 龍駒龍 → 龍仁龍 · 僧嶺崔 → 朔寧崔 · 道安李 → 淸安李 · 市津宋 → 恩津宋 · 餘美郭 → 海美郭 · 靑鳧沈 → 靑松沈 · 基川

秦 → 豊基秦 · 比屋朴 → 比安朴 · 義昌孔 → 昌原孔 · 義昌黃 → 昌原黃 · 義昌仇 → 昌原仇 · 會原甘 → 昌原甘 · 利安林 → 安陰林 · 嘉樹森 → 三嘉森 · 扶寧金 → 扶安金 · 牟平牟 → 咸平牟 · 龜山諸 → 漆原諸氏 등.

한편 地望과 姓望은 서로 상관관계에 있어 신라의 9州 · 5小京 기타 고려 · 조선시대 界首官과 같은 大邑 · 雄府를 본관으로 한 성관 가운데는 조선시대 유명한 가문이 많았던 것이며, 속현 또는 폐현도 그 유명성관으로 인해 地望이 유지되었고 小縣이라도 유명본관이 있는 경우는 지망이 인정되었다. 이에 반해 인구와 면적 등 읍세는 비록 크다 하더라도 유명 성관이 없는 곳은 僻邑으로 간주되었다.

또한 『조선왕조실록』 人名索引에 의거, 僻姓들의 姓別人數를 정리해 보면 다음과 같다. 여기에는 외국계 인사는 제외시켰다. ①에서 ⑤까지 합계는 143성이다.

① 11명 이상 姓: 賈 · 桂 · 仇 · 丘 · 童 · 董 · 潘 · 房 · 甫 · 卜 · 奉 · 沙 · 尙 · 石 · 宣 · 偰 · 葉 · 庾 · 陸 · 殷 · 印 · 蔣 · 錢 · 卓 · 平 · 邢 · 胡 · 牟 · 南宮 · 皇甫 · 鮮于 · 毛(조선 후기 등장): 23성

② 6~10명까지 姓: 葛 · 甘 · 堅 · 景 · 敬 · 公 · 鞠 · 浪 · 范 · 史 · 承 · 施 · 芮 · 陰 · 程 · 諸 · 宗 · 彭 · 皮 · 夏 · 扈: 21성

③ 2~5명까지 姓: 簡 · 江 · 强 · 甄 · 耿 · 顧 · 喬 · 雷 · 段 · 唐 · 頓 · 杜 · 馬 · 萬 · 梅 · 明 · 蒙 · 夫 · 賓 · 艾 · 於 · 玉 · 邕 · 姚 · 龍 · 禑 · 伊 · 莊 · 章 · 鍾 · 智 · 于 · 肖 · 草 · 秋 · 太 · 弼 · 何 · 賀 · 合 · 榮 · 司空 · 西門氏: 43성

④ 1姓 1명 姓: 曲 · 貢 · 弓 · 墨 · 門 · 傅 · 聶 · 伍 · 郁 · 晋 · 楚 · 鄒 · 片 · 標 · 畢 · 赫 · 司馬 · 獨孤氏: 18성

⑤ 1명도 기재되지 않은 성: 麻 · 箕 · 米 · 芳 · 邦 · 鳳 · 氷 · 桑 · 鮮 · 壽 · 柴 · 牙 · 夜 · 陽 · 連 · 燕 · 溫 · 益 · 翼 · 慈 · 菜 · 包 · 荊 · 化 · 和 · 東方 · 諸葛 · 令狐氏: 29성

고려 · 조선시대 교통 · 운수기관인 驛은 일정한 구역인 驛村, 일정한 시설인 역관사 · 창고 등과 일정한 주민인 역민, 그 역민에는 역무를 수행하는 역리 · 역졸 · 역노비 등을 보유하고 있다는 데서 고려시대 속현과 향 · 소 · 부곡과 같은 내부구조를 갖고 있었으니 中世 社會의 기본구조인 지역편제를 구명하는 데 主邑 · 任內와 함께 고찰할 필요가 있다. 비록 조선 후기의 자료지만 역의 호수와 역리 등의 수를 갖고 역의 규모를 짐작할 수 있다. 전국에 540여 개의 역이 있는 데다가 한 역에 소속된 驛戶가 많은 것은 500여 호, 중간은 100여 호, 小驛도 50호 내외는 되었으니 구획 편성에 있어서 면적 · 인구상으로 국토의 중요한 한 부분을 차지했다고 볼 수 있다. 그리고 『戶口摠數』(1789)에 의거 전국 500여 驛 가운데 한 역촌이 1개 面으로 편성된 역명을 적기해 보면 陰竹縣의 無極面, 襄陽郡의 祥雲 · 麟丘 · 連倉역과 麟蹄郡의 馬奴역이 각기 면으로 편성되어 있고 양산군의 黃山, 영일현의 驛面, 문경현의 幽谷, 신령현의 역면, 淸河縣의 松蘿驛은 모두 1개 면으로 편성되어 있으며 각 역의 戶數는 100호 이상에 최고 500호가 넘는 역면도 많았다.

한편 고려 말 · 조선 초 군현吏族의 분화과정에서 주읍 향리 또는 任內吏의 驛吏化가 광범하게 진행되었다. 고려 후기 이래 재래의 속현과 향 · 소 · 부곡은 소멸의 길을 걸은 반면, 전국적으로 500여 개에 달하는 역은 행정 · 군사 · 교통 · 운수상 중앙집권체제의 정비와 함께 오히려 증설되거나 보강됨에 따라 역리와 역노비의 보충이 절실히 요청되었다. 특히 조선왕조의 개국과 함께 儒佛의 교체, 집권세력의 교체 및 중앙집권적 지방통치체제의 확립상 국가의 동맥과 같은 기능을 지닌 역은 지방행정의 기본단위인 고을과 함께 재정비 · 강화되어야 할 국면에 놓이게 되었다. 가령 유불교체과정에서 정리되는 불교시설과 사원소속 토지와 노비 및 승려들을 새 왕조의 中 · 外官府시설과 유교시설로서의 전용, 사원 소속 인적 자원의 재활용이 수반되었듯이, 고려 말 · 조선 초에 걸쳐 획기적으로 정리된 任內가 보유했던 인적 · 물적 자원의 전용 · 재활용이 강구되었다. 그 결과 殘邑 · 殘驛의 보충책으로 정리된 임내의 인적 자원(향리 · 長吏)과 물적 시설의 전용과 이속이 수반되었다.

驛吏는 향리처럼 世傳驛役하고 있었으나 군현향리의 世系圖와 같은 자료가 확보되지 않아 고려시대 역리의 내부구조를 구체적으로 살필 수 없다. 조선 후기에는 驛吏案과 形止案을 통해 일부 역의 인적 자원을 밝힐 수 있다. 역마다 특정한 성씨가 동성마을을 이루고 역역을 배타적으로 세습하고 있었는데 그것을 예시하면 안동부의 安奇驛趙氏(안동村姓) · 瓮泉驛姜氏(토성) · 琴召驛林氏(吉安縣土姓) · 尙州의 洛東驛尹氏(상주村姓) · 昌原府의 自如驛仇氏(義昌縣村姓) 등이 있다. 「金泉驛道形止案」(英祖 14년, 1738년, 정문연소장)에 의거 역리의 姓貫을 분석해 보면 다음과 같다.

① 金泉역리 총 498명 가운데 金山林 100명, 平澤林 210, 羅州林 41, 玄風林 38, 林氏 합계가 339명, 淸州韓氏가 54, 陜川李氏 34, 기타 軍威李氏 등으로 구성되어 있다. 김천역 소재 金山郡의 성씨 가운데 助馬部曲續姓林氏와 부근의 開寧土姓林氏가 김천역에 배속되면서 그 역역을 주도하게 되었고 동성혼의 금기와 본관의식의 변화에 따라 金山을 본관으로 한 다른 派系에서 나주 · 평택 · 현풍으로 개관되었다고 볼 수 있다.
② 秋風驛吏에는 金山林 12, 玄風林 19, 坡平尹 17, 金海金 12, 淸州韓 11명 등으로 구성되어 있다.
③ 文山驛吏는 金山金 6, 星州李 30, 晋州姜 23, 金海金 8명 등 67명이 배속되어 있다.
④ 楊川驛吏는 金海金 32, 昌原仇(開寧村姓) 30, 完山崔 22, 密陽朴 18명과 기타 성이 있다.
⑤ 扶桑驛吏는 金海金 64, 晋州姜 21, 開寧林 9, 기타 성씨가 있다.
⑥ 仁同縣의 東安驛吏는 仁同劉(토성) 53, 光州李 90, 全州白 48, 仁同張氏 등으로 구성되었다.
⑦ 寧海府의 柄谷驛吏는 寧海朴 20, 金海金 4, 慶州金 · 密陽朴氏 등 71戶

였다.

위와 같이 조선 후기에 나타나는 역리는 지방에 따라 차이는 있지만 『실지』 소재 토성 가운데 主邑 향리에서 배제된 僻貫의 군현성, 村姓과 향소부곡성이 많았는데, 이들 역성도 후기에 올수록 유명 본관으로 개관했던 것이다. 역리는 향리와 함께 중앙과 지방을 오가면서 정계와 관계의 동정과 소식을 누구보다 잘 탐지할 수 있었다. 또한 역은 官人을 迎送하고 物貨의 유통과 商去來 등에 예비지식을 갖고 있어 재산을 축적할 수 있었다. 그들이 축적한 경제적 기반으로 인해 자제를 교육시킬 수 있고 또 그러한 物力으로 인해 官人·재지사족들과 교유가 가능하면서부터 신분을 향상시켜 나갔는데 19세기 이래 역리신분에서 성장한 성씨가 많았다. 우리는 안동의 옹천역 姜氏와 금소역 林氏·안기역 趙氏와 창원부 자여역 仇氏(具氏로 개성)에서 그러한 성장추세를 살필 수 있다.

Ⅶ. 현대 사회의 성씨와 성·본관 수

1. 현대 사회와 성씨

한국사상 한식성씨의 수용 및 보급과정을 시기별로 살펴보면, 첫째, 왕실과 중앙귀족층에게 수용된 시기는 삼국 말기부터 신라 하대까지이며, 둘째, 지배층 일반에게 성씨가 보급되어 성과 본관체계가 확립된 시기는 고려 초기이며, 셋째, 양민층에게 확대된 시기는 고려일대에 걸쳐 진행되었다. 성씨가 보급된 뒤에도 무성층으로 남아 있던 공사노비·禾尺, 향·소·부곡민, 역·진민 등 천민층은 10세기 이래 조선시대까지 개별적인 신분해방과 신분상승으로 인하여 부분적으로 성씨를 획득해 갔지만, 그들에게 성씨가 획기적으로 보급된 시기는 조선 후기였다.

조선 전기(15, 16세기)까지만 해도 노비를 비롯한 천민층이 전체국민 가운데 대략 40% 안팎을 차지하였으니 무성층이 그만큼 많았다. 그렇게 많았던 천민층이 16세기 말부터 시대적·사회적 변동에 따라 신분향상과 함께 새로 성을 가지게 된 계층이 격증해 갔다. 당시 사회계층을 크게 양반·중인·상민·천민으로 나눌 때, 양반층은 일찍이 군현토성에서 귀족과 관인을 배출한 士族가문이며, 중인층은 군현과 임내의 이족에서 서리 · 기술직을 맡은 계층이나 양반의 서얼 출신이 여기에 해당된다. 상민층은 고려 이래 관인을 내지 못한 일반 농민층으로서 성종상 인리성 · 백성성 · 촌성 · 향 · 소 · 부곡성에서 사족 또는 이족으로 성장하지 못한 계층과 이주성 및 무성층에서 성장한 신생본관이 많았으며 천민은 대체로 무성층이었다. 최하층인 이들은 조선 후기 300년간에 걸쳐 점차적인 신분해방과 함께 성을 새로 가지게 되었다.

특히 1894년 갑오경장을 계기로 종래의 신분 · 계급이 타파된 것은 성의 일반화를 촉진시켰으며, 1909년 새 民籍法이 시행되면서부터 누구나가 다 성과 본을 가지게끔 법제화되었다. 무성인이 상당수 있었는데 이때를 기하여 새 성을 가지게 되자 갖가지 희화극이 벌어졌다고 한다. 어떤 지방에서는 성이 없는 사람에게 본인의 희망에 따라 호적서기나 경찰이 마음대로 성을 지어 주기도 하였는가 하면, 노비의 경우는 상전의 성을 따르기도 하며, 또 자기 주위에 김 · 이 · 박씨가 많은 데서 그러한 대성을 모방하여 성을 정함으로써 종전의 대성명문들은 그 수가 더욱 늘어 갔다.

가령, 전주에서 출생한 사람은 이씨, 경주지방 출신은 김씨나 최씨 하는 식으로 출신지의 대성이나 문벌을 본떠서 자기 성을 한 경우가 많았다. 오늘날의 희성 · 벽관 가운데 당시 경찰이 호구조사를 할 때나 호적 담당 서기가 호적을 기재하면서 한자의 획을 잘못 적은 데서 비롯된 것도 적지 않다. 국민 모두가 성과 본관을 가지게 된 시기는 신분과 계급제도가 타파된 한말에 와서 단행된 것이며, 그것이 일제의 식민통치과정에서 시행된 것은 역사의 아이러니라 하겠다.

성과 씨가 전근대 사회에서는 신분과 특권을 표시했거나 존칭 또는 비칭으로 사용되어, 가령 이씨 · 김씨라 할 때는 양반신분을 뜻하나 이성 · 김성 또는 이가 · 김가라 할 때는 상민 이하의 신분을 지칭하였다. 또는 유성자가 역적이나 모역과 속세의 인연을 끊고 출가하였다는 데서 역시 성을 쓰지 않았다. 그러나 현재는 계층과 직종에 관계없이 누구나 성과 본을 가지고 있다. 성씨관념과 관련 있는 관습과 민속이 많다. 가령, 자녀 혼인에 있어 어떤 성을 선호하는 대신 특정한 성은 금기하는 관행이 있으며, 일년신수를 점칠 때나 토정비결 같은 것을 볼 때 거기에도 접촉하는 사람의 성씨에 따라 이해득실이 있다는 것이다.

성씨는 일찍부터 우리 민족과 애환을 함께 하면서 분화, 발전해 왔는가 하면 신분의 상승과 하강에 따라 무성에서 유성으로, 또한 유성에서 무성층이 되기도 하였다. 성씨는 당초 왕실부터 시작하여 귀족 · 관인 · 양 · 천민순으로 보급되어 갔기 때문에, 신성시 또는 특권시되어 득성유래와 시조의 출자에 관해서는 신화와 민담이 많이 전승되고 있다. 성씨에 관한 속담도 비교적 많다. 가령, 조선조 이래 '성불변의 원칙'이 철저히 지켜져 온 우리나라에서 맹세 또는 굳은 약속을 할 때 '성을 갈겠다'는 말을 한다든지, 근대 이후 성이 일반화되자 전혀 모르는 사람이라는 뜻으로 '이름도 성도 모른다'라 한다든지, 우리의 성 가운데 김씨와 이씨가 절대다수라는 데서 '촌놈 성 김가 아니면 이가다'라든지, 또는 '김씨가 한몫 끼지 않은 우물은 없다'라는 속담들이 있다. 또한, 상대방과의 수인사에서 성씨를 묻는다는 것이 하나의 상식화되어 있는 우리 사회에서 '머슴살이 삼년에 주인 성 묻는다', '한집안의 김별감성을 모른다', '10년을 같이 산 시어미 성도 모른다'는 등의 속담도 있다. 또한, 성에 따라 별명을 붙이는 경우가 있다. 성의 출자와 유래 또는 시조나 조상에 관한 일, 또는 발음이나 어휘에 따라 박씨는 '말', 鄭씨는 '당나귀', 丁씨는 '곰배', 홍씨는 '물렁감' 하는 식의 별명을 쓰기도 하였다.

성과 본에 관한 법적 규정은 재래의 관습인 '성불변의 원칙'과 '부부각성주의'를 택하고 있다. 「민법」에 "자는 부의 성과 본을 따르고 부가에 입적하며, 부를 알 수 없는 자는 모의 성과 본을 따르고 모가에 입적

한다. 부모를 알 수 없는 자는 법원의 허가를 얻어 성과 본을 창설하고 일가를 창립한다. 그러나 성과 본을 창설한 뒤 부 또는 모를 알게 된 때에는 부 또는 모의 성과 본을 따른다(781조)"라는 규정을 두고 있다. 여기에서 우리나라의 성은 원칙적으로 부계혈통을 표시하며, 성의 변경은 특수한 경우 이외에는 일체 인정하지 않는다. 따라서 혼인하여 부부가 되더라도 외국의 경우처럼 성을 바꾸지 않으며 각자의 성을 가진다.

그러나 「민법」은 入夫婚姻制度를 인정함으로써 이 경우에 한하여 명문으로 입부혼인에 의한 출생자는 모의 성과 본을 따르도록 하여(826조 4항) 모계혈통을 표시하는 성이 되는 경우도 생겼다. 壻養子의 자의 성과 본에 대해서는 별도로 규정하는 바 없으므로 부의 성과 본을 따른다고 해석된다. 그러나 서양자는 입부혼인의 경우와 같이 夫가 처가에 입양하여 그 출생자는 모가 즉 양가에 입적할 뿐만 아니라 호주상속을 하게 되는 경우를 생각하더라도 모의 성과 본을 따르는 것으로 해석하는 것이 타당하다. 異姓양자의 성과 본에 대해서는 아무런 규정도 하지 않고 있으므로 성불변의 원칙상 변경되지 않는다고 해석된다. 구관습법에는 서양자(데릴사위)는 허용하지 않았으나, 신민법은 이를 창설하여 남자 없는 가족을 위하여 획기적인 개혁을 단행하였다. 무남독녀가 호주 또는 호주상속인인 경우라 할지라도 반드시 입부혼인을 하여야 하는 것은 아니지만, 입부혼인을 할 경우에는 부부는 처의 주소나 거소에서 동거해야 하며, 그 부부 사이의 출생자녀는 모의 성과 본을 따르고 모의 가에 입적한다(826조).

아동 복지시책으로서의 고아입양문제와 함께 최근 새로운 형식의 입양은, 양친됨에는 기혼 · 미혼남녀를 구별하지 않으며(866조), 양자됨에 있어서도 남녀 · 昭穆을 가리지 않음(877조)은 물론, 이성양자까지도 인정하여 전통적인 입양과 그 내용을 달리하고 있으나, 양부모의 입양목적에는 별로 큰 변동이 없다. 자녀 없는 양부모가 가계를 잇기 위한 것이 주된 입양목적이기 때문에 현대적 입양 역시 남아가 월등 더 많이 입양되고 있으며, 양자의 성이 무엇이었던 간에 양친의 호적에 기재되는 양자 성과 본은 양부와 동일해야 한다는 뜻에서 친생자로서 신고되기 마련이다.

전통적인 유교 사회에서는 '동성불혼', '이성불양'의 관습하에 윤리적 또는 우생학적 견지에서 동성동본간 금혼제가 철저히 지켜졌으나, 현재와 같이 인구의 격증과 이동, 산업화와 도시화로 종래 한 부락에 살던 동족이 사방으로 이산되고 김해김씨·전주이씨·밀양박씨 등 수백만이 넘는 동성자가 시조를 같이한다고 하여 촌수를 가릴 것 없이 그 사이의 혼인을 인정하지 않는다는 것은 사리에 맞지 않는다. 남녀평등을 기조로 한 현대 사회에서 모계혈족에 대해서는 최근친을 제외하고는 혼인을 방임하면서 부계혈족에 대해서는 촌수의 제한 없이 금혼하는 것은 일종의 남녀차별이다. 최근 이름의 한글화와 함께 성씨의 한글화도 미구에 거론되겠지만, 성자의 한글표기에 있어 '리(李)'·'류(柳)'로 하는 씨족이 있어 두음법칙에 어긋나는 예가 있듯이, 성은 이름과 달라서 성을 한글로 표기하는 문제는 그리 단순하지 않다.

우리나라의 성씨에 관한 최초의 구체적인 자료는 세종조에 편찬된 『실지』 성씨조로서 성씨의 내부구조와 시대적 변화상을 잘 보여 주고 있는 반면 19세기 이후에 쏟아져 나온 각 성씨 족보들은 당대인의 수록에도 改貫, 투탁한 예가 많았던 것은 물론, 특히 시조의 유래와 조상의 계보에는 조작과 분식이 가해져 오히려 성씨의 발생과 분화 및 발전과정을 구명하는 데 혼란을 야기시키고 있다. 일제시대 성의 연혁과 당시의 성에 관한 연구·조사서로서는 총독부 중추원 발행의 『조선의 성명씨족에 관한 연구조사』와 국세조사과에서 간행한 『조선의 성』이 있다. 1930년대에 이루어진 이러한 광범위한 조사와 연구검토는 식민통치하에 우리나라의 특징적인 현상이라는 혈연을 중심으로 한 동족부락의 성격을 보다 조직적으로 파악하려는 데 궁극적 목표가 있었다.

우리의 성씨사상 최대의 수난기는 무엇보다 일제 말기의 이른바 창씨개명이라 하겠다. 그것은 일제가 대륙침략과 미일전쟁을 전개하면서 발악적인 식민통치의 마지막 수단으로 이른바 그들이 부르짖은 내선일체 · 황국신민화의 일환에서 우리의 성과 이름을 일본인 식으로 고치도록 강요한 일이다. 성이란 일생토록 절대로 바꿀 수 없다는 관념이 철저한 우리 민족이 창씨개명을 강제할 때 그대로 순종할 리 없었다. 그래서 웃지도 보지도 못할 허다한 희비극이 연출되었다. 그때 각 씨족문중에서는 회의를 열어 창씨를 하면서도 우리 민족은 천부의 슬기를 발휘하여 어떻게든 고유의 성이나 본관의 흔적을 남기려고 무척 애를 썼다. 가령 李家 · 金本 · 裵井 · 吳山 · 張田하는 식으로 본성을 표시하였는가 하면, 南陽 · 水原 · 京山 · 光山하는 식으로 본관을 그대로 성으로 쓰기도 하였다. 이 밖에도 시조전설이나 연고지를 상징화하여 성으로 쓴 일도 많았다. 가령, 파평윤씨의 경우 平沼라 하였는가 하면, 한산이씨는 본관에다 牧隱(李穡)의 자손임을 강조하여 牧山이라 하였고, 청주한씨는 청주의 고호인 西原을 그대로 성으로 썼다. 이러한 일본인식 창씨는 입부혼인 · 서양자제도와 함께 1939년 말부터 실시되었다가 일제가 패망한 뒤 1945년 9월부터 미군정이 개시되면서 朝鮮姓名復舊令이 1946년 10월 23일 법령 제122호로 공포되자 일제하의 창시개명으로 인하여 우리 성명을 일본식 씨명으로 변경한 호적부 기재와 본령에 배치되는 모든 법령 · 훈령 및 통첩은 그 창조일부터 무효가 되었다.

최근 학계에서는 사회구조 · 사회변동과 같은 사회사를 살피는 한 과정으로서 족적 문제와 관련하여 성씨문제가 다루어지고 있으며, 고려 · 조선시대 연구에 있어서는 정치적 · 사회적 지배세력의 형성과 내부구조 및 소장관계를 성씨와 관련하여 많은 연구가 진행되고 있다.

2. 한국의 역대 姓數와 本貫數

姓字에 의한 우리 성의 수를 살펴보면 성씨 관계 문헌에 따라 일정하지 않다. 우리나라 최초의 전국적인 성씨 관계 자료인 『실지』에는 전체 250여 성 가운데 이미 소멸된 망성이 포함되어 있으며, 1486년(성종 17)에 편찬한 『여지』에는 세종 이후에 귀화한 성과 『실지』 소재 성씨(망성 포함)를 수록한 결과 277성이나 되었다. 영조 때 李宜顯이 편찬한 『陶谷叢說』에는 298성인 데 비하여 고종 때 발간한 『증보문헌비고』에는 삼국시대부터 조선시대까지 존재했던 고문헌에 있는 것을 거의 망라하였기 때문에 무려 496성이나 수록되었는데, 여기에 한성화 이전의 고유명자와 이미 소멸된 역대의 망성이 모두 포함되어 있었다. 그러므로 고려에서 조선시대에 걸쳐 후대에까지 존속된 성 수는 15세기 지리지 소재 성 수대로 대략 250성 안팎으로 나타나는 데서 확인된다. 성세와 본관 수는 반드시 일치하지 않지만 대체로 김 · 이 · 박씨 등과 같이 대성일수록 본관 수가 많았다. 이의현은 『도곡총설』에서 우리의 성 298성을 그 성세에 따라 다음과 같이 분류하였다.

① 著姓: 李 · 金 · 朴 · 鄭 · 尹 · 崔 · 柳 · 洪 · 申 · 權 · 趙 · 韓(12성)
② 그 다음 저성: 吳 · 姜 · 沈 · 安 · 許 · 張 · 閔 · 任 · 南 · 徐 · 具 · 成 · 宋 · 兪 · 元 · 黃(16성)
③ 그 다음 다음 저성: 車 · 林 · 呂 · 梁 · 禹 · 羅 · 孫 · 盧 · 魚 · 睦 · 蔡 · 辛 · 丁 · 裵 · 孟 · 郭 · 卞 · 邊 · 愼 · 慶 · 白 · 全 · 康 · 嚴 · 高(25성)
④ 稀姓: 田 · 玄 · 文 · 尙 · 河 · 蘇 · 池 · 奇 · 陳 · 庾 · 琴 · 吉 · 延 · 朱 · 周 · 廉 · 潘 · 房 · 方 · 孔 · 偰 · 王 · 劉 · 秦 · 卓 · 咸 · 楊 · 薛 · 奉 · 太 · 馬 · 表 · 殷 · 余 · 卜 · 芮 · 牟 · 魯 · 玉 · 丘 · 宣(41성)
⑤ 그 다음 희성: 都 · 蔣 · 陸 · 魏 · 車 · 邢 · 章 · 唐 · 仇 · 邕 · 明 · 莊 · 葉 · 皮 · 甘 · 鞠 · 承 · 公 · 石(19성)

⑥ 僻姓: 印 · 昔 · 龔 · 杜 · 智 · 甄 · 松 · 晉 · 伍 · 拓 · 夜 · 賓 · 門 · 于 · 秋 · 桓 · 胡 · 雙 · 伊 · 榮 · 恩 · 邵 · 貢 · 史 · 異 · 陶 · 龐 · 溫 · 陰 · 龍 · 諸 · 夫 · 景 · 强 · 扈 · 錢 · 桂 · 簡(38성)

⑦ 貴姓: 段 · 彭 · 范 · 千 · 片 · 葛 · 頓 · 乃 · 間 · 路 · 平 · 馮 · 翁 · 童 · 鍾 · 酆 · 宗 · 江 · 蒙 · 董 · 陽 · 章 · 桑 · 萇 · 程 · 荊 · 耿 · 敬 · 甯 · 京 · 荀 · 井 · 原 · 遠 · 萬 · 班 · 員 · 堅 · 騫 · 燕 · 時 · 傅 · 瞿 · 嵇 · 米 · 艾 · 梅 · 雷 · 柴 · 聶 · 包 · 何 · 和 · 賀 · 花 · 華 · 賈 · 夏 · 麻 · 牛 · 僧 · 侯 · 曲 · 栢 · 翟 · 畢 · 谷 · 弓 · 種 · 邦 · 凉 · 良 · 芳 · 卿 · 刑 · 永 · 乘 · 登 · 昇 · 勝 · 信 · 順 · 俊 · 藩 · 端 · 鮮 · 芊 · 牙 · 水 · 彌 · 吾 · 珠 · 斧 · 甫 · 部 · 素 · 附 · 凡 · 固 · 台 · 才 · 對 · 標 · 肖 · 那 · 瓜 · 化 · 壽 · 祐 · 價 · 尋 · 森 · 占 · 汎 · 克 · 郁 · 翌 · 宅 · 直 · 側 · 澤 · 綠 · 赫 · 冊 · 濯 · 骨 · 燭 · 律 · 物 · 別 · 實 · 弼 · 合 · 乜 · 喬 · 思(136성)

⑧ 複姓: 南宮 · 皇甫 · 鮮于 · 石抹 · 扶餘 · 獨孤 · 令狐 · 東方 · 西門 · 司馬 · 司空 · 諸葛(12성)

이상 298성에는『실지』소재 250여 성과『여지』270여 성 및 그 뒤 귀화성이 모두 합산된 것으로 조선 후기에 이미 소멸된 망성이 많이 포함되었다. 성의 종류는 시대에 따라 소장하게 마련이어서 옛날에 있던 성이 뒤에 소멸되기도 하고 과거에 없던 성이 새로 생겨나기도 하였다. 15세기 이래 현재까지 우리나라의 성수는 대략 250성 내외가 되었는데, 송나라 邵思의『姓解』에 의하면 한자성의 종주국인 중국에서는 2,568성이나 되며, 우리의 성에 해당되는 일본의 氏는 그 종류가 10만에 가깝다 하니, 중일 양국과 비교하면 우리나라의 성종은 많은 편이 아니다. 더구나 250여 성 가운데 김 · 이 · 박 · 최 · 정씨 등 5대 성이 전체 인구의 50% 이상을 차지하고 있다. 우리 성씨에 대한 전체조사가 최초로 실시된 시기는 1930년도인데 이때 전국에 250성이 있음이 국세조사에서 밝혀졌다.

1930년도 성별 · 본관별 통계는 비록 일제의 식민통치의 일환으로 조

사된 것이지만, 한국이 아직 본격적으로 산업화 · 도시화가 되기 전 단계이며 『실지』 소재 성관체제가 근본적으로 개편되기 전이라는 데서 조선시대 성관의 유래와 그 존재 및 분포상태를 파악하는 데 중요한 자료라 할 수 있다. 물론 『실지』의 성관체제가 조선 후기를 거치면서 신 · 구 성관의 소장과 변동이 있었지만, 그래도 1930년까지는 17세기 이래 형성되기 시작한 부계친족 중심의 同姓村이 전성기를 맞이하였고 근기지방과 서북 3도를 제외한 여타지방에는 아직 고을마다 토성吏族이 군청소재지를 중심으로 집단거주하고 있는 경우가 많았던 것이며 재래의 토성양반들이 동성촌을 형성하고 있는 곳이 많았다. 『朝鮮の姓』에 의거 1930년까지 토성이 읍치지역과 관내에 집단적으로 살고 있는 고을과 토성들을 적기하면 다음과 같다.

① 경기도: 廣州李 · 驪州李 · 安城李 · 水原崔 · 富平李 · 坡平尹 · 德水李氏 등

② 충청도: 淸州郭 · 永同金 · 沃川全 · 忠州崔 · 忠州安 · 忠州劉 · 丹陽張 · 公州李 · 韓山李 · 新平李 · 瑞山柳氏 등

③ 전라도: 全州李 · 全州柳 · 全州崔 · 全州張(續姓) · 南原梁 · 南原尹 · 南原晋 · 淳昌薛 · 古阜殷 · 扶寧金 · 金堤趙 · 光州金 · 光州李 · 光州鄭 · 潭陽鞠 · 高興柳 · 高興申 · 寶城宣 · 寶城吳 · 同福吳 · 長興魏 · 長澤高 · 道康金 · 海南尹 · 靈岩崔 · 務安朴 · 羅州羅 · 羅州吳 · 羅州鄭 · 羅州林 · 羅州丁 · 咸平李 · 咸平牟 · 咸平魯 · 靈光金 · 靈光丁 · 濟州高 · 濟州梁 · 濟州夫氏 등

④ 경상도: 大丘徐 · 大丘夏 · 玄風郭 · 軍威徐 · 孝令司空 · 缶溪洪 · 義興朴 · 義城金 · 義城吳 · 比屋朴 · 安東金 · 安東權 · 安東張 · 安東姜 · 安東趙(村) · 豊山柳 · 豊山金 · 青松沈 · 英陽南 · 盈德金 · 寧海申 · 迎日鄭 · 興海崔 · 慶州金 · 慶州李 · 慶州崔 · 慶州孫 · 永川李 · 新寧丁 · 永川皇甫 · 慶山全 · 河陽許 · 河陽玄 · 星州李 · 星州呂 · 星州裵 · 星州白 · 仁同張 · 開寧全 · 開寧林 · 善山金 · 尙州朴 · 尙州金 · 醴泉權 · 醴泉林 · 醴泉尹 · 龍宮全 · 奉化琴 · 奉化鄭 · 晋州姜 · 晋州河 · 晋州鄭 · 宜寧南 · 宜寧

玉 · 咸安趙 · 固城朴 · 蔚山朴 · 蔚山李 · 密陽朴 · 密陽孫 · 昌寧成 · 昌寧河 · 靈山辛 · 金海金 · 金海許氏 등

⑤ 황해도: 海州崔 · 海州吳 · 延安李 · 延安宋 · 白川趙 · 白川劉 · 平山申 · 載寧康 · 遂安李氏 등

⑥ 강원도: 春川朴 · 江陵金 · 江陵崔 · 江陵朴 · 江陵咸 · 三陟金 · 三陟沈 · 蔚珍張 · 平海黃 · 平海孫 · 旌善全 · 平昌李 · 寧越嚴 · 寧越辛 · 原州李 · 原州元 · 洪川龍氏 등

1930년 국세조사의 결과를 갖고 조사, 연구한 『朝鮮の姓』은 당시 한국에 존재했던 모든 사람의 성과 본관을 분석하여 성별 · 본관별 통계와 지역적 분포 및 동족부락의 분포상태를 밝히고 있다. 비록 일제의 식민통치의 일환으로 조사, 정리된 것이지만 최초의 근대적인 조사방법에 의해 조사, 통계된 것이므로 당시 한국인의 성과 본관의 수량적 파악과 지역적 분포상태가 구체적으로 밝혀진 셈이다. 日人 학자들의 관심은 '동족부락' 연구 등 식민통치에 필요한 시정자료를 얻는 데 있었고 한국 성관의 기본자료인 『실지』를 제쳐놓고 단지 『여지』 · 이의현이 열거한 조선 후기 姓 및 『증보문헌비고』 소재 성관자료만을 갖고 국세조사에서 얻어진 결과를 비교, 현상적 · 평면적 고찰에 불과했고 이를 『실지』와 비교, 분석한 동태적 심층연구는 되지 못하였다. 본서에서는 『朝鮮の姓』에서 조사, 통계된 현상을 갖고 500년 전에 최초 전국 군현별로 조사, 정리된 『실지』의 성관체제가 5세기 동안 어떻게 연변되어 당시의 모습으로 나타나 있는가를 살펴보고자 한다.

먼저 『실지』와 「1930년 통계」를 갖고 비교해 보면 첫째, 성의 숫자상으로는 양자가 모두 250성 안팎으로 거의 변동은 없으나 그 250성 안에는 『실지』에 있었던 것이 「1930년 통계」에는 없는 것이 있고 『실지』에 없던 성이 후자에 나타나는 등 재래성의 亡姓化와 신생성의 생성이 계속되었던 것이다. 둘째, 전자에는 주 · 부 · 군 · 현과 村 · 향 · 소 · 부곡

등을 합쳐 본관 수가 4,400여 개인 데 반해 후자에는 任內姓의 통폐합과 소멸로 인해 주로 주읍 중심으로 본관이 개편되었고 또 일반서민들은 현거주지가 곧 본관이었으므로 조선 중기에는 신생본관이 격증했으나 18세기 이래 문벌의식의 고조에 따른 희관 · 벽관들의 改貫 · 冒貫으로 인해 본관의 대대적인 통폐합이 이루어짐으로써 1930년 통계에서는 본관이 3,300여 개로 감소했던 것이다.

『朝鮮の姓』에서 이의현이 열거한 298성 가운데 1930년의 국세조사에서 없어진 성(A)과 국세조사에서 새로 나타난 성(B)을 다음과 같이 적고 있다.

(A) 仇 · 龔 · 於 · 伍 · 拓 · 門 · 桓 · 雙 · 桀 · 思 · 貢 · 間 · 翁 · 童 · 鄷 · 江 · 蒙 · 陽 · 揚 · 桑 · 萇 · 荊 · 耿 · 敬 · 甯 · 京 · 井 · 原 · 員 · 騫 · 時 · 傅 · 瞿 · 嵇 · 米 · 聶 · 和 · 賀 · 花 · 華 · 牛 · 僧 · 侯 · 曲 · 柏 · 翟 · 畢 · 谷 · 種 · 凉 · 良 · 芳 · 卿 · 刑 · 乘 · 登 · 勝 · 信 · 藩 · 鮮 · 芊 · 牙 · 彌 · 吾 · 珠 · 斧 · 甫 · 部 · 素 · 附 · 固 · 台 · 才 · 對 · 標 · 那 · 爪 · 壽 · 祐 · 價 · 尋 · 森 · 汎 · 克 · 郁 · 翌 · 宅 · 直 · 則 · 澤 · 綠 · 赫 · 冊 · 濯 · 骨 · 燭 · 律 · 物 · 別 · 實 · 合 · 乜 · 石抹 · 扶餘 · 令狐 · 司馬氏 등 106성

(B) 左 · 諸葛 · 施 · 慈 · 楚 · 毛 · 昌 · 氷 · 浪 · 判 · 倉 · 天 · 大 · 芸 · 墨 · 姚(이하는 10世帶以下의 稀姓) · 彬 · 國 · 丕 · 雲 · 海 · 舜 · 雍 · 連 · 彈 · 柰 · 箕 · 后 · 汝 · 謝 · 介 · 漢 · 先 · 鳳 · 舍 · 淳 · 西 · 濂 · 采 · 菜 · 閻 · 應 · 單 · 扁 · 剛 · 斤 · 星 · 凡 · 道 · 襄 · 鮑 · 君 · 彊 · 旁 · 恩 · 要 · 眞 · 鄒氏 등 58성

상기 (A) 가운데는 『실지』 소재 亡姓과 僻姓이 대부분 포함되어 있으며 조선 후기 仇氏가 具氏로, 汎氏가 范氏로 改姓된 것과 같은 경우도 있었다. (B)의 諸葛氏는 재래의 諸氏와 葛氏가 합성되어 나타난 것이며 또 중국의 '제갈'을 모방해서 나타난 성이라 할 수 있다. 이처럼 성의

소멸과 생성은 고금을 막론하고 희성 · 벽성이 대부분을 차지하며 신성의 생성은 외국인의 귀화와 무성층의 自稱姓 또는 호적담당관리의 오기로 인해 나타난 것이 많았다. 『실지』 이래 최근 1985년 국세조사까지 500여 년 간 성의 消長관계를 살펴보면 1,000戶 이상의 성은 모두 지속되는 데 비하여 없어지는 성과 신생성은 대개 50호 내지 10호 미만의 벽성들이었으니 전체 인구 수에 비하면 거의 무시해도 좋을 숫자였다.

8 · 15 광복 후 최초의 성씨조사는 1960년도 인구 센서스의 부대조사로 실시되었는데, 30년 전의 조사보다 8종이 많은 258성이 있는 것으로 밝혀졌다. 그러나 정부수립 이후의 조사는 북한지역이 제외된 남한만의 조사라는 데서 1930년도의 조사결과와는 정확한 비교가 될 수 없다. 남북분단에 따른 대규모적 인구이동으로 인하여 남북한의 성씨구성에도 변동이 컸다. 남한지역에만 사는 성씨가 있는가 하면 북한에만 사는 성씨도 많다. 1985년 11월 경제기획원 조사통계국이 인구 센서스를 실시하면서 성씨와 본관을 조사한 결과 1975년도의 247성에 비하여 25성이 새로 추가되어 274성에다 본관은 3,435개로 나타났다. 성씨별 인구 수는 〈표 1〉과 같으며, ☆표 성은 1975년 이후에 새로 나타난 성이다.

인구 100명 미만의 희귀성씨 40여 개는 호적기재착오로 인한 경우와 고아 출신이 입적하거나 외국인의 귀화 때 생겨나는 등 최근에 만들어졌다. 이 조사에서 나타난 10대 성씨의 본관 수를 보면 김씨가 285, 이씨 241, 박씨 128, 최씨 127, 정씨 122, 강씨 33, 조씨 56, 윤씨 44, 張씨 63, 林씨 60개로 각각 집계되며 국내 30개 대본관의 순위와 인구 수를 들면 〈표 2〉와 같다.

〈표 1〉 전국 성씨와 인구(북한지역 제외)

순위	성씨	인구	순위	성씨	인구	순위	성씨	인구
1	金	8,785,554	32	劉	218,445	63	邊	50,379
2	李	5,985,037	33	盧	196,284	64	呂	48,914
3	朴	3,435,640	34	河	184,621	65	秋	48,626
4	崔	1,913,322	35	兪	168,078	66	都	46,528
5	鄭	1,780,648	36	丁	165,381	67	愼	40,769
6	姜	958,163	37	成	163,513	68	石	40,387
7	趙	877,050	38	郭	163,413	69	蘇	39,709
8	尹	834,081	39	車	159,679	70	薛	34,262
9	張	810,231	40	具	157,526	71	宣	33,664
10	林	672,755	41	禹	155,456	72	周	33,220
11	韓	628,388	42	朱	153,474	73	吉	30,930
12	申	620,950	43	羅	150,008	74	馬	30,864
13	吳	619,615	44	任	147,694	75	延	27,852
14	徐	611,148	45	田	146,662	76	表	24,562
15	權	567,768	46	閔	141,328	77	魏	24,257
16	黃	564,265	47	辛	137,839	78	明	23,371
17	宋	557,137	48	池	125,624	79	奇	22,689
18	安	556,391	49	陳	123,087	80	房	22,519
19	柳	509,077	50	嚴	116,002	81	潘	21,548
20	洪	457,567	51	元	104,472	82	王	20,377
21	全	430,055	52	蔡	97,634	83	琴	20,355
22	高	384,012	53	千	97,412	84	玉	20,194
23	文	375,765	54	方	81,416	85	陸	18,837
24	孫	368,717	55	楊	81,267	86	印	18,278
25	梁	343,985	56	孔	72,382	87	孟	17,635
26	裵	323,004	57	玄	72,148	88	諸	17,392
27	白	309,572	58	康	69,776	89	卓	16,938
28	曹	304,810	59	咸	65,186	90	秦	16,435
29	許	264,228	60	卞	64,143	91	南宮	16,227
30	南	222,246	61	魯	54,472	92	蔣	16,106
31	沈	219,737	62	廉	54,445	93	牟	16,037

〈표 1〉 계 속

순위	성씨	인구	순위	성씨	인구	순위	성씨	인구
94	鞠	15,527	125	章	4,329	156	天	1,351
95	魚	15,349	126	景	3,691	157	段	1,265
96	余	14,733	127	諸葛	3,652	158	甄	990
97	殷	13,626	128	司空	3,634	159	國	978
98	片	13,264	129	扈	3,529	160	荀	956
99	龍	12,320	130	左	3,046	161	陶	943
100	芮	10,937	131	鮮于	3,032	162	唐	932
101	丘	10,859	132	葛	3,021	163	强	901
102	奉	10,547	133	范	3,018	164	毛	873
103	庾	10,279	134	夏	2,866	165	邦	824
104	慶	10,069	135	錢	2,748	166	龐	794
105	程	9,243	136	賓	2,647	167	昌	700
106	晉	8,696	137	彭	2,471	168	樑	700
107	史	8,660	138	西門	2,328	169	獨孤	695
108	夫	8,565	139	邵	2,300	170	邕	687
109	皇甫	8,529	140	承	2,297	171	平	648
110	昔	7,959	141	施	2,203	172	昇	643
111	賈	7,888	142	尙	2,117	173	鍾	621
112	太	7,406	143	簡	2,074	174	葉	604
113	卜	7,370	144	化	1,990	175	墨	567
114	睦	7,088	145	偰	1,952	176	麻	527
115	桂	5,945	146	公	1,881	177	弓	520
116	皮	5,440	147	彊	1,862	178	大	499
117	邢	5,430	148	彬	1,856	179	氷	464
118	菜	5,241	149	柴	1,538	180	道	459
119	杜	5,076	150	韋	1,527	181	堅	452
120	智	5,028	151	眞	1,511	182	斤	450
121	甘	5,012	152	胡	1,487	183	馮	449
122	董	4,644	153	路	1,484	184	箕	427
123	陰	4,522	154	于	1,381	185	袁	424
124	溫	4,395	155	班	1,364	186	連	398

〈표 1〉 계 속

순위	성씨	인구	순위	성씨	인구	순위	성씨	인구
187	菊	381	217	凡	154	247	滎	☆46
188	永	359	218	俊	154	248	順	37
189	異	359	219	淳	141	249	端	36
190	浪	328	220	洙	140	250	謝	30
191	漢	326	221	夜	137	251	鄒	25
192	阿	315	222	慈	136	252	欒	☆17
193	莊	310	223	宗	133	253	苗	☆16
194	乃	308	224	西	129	254	橋	☆14
195	邱	307	225	汝	122	255	郝	☆14
196	萬	282	226	水	113	256	傅	☆13
197	采	275	227	雲	110	257	齊	☆10
198	海	270	228	雷	106	258	影	9
199	倉	258	229	燕	104	259	譚	☆8
200	伊	249	230	頓	100	260	桓	☆5
201	鴌	243	231	彈	94	261	候	☆5
202	判	238	232	肖	93	262	綱切	☆5
203	包	238	233	剛	87	263	辻	☆5
204	楚	232	234	舍	87	264	興	☆5
205	梅	230	235	森	85	265	頭	☆3
206	君	229	236	敦	83	266	鎬	☆3
207	姚	229	237	雍	80	267	椿	☆3
208	弼	209	238	奈	68	268	賴	2
209	占	198	239	扁	68	269	樓	☆1
210	舜	196	240	艾	☆66	270	邸	☆1
211	曲	189	241	襄	59	271	罔田	☆1
212	鳳	179	242	星	56	272	小峰	☆1
213	松	177	243	後	55	273	長谷	☆1
214	東方	174	244	芸	☆52	274	初	☆1
215	介	165	245	單	51			
216	米	156	246	丕	☆51			

자료: 인구 센서스(경제기획원, 1985). ☆표는 1975년 이후 새로 나타난 성.

〈표 2〉 본관별 인구(북한지역 제외) (단위: 천 명)

순위	본관	인구	순위	본관	인구
1	김해김씨	3,767	17	안동김씨	398
2	밀양박씨	2,705	17	달성서씨	398
3	전주이씨	2,308	18	남양홍씨	382
4	경주김씨	1,523	19	해주오씨	377
5	경주이씨	1,217	20	남평문씨	344
6	진주강씨	921	21	전주최씨	343
7	경주최씨	876	22	제주고씨	318
8	광산김씨	751	23	경주정씨	301
9	파평윤씨	647	24	창녕조씨	300
10	청주한씨	598	25	수원백씨	296
11	안동권씨	559	26	한양조씨	273
12	안동장씨	539	27	나주임씨	263
13	평산신씨	460	28	문화유씨	256
14	김녕김씨	424	29	밀양손씨	243
15	순흥안씨	418	30	영일정씨	237
16	동래정씨	415			

한편 1985년 성씨본관별 통계에서 한 본관이 그 姓의 80% 이상을 차지한 姓貫을 열거하면 다음과 같다.

安東權　幸州殷　浙江片　廣川董　太原鮮于　大丘賓　河陰奉　南原晋
洪川龍　牙山蔣　潭陽鞠　南陽諸葛　聞慶錢　木川尙　河南程　永川皇甫
咸平牟　咸悅南宮 光山卓　大丘夏　浙江施　泰仁柴　濟州夫　沔川卜
漆原諸　新昌孟　喬桐印　安陰西門　慶州偰　蘇州賈　班城邢　沃川陸
宜寧玉　奉化琴　加平簡　木川于　淳昌邕　遂安桂　鳳山智　開城王
幸州奇　長興魏　江華韋　忠州强　比安袁　穎陽菜　丹陽禹　新昌表
谷山延　寶城宣　密陽唐　川寧堅　豊德包　新安朱　昌寧曺　晋州蘇
忠州石　居昌愼　兎山弓　忠州伊　驪興閔　昌寧成　淸州韓　八莒都
坡州廉　溫陽方　衿川莊　喬桐雷　延安車　平海丘　曲阜孔　穎陽千

寧越嚴 淸州俊 孝令司空 水原白 缶溪芮 淸州慶 原州元 驪陽陳 忠州池 居昌章 羅州范 晋州姜 茂松庾 淸州史 慶州昔 泗川睦 萬頃杜 昌原甘氏 등

상기 성관 가운데 穎陽千氏와 慶州偰氏 · 密陽唐氏 · 浙江施氏 등 신생성과 귀화성을 제외하면 나머지는 모두 『실지』 소재 토성이거나 村姓이었다. 『실지』 소재 토성 가운데 희성 · 僻貫들의 개관과 모관도 많았지만 다른 한편에서는 그러한 성관들의 강인한 지속성을 엿볼 수 있는데, 이를 1985년 국세조사에서 확인한 성관과 그 세대 수 및 인구 수를 예시해 보면 다음과 같다.

① 경기도: 楊根傅氏(土) 10人, 峰城夜氏(次姓) 71家, 鎭江萬氏(土) 18家, 喬桐雷氏(土) 29家, 童城異氏(土) 2家, 臨津金氏(土) 4家, 海豊(貞州)包氏(亡村姓) 78家, 永平麻氏(亡) 72家, 衿川莊氏(土) 71家, 豊德鍾氏(亡村姓) 1家

② 충청도: 韓山端氏(村姓) 9人, 淸州俊氏(土) 37人, 淸州東方氏(土) 17人, 靑陽李氏(土) 21家, 木川頓氏(土) 79人, 槐山强氏(土) 3家

③ 경상도: 淸道曹氏(土) 5家, 宜寧沈氏(土) 10家, 金海宋氏(土) 3,708家, 星州白氏(土) 21家, 星山白氏(土) 13家, 龍宮曲氏(來姓) 61人, 榮川艾氏(土) 30人, 嘉樹森氏(土) 33人, 安東姜氏(土) 102家, 安東李氏(土) 340家, 安東曹氏(土) 65家, 眞寶趙氏(土) 168家, 興海張氏(土) 7家, 殷豊申氏(土) 7家, 義城吳氏(續) 31家, 昌寧河氏(土) 102家, 醴泉邦氏(土) 1家, 比屋袁氏(土) 91家, 減陰西門氏(土) 590家, 榮川禹氏(土) 12家, 禮安禹氏(土) 5家, 神光陳氏(土) 91家, 海平葉氏(來) 2家

④ 전라도: 全州白氏(土) 17家, 南原黃氏(土) 117家, 富有沈氏(土) 10家, 尼波(山)宗氏(所姓) 17家, 尼波山(萬頃縣屬所)葉氏(土) 1家, 森溪(靈光屬)周氏(土) 7家, 押海朴氏(土) 2家, 雲梯(高山屬)水氏 23家, 伏龍化氏(土) 3家, 嘉興(珍島屬)平氏(土) 2家

⑤ 황해도: 白川扈氏(續) 7家, 延安段氏(續) 16人, 牛峰崔氏(亡) 94家, 俠溪裵氏(土) 3家, 黃州皇甫氏(土) 3家, 谷城申氏(土) 9家, 兎山金氏(土)

15家
⑥ 강원도: 方山(양구속)米氏(土) 1家

한편 1985년 국세조사에서『실지』소재 姓貫이 아닌, 즉 조선시대 新生姓貫과 그 가구 수를 정리해 보면 아래와 같이 15세기 후반 이래 최근까지 신생 성관과 그 인구 수가 많지 않다는 사실을 알 수 있다.

① 100,000戶 이상: 金寧金氏-102,901戶
② 20,000戶 이상: 穎陽千氏-20,278호
③ 1,000戶에서 3,000戶 미만: 旌善金, 海州金, 楊根金, 羅州李, 開城李, 康津李, 水原李, 順天李, 草溪崔, 廣州崔, 楊州崔, 固城鄭, 全州鄭, 咸平鄭, 全州姜, 羅州張, 南平徐, 星州黃, 羅州全, 慶州全, 昆陽裵, 善山裵, 豊山沈, 全州秋, 秋溪秋, 西蜀明, 延安明, 晋州秦, 淸州史, 浙江片.
④ 500호에서 1,000호 미만: 南陽金, 鎭川金, 信川金, 保寧金, 溫陽金, 定州李, 振威李, 江華李, 密陽李, 忠州李, 旌善李, 平山李, 三陟朴, 晋州崔, 開城崔, 羅州崔, 淸州崔, 定州鄭, 醴泉鄭, 咸陽趙, 浙江張, 全州林, 慶州林, 平壤黃, 南海洪, 平康全, 南陽梁, 海州盧, 金山兪, 丹陽田, 淸州池, 海州石, 鐵原周, 南原房.
⑤ 100호에서 500호 미만: 懷川金, 坡平金, 晋州朴, 慶州姜, 泰平尹, 晋州張, 密陽林, 忠州韓, 坡平申, 全州吳, 仁川徐, 昌寧黃, 善山宋, 南原洪, 金海田, 昌平高, 坡平文, 密陽裵, 泰仁白, 靑陽曹, 南陽南, 忠州沈, 晋州劉, 慶州河, 晋州丁, 江陵成, 義城郭, 安陽禹, 靑松池, 慶州蔡, 南原方, 平康康, 昌寧咸, 原州卞, 善山呂, 羅州秋, 全州都, 南平潘, 慶州片, 晋州彊, 大丘彬, 瑞山眞, 忠州强, 廣州毛, 廣州邦, 南原獨孤氏

상술한 바와 같이 우리는 1930년과 1985년 성과 본관에 관한 각종 통계를 갖고 500년 전『실지』소재 성관들이 어떻게 소장했으며, 그것이 어떻게 분포되고 지속되었는가를 살필 수 있는데 특히 양자의 비교에서 두 가지 사실을 확인할 수 있다. 그 하나는『실지』소재 희관 · 벽관 가운데 많은 수가 개관 · 모관을 자행했다는 사실이며 또 하나는 『실지』 소재 각 읍 성관들이 천 년 내지 5~600년을 경과했음에도 해당 읍사의 읍권을 장악하면서 세거해 왔다는 데서 한국성관의 강인한 토착성과 지속성을 확인할 수 있다.

〈부 표〉

『世宗實錄』 地理志 姓氏條의 각 읍별 姓種과 姓貫分布表

범례: 본관은 主邑과 任內로 구분 기재.
主邑은 고딕, 任內는 명조체
※〈 〉는『輿地』姓氏條
邑名(본관)의 ( ) 地名은 別號 또는 別稱임

1) 京畿道

主邑·任內의 邑名·邑格; 본관이름	土 姓 (人吏·百姓·次吏·次·村姓 포함)	亡 姓 (亡村姓 포함)	來·續姓, 亡來·亡入姓 및 賜姓·귀화성
漢城府(漢陽)	姓氏條 不載〈韓 趙 閔 申 艾村〉		〈咸 朴 洪 夫 崔 鄭 竝來〉
楊州牧	4: 韓 趙 閔 申	2: 鄭 艾	來姓 5: 咸(楊根) 朴(春川) 洪(南陽) 崔(水原) 夫(果川)
見州縣	7: 李 金 宋 申 白 尹 皮		
豊壤縣	1: 趙	4: 李 姜 尹 劉	
沙川縣	1: 耿	4: 李 任 宋 許	
高峰縣(高陽)	1: 高	4: 秦 康 宋 田	
幸州縣(德陽)	4: 金 奇 殷 田	7: 崔 康 夫 則 高 那 車	來姓 1: 李
富原縣(龍山處)〈巾子山所〉	1: 邊 〈1: 皇甫〉		〈來姓 2: 李 康〉
果川縣	4: 孫 李 田 邊	3: 愼 安 崔	
衿川縣(始興)	6: 李 趙 姜 莊 皮 桂	2: 尹 秋	
瑞原郡(峯城)	2: 徐 廉 次姓 1: 夜 〈村姓 1: 車〉		

主邑 · 任內의 邑名 · 邑格; 본관이름	土　　姓 (人吏 · 百姓 · 次吏 · 次 · 村姓 포함)	亡　　姓 (亡村姓 포함)	來 · 續姓, 亡來 · 亡入姓 및 賜姓 · 귀화성
坡平縣(坡州)	2: 智 尹	3: 邦 白 皮	
交河縣	5: 盧 金 李 玉 朴	1: 尹(京來, 一本作田)	〈尹 田 來〉
石淺鄉	2: 廉 車	2: 夜 扈	
深岳縣	2: 李 朴	1: 仝(金)	
開城留後司 (松嶽)	5: 高 金 王 康 田		來接姓 1: 李
長湍縣(湍州)	1: 韓	6: 田 馮 許 宣 金 李	〈金(金州) 李(塩州)〉
海豊郡(貞州)	4: 柳 張 段 田	1: 韋　亡村姓5: 鐘 李 杜 包 河	來姓 1: 金 亡來接姓 4: 梁 鄭 林 朴
德水縣	2: 李 金 村落姓 1: 車	3: 張 秦 員	
臨津縣	1: 金	5: 宋 咸 邢 標 宣	續姓 1: 宗(今爲人吏者多)
臨江縣	2: 李 鄭	3: 盧 卿 史	
松林縣	1: 金	4: 宋 田 車 米	續姓 1: 文
麻田縣		5: 田 宋 柳 車 於	續姓 1: 徐
漣川縣	6: 李 全 鄭 朴 宋 金	7: 井 崔 房 邢 曹 田 孫	
積城縣	3: 申 金 崔	3: 劉 盧 玄	續姓 3: 趙 徐 梁
朔寧郡	2: 申 金〈辛〉	3: 宋 曹 吳	續姓 1: 朴
僧嶺縣	1: 崔　次姓 1: 沈	4: 吳 李(2姓 無)	來姓 1: 宋(仁義)
永平縣	3: 申 榮 田	2: 燕 㾓(林)	續姓 2: 朴 尹
乳石鄉	4: 徐 任(白) 何 尹		
加平縣(嘉平)	2: 卓 簡	1: 張	續姓 1: 朴
朝宗縣	3: 玄 胡 李	2: 邢〈刑〉 朴	來姓 1: 韓　續姓 1: 金
抱川縣	3: 盧 兪 金	6: 玄 桓(栢) 朴 房 田 尹	〈尹 來〉
富平府 (桂陽 · 樹州)	7: 金 李 柳 邢 孫 崔 陳		來姓 3: 趙 柳 尹
黃魚鄉		1: 孫	亡來姓 1: 鄭 續姓 1: 金(今爲鄉吏)
仁川府 (仁州 · 慶源)	6: 李 貢 河 蔡 仝 門		來姓 1: 朴(唐城) 亡來姓 1: 崔(貞州)

主邑 · 任內의 邑名 · 邑格; 본관이름	土 姓 (人吏 · 百姓 · 次吏 · 次 · 村姓 포함)	亡 姓 (亡村姓 포함)	來 · 續姓, 亡來 · 亡入姓 및 賜姓 · 귀화성
南陽府 (唐城 · 益州)	6: 洪 宋 房 朴 崔 徐	1: 吳〈洪州〉	
載陽縣	4: 孫 尹 辛 祐		來姓 1: 徐(安山) 續姓 1: 田
利浦部曲	〈1: 房〉		
陽川縣(孔岩)	4: 孔 邊 許 崔		
安山縣(蓮城)	3: 金 安 方	1: 林	
金浦縣(金陵)	3: 鄭 蔣〈翁 一云蔣〉 琴〈賜〉 村姓 1: 公	1: 安	
通津縣	2: 石〈席 一云石〉 康	1: 梁 亡次姓 2: 吉 宗 亡村姓 1: 仇	亡來姓 1: 李
守安縣	3: 尹 李 安	1: 陳	來姓 1: 吳
童城縣	4: 盧 祐 附 異		來姓 2: 康 白
廣州牧 (廣陵 · 漢州)	3: 李 安 金 加屬姓 3: 朴 盧 張	5: 尹 石 韓 池 素(表)	
驪興府 (黃驪 · 驪州)	7: 閔 李 安 畢 尹 韓 陰		
川寧縣	6: 堅 玄 崔 兪 房 張		
登神莊	〈1: 兪〉		
陰竹縣(雪城)	4: 金 李 桓 文	1: 翼〈翌〉	
利川郡(南川)	5: 徐 申 韓 安 張		來姓 3: 王 洪(弘) 黃
陽城縣(赤城)	4: 河 柳 李 葛	3: 任 康 宋	
陽智縣 (陽良村部曲)	3: 安 朴 柳		
高安部曲	1: 文	3: 朴 李 金	
秋溪部曲	1: 安	2: 李 池	
龍駒縣(龍仁)	5: 秦 李 宋 龍 嚴		
處仁縣	6: 李 徐 池 葉 金 康		
水原府 (隋城 · 水州)	4: 崔 金 李 徐 村落姓 1: 河	4: 白 崔 李 方	京來姓 1: 白
雙阜縣	2: 徐 沈 〈朴〉	3: 宋 李 愼	
永新縣	1: 金	4: 李 崔 吳 黃	
貞松縣	1: 金	2: 李 崔	續姓 1: 尹

主邑·任內의 邑名·邑格; 본관이름	土　　姓 (人吏·百姓·次吏·次·村姓 포함)	亡　　姓 (亡村姓 포함)	來·續姓, 亡來·亡入姓 및 賜姓·귀화성
龍城縣	2: 車 宋	2: 任 張	續姓 1: 金
廣德縣			續姓 1: 朴
工二鄕	1: 宋	1: 公	
杜石鄕		4: 宋 崔 車(3)〈金〉	
盆村鄕	1: 白	1: 田	
內彌部曲	1: 李	1: 白	續姓 1: 李
沙梁部曲	1: 堅	2: 周〈朱〉金	
〈青丘部曲〉	〈3: 鄭 朴 李〉		
爭忽部曲	1: 李	1: 金	續姓 1: 朴
〈公村部曲〉	〈2: 金 葉〉		
奢井處			續姓 1: 都
今勿〈音〉村處	1: 呂	1: 李	
楡梯處			續姓 1: 車
楊干處			續姓 2: 朴 金
深谷處		1: 車	
五朶莊		1: 呂	續姓 1: 金
宗德莊	1: 柳		續姓 3: 徐 李 車
新永莊			續姓 1: 柳
振威縣	3: 李 金 崔	2: 柳 宋	續姓 1: 趙(稷山)
松莊	1: 柳〈李〉		
安城郡(白城)	6: 李 金 趙 薛 張 敬		
甘彌呑部曲	1: 柳		
楊根郡 (恒陽·益和)	4: 咸 卓 傅 耿	4: 敬 李 鄭 朴	
迷原莊			續姓 1: 咸
砥平縣	5: 李 申 敬 金 方		
江華府 (沁州·江都)	4: 崔 章 黃 高		來姓 3: 田 魯 韓 續姓 2: 金 李
鎭江縣	5: 魯 蘇 高 井 萬		
河陰縣	5: 李 田 奉 吉 萬〈力〉		來姓 1: 鄭
海寧鄕	2: 高 宋		
喬桐縣	3: 高 印 田	〈2: 合 雷〉	續姓 1: 安

2. 黃海道

主邑 · 任內의 邑名 · 邑格; 본관이름	土　　姓 (人吏 · 百姓 · 次吏 · 次 · 村姓 포함)	亡　　姓 (亡村姓 포함)	來 · 續姓, 亡來 · 亡入姓 및 賜姓 · 귀화성
黃州牧(取城)	11: 尹 金 白 池 盧 董 段 黃 崔 石 皇甫 村落姓 1: 邊		來姓 7: 魯 宋〈朱〉 薛 洪 魏 徐 康
鐵冶縣			續姓 4: 羅 崔 洪 李
瑞興府(洞州)	6: 閔 鄭 金 李 尹 康	2: 安 邊	來接姓 5: 趙 盧 朴 權 庾(今無) 〈尹 賜〉
鳳山郡	2: 李 尹　外姓 9: 崔 金 白 韓 裵(表) 開〈明〉 黃 郭 車 (裵以下五姓今亡)	3: 朱 智 全	續姓 3: 吳(海州) 張(長城) 康(載寧, 三姓皆爲鄕吏)
安岳郡	5: 楊 元 康 李 彭	3: 柳 趙 申	來姓 2: 朴 洪(洪今無) 續姓 4: 崔(羅州) 吳(海州) 任(豊川) 金(開城)
遂安郡(遂州)	5: 朴 桂 李 秋 皮		來姓 1: 龍　續姓 1:金(長潭)
谷山郡(象山)	6: 禹 盧 康 韓 龍 延	2: 拓 全	來姓 2: 白 李(今無)
新溪縣(新恩)	2: 宋 高	3: 秦 吉 田	
俠溪縣	2: 裵 尹〈閔〉 村落姓2: 尹 閔	2: 鮮 邊	
海州牧 (首陽 · 大寧)	7: 鄭 吳 閔 崔 林 景 任	3: 文 郁 宋	
載寧郡(安陵)	3: 鄭 李 康	4: 尹 趙 申(辛) 安	來姓 5: 金 薛 董 徐 金(今亡)
三支縣			續姓 1: 金(今爲鄕吏)
瓮津縣	2: 李 羅	3: 全 賀 瞿	續姓 2: 盧 朴
萬珍莊		5: 羅 李 康 金 黃	
長淵縣	5: 文 盧 張 邊 任		來姓 3: 李 景 林(今皆無) 續姓 1: 金(今爲鄕吏)
海安縣			續姓 4: 宋 趙 吳 盧(皆爲鄕吏)
永康縣(康翎)	2: 康 彭	2: 鄭 任(玉)	來姓 2: 趙(海安) 任(長淵)
白翎縣	2: 金 盧	2: 庾 李	來姓 2: 崔 高(今亡)
信川縣	3: 康 林 李	2: 吳 文	來姓 1: 鄭(今亡) 續姓 2: 崔(龍州) 高(今皆爲鄕吏)

主邑 · 任內의 邑名 · 邑格; 본관이름	土 姓 (人吏 · 百姓 · 次吏 · 次 · 村姓 포함)	亡 姓 (亡村姓 포함)	來 · 續姓, 亡來 · 亡入姓 및 賜姓 · 귀화성
延安府 (鹽州 · 五原)	7: 宋 李 洪 高 康 田 金 村落姓 2: 車 魯	1: 鄭	續姓 3: 段 黃 崔(今皆爲鄕吏)
平山府(東陽)	6: 丁 朴 申 尹 庾 金	2: 安 趙	來姓 5: 李 王 高 田 鄭(今亡) 續姓 1: 韓(韓哲冲, 平州人)
白川郡(銀川)	6: 趙 劉 吉 伍 梁 沈 村落姓1: 馬(今亡)	4: 陰 尹 井 魯	續姓 2: 扈 崔(今爲鄕吏)
牛峰縣(岑城)	1: 李	3: 崔 黃 太	續姓 2: 金 朴(今爲鄕吏)
兎山縣	2: 金 李	19: 胡 皇甫 蒙 吉 程 盧 安 邢 尹 許 朴 高 崔 林 白 裵 王 南 河	續姓 1: 孟(今爲鄕吏)
江陰縣	4: 宋 李 鄭 邊 村落姓1: 車		來姓 2: 吳 金(今亡)
豊川郡 (西河 · 安州)	4: 任 盧 文 金〈孫 吳 來 並村〉	1: 玉	來姓 3: 楊 吳 來(今亡)〈朴 李 白 高 韓 鄭 康 柳 金 孫 文 羅 洪 劉 部 方 盧 陰 並來〉
文化縣 (儒州 · 文城)	2: 吳 康	6: 盧 仇 羅 表 任 令狐	來姓 2: 柳 金 續姓 2: 李(大興) 崔(皆爲鄕吏)
靑松縣(松禾)	2: 宋 張	3: 李 吳 羅	來姓 1: 庾(今亡)
嘉禾縣		5: 騫 李 拓 林 吳	來姓 3: 柳 田 羅(今亡) 續姓 1: 洪(殷栗)
永寧縣		5: 陳 田 崔 康 任	
殷栗縣(栗川)	3: 洪 吳 方	2: 林 仇	續姓 5: 周(溟州) 任 朴 金 梁(今皆爲鄕吏)
長命鎭(長連)			亡來姓 6: 崔 方 韓 徐 鄭 白 來姓 6: 宋 盧 李 康 金 楊 續姓 2: 朴 吳(今爲鄕吏)
連豊莊			續姓 4: 李 金 任 曹

3) 忠清道

主邑 · 任內의 邑名 · 邑格; 본관이름	土 姓 (人吏 · 百姓 · 次吏 · 次 · 村姓 포함)	亡 姓 (亡村姓 포함)	來 · 續姓, 亡來 · 亡入姓 및 賜姓 · 귀화성
忠州牧 (中原 · 大原)	9: 徐 石 崔 劉 康 梁 秦 安 朴 外村姓 3: 嵆 魚 池〈盧 延〉		來姓 2: 堅 鄭〈梅 賜〉
所仍林部曲	1: 石〈崔〉		
甘內弥部曲	1: 盧〈金 劉 石〉		
翼安縣 (本多仁鐵所)			續姓 2: 池 魚
廣反石部曲			續姓 2: 崔 安
〈伊次呑部曲〉	〈蔡 朴 尹〉		
德山鄕	2: 石 延		
淸風郡	2: 劉 金〈全〉	1: 莊	續姓 1: 張(丹陽)
丹陽縣(赤城)	4: 禹 張 池 李		
買浦莊	1: 皮		續姓 2: 李 池(原州)
堤川縣	4: 安 智 石 姜	1: 那	
永春縣	4: 趙 尹 鄭 秦	1: 石	續姓 1: 李
於上川所			續姓 1: 鄭
長延縣(延豐)	3: 李 申 尹	2: 陰 艾	來姓 2: 石 安 續姓 1: 金
長豐縣	1: 安	4: 秦 石 祐 時	續姓 2: 金 禹
槐山郡	4: 强 安 陰 皮	2: 邦 秦	續姓 2: 智 羅(時爲鄕吏)〈李 盧 申 占 白 律 宅 物 直 刑 朴 安 並日本〉
毛坤所	〈3: 張 宗 石〉		
陰城縣	2: 朴 蔡	4: 宋 尹 敬 鄭	續姓 3: 崔 李 申
巴山部曲	3: 蔡 敬 尹		
鎭川縣(常山)	10: 韓 林 宋 沈 庾 弥 高 梁 河 張		
淸塘縣(淸安)	3: 韓 申 葛	2: 辛 朴	續姓 2: 李 金
〈亂谷所〉	〈1: 辛〉		
〈念谷所〉	〈2: 申 辛〉		
道安縣	2: 白 李	3: 咸 崔 申	續姓 1: 車
淸州牧 (上黨 · 琅城)	12: 韓 李 金 郭 孫 慶 宋 高 俊 楊 東方 鄭	亡村姓4: 朴 韓 申 葛	來姓 1: 皇甫(開京) 續姓 1: 西門 亡來姓 5: 王(開京) 盧(抱川) 柳(木川) 洪

主邑 · 任內의 邑名 · 邑格; 본관이름	土　姓 (人吏 · 百姓 · 次吏 · 次 · 村姓 포함)	亡　姓 (亡村姓 포함)	來 · 續姓, 亡來 · 亡入姓 및 賜姓 · 귀화성
			(懷仁) 金(慶州)
靑川縣	2: 孫 田	1: 文	續姓 1: 金
周岸鄕	1: 河		續姓 4: 吳 趙 張 柳
椒子所		1: 畢	續姓 2: 金 韓
拜音所		1: 畢	續姓 2: 朴 李
〈間身部曲〉	〈3: 李 全 兪〉		
〈德平部曲〉	〈1: 申〉		
〈調豊部曲〉	〈1: 李〉		
全義縣	2: 李 兪　次姓 1: 全	1: 河	
木川縣	6: 牛 馬 象 豚 場 申 (于 尙 頓 張)	2: 沈 王	
文義縣(燕山)	3: 李 曹 朴		
德留驛			續姓 2: 李 姜
竹山縣	9: 朴 崔 安 梁 李 庾 閔 金 陰		
天安郡(寧州)	5: 全 河 申 沈 張	1: 盧	來姓 2: 敬 田〈王 孟 並續〉
豊歲縣	5: 方 徐 敬 花 河		
德興部曲		1: 尙	
毛山部曲		4: 朴 李 玄 金	
新宗部曲		1: 方	
頓義鄕		1: 李	
懷仁縣	2: 李 洪	2: 張 辛	續姓 1: 崔(今爲鄕吏)
燕岐縣	5: 魏 河 全 耿 萇		來姓 1: 王(京來) 續姓 2: 金 康
稷山縣	4: 崔 兪 白 趙 村姓 1: 全		
慶陽縣			續姓 3: 金 趙 白
平澤縣	4: 李 林 朴 田 村姓 1: 朴	2: 孫 全	
溫陽縣(溫水)	4: 鄭 李 方 康 村姓 1: 尹		
新昌縣	4: 表 孟 方 趙 村姓 1: 盧		
昌德驛			續姓 1: 李

主邑 · 任內의 邑名 · 邑格; 본관이름	土 姓 (人吏 · 百姓 · 次吏 · 次 · 村姓 포함)	亡 姓 (亡村姓 포함)	來 · 續姓, 亡來 · 亡入姓 및 賜姓 · 귀화성
牙山縣(牙州)	5: 李 金〈全〉 兪 玄 申 村姓 6: 蔣 申 李 康 玄 兪〈尹〉	2: 康 白	亡來姓 1: 林(京來)
德泉鄕	4: 兪 李 安 康		
報恩縣	3: 李 崔 金	2: 孫 朴 亡村姓: 方	續姓 2: 宋 韓
林堰部曲	2: 洪 石〈方 村〉		
青山縣	5: 金 朴 沈 張 鄭〈邵〉		亡來姓 2: 李 孫
酒城部曲	村姓 1: 方	1: 洪	續姓 1: 金
界銀所	1: 安		續姓 1: 宋
居尒所	1: 安		
沃川郡(管城)	4: 陸 黃 全 申 村姓 1: 表		來姓 3: 金 全 柳
安邑縣	4: 宋 周 張 孟	2: 康 鍾	
陽山縣	6: 明 張 朴 白 李 沈		
利山縣	3: 朴 房 任 村姓 1: 田		續姓 1: 金 亡來姓 3: 沈 金 韓
永同縣(永山)	4: 金 張 吉 申	2: 任 高	
栗谷瓦所	1: 廉		
楓谷部曲	2: 公 孫		
仰岩部曲	2: 公 孫		
黃澗縣	6: 韓 甄 孫 郭 沈 全		續姓 2: 李 金 亡來姓 1: 白
金化部曲			續姓 1: 林
公州牧(熊州)	7: 李 鄭 宋 朴 黃 高 任 外村姓 3: 黃 白 河		唐投化姓 1: 金
新豐縣	2: 白 朴 村姓 1: 玄	2: 崔 申	
儒城縣	2: 任 朱	4: 李 田 兪 米	
德津縣	2: 玄 高	3: 徐 陳 吳	
〈良化部曲〉	2: 池 宋		
亂釜部曲	1: 兪		
貴知部曲	1: 兪		
〈甲村所〉	1: 朱		
〈福水所〉	1: 朱		

主邑 · 任內의 邑名 · 邑格; 본관이름	土　　姓 (人吏 · 百姓 · 次吏 · 次 · 村姓 포함)	亡　　姓 (亡村姓 포함)	來 · 續姓, 亡來 · 亡入姓 및 賜姓 · 귀화성
〈村介所〉	1: 朱		
〈樸山所〉	1: 黃		
〈金生所〉	1: 黃		
六驛	1: 玄		
維鳩驛	1: 崔		
懷德縣	4: 黃 任 李 房〈方〉	1: 郭	
貞民驛			續姓 2: 裵 金
德恩縣(恩津)	2: 李 金	3: 兪 裵 趙	續姓 2: 張 鄭
市津縣	3: 裵 林 宋	2: 梁 全	續姓 2: 朴 李(今爲鄕役)
彩雲鄕	1: 林	4: 裵 宋 梁 良	
連山縣	4: 宋 徐 孫 高	2: 任 黃	
廣炤部曲	1: 任		
平川驛	1: 黃		續姓 1: 高(有吏立役)〈兪 來〉
鎭岑縣	3: 金 李 田	3: 沈 任 劉	
扶餘縣	8: 沈 李 徐 全 邢 曹 高 表		〈白 續〉
尼山縣	3: 兪 柳 方	2: 文 河	
良化鄕	2: 池 宋		
猪井所	1: 趙		
石城縣	2: 石 鄭	3: 李 盧 白	續姓 1: 朴(今爲鄕役)〈李〉
林川郡	5: 趙 林 方 白 翟 村姓 1: 田	1: 辛	京來姓 2: 陳 李　賜姓 1: 李(本畏吾兒國人李玄)
古多只所			續姓 1: 趙(今有子孫爲人吏)〈趙 本邑吏〉
韓山郡	2: 李 金　村姓 2: 端 柳		來姓 1: 田(京來)　續姓 1: 崔
舒川郡	2: 羅 李　村姓 2: 裵 白	1: 尹	
林迷所	1: 河〈何〉		
藍浦縣	3: 任 白 李　次姓 3: 庾 玄 門		
庇仁縣 〈沃田鄕〉	5: 韓 吳 龍 田 康 〈1: 羅〉		續姓 1: 方(累代鄕役)

主邑 · 任內의 邑名 · 邑格; 본관이름	土　　姓 (人吏 · 百姓 · 次吏 · 次 · 村姓 포함)	亡　　姓 (亡村姓 포함)	來 · 續姓, 亡來 · 亡入姓 및 賜姓 · 귀화성
定山縣	1: 李　村姓 1: 方〈張〉	3: 田 宋 林	
鴻山縣	2: 韓 荀	2: 林 凉	續姓 3: 朴 京 李 亡來姓 1: 金〈開京〉
洪州牧	5: 李 洪 韓 宋 白 次吏姓 3: 尹 甫 盧 村姓 3: 張 崔 萬	1: 趙	
驪陽縣	2: 羅 朴　村姓 1: 陳	2: 孫 郭	亡來姓 4: 李 吳 康 宋〈李(洪州) 吳(海州) 康宋(並京) 朴(朔州)〉
興陽縣	1: 趙	5: 表 崔 李 羅 金	
新平縣	4: 李 宋 方 扈		
〈用和鄕〉	1. 崔		
〈政聲鄕〉	3: 崔 李 白		
〈雲川鄕〉	2: 金 李		
〈太山部曲〉	1: 白		
合德縣	1: 文	1: 金	續姓 1: 李
高丘縣	2: 全 李	3: 任 申 盧	
〈龍泉部曲〉	1: 裵		
〈躬耕部曲〉	1: 裵		
泰安郡	3: 李 方 廉〈實〉 村落姓 4: 黃 明 高 朴		續姓 1: 賈〈張 金〉
瑞山郡(瑞寧)	5: 柳 宋 杜 文 全〈鄭〉 村姓 1: 房		續姓 1: 朴
地谷縣	3: 安 李 文　村姓 1: 朴		
福平鄕			續姓 1: 柳
廣地鄕			續姓 1: 廉
安眠所	1: 柳		
禾邊所			續姓 2: 柳 宋
仁政部曲			續姓 1: 李
助立部曲			續姓 1: 羅
聖淵部曲			續姓 2: 金 河
〈井所部曲〉	1: 羅		

主邑 · 任內의 邑名 · 邑格; 본관이름	土 姓 (人吏 · 百姓 · 次吏 · 次 · 村姓 포함)	亡 姓 (亡村姓 포함)	來 · 續姓, 亡來 · 亡入姓 및 賜姓 · 귀화성
沔川郡	7: 韓 朴 玄 井 任 兪 〈卜〉	1: 徐	來姓 1: 具(綾城) 亡來姓 1: 王
續驛	3: 韓 朴 金 村姓 1: 兪〈韓 部曲姓〉		
貞海縣(海美)	4: 白 韓 仇 尹		
寺谷所	2: 廉 韓		
餘美縣	4: 郭 朴 明 余		
塩率部曲	3: 朴 明 余		
〈炤堂部曲〉	1: 朴		
〈塩貞部曲〉	1: 朴		
唐津縣	2: 張 韓	3: 皇甫 任 高	
〈新法〉			〈朴 徐 玄 梼城〉
德豊縣(德山)	4: 黃 宋 李 尹		
伊山縣	4: 高 吳 文 宋		
〈薪谷所〉	〈1: 蔣〉		
禮山縣	4: 沈 張 申 孫		
化物莊	1: 方		
文石所	1: 方		續姓 1: 沈
靑陽縣	2: 李 黃 村姓 3: 孫 方 宋		續姓 2: 金 異
保寧縣	1: 崔 村姓 4: 文 陳 兪 邢	3: 張 任 李	〈申 金 竝來〉
結城縣	3: 韓 張 趙	村姓 1: 方	來姓 1: 文
大興縣	3: 李 韓 白	2: 張 吳	
居邊所			續姓 2: 洪 李 (有子孫爲鄕役)

4) 江原道

主邑 · 任內의 邑名 · 邑格; 본관이름	土 姓 (人吏 · 百姓 · 次吏 · 次 · 村姓 포함)	亡 姓 (亡村姓 포함)	來 · 續姓, 亡來 · 亡入姓 및 賜姓 · 귀화성
江陵府(溟州)	6: 金 崔 朴 郭 咸 王 賜姓 1: 王(後作 玉)		續姓 3: 全(旌善) 李(平昌) 元(原州來, 皆鄕吏)
連谷縣	5: 明 李 陳 申 蔣		續姓 1: 全(旌善, 鄕吏)
羽溪縣	4: 李 邊 沈 盧		續姓 1: 劉
襄陽府	2: 金 李	4: 孫 朴 河 鄭	續姓 3: 張 林 尹
洞山縣	4: 朴 金 崔 陳	1: 李	來姓 1: 林
杆城郡	2: 宋 李	3: 柳 張 文	續姓 11: 金 · 李(平昌) 咸(楊根) 尹(永春) 南(英陽) 金(陰竹) 全(旌善) 張(丹陽) 安(堤川) 孫(平海) 朴(盈德, 皆鄕吏)
烈山縣	1: 崔	2. 廝 皇甫	續姓 5: 金 · 全(旌善) 孫(平海) 朴(甫城) 林(蔚珍, 全 · 孫 · 朴 · 林 四姓, 皆鄕吏)
高城郡	3: 柳 朴 孟	亡次姓 2: 兪 吳(孟)	續姓 5: 劉 · 吾 · 崔(江陵) 鄭(九皐) 金(襄陽來, 崔 · 鄭 · 金 三姓, 皆鄕吏)
豢猳縣	3: 崔 朴 皇甫		
安昌縣			入姓 3: 李(加恩 · 川寧) 高(利安來)
通川郡	4: 金 李 鄭 兪	1: 張	亡來姓 1: 趙 來姓 2: 林 尹 續姓 5: 孟 · 崔 · 李(慶州) 朴(寧海) 孫(平海, 崔 · 李 · 朴 · 孫 四姓, 皆鄕吏)
臨道縣			亡入姓 2: 崔(慈仁拔山入) 太(投化入) 續姓 1: 林
碧山縣	1: 崔	2: 林 孫	
雲嵓縣			亡入姓 3: 蔡(金化入) 宋(狼川 入) 李(朝宗入) 續姓 1: 林
歙谷縣			亡來姓 3: 孫(碧山來) 劉(金城 來) 宋(交州來) 續姓 3: 申 金 羅

主邑 · 任內의 邑名 · 邑格; 본관이름	土　　姓 (人吏 · 百姓 · 次吏 · 次 · 村姓 포함)	亡　　姓 (亡村姓 포함)	來 · 續姓, 亡來 · 亡入姓 및 賜姓 · 귀화성
三陟府(陟州)	4: 陳 金 沈 朴		賜姓 1: 秦(諺傳)
蔚珍縣(仙槎)	5: 林 張 鄭 房 劉		續姓 1: 閔(榮川來, 鄕吏)
平海郡(箕城)	4: 黃 孫 房 水丘 百姓姓 4: 葉 河 申 金		續姓 4: 金 李 朴 鄭
原州牧(平凉)	6: 元 李 安 申 金 石		亡來姓 1: 崔　續姓 1: 趙(橫城來, 鄕吏) 〈邊 賜〉
酒泉縣	3: 趙 尹 盧		續姓 1: 康(晋州來, 鄕吏) 亡來姓 2: 王 童
又刀谷部曲		2: 蔡 尹	
所乙呑所	1: 池		
平昌郡	4: 李 尹 金 秋		〈金 開京〉
旌善郡	3: 李 仝 高		賜姓 1: 文(諺傳) 續姓 1: 安(順興, 鄕吏)
橫城縣	5: 秋 高 趙 尹 黃		續姓 2: 金(原州) 朴(密陽, 鄕吏)
寧越郡	3: 嚴 辛 延 〈龍〉	1: 邊	續姓 3: 秦(豊基) 金(榮川) 尹(酒泉來, 皆鄕吏)
洪川縣	3: 皮 邊 龍　次姓 1: 辛	1: 石	亡來姓 1: 元 續姓 2: 許 崔(川寧, 鄕吏)
寺伊岩莊			續姓 1: 石
楊口縣	2: 柳 張	1: 金	續姓 2: 李 梁
方山縣	1: 米	3: 崔 兪 田	
麟蹄縣	2: 朴 許	2: 曹 孫	
瑞和縣	1: 崔	4: 玄 李 谷 邵	
淮陽府	5: 宋 房 高 李 玄	1: 房(熊林 來)	續姓 4: 金(淸道) 蔡(平康) 鄭(務安) 仝(旌善, 皆鄕吏)
和川縣	1: 金	1: 殷	
水入縣			續姓 2: 金(三陟, 鄕吏) 尹(縣及姓氏古籍 無)
文登縣	1: 壽	4: 辛 楊 邢 信	
嵐谷縣	1: 朴	3: 田 盧 玄	
長楊縣	1: 孟	3: 敬 華 田	
〈熊林所〉	1: 房		
〈北尺所〉	1: 田		

主邑·任內의 邑名·邑格; 본관이름	土 姓 (人吏·百姓·次吏·次·村姓 포함)	亡 姓 (亡村姓 포함)	來·續姓, 亡來·亡入姓 및 賜姓·귀화성
金城縣	3: 孫 盧 劉	2: 蘇 申	續姓 5: 崔(原州) 宋(慶州) 李(寧州) 黃(平海) 鄭(襄陽, 皆鄕吏)
通溝縣	2: 李 朴	4: 田 林 尹 朴	續姓 2: 金 徐
〈小水伊所〉	2: 尹 朴		
岐城縣		3: 朴 高 文	亡來姓 2: 朴(通溝) 許(平康) 續姓 1: 金
金化縣	1: 宋	15: 李 白 成 鄭 韓 楊 陽 京 朴 陳 柴 梁 吳 安 盧	
平康縣	3: 蔡 全 朴	5: 許 宋 爪 鄭 石	
史丁·新村所		5: 李 宋 崔 朴 全	
伊川縣	3: 李 孫 崔	8: 司馬 高 朱 芳 朴 邊 成 吳	續姓 11: 韓 金 崔 朴 (不知所自來) 李(平昌) 李(咸安) 高(海州) 林(蔚珍) 李(陜川) 嚴(寧越) 鄭(玄風來, 皆鄕吏)
春川府(朔州)	3: 崔 朴 辛	1: 許	亡來姓 2: 咸 韓 續姓 8: 金(咸昌) 林·尹(酒泉) 池(忠州) 石(提川) 安·元(原州) 全(旌善)
麒麟縣			續姓 1: 朴
史呑鄕	1: 宋	8: 韓 程 朴 楊 徐 吉 李 全	
狼川縣	3: 張 程 吉	1: 宋	亡來姓 5: 高 崔 白 金 朴
鐵原府	3: 崔 宋 柳	15: 張 金 鄭 邢 辛 高 韓 曹 盧 安 李 蔡 許 朴 芳	續姓 1: 邦
安峽縣	1: 許	9: 孫 尹 方 耿 吳(信州) 劉(公州) 裵 柳 徐(來處不知)	

5) 慶尙道

主邑 · 任內의 邑名 · 邑格; 본관이름	土　　姓 (人吏 · 百姓 · 次吏 · 次 · 村姓 포함)	亡　　姓 (亡村姓 포함)	來 · 續姓, 亡來 · 亡入姓 및 賜姓 · 귀화성
慶州府(月城)	6:李 崔 鄭 孫 裵 薛 (註記생략) 天降姓 3: 朴 昔 金 (註記생략)		來姓 1: 康(洞州) 續姓 1: 楊(杞溪來 時爲鄕吏) 賜姓 1: 偰
安康縣	5: 安 盧 金 黃 廉		唐來姓 2: 邵 邊 續姓 3: 尹(松生) 崔 · 李(本府來, 皆爲鄕吏)
杞溪縣	4: 兪 楊 益〈一作孟〉 尹		續姓 1: 金(金海來, 今爲鄕吏)
神光縣	4: 徐 陳 尹 申		
竹長部曲			續姓 4: 葛(花園來) 金 · 李(本府來) 宋(陜川來, 皆爲長役)
省法伊部曲			續姓 2: 金 · 崔 (本府來, 皆爲長役)
北安谷部曲	3: 李 宋 葛		續姓 2: 洪(本未詳) 金(本府來, 皆爲長役)
慈仁縣	4: 朴 韓 鄭 周		續姓 2: 任(珍島來) 邊(加恩來, 皆爲鄕吏)
仇史部曲	3: 鄭 石 曹		來姓 1: 全(獐山來)
慶山縣	百姓姓 3: 金 全 白		來姓 1: 魯(豊角來) 續姓 2: 朴(慈仁) 鄭(慶州, 皆爲鄕吏) 唐投化姓 2: 徐 劉〈綠珠 並日本投化〉
永川郡(永陽)	4: 皇甫 申 李 尹		來姓 5: 宋 金 兪 崔 沈
河陽縣	4: 許 玄 諸 兪		續姓 1: 金(慶州來, 今爲鄕吏)
安心所	6: 全 申 金 朴 許 魯 〈崔 荊〉		
新寧縣(花山)	4: 李 朴 丁 史		
梨旨銀所			續姓 3: 李 尹 安
興海郡	4: 裵 崔 李 張		續姓 3: 鄭(長鬐來) 李(安德來) 朱(熊神來, 皆爲鄕吏)
迎日縣(烏川)	3: 鄭 成 朱〈周〉		來姓 2: 金 崔

主邑 · 任內의 邑名 · 邑格; 본관이름	土 姓 (人吏 · 百姓 · 次吏 · 次 · 村姓 포함)	亡 姓 (亡村姓 포함)	來 · 續姓, 亡來 · 亡入姓 및 賜姓 · 귀화성
長鬐縣	5: 鄭 吳 安 任 申		來姓 4: 金 李 裵 崔
清河縣	3: 金 明 李		續姓 2: 朱(熊神來) 鄭(本不知, 皆爲鄕吏)
南界部曲	1: 吉		
蔚山郡(鶴城)	9: 朴 金 李 睦 全 吳 尹 文 林〈鄭〉		京來姓 2: 黃 許
甲火部曲	2: 朴 金		
彥陽縣	2: 朴 金		來姓 3: 玄 崔 金
機張縣	3: 李 金〈全〉 鄭		來姓 2: 許 朴
梁山郡	7: 金 李 朴 鄭 韓 房 曹		投化姓 1: 陳
東萊縣	5: 鄭 宋 王 丁 曹		來姓 3: 王 朴 李 續姓 1: 金 (金海來, 今爲鄕吏)
東平縣	1: 李〈安〉		
密陽府 (密城 · 凝川)	7: 孫 朴 卞 金 趙 邊 楊		來姓 4: 尹 李 崔 曹 賜姓 1: 唐
豊角縣	1: 魯(今爲鄕吏)	亡姓 4: 田 斧 劉 苔	續姓 1: 金(淸道來, 今爲鄕吏)
守山縣	1: 徐		來姓 3: 朴 · 卞(本府來) 孫 (金州來)
豆也保部曲		2: 白 魯	續姓 1: 朴(今爲長役)
伊冬音部曲	1: 諸		續姓 2: 孫(本府來) 尹(漆原來, 今爲長役)
今音勿部曲	1: 諸		
來進鄕	2: 卞 朴		
淸道郡(道州)	5: 申 金 白 李 曹		來姓 2: 崔 孫
昌寧縣(夏山)	6: 張 成 鄭 曹 河 表〈韓〉		來姓 2: 崔 卞
靈山縣	5: 辛 文 全〈金〉 曹 蔡		來姓 1: 朴(興州來, 今無繼姓人)
桂城縣	3: 徐 石 陳	2: 田 申	亡來姓 1: 李(永川來)
玄風縣(苞山)	4: 文 林 郭 尹		來姓 2: 河(昌寧來) 朴(密陽來) 續姓 1: 金(安定來, 今爲鄕吏)
仇知山部曲	1: 卞		

主邑 · 任內의 邑名 · 邑格; 본관이름	土　姓 (人吏 · 百姓 · 次吏 · 次 · 村姓 포함)	亡　姓 (亡村姓 포함)	來 · 續姓, 亡來 · 亡入姓 및 賜姓 · 귀화성
大丘府(達城)	5: 白 夏 裵 徐 李		來姓 1: 都
壽城縣	4: 賓 羅 曹 嵇		來姓 7: 柳 張 崔 申 劉 高 鄭 續姓 6: 芮(缶溪) 陳(桂城) 崔(保寧) 金二(金海 · 淸道) 李(本貫不知, 皆爲鄕吏)
河濱縣	3: 申 李 宋		
解顔縣	5: 牟 白 河 申 丁		來姓 3: 諸 秦 朴　續姓 1: 韓
資已所			續姓 1: 金
安東府(永嘉)	7: 權 金 姜 曹 張 高 李　村姓 1: 趙		來姓 2: 禹 郭
臨河縣	4: 尹 李 全〈金〉 申		來姓 1: 華〈開京〉
豊山縣	5: 金 林 柳 洪 康		來姓 2: 權(本府來) 閔(剛州來)
一直縣	6: 任 孫 金 盧 田 韓		
甘泉縣	5: 李 金 全 文 趙		續姓 2: 張 崔 (皆本不知, 今爲鄕吏)
吉安縣			續姓 3: 金 林 朴
奈城縣			續姓 1: 尹
春陽縣	2: 鄭 尹		
才山縣			續姓 1: 尹
皆丹部曲			續姓 1: 尹
小川部曲			續姓 1: 尹
〈加良部曲〉	2: 邵 尹		
召羅部曲			續姓 1: 嚴
寧海府(禮州)	6: 朴 金 黃 李 林 申		
英陽縣	4: 南 李 金 房(今報作方)		
靑杞縣			續姓 2: 兪 崔
石保部曲			續姓 1: 金
盈德縣	2: 金〈一作全〉 曹　村姓 4: 尹 趙 鄭 朱		來姓 1: 朴　續姓 1: 房(本不知, 今爲鄕吏)
禮安縣(宣城)	6: 金 李 禹 趙 安 姜〈朴 鄭 權 崔 賈〉		
宜仁縣			續姓 1: 金

主邑·任內의 邑名·邑格; 본관이름	土　姓 (人吏·百姓·次吏·次·村姓 포함)	亡　姓 (亡村姓 포함)	來·續姓, 亡來·亡入姓 및 賜姓·귀화성
奉化縣	4: 鄭 琴 石 蒙		續姓 1: 權(安東來, 今爲鄕吏)
勿也部曲	1: 尹		
買吐部曲	1: 尹		
靑鳧縣(靑松)	5: 沈 金 全 蔣 申		
松生縣	3: 尹 盧 全		來姓 3: 全〈金〉 朴 李
安德縣	5: 金 李 孫 全 蔣〈薛〉 村姓 1: 鄭		
眞寶縣(眞城)	5: 趙 李 金 朴 白		續姓 1: 金(本不知, 今爲鄕吏〈全〉)
春甘部曲	1: 吳		
巴叱部曲	1: 吳		
義城縣(聞韶)	2: 金 沈 〈洪〉 村姓 5: 丁 康 金 蔣〈薛〉 盧(〈魯〉)		京來姓 2: 王 柳　續姓 3: 吳(長鬐來) 姜(晋州來) 朴(本不知, 皆爲鄕吏)
比屋縣(比安)	4: 朴 孫 袁 張		來姓 2: 鄭(〈邵〉) 羅
安貞縣	3: 吳 林 羅		續姓 2: 朴(密陽來) 金(本不知, 皆爲鄕吏)
新平部曲	1: 彭		續姓 2: 林 黃(今爲鄕吏)
〈勿失部曲〉	1: 彭		
〈下筆山古部曲〉	1: 彭		
軍威縣	5: 朴 羅 方 吳 徐		
孝令縣	2: 劉 司空	2: 陶 澤	來姓 3: 朴 金 孫　續姓 2: 卞 卓
義興縣	5: 全 朴 李 金 白		
缶溪縣	5: 芮 洪 兪 金 錢		來姓 1: 柳
醴泉郡	3: 林 尹 權　村姓 2: 黃 邦		來姓 2: 許 李
多仁縣	4: 黃 張 崔 睦(〈陸〉)		來姓 2: 羅 白
寶進部曲			續姓 2: 崔 金
高林部曲			續姓 2: 金 黃
〈孝川部曲〉	1: 明		
〈金川部曲〉	1: 沈		
〈僐川部曲〉	1: 尹		
〈連川部曲〉	1: 尹		

主邑 · 任內의 邑名 · 邑格; 본관이름	土 姓 (人吏 · 百姓 · 次吏 · 次 · 村姓 포함)	亡 姓 (亡村姓 포함)	來 · 續姓, 亡來 · 亡入姓 및 賜姓 · 귀화성
〈熊川部曲〉	1: 尹		
冬老所			續姓 2: 金 林
无尒谷所	1: 太		
榮川郡	5: 閔 禹 艾 彭 董 外村姓 1: 延		來姓 1: 高 續姓 3: 金(寧越) 鄭(奉化來) 全(旌善來, 皆爲鄕吏)
順興府	4: 安 李 申 尹 村姓 1: 石		來姓 2: 金 鄭 續姓 3: 金二(慶州 · 光州) 尹(酒泉來, 皆爲鄕吏)
基川縣 (豊基)	7: 鄭 安 皮 邦 陰 秦 辛		續姓 5: 金二(寧越 · 三陟) 李(平昌) 崔(興海來) 裵(星州來, 皆爲鄕吏)
殷豊縣	4: 吳 朴 金(〈全〉) 申		
仁同縣(玉山)	5: 張 兪 劉 沈 高		
若木縣	3: 李 柳 韓 村姓 1: 金		續姓 1: 白
尙州牧(商山)	4: 金 朴 周 黃 外村姓 1: 尹		來姓 4: 高 李 荊 羅 賜姓 1: 李 續姓 1: 林(開寧來, 今爲鄕吏)
長川部曲	2: 尹 朴		
連山部曲	1: 尹		
〈保良部曲〉	1: 尹		
〈白原部曲〉	1: 尹		
〈河海部曲〉	1: 尹		
〈壤寧部曲〉	1: 尹		
茂林部曲	1: 金〈孫〉		續姓 2: 金 沈
化寧縣	6: 任 高 方 張 全 申		
〈觀濟部曲〉	3: 任 高 全		
〈鐥銀所〉	2: 任 全		
山陽縣	4: 芳〈方〉 庾 申 蔡		
〈良保部曲〉	1: 陳		
功城縣	4: 成 孫 張 全		
平安部曲	3: 芳 沈 〈仇〉		
〈平山部曲〉	1: 方		

主邑·任內의 邑名·邑格; 본관이름	土 姓 (人吏·百姓·次吏·次·村姓 포함)	亡 姓 (亡村姓 포함)	來·續姓, 亡來·亡入姓 및 賜姓·귀화성
單密縣	人吏姓 1: 羅 村落姓 1: 孫		
〈主善部曲〉	1: 申		
〈丹谷部曲〉	1: 申		
〈生物部曲〉	1: 申		
中牟縣	5: 金 全 姜 朴 方		來姓 1: 沈
〈海上伊所〉	3: 方 朴 金		
靑里縣	3: 張 朴 黃 次姓 1: 沈		來姓 2: 朴 黃
永順縣			續姓 1: 太(今爲鄕吏)
咸昌縣	3: 金 吳 任		
〈利安部曲〉	3: 仇 金 吳〈仇 金 吳村〉		
〈德峰部曲〉	1: 金		
龍宮縣(竺山)	3: 金 朴 全 村姓 2: 鄭 尹		來姓 1: 曲(唐投化姓) 續姓 4: 曺(鎭海) 吳(長鬐) 嚴(寧越) 孫(平海, 皆爲鄕吏)
〈曲溪部曲〉	1: 金		
〈茂松部曲〉	1: 金		
〈陽井部曲〉	1: 金		
〈豊壤部曲〉	1: 金		
〈河南部曲〉	1: 金		
〈平丘部曲〉	1: 金		
聞慶縣	5: 崔 蔣 朴 宋 錢		續姓 2: 金(善山) 朴(殷豊來, 皆爲鄕吏)
加恩縣	4:金(〈全〉) 尹 邊 延 次姓 1: 吉		
虎溪縣	5: 白 黃 金 羅 方(〈芳〉)		〈黃 來〉
〈絹川部曲〉	1: 方		
〈高谷部曲〉	1: 方		
〈赤村部曲〉	1: 方		
〈小山川部曲〉	1: 方		
〈馬良部曲〉	1: 方		

主邑 · 任內의 邑名 · 邑格; 본관이름	土　　姓 (人吏 · 百姓 · 次吏 · 次 · 村姓 포함)	亡　　姓 (亡村姓 포함)	來 · 續姓, 亡來 · 亡入姓 및 賜姓 · 귀화성
柄谷所	1: 方		來姓 1: 辛
仍乙項所	1: 高		
伐川所	1: 沈		
開寧縣	5: 洪 林 文 田 尋 村姓 1: 仇		來姓 6: 翁 鄭 尹 朴 金 白 續姓 5: 鄭二(慶州 東萊) 金(春川) 白(淸道) 尹(本未詳) (皆爲鄕吏)
達烏村部曲	4: 洪 文 田 仇		
茂欣谷部曲	2: 洪 仇		
下活谷部曲	2: 洪 仇		
今勿刀部曲	2: 洪 仇		
上烏知部曲	2: 洪 仇		
多叱村部曲	2: 文 仇		
金山郡(金陵)	4: 全 金 白 李		
禦侮縣	6: 朴 鄭 方 吳 田 沈		來姓 2: 金 黃　續姓 1: 申(今爲鄕吏)
助馬部曲			續姓 1: 林
延命鄕	6: 權 金 姜 李 張 白		
黃金所	3: 李 田 金		續姓 2: 朱 文
知禮縣(龜城)	4: 朴 錢 張 康		續姓 2: 李(若木來) 文(本未詳) (皆爲鄕吏)
月衣谷部曲			續姓 1: 朴(鄕吏)
頭衣谷部曲			續姓 1: 朱(鄕吏)
善山府(一善 · 善州)	7: 金 郭 文 林 沈 秦 白		來姓 2: 崔 趙　賜姓 1: 柳
海平縣	5: 金 尹 吉 全 孫		來姓 1: 葉
緋山部曲			續姓 2: 金 朴
道開部曲			續姓 1: 金
加德部曲			續姓 1: 秦
高雅〈牙〉部曲			續姓 2: 郭 朴
星州牧(星山 · 碧珍 · 京山)	7: 李 裵 呂 白 全 朴 車		來姓 1: 林(京來)　續姓 4: 姜(晋州) 孫(密陽) 金(金海) 趙(本未詳) (皆爲鄕吏)
加利縣	5: 尹 趙 李 洪 鄭		續姓 1: 金(今爲鄕吏)

主邑·任內의 邑名·邑格; 본관이름	土 姓 (人吏·百姓·次吏·次·村姓 포함)	亡 姓 (亡村姓 포함)	來·續姓, 亡來·亡入姓 및 賜姓·귀화성
八莒縣(漆谷)	3: 都 玄 任 百姓姓 2: 田 卞		來姓 2: 裵 林
花園縣	5: 徐 葛 石 曹 丁		來姓 3: 韓 李 白
高靈縣(靈川)	7: 申 朴 李 金 兪 白 鄭		續姓 2: 尹(漆原) 趙(本未詳 今爲鄕吏)
陜川郡 (興陽·江陽)	3: 李 方 宋		
冶爐縣(冶城)	4: 宋 鄭 尹 朴		
〈坐伊部曲〉	1: 高		
〈末谷鄕〉	1: 高		
草溪縣(八溪)	3: 鄭 周 卞		
代如谷所	1: 表		
金海府(金州)	6: 金 許 裵 孫 宋 庾		來姓 2: 鄭(海州) 孟(長楊)
莞浦縣	3: 田〈鄭 金〉		
大山部曲	2: 田〈太〉		
川邑部曲	1: 公		
〈寺法部曲〉	1: 諸		
熊神縣	3: 徐 州〈朱〉 劉		來姓 1: 金(金海)
義昌縣(昌原)	4: 孔 黃 朴 玄 村姓 2: 丁 仇		來姓 3: 金(安東) 許(金海) 鄭(東萊)
會原縣	4: 甘 兪 鄭 玄 村姓 1: 諸		來姓 2: 金 文
鎭海縣	4: 金 曹 成 申		來姓 2: 河(晋州) 李(泗川) 續姓 1: 鄭(本未詳 今爲鄕吏)
咸安郡(咸州)	6: 李 趙 蔡 尹 劉 鄭		來姓 2: 崔(竹山來) 金(金州來) 續姓 1: 姜(本未詳 今爲鄕吏)
漆原縣	3: 金 尹 丁		
龜山縣	1: 諸		
〈釜谷部曲〉	〈1: 南〉		
〈吳叱浦鄕〉	〈1: 南〉		
晋州牧 (晋陽·康州)	4: 鄭 河 姜 蘇 立州後姓 3: 柳 任 康		續姓 2: 金(禮州) 朴(本未詳 今爲鄕吏)
班城縣	4: 王 成 邢〈(荊)〉 周〈玄〉		續姓 1: 金(固城來 今爲鄕吏)

主邑·任內의 邑名·邑格; 본관이름	土 姓 (人吏·百姓·次吏·次·村姓 포함)	亡 姓 (亡村姓 포함)	來·續姓, 亡來·亡入姓 및 賜姓·귀화성
永善縣	3: 林 任 陽〈楊〉〈韓〉		
岳陽縣	5: 陶 吳 任 孫 朴		續姓 1: 金(金海來 今爲鄕吏)
〈福山鄕〉	1: 文		
〈松慈鄕〉	1: 文		
〈薩川部曲〉	1: 朴		
〈花開部曲〉	1: 金		
固城縣(鐵城)	5: 李 蔡 朴 金 南〈金村〉		來姓 3: 登·珠〈朱〉(唐來) 吳(海州來) (古籍一云, 登·朱·崔 海州來, 吳 唐來)
曲山鄕	1: 金		
鹿鳴鄕	3: 李 金 崔		
積珍鄕	2: 朴 金〈李 朴〉		
保寧鄕	〈2: 朴 金〉		
〈於禮鄕〉	〈1: 朴〉		
〈義先鄕〉	〈2: 朴 金〉		
坤義部曲	2: 朴 金〈金 李〉		
〈跪村部曲〉	〈1: 南〉		
〈丘墟部曲〉	〈2: 朴 金〉		
〈博達部曲〉	〈1: 金〉		
〈海濱部曲〉	〈2: 朴 河〉		
〈道先部曲〉	〈1: 金〉		
〈珍餘部曲〉	〈1: 金〉		
〈竹林部曲〉	〈1: 金〉		
〈鉢山部曲〉	〈1: 李〉		
昆明縣(昆陽)	3: 兪 全 文 立縣後姓 2: 玄 白		來姓 3: 康·柳(皆晋州來) 趙(咸安來)
〈有實部曲〉	〈2: 李 成〉		
〈多音鄕〉			〈文 續〉
泗川縣	4: 李 黃 吳 睦		來姓 1: 鄭(晋州)〈徐〉 續姓 2: 姜(晋州) 金(本未詳, 皆爲鄕吏)
三岐縣(三嘉)	5: 朴 廉 吳 曹 公		
嘉樹縣	4: 李 魯〈吳〉朴 森		

主邑·任內의 邑名·邑格; 본관이름	土 姓 (人吏·百姓·次吏·次·村姓 포함)	亡 姓 (亡村姓 포함)	來·續姓, 亡來·亡入姓 및 賜姓·귀화성
宜寧縣	4: 南 沈 余 玉		續姓 3: 林 金 姜(本皆未詳, 今爲鄕吏)
新繁縣	5: 陳 徐 任 石 吳		續姓 1: 金(本未詳, 今爲鄕吏)
正骨部曲	1: 玉		來姓 3: 姜 柳(晋州來) 趙(咸安來)
砥山鄕	1: 余		
楮旨所	1: 朴		
江城縣(丹城)	4: 文 宋 呂 李〈曹〉		來姓 1: 河(晋州來) 續姓 6: 周(草溪) 金(龍宮) 金(松林) 卓(未詳) 金(桂城) 金(金海)
丹溪縣	6: 李 河 徐 余 史 宋〈投化〉		
居昌縣	5: 劉 丁 章 愼 朱		來姓 1: 崔
加祚縣	5: 史 曹 葛 劉 辛		
山陰縣	5: 尹 徐 曹 沈 余		來姓 2: 宋 陳 續姓 2: 崔 楊(今爲鄕吏)
皆品部曲	2: 曹 吳		來姓 1: 宋 續姓 1: 陳(今爲鄕吏)
利安縣(安陰)	5: 曹 林 金 表 河		
減陰縣	4: 孔 黃 西門 徐〈崔安〉		來姓 1: 李(牛峯來)
加乙山所	4: 高 尹 朴 安	1: 宋	
咸陽郡	5: 吳 呂 徐 朴 曹		續姓 1: 李(本未詳, 今爲鄕吏)
馬淺所	1: 曹		
河東縣	4: 鄭 郭 李 河		
南海縣	村落姓 1: 諸	4: 裵 金 白 陳	
蘭浦縣	2: 鄭 朴 村落姓 1: 高		
平山縣	3: 趙 裵 白〈和 村〉	1: 曹	
巨濟縣	4: 鄭 潘 朴 尹 村落姓 2: 朴 白 百姓姓 2: 孫 曹		來姓 1: 羅 續姓 2: 辛(靈山) 李(固城, 皆爲鄕吏)
鵝洲縣	4: 申 文 葛 曹		
松邊縣	2: 朴 孫		

主邑 · 任內의 邑名 · 邑格; 본관이름	土 姓 (人吏 · 百姓 · 次吏 · 次 · 村姓 포함)	亡 姓 (亡村姓 포함)	來 · 續姓, 亡來 · 亡入姓 및 賜姓 · 귀화성
溟珍縣	5: 任 曹 韓 許 河		續姓 1: 申(鵝洲來, 今爲鄕吏)
〈河淸部曲〉	〈2: 金 宋〉		
〈竹吐部曲〉	1: 曹		
〈末斤鄕〉	1: 朴		
〈鍊汀莊〉	2: 曹 申		
〈海德鄕〉	1: 朴		
〈古丁部曲〉	1: 曹		

6) 全羅道

主邑 · 任內의 邑名 · 邑格; 본관이름	土 姓 (人吏 · 百姓 · 次吏 · 次 · 村姓 포함)	亡 姓 (亡村姓 포함)	來 · 續姓, 亡來 · 亡入姓 및 賜姓 · 귀화성
全州府(完山)	8: 李 崔 柳 朴 全 庾 韓 白		來接姓 1: 房 續姓 4: 梁(朱溪) 張(結城) 金二 (一牟平來 一不知來處, 皆爲鄕吏)
伊城縣	5: 趙 裵 張 仇 廉〈高 溫〉		
利城縣	5: 李 白 鄭 孫 陳〈崔〉		
沃野縣	4: 張 廉 梁 仇	1: 林	
紆州縣	5: 朴 李 鄭 黃 崔〈廉 裵 柳 洪〉		
景明鄕	4: 金 林 裵 印		
豆毛村所	3: 冊 崔 李		
陽良所	4: 白 羅 康 劉		
珍山縣(珍同)	5: 河 陳 蔣 邊 文(一本作門)		續姓 2: 朴 金 (皆鄕吏) 〈李〉
犾山縣	4: 孫 高 提(堤) 金		續姓 1: 池(鄕吏)
金岩所	3: 鄭 金 明		
〈橫程所〉	4: 高 朴 金〈全〉 李		
錦山郡(進禮)	5: 金 韓 李 孫 梁 村姓 1: 白		
富利縣	5: 黃 張 程 裵 任		

主邑 · 任內의 邑名 · 邑格; 본관이름	土　　姓 (人吏 · 百姓 · 次吏 · 次 · 村姓 포함)	亡　　姓 (亡村姓 포함)	來 · 續姓, 亡來 · 亡入姓 및 賜姓 · 귀화성
	〈河 石〉		
大谷所	8: 河 石 鄭 李 柳 安 黃 朴		續姓 1: 丁
安城所	4: 崔 宋 梁 李		
橫川所	2: 孫 金		
益山郡	7: 金 韓 宋 李 黃 林 仇		
黑石部曲	2: 李 仇		續姓 1: 金
礪良縣(礪山)	4: 李 宋 吳 黃〈崔〉		續姓 5: 金(金海) 裵(市津) 林(岳陽)文(昆明) 廉(來處不知, 皆鄕吏)
公村部曲	2: 李 白		
皮堤部曲	3: 崔 李 林	1: 宋	續姓 1: 林(鄕吏)
朗山縣	5: 裵 兪 玄 吳 趙〈趙村〉		續姓 2: 金 李(鄕吏)
高山縣	4: 高 宋 全 裵〈千〉	1: 價(賈)	
雲梯縣	5: 裵 白 水 宋 兪		
咸悅縣	5: 南宮 趙 張 廉 朴		續姓 2: 金 林(皆鄕吏)
桃平部曲			續姓 4: 金 趙 張 石
龍安縣	4: 張 趙 朴 南宮		續姓 5: 林 金 (豊儲) 朴(務安) 李 兪(不知來處, 皆爲鄕吏)　來接亡姓 1: 崔
〈豊堤縣〉	7: 孫 吳 兪 趙 林 朴 金		
〈倉山所〉	4: 兪 吳 趙 玄		
金堤郡	5: 金 張 趙 廉 仇	1: 申	來接姓 2: 李 崔　續姓 1: 趙(仁義縣來, 鄕吏)
平皐縣	5: 郭 李 溫 文 吳	〈申〉	續姓 1: 金
馬川所	1: 尹		
鳴良鄕	1: 仇		
才南鄕	1: 李		
堤見鄕		1: 仇	
金溝縣	5: 李 田 曹 崔 辛		
巨野縣	5: 田 溫 郭 龍 高		

主邑 · 任內의 邑名 · 邑格; 본관이름	土 姓 (人吏 · 百姓 · 次吏 · 次 · 村姓 포함)	亡 姓 (亡村姓 포함)	來 · 續姓, 亡來 · 亡入姓 및 賜姓 · 귀화성
	〈崔 吳〉		
從政鄕	3: 高 溫 郭		
櫟陽所	3: 李 田 崔(一本有方無崔) 〈張〉		
大栗部曲	1: 李 〈金 姜〉		
萬頃縣	5: 盧 杜 洪 郭 方		來接姓 7: 李 朴 (臨陂) 金(金堤) 高(淸渠) 白(利城) 文(平康) 尹(鐵州)
富潤縣	5: 李 趙 南宮 張 勝 〈崔〉		
尼波山所	7: 宗 金 申 尹 葉 高 李	1: 盧	來姓 2: 柳 郭
臨陂縣	5: 李 朴 陳 宋 康		
沃溝縣	5: 林 高 宋 任 文 (一本又有 李 殷 裵 白)		續姓 1: 金(鄕吏)
澮尾縣	5: 張 金 宗 葉 申		
古阜郡(安南)	5: 李 殷 裵 林 白		
富安鄕	3: 曹 金 陳		
荒調鄕		3: 張 尿(康) 金	續姓 1: 朴(鄕吏)
德林所	1: 金	4: 林 尹 車 白	
水金鄕	1: 李		
毛助部曲			續姓 1: 白
雨日部曲	1: 白 〈朴 金 尹 車〉	3: 李 殷 林	
〈禿邊所〉	3: 高 林 宋		
〈音聲鄕〉	1: 井		
井邑縣(楚山)	5: 濯 李 晋 尹 井		
〈沓谷部曲〉	1: 井		
泰山縣(泰仁)	5: 朴 柴 許 田 景		
〈綾鄕〉	3: 景 柴 朴		
〈羅鄕〉	1: 景		
〈大谷部曲〉	1: 田		
仁義縣	5: 庾 宋 趙 宗 葉		來接姓 3: 安(京來) 許(泰山) 李(古阜來, 一本此三姓屬於堤見鄕)

主邑 · 任內의 邑名 · 邑格; 본관이름	土 姓 (人吏 · 百姓 · 次吏 · 次 · 村姓 포함)	亡 姓 (亡村姓 포함)	來 · 續姓, 亡來 · 亡入姓 및 賜姓 · 귀화성
扶寧縣(扶安)	5: 金 張 黃 辛 李		續姓 1: 沈(善山來, 鄕吏)
保安縣	3: 韓 黃 宋〈扈 安 任〉		續姓 1: 林
鼓村鄕		1: 扈	
高敞縣	5: 吳 尹 宋 金 朴		續姓 4: 方(庇仁) 李(韓山) 趙(龍安) 梁(梁山來, 皆爲鄕吏)
大良坪部曲	5: 吳 朴 金 尹 宋		
陶城所	1: 崔		
德岩所	1: 崔		
興德縣	5: 鄭 張 陳 曹 白〈金〉		〈朴 高敞〉
左〈坐〉鄕	1: 曹		
甲鄕	1: 陳		
南調鄕	1: 陳		
北調鄕	1: 曹		
羅州牧(錦城)	9: 金 羅 吳 鄭 陳 孫 南 朴 柳		
潘南縣	5: 洪 曹 朴 蔡 宋〈朱〉		
榮山縣			續姓 1: 尹〈黃〉
押海縣	5: 朴 朱 丁 江 南〈固〉		
會津縣	4: 梁 林 申 曹〈徐〉		
安老縣	4: 金 徐 車 全		
伏龍縣	5: 曹 朴 仇 庾 化		續姓 1: 汎
餘艎縣	4: 趙 曹 化 朱		續姓 1: 全(〈金〉鄕吏)
長山縣	3: 南 金 蔡〈任 張〉		
從南鄕	2: 朴 洪		
居平部曲	3: 司馬 柳 林		
極浦部曲	1: 尹		
任城部曲	1: 兪〈朴〉	1: 尹	
群山部曲	1: 兪	1: 尹	
金磨部曲		1: 河	
孫利鄕		1: 吳	
〈水多所〉	3: 邦 兪 李		
咸豊縣(咸平)	6: 任 魯 李 文 孔 鄭		續姓 1: 姜(不知來處, 今爲鄕吏役)
牟平縣	3: 吳 鄭 牟	1: 碣(昌)	續姓 1: 金(鄕吏)

主邑 · 任內의 邑名 · 邑格; 본관이름	土　　姓 (人吏 · 百姓 · 次吏 · 次 · 村姓 포함)	亡　　姓 (亡村姓 포함)	來 · 續姓, 亡來 · 亡入姓 및 賜姓 · 귀화성
海際縣	5: 盧 李 潘 楊 辛		〈任 崔 並來〉
永豊縣	4: 兪 李 朴 鄭	1: 丁(〈程〉)	
多慶部曲		2: 兪 尹	
珍島縣	4: 任 金 李 韓	1: 鄭	
嘉興縣	5: 曹 呂 平 兪 丁		續姓 1: 金(鄕吏)
臨淮縣	2: 裵 朴		
海南縣	6: 鄭 尹 車 金 仝 葛		續姓 1: 承
竹山縣	4: 尹 朴 宋 仝	1: 門	
義新鄕			續姓 2: 羅 任 〈金 李〉
〈杻川鄕〉	〈金〉		
〈紗羅鄕〉	〈曹 宋 尹 吳 趙〉		
〈仇良山部曲〉	〈崔 白〉		
〈珍山鄕〉	〈崔 金〉		
〈八鳥部曲〉	〈文 金〉		
靈岩郡(朗州)	6: 崔 朴 周 白 嵆 陸		
昆湄縣	5: 許 庾 裵 田 鍾〈種〉〈柳〉		
黃原縣	4: 黃 尹 宋(一本作宗) 葛		
玉泉縣	5: 仝(一本作金) 尹 愼 安 朴		
北平鄕	1: 曹		
鎭南鄕	1: 嵆	1: 吳(〈陸〉)	
深井部曲	1: 仝(金)		
松旨部曲	2: 金 仝		
懷義部曲	1: 仝(金)		
靈光郡(靜州)	6: 金 田 曹 宋 尹 丁 〈鞠〉		續姓 2: 朴(珍原) 李(洪州, 皆鄕吏) 〈徐 申〉
森溪縣	6: 周 崔 孫 成 公 田		〈金 李 並來〉
六昌縣(鄕)	5: 曹 安 葛 丁 賓 (〈柳〉)		
臨淄縣	4: 李 金 黃 朴(〈楊〉)		
陳良部曲	1: 宋		
弘農部曲		3: 丁 金 兪	

主邑 · 任內의 邑名 · 邑格; 본관이름	土 姓 (人吏 · 百姓 · 次吏 · 次 · 村姓 포함)	亡 姓 (亡村姓 포함)	來 · 續姓, 亡來 · 亡入姓 및 賜姓 · 귀화성
貢牙部曲	〈任 王〉	1: 陳	
〈造紙部曲〉	2: 李 徐		
〈望雲部曲〉	3: 盧 金 李		
〈大安鄉〉	1: 宋		
〈弘農部曲〉	〈丁 金 兪〉		
道康縣(康津)	4: 金 趙 黃 任〈朴 玄 許〉	1: 表(裵)	
耽津縣	6: 崔 曹 兪 安 鄭 河		來姓 2: 康(幸州) 朴(靈岩)
平德鄉		1: 朴〈安〉	
水雲部曲		2: 曹 吳〈崔〉	
永可部曲		1: 申〈金〉	
大谷所			續姓 1: 曹
大口所			續姓 1: 徐
七良所			續姓 1: 白
茂松縣(茂長)	2: 尹 庾	2: 車 全(申 金)	
長沙縣	4: 兪 史 丁 玄		續姓 12: 盧(大興) 張(泰仁) 張 池 (忠州) 朴(海珍) 朴(靈岩) 李(慶州) 安 文(河東) 張(丹川) 朱(熊神) 張(黃澗, 皆鄉吏)
務安縣	5: 丁 朴 兪 曹 尹		
水多所	2: 兪 李	1: 邦	
南平縣	6: 曹 吳 兪 黃 丁 文〈金〉		
鐵冶縣	4: 潘 盧 徐 楊〈河 金 方〉		
〈道民部曲〉	〈何〉		
長城縣	5: 李 徐 兪 孔 魯		
南原府(龍城)	11: 梁 鄭 晋(爲人吏姓) 尹 楊 甄 皇甫 廉 裵 柳 黃(百姓姓)		續姓 3: 李 林 宋(皆鄉吏)〈高 全 安 池 曹 崔 並來〉
居寧縣	5: 白 張 韓 李 黃		
淳昌郡(玉川)	5: 薛 廉 林 趙 邕		續姓 1: 金
福興縣	2: 林 趙(人吏姓)	5: 芮 · 扈(人吏姓)	

主邑 · 任內의 邑名 · 邑格; 본관이름	土 姓 (人吏 · 百姓 · 次吏 · 次 · 村姓 포함)	亡 姓 (亡村姓 포함)	來 · 續姓, 亡來 · 亡入姓 및 賜姓 · 귀화성
		李 · 廉 · 景(百姓姓)	
赤城縣	5: 宋 李 程 黃 玄		
柳等村所	1: 李	2: 丁(〈程〉 宋	
〈置等所〉	6: 李 井 林 白 景 金 〈崔〉		
〈甘勿土所〉			
龍潭縣	6: 高 文 林 廉 賈 任		
銅鄕	1: 賈		
求禮縣(鳳城)	5: 張 陶 孫 全 任 (一本無全有陳姓)		來姓 1: 梁 〈徐〉 續姓 2: 朴(不知來處) 黃(義昌, 皆鄕吏)
沙等村部曲	1: 任		續姓 1: 鄭(鄕吏)
南田所		1: 林	
放光所		1: 劉	
任實縣	6: 文 全(金) 白 陳 申(〈車〉) 任 (金姓今無)		
九皐縣	5: 扈 申 林 田 黃		
醉仁部曲	1: 申		
楊等良所	3: 程 李 明 (一本有梁無明)		
雲峰縣	5: 朴 鄭 文 田 辛		
〈阿栗谷部曲〉	3: 文 劉 金		
長水縣	3: 李 井 高	1: 吳	續姓 1: 黃 〈林 薛 趙〉
長溪縣	5: 白 裵 柳 吳 玄		續姓 1: 金(鄕吏)
陽岳所	2: 李 崔		
利方所	1: 裵		
〈福興所〉	7: 林 芮 趙 李 廉 景 扈		
茂豊縣(茂朱)	6: 沈 朴 河 田 朱 黃		
朱溪縣	6: 梁 朴 河 朱 崔 扈 〈姜 孫 李 韓〉		
鎭安縣	5: 李 全 白 韓 庾		〈金 崔〉
馬靈縣	4: 韓 宋 張 價(賈)	1: 金	續姓 2: 金 李(鄕吏)
谷城縣	4: 任 申 呂 吳	1: 朴	續姓 1: 李(鄕吏)
栗谷部曲	1: 河		
光陽縣	10: 金 徐 田 鄭 李 柳		

主邑·任內의 邑名·邑格; 본관이름	土 姓 (人吏·百姓·次吏·次·村姓 포함)	亡 姓 (亡村姓 포함)	來·續姓, 亡來·亡入姓 및 賜姓·귀화성
	康 辛 朴 皇甫		
阿磨代部曲	1: 金	1: 車(一本有崔無車)	
本井鄕	2: 車 崔		
骨若所			續姓 2: 車 金
順天府 (昇州·平陽)	4: 張 朴 金 康〈全 辛 黃 任 呂〉	1: 陶	來接姓 1: 林(豊山) 續姓 1: 李(鄕吏)〈車〉
富有縣	4: 玄 金 沈 李		來接姓 2: 朴 高 續姓 1: 林(鄕吏)
麗水縣	3: 朴 辛 白〈林〉	1: 陶	來接姓 1: 金〈陶〉
突山縣	5: 鄭 尹 丁 石 盧		
三日浦鄕	2: 朴 田		來接姓 2: 康(慶州) 李(光州)
正方鄕	1: 金〈仝〉		續姓 1: 朴(鄕吏)
〈松林部曲〉	2: 白 林		
下伊沙部曲	1: 林		
別良部曲	3: 朴 陶 黃		
竹靑部曲	1: 陶		
栗村部曲	4: 金 康 朴 車		
赤良部曲	2: 朴 辛〈玄 鄭〉		
進禮部曲	3: 田 朴 申	1: 金	
召羅浦部曲	2: 朴 白〈曹〉	2: 田 辛	
梨村部曲		2: 白 林	
嘉音部曲	2: 任 呂〈曹 白 辛〉		來接姓 1: 朴(昇平)
〈上伊沙所〉	3: 朴 任 呂		
豆仍只所	2: 朴 辛		
〈豆坪所〉	2: 任 呂		
樂安縣	5: 朴 吳 甯 李 金		續姓 1: 任
群智部曲			續姓 1: 白(鄕吏)
加用所	〈金〉		續姓 1: 李(鄕吏)
品魚所			續姓 1: 吳(鄕吏)
高興縣	2: 申 柳		續姓 1: 韓(鄕吏)
南陽縣	4: 宋 李 邊 金		
道陽縣	1: 申		
泰江縣	5: 曹 韓 鄭 丁 任		

主邑 · 任內의 邑名 · 邑格; 본관이름	土姓 (人吏 · 百姓 · 次吏 · 次 · 村姓 포함)	亡姓 (亡村姓 포함)	來 · 續姓, 亡來 · 亡入姓 및 賜姓 · 귀화성
荳原縣	5: 吳 許 庾 申 鍾		來姓 3: 盧(西京) 朴(寶城) 李(南陽) 〈丁〉
道化縣	2: 吳 申		
豊安縣	2: 吳 申		
兆陽縣	4: 蘇 庾 林 全		
葱谷部曲	〈1: 全〉	1: 吳	
古多山部曲	1: 遜(〈孫〉)		
加乙坪鄕	1: 申		
沙於鄕	1: 申	1: 庾(一本有吳無庾)	
寶城郡	5: 朴 吳 康 宣 和		續姓 1: 智(提川來 鄕吏)
福城縣	4: 文 盧 林 革	1: 陶	
也村部曲	1: 表		
紵川部曲	1: 邊		
綾城縣	6: 具 鄭 文 曹 蔡 朱		續姓 2: 姜(晋州) 金(高麗判定百姓, 不知來處, 皆鄕吏)
昌平縣	6: 安 曹 辛 丁 金 卓 〈全 成〉		京來姓 3: 李 咸 鄭 續姓 1: 文(開城來, 鄕吏)
長平部曲	4: 辛 玄 金 元	1: 朴(〈柳〉)	
甲鄕	2: 陳 昇		
和順縣	5: 裵 崔 吳 尹 河		續姓 3: 朴(順天) 金(晋州) 金(武珍, 皆鄕吏)
同福縣	5: 吳 成 朴 宣 和 〈池〉		續姓 1: 金
玉果縣	5: 金 趙 宋 文 黃 〈全〉		續姓 1: 朴(密陽來 鄕吏)
金山部曲		2: 文 黃	
興福鄕		1: 金	
珍原縣	2: 吳 朴	1: 文〈安〉	續姓 3: 李(保寧) 金(長興) 金(不知來處, 皆鄕吏) 〈鄭〉
馬良鄕	1: 申		
光州牧 (光山 · 化平)	13: 卓 李 金 蔡 盧 張 鄭 朴 陳 許 潘 成 承 村姓 1: 庾		續姓 4: 金(開城) 程(錦山) 申(高興) 崔(唐津, 皆鄕吏)
碧津渡(部曲)		1: 金	
良爪部曲	1: 金		

主邑 · 任內의 邑名 · 邑格; 본관이름	土 姓 (人吏 · 百姓 · 次吏 · 次 · 村姓 포함)	亡 姓 (亡村姓 포함)	來 · 續姓, 亡來 · 亡入姓 및 賜姓 · 귀화성
慶旨部曲	1: 金		
長興府(定安)	5: 曹 吳 嵇 任 丁	1: 崔(和順來)	來姓 3: 李(德恩) 宋(鹽州) 崔(耽津 · 〈和順〉) 〈高 朴 乘竝續〉
長澤縣	4: 林 高 尹 吳		來姓 1: 宣(寶城)
會寧縣	5: 馬 邢 李 周 成		來姓 1: 白(稷山)
遂寧縣	4: 魏 朴 曹 咸		
〈安壤鄕〉	〈朴 白〉		
〈語山鄕〉	〈任〉		
〈有耻鄕〉	〈表〉		
〈丁火所〉	〈申〉		
潭陽府	4: 李 田 全 鞠		〈朴 玄 金〉
原栗縣	5: 朴 李 文 裵 吳		
貞石部曲		2: 玄 辛	續姓 1: 金
濟州牧(瀛州)	3: 高 梁 夫		〈文 鄭 金 李 文 安 咸 楊 並 屬縣, 金 李 朴 林 兪 周 趙 宋 鄭 洪 徐 崔 吳 車 池 韓 馬 並 來, 趙 李 石 肖 姜 鄭 張 宋 周 秦 元, 梁 安 姜 對 雲南〉
旌義縣	姓氏條 없음		〈성씨는 제주목과 같음〉
大靜縣	〃		〈성씨는 제주목과 같음〉

7) 平安道

邑(鎭)의 변천		設邑(設鎭) 시 기	姓 氏 條	
고려	조선초기		土 姓	入鎭姓(姓의 所從來處(本貫)) · 來姓 · 續姓
西京	平壤府	고려太祖 1년	無姓氏條	〈趙 祥原〉
中和縣	中和郡	신라 憲德王	4: 金 朴 文 楊	7: 韓(沔川) 康(安岳) 李(長淵) 鄭 任 吳(海州) 崔(祥原)
土山縣	祥原郡	신라 憲德王	6: 李 金 林 崔 尹 姜	12: 楊 金 原 康(安岳) 鄭 吳 金(海州) 洪 李 金(三和) 朴(通溝) 文(交河) 來姓 8: 韓 宋 徐 玄 呂 盧 朴 趙 續姓 2: 崔 金
三登縣	三登縣	고려 仁宗 14년		6: 白 · 金(扶餘) 劉(金山) 金(安岳) 金(洞

邑(鎭)의 변천		設邑(設鎭) 시 기	姓 氏 條	
고려	조선초기		土 姓	入鎭姓(姓의 所從來處(本貫))·來姓·續姓
				州) 李(遂安) 續姓 2: 金 宋
江東縣	江東縣	〃		1: 金(咸昌) 續姓 1: 李
順和縣	順安縣	〃		5: 全(三和) 金(唐岳) 吳(海州) 邊(洞州) 李(遂安)
甑山鄕	甑山縣	江西縣屬鄕		6: 崔 羅 吳 韓 康 金(皆豊州)
咸從縣	咸從縣	不記		11: 魚(江陵) 韓(淸州) 承(延日) 金(羅州) 任(豊州) 崔 吳(海州) 郭 康(晋州) 朴(密陽) 李(甫州)
三和縣	三和縣	고려 仁宗 14년		6: 高·盧(鹽州) 任(開城) 楊 李(鳳州) 趙(白川)
江西縣	江西縣	〃		10: 鄭 朴 吳 崔(海州) 黃(居昌) 趙 金(開城) 李 康(文化) 文(長淵)
龍岡縣	龍岡縣	不記		5: 洪(鹽州) 李(豊州) 彭(密陽) 林(魏麟, 〈蔚珍〉) 陰(高州)
安北府	安州牧	고려 太祖 14년		34: 吳 崔 金(海州) 金(交河) 康(靜州) 徐(星州) 金 池(水州) 徐(峯城) 文(長淵) 朴(交同) 魯(鎭江) 張(扶寧) 金(水原) 宋(龍城) 金(安山) 金(長沙) 李(鐵冶) 韓(載寧) 金(光陽) 金(溫水) 康(南原) 甄 文(全州) 金 方 林 崔(豊州) 吳(海州) 宋(松林) 閔(凍州) 康(登州) 李(遂安) 康(白州)
安戎縣	安州屬縣	고려 光宗 25년		2: 崔 金
成州郡	成川郡	고려 太祖 14년		2: 李(遂安) 宋(鳳州) 續姓 6: 李 金 崔 宋 邊 黃(皆爲鄕吏)
肅州郡	肅川府	고려 太祖 11년		19: 崔(鳳州) 朴(和州) 任(文化) 吳(海州) 鄭(昌寧) 申(公州) 楊(殷栗) 李(原州) 全(登州) 金(白嶺) 金(京山) 金(麟州) 金(金化) 金(儒城) 金(光利) 黃(黃州) 金(金浦) 金(光陽) 康(晋州)
慈州郡	慈山郡	고려 太祖 22년		19: 金 楊 (安岳) 金(洪州) 裵(和順) 閔(牛峰) 安(長溪) 金(金州) 金(龍岡) 張(昇州) 鄭(潘南) 李(興州) 康(光州) 鄭 宋(寧越) 金(唐城) 玄(枏城) 禹(谷州) 李(西京) 裵(海南)

邑(鎭)의 변천		設邑(設鎭) 시 기	姓 氏 條	
고려	조선초기		土 姓	入鎭姓(姓의 所從來處(本貫)) · 來姓 · 續姓
順州郡	順川郡	고려 成宗 2년		24: 李(遂安) 弓 徐 金(兎山) 包(貞州) 金 李(義城) 劉 金(尙州) 李 金 任 趙 林(白州) 康 金(德州) 崔(安邊) 尹 林(塩州) 金(安東) 金(南原) 張(樹德) 金(嘉林) 李(洪州)
价州	价川郡	고려 太祖 13년		8: 邊(鹽州) 李(海陽) 崔 金 文(全州) 金(儒州) 金(牛峰) 金(仁州)
德州	德川郡	고려 穆宗 4년		8: 吳(迎日) 邦(靑松) 文(海州) 金 童 盧(載寧) 邊(伊山) 崔(連山)
永淸縣	永柔縣	不記		9: 金 盧 康(豊州) 崔(海州) 辛 李(江華) 邊(鹽州) 孫(迎日) 禹(唐山)
通海縣	永柔任內	고려 太祖 17년		3: 洪(鹽州) 李(洪州) 盧(豊州)
柔遠鎭	永柔任內	고려 靖宗 7년		4: 尹(平州) 任(豊州) 趙(衿州) 李(靑松) 〈邊 潘陽〉
孟州	孟山縣	고려 顯宗 10년		21: 劉(唐岳) 李 金(遂安) 崔(長淵) 林(龍岡) 方 金(豊州) 康 金(鹽州) 洪(殷栗) 康(登州) 金(光里) 金(慶州) 宋(松林) 李(安岳) 金(南京) 林(利岳) 金(三陟) 安(龍城) 韓(安邊) 朴(旗連, 恐是麒麟)
殷州	殷山縣	고려 成宗 2년		7: 皮 李(遂安) 林(永豊) 吳 鄭(海州) 龍(洪川) 朴(春州) 續姓 3: 金 李 朴
陽岩鎭	陽德縣	고려 太祖 21년		7: 孫 朴(密陽) 吳(瑞谷) 高(江華) 崔(宜州) 蔡(平江) 金(登州)
樹德鎭	〃	고려 成宗 2년		4: 李 尹 邊(洞州) 韓(谷州)
義州	義州牧	고려 睿宗 12년		1: 張(化寧 〈安東〉) 〈崔(江陵) 獨孤〉
威遠鎭	義州合屬	고려 顯宗 20년		5: 白(白州) 任 柳 盧(豊州) 徐(光陽)
靜州	〃	고려 德宗 2년		5: 金(延安) 尹 金(平山) 金(金海) 趙(忠州)
龜州	定州牧	고려 成宗 13년		8: 劉(白州) 鄭(保寧) 崔(春州) 李(會寧) 金(信州) 康(安山) 盧(海州) 白(黃州)
麟州	麟山郡	고려 顯宗 9년		4: 李 柳(密城) 徐(忠州) 崔(海州)
龍州	龍川郡	고려 顯宗 5년		6: 崔(全州) 石(忠州) 康(靈光) 徐(安山) 邊(廣州) 呂(谷城)
龍州 伊彦	龍川郡 合屬			8: 廉(龍潭) 吳 崔(海州) 韓(長沙) 安(水原) 趙(林州) 吳(安德) 張(長淵)

邑(鎭)의 변천		設邑(設鎭) 시 기	姓 氏 條	
고려	조선초기		土 姓	入鎭姓(姓의 所從來處(本貫))·來姓·續姓
鐵州	鐵山郡	고려 顯宗 9년		3: 崔(全州) 金 黃(黃州)
郭州	郭山郡	고려 成宗 13년		5: 林(海州) 邊(黃州) 金(江東 全州) 張(豊州)
隨州	隨川郡	未詳		8: 崔(和順) 趙(白州) 承(咸從) 石(忠州) 金·康(龍岡) 張 吳(海州)
宣州	宣川郡	고려 顯宗 21년		9: 劉(平州) 金(長淵) 智(鳳州) 李(牙州) 康(晋陽) 朴(唐岳) 崔(載寧) 羅(黃州) 宋(鹽州)
嘉州	嘉山郡	고려 光宗 11년		11 :韓二(保安 平州) 卓(嘉平) 趙(平州) 金二(豊州 安東) 張(洪州) 鄭(咸從) 李(全州) 文(黃州) 吳(海州)
定戎鎭	定寧縣	고려 顯宗 20년		5: 金(安岳) 任(忠州) 李二(安東 瓮津) 高(三和) 〈趙〉
寧德鎭	定寧合屬	고려 文宗 10년		3: 金(殷栗) 林(丘縣) 楊(唐岳)
靈州	〃			1: 金(龍岡)
寧朔鎭	〃	고려 文宗 4년		3: 金 康(長淵) 吳(海州)
朔州	朔州府	고려 顯宗 9년		5: 金(廉州) 崔(青山) 韓(全義) 李二(平州 保安)
延州	寧邊府	고려 光宗 21년		6: 玄(義州) 李(砥平) 骨(江華) 朴(青里) 梁(南原) 崔(慶州)
撫州	〃 合屬	고려 成宗 14년		7: 吳(海州) 金三(金浦 兎山 開城) 趙(白州) 吉(禮安) 李(鹽州)
渭州	〃 〃	고려 文宗 4년		3: 崔 金(慶州) 李(全州)
昌州	昌城郡	고려 靖宗 元年		3: 康(信州) 黃(公州) 李(保安)
雲州	雲山郡	고려 光宗朝		12: 康二(晋州·信州) 尹 金 陰(平山) 金(尙州) 崔二(安岳 海州) 宋(寧越) 全(淸州) 邊(古阜) 陰(陰竹)
博州	博川郡	고려 成宗 14년		4: 金三(南海 金浦 豈原) 康(羅州)
泰州	泰川郡	고려 光宗 21년		15: 崔 任(豊州) 金三(豊州 尙州 平州) 邊 黃(黃州) 李(三和 居寧 唐岳) 郭(三登) 韓(公州) 文(龍岡) 池(忠州) 康(安岳)
熙州	熙川郡	未詳		3: 金(溫泉) 申(洞州) 吳(海州)
寧遠鎭	寧遠郡	고려 靖宗 7년		4: 吳(迎日) 李(昌寧) 朴(江西) 崔(德川)
林土·碧團	碧潼郡	고려 공민왕 6년		3: 康(信州) 崔(鐵原) 申(積城)

邑(鎭)의 변천		設邑(設鎭) 시 기	姓 氏 條	
고려	조선초기		土 姓	入鎭姓(姓의 所從來處(本貫))·來姓·續姓
江界	江界府	고려공민왕10년		3: 田(果州) 李(龍駒) 朴(密城)
豆木里	理山郡	조선 太宗 2년		3: 元 安 朴
閭延村	閭延郡	조선 太宗 16년		3: 金二(開城 德水) 崔(耽津)
慈作里	慈城郡	조선 世宗 15년		5: 張 金 朴 鄭 韓 來姓 4: 崔 李 裵 高
上無路堡	茂昌郡	조선 世宗 22년		來姓 4: 朴 任 李 金 續姓 3: 河 李 金
虞芮口子	虞芮郡	조선 世宗 25년		4: 辛 李 崔 朴 來姓 4: 金 田 朴 丁
都乙漢口子	渭原郡	조선世宗 25년		來姓 1: 宋(理山)

8) 咸鏡道

邑(鎭)의 변천		設邑(設鎭) 시 기	姓 氏 條			
고려	조선초기		土 姓	亡姓	續姓	入姓(亡入姓, 來姓·亡來姓)·向國入姓 ( ) 地名은 姓의 所自來處임
登州	安邊府	신라 眞興王 17년	10: 韓 全 盧 桑 孫 崔 金 張 尹 邢			來姓 2: 任 許 入姓 1: 宋
瑞谷縣	安邊府 屬縣	〃	8: 吉 田 玄 元 金 張 孫 劉			
衛山縣	〃	〃	6: 芳(方) 羅 韓 任 蔡 吳			
翼谷縣	〃	〃	6: 李 辛(申) 韓 敬 安 芳(方)			
鐵垣戍	翼谷縣 管內	〃	1: 芳(方)			
泒川縣	安邊府 屬縣	〃	5: 洪 金 全 李 陽(楊)			
文山縣	〃	〃	3: 許 朴 盧			

邑(鎭)의 변천		設邑(設鎭) 시 기	姓 氏 條			
고려	조선초기		土 姓	亡姓	續姓	入姓(亡入姓, 來姓 · 亡來姓) · 向國入姓 ( ) 地名은 姓의 所自來處임
霜陰縣	〃	〃	3: 金 吳 陽			
禾登戍	霜陰縣 管內	〃	·			來姓 1: 崔(東州) 入姓 4: 宋(岐城) 金(農(〈豊〉)壤) 劉 林(霜陰)
鶴浦縣	安邊府 屬縣	〃	3: 陽 李 孟	1		亡姓 1: 印
押戎戍	鶴浦縣 管內	〃	8: 孟 陽 南 孫 金 李 宋 田			
福令縣	安邊府 屬縣	〃	4: 崔 尹 宋 李			
永豊縣	〃	고려 穆宗 4년	·			亡入姓 16: 赫 林 吳(開州) 吳 六(安峽 鈴平 伊川 鳥西兒 金馬 鳳州) 林二(東州 川寧) 萬(禹, 海州) 赫 林(兎山) 吳 禹(黃州) 康 韓 林(谷州) 赫(見州) 芳(方, 和州) 劉(鹽州)
和州	永興府	신라시대	22: 崔 張 金 石 李 朴 吉 宋 韓 閔 劉 鄭 盧 邦 扈 固 安 拓 禹 孫 沈 魏	1		來姓 2: 高 龍 續姓 1: 周
永興鎭	永興府 屬社	고려 文宗 15년			2	亡入姓 17: 崔四(多仁 利安 稷山 永通) 金 崔(春州) 朴(永通) 金 韓(振威) 曹(沙川) 全二(晋州 東州) 孫(安峽) 康(栗串) 安(龍岡) 高(衿州) 盧(金城) 徐(陰竹) 許(平康) 劉(白州) 金(海州, 右十七姓今皆無) 續姓 2: 劉 崔
靜邊鎭	永興府 屬社	고려 顯宗 22년	6: 尹 金 高 延 朴 文	9		亡村姓 9: 李 盧 趙 韓 魏 元 任 柳 沈 來姓 3: 白 吳 石

邑(鎭)의 변천		設邑(設鎭) 시 기	姓 氏 條			
고려	조선초기		土 姓	亡姓	續姓	入姓(亡入姓, 來姓·亡來姓)·向國入姓 ( ) 地名은 姓의 所自來處임
寧仁鎭	〃	〃				亡入姓 13: 金(蔚州) 安(興州) 全(平康) 林(通口) 申(九皐) 韓(谷州) 芳(衛山) 吳(歙谷) 鄭(隘守) 蔡(鎭溟) 禹(耀德) 鄭 金(高州)
長平鎭	〃	고려 光宗 20년			1	亡入姓 16: 孫(伊川) 公(河陰) 韓(谷州) 黃(平澤) 李 光(海州) 李 劉(永州) 桑(平海) 鄭(淸州) 金三(通溝 洪川 蔚州) 朴(知禮) 柳二(南原 昆明) 吳(遂安) 宋(平康) 尹(守德) 續姓 1: 孫
耀德鎭	〃	고려 顯宗 14년				亡入姓 16: 金 盧 梁 白(白州) 禹 安 盧(谷州) 尹(俠溪) 禹(陽岩) 朴 韓(平康) 崔(海州) 金 柳(塩州) 龍(德水) 韓(伊川)
高州	高原郡	고려 光宗 24년	4: 韓(〈登州〉)金 李 曹	22		亡姓 22: 孫 崔 朴 高 芳 尹 洪 康 張 白 沈 劉 姜 吳 梁 耿 宋 元 智 許 林 石 亡來姓 16: 金 安 康 玄 高 宋 林 成 孫 禹 洪 耿 韓 梁 龍 崔
隘守鎭	高原屬鎭	고려 成宗 2년	·	2 9 6	1	亡姓 2: 吳 夜 亡次姓 9: 金 許 庾 任 赫 車 房 韓 禹 亡村姓 6: 韓 房 康 李 金 庾 續姓 1: 韓
宜州	宜川郡	신라시대		13	1	亡姓 13: 康 崔 朴 吳 韓 兪 李 高 趙 燕 鄭 安 裵 續姓 1: 金 亡入姓 3: 崔 徐 白
鎭溟縣	宜川屬縣	고려 顯宗 9년			1	續姓 1: 姜 入姓 8: 鄭(迎日) 黃(平海) 張 金(盈德) 朴二(蔚州 禮州) 張 金(長鬐 蔚州) 康(宜州, 右八姓今皆無)
龍津鎭	龍津縣	고려 穆宗 元年				入姓 4: 金 玄(塩州) 宋(淸州) 趙(楊州)

邑(鎭)의 변천		設邑(設鎭) 시 기	姓 氏 條			
고려	조선초기		土 姓	亡姓	續姓	入姓(亡入姓, 來姓·亡來姓)·向國入姓 ( ) 地名은 姓의 所自來處임
						亡入姓 25: 徐二(利川 扶餘) 玄 金 朴 劉(德州) 朴(塩州) 黃(公州) 白八(藍浦 道康 淸道 光州 義安 加祚 金州 高峰)耿(川寧) 楊二(淸州 安城) 李四(晋州 利川 守安 處仁) 宋 劉(富城) 朴二(春州 竹州) 盧(峯城) 崔二(永州 稷山) 魏(燕岐) 韓四(昌化 結城 進禮 衿川) 申(雙阜) 安(尙質) 劉(海州) 敬(天安) 宋(文州)
元興鎭	預原郡	고려 靖宗 10년				入姓 3: 李(陽城) 鄭(長鬐) 金(谷州) 亡入姓 24: 崔四(新寧 南原 楊州 峯城) 李二(會尾 三岐) 韓(永州) 金 吳(樹州) 金六(淸河 淸風 金州 兎山 燕山 興州) 辛(文登) 敬(長楊) 盧(冶爐) 安(長鬐) 桑 柳 黃(平海) 宋三(塩州 峯城 伊川) 曹(禮州) 吳 韓(谷州) 公二(玉果 河陰) 孫(金城) 朴二(知禮 通溝) 柳(昆明) 吳(利川) 高(高山) 黃(金馬)
預州	預原合屬	고려 睿宗 11년		19 2		亡土姓 19: 崔 李 劉 鄭 朴 吳 韓 蔡 曹 沈 金 林 康 仝 公 裵 孫 許 元 亡村落姓 2: 金 仝 亡來姓 15: 仝 高 尹 李 石 金 弘 盧 安 吳 朴 林 位 韓 崔
宣德鎭	預原屬鎭	고려 文宗 9년			1	續姓 1: 安(長鬐) 入姓 2: 韓 仝(登州) 亡入姓 52: 李 仝(通溝 金化 慶州) 林二(東州(通州) 兎山) 朴(蔚州) 李二(江陽 京山) 崔二

邑(鎭)의 변천		設邑(設鎭) 시 기	姓 氏 條			
고려	조선초기		土 姓	亡姓	續姓	入姓(亡入姓, 來姓 · 亡來姓) · 向國入姓 ( ) 地名은 姓의 所自來處임
						(稷山 永同) 弘 崔(永同) 曹二(沙川 平康) 高(甫州) 吳二(遂安 黃州) 公(河陰) 劉(永州) 金五(鳳化 寧州 安峽 豊角 押海) 裵(彩雲鄕) 鄭(冶爐) 韓三(陽岩 楊州 谷州) 孫(安峽) 沈(禮山) 全(谷州) 姜(晋州) 趙(橫川) 孟(長楊) 皮(洪川) 盧(金城) 張(楊口) 魏(伊川) 崔 尹 朴(文州) 盧 李(現德) 吳 朴 崔 金(宜州) 桑 全(登州) 弘(鐵關) 劉(隘守) 吳 康(永豊) 朴(雲林) 許(汶山) 金(泒川) 崔 張(靜戎) 尹(定州) 金(元興) 高(寧仁) 吉 玄(瑞谷)
文州	文川郡	고려 成宗 8년			2	續姓 2: 全 朴 入姓 3: 李(陰竹) 蔡(平康) 朴(春州) 亡入姓 35: 孫 耿(安峽) 宋(金化) 宋(麻田) 程(狼川) 趙(遂安) 崔 尹(東州) 蘇 盧(金城) 申(利川) 卓(楊根) 金四(樂安 利安 臨津 靈山) 康(衿川) 盧二(抱州 童城) 鄭(幸州) 崔(海州) 金 吳(永新) 李(樹州) 敬 李 林 尹(安城) 於(昌平) 宋(龍口) 李(光州) 徐 朴(高峰) 彭(永康) 任(豊州) 東門(居昌) 洪(塩州) 邊(提州) 魯(童城)
雲林鎭	文川屬鎭	고려 顯宗 6년				亡入姓 13: 金(成州) 田二(江陰 望雲) 朴(春州) 林(靑松) 張(陽岩) 安(遂安) 白(海令) 康(安康) 柳(山陰) 金(孟州) 申(嗌谷) 全 韓(隘守)
定州	定平府	고려 靖宗 7년				入姓 48: 孫(安峽) 金(淸州 慶

邑(鎭)의 변천		設邑(設鎭) 시 기	姓 氏 條			
고려	조선초기		土 姓	亡姓	續姓	入姓(亡入姓, 來姓 · 亡來姓) · 向國入姓 ( ) 地名은 姓의 所自來處임
						州) 崔 金(全州) 尹(海平) 全 (金山 甫州) 河(何 仁州) 金 趙 (楊州) 崔(東州) 高 韓(俠溪) 吳(楊根) 魏(燕岐) 高(朔寧) 文 (長淵) 李(河陰 京山 晋州 狼 川) 金(交河) 盧(白州) 朴(林, 春州) 耿芳(方)崔 朴 裵 金 孫 (高州) 韓 芳 林 赫 吳(永豊) 蔡 劉 崔(和州) 趙 金 孫(登州) 劉 芳 文 尹 孫(交州) 芳(方 房, 定 山) 林 金(雲林) 權 金(隘守, 右 48姓 今皆無) 續姓 10: 安 林 申 金 崔 韓 李 全 陳 杜
長州	定平屬縣	고려 顯宗 3년			3	續姓 3: 孟 金 燕 亡入姓 29: 燕(提州) 朴(春州) 渭(廣州) 金 (牟松) 崔二(瑞和 加利) 高(見 州) 李二(安城 振威) 咸(楊根) 韓二(鎭州 平康) 孫(金城) 高 (開城) 甄(康州) 張(扶餘) 韓 劉(高州) 鄭(宜川) 金 劉(龍津) 芳(方) 吳 奕(赫)(隘守) 金(雲 林) 吉 玄(瑞谷) 姜 尹(鎭溟) 禹 吳(永豊) 芳(方)(衛山, 右二 十九姓今皆無)
咸州	咸興府	고려 睿宗 3년				入鎭姓 15: 文 李 韓 延 趙 玄 金 朴 崔 徐 禹 盧 尹 魏 黃 向國入姓 1: 朱〈投化〉
北青州	北青府	고려 睿宗 3년			2	續姓 2: 李 趙
福州	端川郡	고려 睿宗 3년				2: 沈 金(皆三陟來)
吉州	吉州牧	고려 睿宗 3년				2: 崔 李(大元來)
虛川府	甲山郡	고려 공양왕 3년	無姓氏條〈三水郡 姓氏條 移載〉			
甲山郡 三水堡	三水郡	조선 世宗 28년				來姓 7: 金 石 辛 崔 李 朴 金 向國姓 6: 崔 尹 李 金 張 姜

邑(鎭)의 변천		設邑(設鎭) 시 기	姓 氏 條			
고려	조선초기		土 姓	亡姓	續姓	入姓(亡入姓, 來姓 · 亡來姓) · 向國入姓 ( ) 地名은 姓의 所自來處임
						〈同甲山府〉
鏡城	鏡城郡	조선 太祖 7년		無姓	氏條	〈 〃 〉
孔州	慶源府	〃			〃	〈 〃 〉
	會寧府	조선 世宗 16년			〃	〈 〃 〉
	鍾城府	〃				來姓 22: 張 梁 孟 金 兪 全 朴 韓 奉 龍 南 崔 李 鄭 孫 黃 趙 劉 姜 邊 廉 池
	穩城府	조선 世宗 22년		無姓	氏條	〈 〃 〉
	慶興府	조선 世宗 17년			〃	〈 〃 〉
	富寧府	조선 世宗 16년				入鎭姓 39: 孟 金 姜 宋 白 權 劉 李 申 朴 崔 鄭 徐 曹 扈 南 宮 張 朱 韓 甘 邕 裵 康 盧 兪 吳 蔡 梁 黃 鞠 廉 薛 辛 庾 郭 延 趙 孫 玄　向國姓(〈投化姓〉) 4: 童 李 金 崔

참고문헌

参考資料

『江陵金氏族譜』(초간본, 강릉김씨 강릉종친회 소장본, 1561).
『江陵金氏派譜世德編』.
金氏派譜世德編』.
『江陵崔氏族譜』.
『慶北地方古文書集成』(李樹健 編著, 嶺南大學校出版部, 1981).
『慶尙道丹城縣戶籍大帳(1678~1789)』(韓國精神文化研究院, 1980).
『慶尙道地理志『續撰地理志』(朝鮮總督府 中樞院, 1938).
『慶州府安逸房考往錄』(寫本, 金峻憲 氏 소장).
『慶州崔氏族譜』.
『高麗圖經』(梨大史學研究所, 1970).
『高麗名賢集』 1, 2, 3, 4, 5(成均館大學校 大東文化研究院, 1973~1980).
『高麗墓誌銘集成』(金龍善 編著, 1993).
『高麗史』.
『高麗史節要』.
『光山金氏世譜』.
『國朝榜目』(대한민국 국회도서관, 1971).
『國朝人物考』(서울대학교출판부, 1978).
『南陽洪氏派系之圖』(洪逸童, 남양홍씨족보 소재, 1454).
『訥齋集』(梁誠之, 아세아문화사, 1973).
『綾城具氏族譜』(초간본, 1574).
『丹陽禹氏族譜』(禮安譜).
『大邱府戶籍大帳』.

『大東野乘』(慶熙出版社, 1968).
『大東輿地圖』(金正浩, 영남대학교 도서관 소장본, 1864).
『大東韻府群玉』(權文海, 木板本, 嶺南大學校 소장본).
『大東地志』(1864, 金正浩, 亞細亞文化社, 1976).
『(慶尙)道先生案』(대한민국 국회도서관, 1970).
『東萊鄭氏派譜』.
『東文選 · 續東文選』(太學社, 1975).
『萬姓大同譜』(尹稙求).
『慕齋集』(金安國, 奎章閣 소장본).
『聞韶(義城)金氏族譜』.
『文化柳氏嘉靖譜』(1565年 創刊, 文化柳氏宗親會 影印本, 1979).
『磻溪隨錄』(柳馨遠, 東國文化社, 1958).
『三國史記』.
『三國遺事』.
『西厓集』 · 『永慕錄』(柳成龍, 嶺南大學校 도서관 소장본).
『姓原叢錄』(任慶昌).
『世宗實錄地理志』.
『松岩(李魯)世譜四姓綱目』(李魯 편찬, 필사본, 16세기 말).
『順興安氏族譜總錄』.
『頤齋亂藁』(黃胤錫, 정신문화연구원 刊行).
『新增東國輿地勝覽』(동국문화사, 1964).
『新編古今事文類聚』(祝穆, 嶺營新刊, 영남대학교 도서관 소장본, 1604).
『氏族源流』(趙仲耘).
『安東權氏成化譜』(1476年 創刊, 규장각본, 重刊本, 1929).
『安東權氏世譜』(辛巳譜, 13冊, 1701).
『安東權氏世譜』(大同譜, 15冊, 1961).
『安東鄕孫錄(事蹟)』(權心度 등 編, 河回洞 永慕閣 소장, 1884).
『押海丁氏逑先錄』.
『陽川許氏世譜』.
『彦陽縣戶籍大帳』.
『麗季名賢集』(성균관대학교 대동문화연구원, 1959).
『與猶堂全書』 · 『與猶堂全書補遺』(丁若鏞, 경인문화사, 1970~1974).

『延安金氏族譜』(목판본, 17세기).
『延安李氏族譜』(목판본, 17세기).
『掾曹龜鑑』(李震興, 목판본, 영남대학교 도서관 소장본).
『蔚山朴氏族譜』(목판본, 초간본, 단권, 1705).
『蔚山府戶籍大帳』(규장각 소장, 萬曆己酉式; 1609).
『原州元氏族譜』.
『潛谷集』(金堉, 아세아문화사, 1974).
『佔畢齋集』(彝尊錄 포함)(金宗直, 영남대학교 도서관 소장본).
『諸姓譜』(丁時述).
『祖堂集』(趙明基博士紀念佛敎史學論叢 收錄, 1965).
『朝鮮金石總覽』(조선총독부, 1919).
『朝鮮王朝實錄』.
『增補文獻備考 帝系考 附氏族편』(동국문화사, 1959).
『芝峰類說』(李睟光).
『眞城(寶)李氏族譜』(도산서원, 1600).
『晋陽河氏世譜』(초간본, 1606).
『車原頫雪寃記』(필사본, 국립중앙도서관 소장).
『滄浪集』(成文濬, 坡山世稿 소재, 아세아문화사, 1980).
『青丘圖』(金正浩, 영남대학교 도서관 소장본, 1837).
『青邱氏譜』(20卷 20冊, 1926).
『忠淸道營吏案』(裵三益(宣祖朝) 필사본, 배덕환 씨 소장).
『擇里志』(李重煥, 朝鮮光文會, 1912).
『標點 · 校勘 二十五史』(史記 · 漢書 · 後漢書 · 魏書 · 隋書 · 新 · 舊唐書 · 宋史 (경인문화사, 1975~1979).
『豊山柳氏族譜草』(安東郡 河回洞 永慕閣 소장, 17세기).
『荷潭破寂錄』(金時讓).
『鶴城(蔚山)李氏族譜』(木版本, 초간본, 단권, 1668).
『韓國金石文追補』(李蘭暎 編, 1968).
『韓國金石遺文』(黃壽永 編著, 일지사, 1976).
『韓國上代古文書資料集成』(이기백, 일지사, 1987).
『韓國의 古文書』(許興植, 민음사, 1988).
『韓國族譜舊譜序集』(鄭炳完, 1987).

『韓國中世社會史資料集』(許興植 編, 아세아문화사, 1976).
『翰苑』(亞細亞文化社, 1974).
『咸安趙氏族譜』(초간본, 단권, 1617序, 1664跋).
『海東金石苑』(亞細亞文化社, 1976).
『海東姓苑』(洪汝河).
『海州吳氏族圖』(吳先敬, 해주오씨족보 소재, 1401).
『戶口總數』(奎章閣 소장, 正祖 14年 己酉式; 1789).

『歐陽文忠公集』(歐陽脩).
『唐宋八大家集』(蘇洵文集)
『元和姓纂』(唐 林寶 撰, 嶺南大學校 도서관 소장본, 812).
『通志略』(鄭樵, 上海 商務印書館).

『敦煌發見天下姓望氏族譜』(仁井田陞, 中國法制史 奴隷農奴法 · 家族村落法, 東京大學出版會, 1962 收錄).
『朝鮮の姓』(善生永助, 朝鮮總督府 中樞院, 1934).
『朝鮮の姓名氏族に關する硏究調査』(今村鞆, 朝鮮總督府, 1934).
『朝鮮の姓氏と同族部落』(善生永助, 刀江書院, 東京, 1943).
『朝鮮の聚落』(善生永助, 朝鮮總督府, 1933).

參考 論文 · 著書

강은경, 「고려후기 戶長층의 변동연구」, 연세대 박사학위논문, 1997.
______, 「고려후기 호장층의 변화와 세종실록지리지의 토성 · 망성」, 『동방학지』 99, 1998.
權寧大, 「成化譜攷」, 『學術院論文集』 20, 1981.
金光洙, 「高麗太祖의 三韓功臣」, 『史學志』 7, 1973.
______, 「羅末麗初의 豪族과 官班」, 『韓國史硏究』 23, 1979.
金東洙, 「『世宗實錄』地理志 姓氏條의 檢討」, 『東亞硏究』 6, 1985.
金斗憲, 『韓國家族制度史硏究』, 서울대학교출판부, 1969.
金壽泰, 「高麗本貫制度의 成立」, 『震檀學報』 52, 1981.
______, 「高麗初期의 本貫制度 — 本貫과 姓의 관계를 중심으로 —」, 『한국중세

사연구』 8, 2000.
金龍德, 「鄕所部曲攷」, 『白樂濬紀念國學論叢』, 1955.
金龍善, 「고려시대 가계기록과 족보」, 『이기백기념 史學論叢』, 1994.
______, 「족보이전의 가계기록」, 『한국사시민강좌』 24, 1999.
金哲埈, 「後三國時代의 支配勢力의 性格」, 『李相佰華甲紀念論叢』, 1964.
______, 「新羅時代의 親族集團」, 『韓國史研究』 1, 1968.
盧明鎬, 「高麗의 五服親과 親族關係法制」, 『韓國史研究』 33, 1981.
______, 「고려시대 호적기재 양식의 성립과 그 사회적 의미」, 『진단학보』 79, 1985.
文炯萬, 「麗代歸鄕考」, 『歷史學報』 23, 1964.
閔賢九, 「高麗後期 權門勢族의 成立」, 『湖南文化研究』 6, 1974.
朴敬子, 「高麗鄕吏制度의 成立」, 『歷史學報』 63, 1974.
朴宗基, 「高麗時代 鄕·部曲의 變質過程」, 『韓國史論』 6, 1980.
白承鍾, 「高麗後期의 八祖戶口」, 『韓國學報』 34, 1984.
______, 「위조족보의 유행」, 『한국사시민강좌』 24, 1999.
宋俊浩, 「한국에 있어서의 家系記錄의 歷史와 그 解釋」, 『歷史學報』 87, 1980.
李基白, 「高麗 貴族社會의 形成」, 『韓國史』 4, 1974.
李丙燾, 『韓國史』, 中世編, 乙酉文化社, 1962.
______, 「古代南堂考」, 『서울대論文集』(人文社會科學 1), 1954; 『韓國古代史研究』, 1976.
李成茂, 「朝鮮初期의 鄕吏」, 『韓國史研究』 5, 1970.
______, 『朝鮮初期 兩班研究』, 一潮閣, 1980.
李樹健, 「高麗時代 北方移民에 대하여」, 『徐廷德紀念學術論叢』, 1970.
______, 「朝鮮初期 郡縣制整備에 대하여」, 『嶺南史學』 1, 1971.
______, 「朝鮮朝 鄕吏의 一研究 — 戶長에 대하여 —」, 『嶺南大文理大學報』 3, 1974.
______, 「〈土姓〉研究(其一)」, 『東洋文化』 16, 1975.
______, 「後三國時代 支配勢力의 姓貫分析」, 『大丘史學』 10, 1976.
______, 「高麗時代 土姓研究(上)」, 『亞細亞學報』 12, 1976.
______, 「高麗前期 土姓研究」, 『大丘史學』 14, 1978.
______, 「直村考 — 朝鮮前期 村落構造의 一斷面 —」, 『大丘史學』 15·16, 1978.
______, 『嶺南士林派의 形成』, 嶺南大學校出版部, 1979.
______, 「高麗後期 土姓研究」, 『東洋文化』 20·21, 1981.

______, 「高麗 · 朝鮮時代 支配勢力 變遷의 諸時期」, 『韓國史時代區分論』, 소화, 1995.
______, 「高麗時代 支配勢力과 鄕吏」, 『啓明史學』 8, 1997.
______, 「朝鮮初期 土姓研究」, 『民族文化論叢』 17, 1997.
______, 「한국의 姓氏(貫)와 族譜研究 — 押海丁氏를 중심으로 —」, 『羅州丁氏先系研究』, 2002.
李純根, 「新羅時代 姓氏取得과 그 意味」, 『韓國史論』 6, 1980.
李佑成, 「高麗朝의 〈吏〉에 대하여」, 『歷史學報』 23, 1964.
이종서, 「나말여초 성씨사용의 확대와 그 배경」, 『한국사론』 37, 1997.
李泰鎭, 「15世紀 後半期의 〈鉅族〉과 名族意識」, 『韓國史論』 3, 1976.
______, 「書評『韓國中世社會史研究』」, 『社會科學論評』 4호, 1986.
鄭杜熙, 「朝鮮初期 三功臣」, 『歷史學報』 75 · 76, 1977.
蔡雄錫, 「本貫制의 성립과 性格」, 『역사비평』 13, 1991.
崔在錫, 「朝鮮時代의 族譜와 同族組織」, 『歷史學報』 81, 1979.
許興植, 『高麗社會史研究』, 亞細亞文化社, 1981.

宮崎市定, 『九品官人法の研究』, 同朋舍, 京都, 1956.
旗田巍, 『朝鮮中世社會史の研究』, 法政大學出版局, 1972.
金鍾國, 「高麗時代の鄕吏について」, 『朝鮮學報』 25, 1962.
藤田良策, 「李子淵とその家系」, 『青丘學叢』 13, 15, 1933, 1934.
毛漢光, 「敦煌唐代氏族譜殘卷之商榷」, 『歷史語言研究』 43-2, 臺灣, 1971.
武田幸男, 「淨兜寺五層石塔造成形止記の研究(1)」, 『朝鮮學報』 25, 1962.
______, 「高麗 · 朝鮮時代の屬縣」, 『史學雜誌』 72-8, 1963.
______, 「高麗時代の鄕職」, 『東洋學報』 47-2, 1964.
尾形勇, 『中國古代の〈家〉と國家』, 岩波書店, 東京, 1979.
浜中昇, 「高麗時代の姓氏の記錄, 「古籍」について — 『世宗實錄』地理志姓氏條の史料的性格 —」, 『朝鮮學報』 123, 1987.
矢野主稅, 『門閥社會成立史』, 東京, 1976.
仁井田陞, 「敦煌發見の天下姓望氏族譜」, 『石濱記念東洋學論叢』, 1958.
______, 『中國法制史研究』(奴隷農奴法 · 家族村落法), 東京大學出版會, 1962.
池田溫, 「唐代郡望表 — 九 · 十世紀の敦煌寫本を中心として —」, 『東洋學報』 42, 43, 44, 1959, 1960.

찾아보기

ㅇ

ㅈ

『한국의 탐구』 시리즈 간행사

우리 것에 대한 탐구의 필요성은 19세기 서양문명이 도래하면서부터 활발히 일기 시작했다. 동도서기(東道西器)란 논제가 19세기 전반기에 이미 지식계에 등장한 것으로 보아 그렇게 추단된다. 아니 18세기 실학(實學) 단계에서 이미 중국을 타자(他者)로 여기는 인식이 싹텄고 더 앞서 훈민정음에서 "나랏말이 중국과 달라(國之語音異乎中國)"라고 하였으니 그 연원은 더 올라가겠다.

일본 제국주의의 강압 속에서 우리 것을 잃지 않으려는 노력은 일일이 거론하기 어려울 정도로 많았다. 조선얼, 조선정신, 혼백론, 조선학, 조선어, 진단(震檀) 등 그 표현 용어가 한둘이 아니었다. 힘센, 일본정신, 화혼(和魂), 서학(西學), 양학(洋學) 등에 넘어가지 않으려는 안간힘이었다. 그래서 체계성이 미비하다던가, 객관성이 부족한 단점도 없지 않았다. 그렇더라도 그만큼 버텨 낸 것만 해도 큰 공이라 하지 않을 수 없다.

8 · 15 해방 후에는 거대 강국, 미국과 소련의 틈바구니에서 버둥대느라 우리 것 부지하기가 더 어려운 형세가 되었다. 남북 분단 속에 한

쪽 이데올로기에 충실해야 하는 현실 속에 우리를 찾을 여유가 없었다. 동족 상잔의 비극을 치른 뒤, 1960년대에 들어서서야 한국학 붐이란 것을 맞이할 수 있었다. 각박한 세월이었다. 1970년대, 1980년대의 개발독재, 군사독재 속에서 한국학은 그 이용물로 넘어갈 듯한 위험에 처하기도 했다. 초역사적 당위가 시대를 잘못 만나 독재의 이용물이라고 오해를 받기도 하면서 그 토대를 넓혀 갔다. 그러나 1990년대에 민주화 물결 속에 오히려 국학은 뜻하지 않은 위기에 처하기도 하였다. 대학의 교양필수과목이었던 한국사가 선택과목으로 전락하고, 대학입학 시험 과목에서도 독립 영역을 잃어버리는 사태가 빚어진 가운데 오늘에 이르고 있다.

우리의 학문은 아직도 서양학문에 많이 의존하고 있다. 그럴 필요성이 많이 남아 있는 것을 부인할 수 없다. 특히 이공 분야는 국경을 긋기 어려운 점이 많다. 그러나 인문학, 사회과학은, 귀는 바깥으로 기울이더라도, 눈은 안쪽으로 항상 향해 있어야 하지 않을까. 그래야 세계적으로도 대접받는 학문이 되지 않을까.

한국학은 해방 후 반세기가 넘는 시간 속에 산전수전 다 겪은 셈이다. 그 세월이 헛되지 않으려면 객관성이 그만큼 다져졌어야 했다. 『한국의 탐구』 시리즈는 그간에 한국학 각 분야의 연구자들이 쌓고 쌓은 학문적 축적을 누에가 실뽑듯 풀어서 독자들과 만나게 하기 위해 짜낸 기획이다. 기획측의 성급함과 조급증으로 필자들에게 충분한 시간을 드리지 못해 만족스런 책이 되지 못한 경우도 없지 않을 것 같다. 이런 경우가 있다면 개고(改稿)의 기회를 약속하면서, 이 시점에서의 전진을 위해 모든 것이 양해되기를 바란다.

발간 취지상으로는 한국의 언어 · 문학 · 역사 · 사상 분야의 그간의 연구성과를 폭넓게 정리해, 학술전문서적과 교양도서와의 중간단계를 지향하는 총서를 만들려고 했다. 이 기획물이 일반 독자들에게 우리 것에 대한 교양의 폭을 넓히는 데에 기여하는 한편, 젊은 학도들에게 학문적 발상을 자극하여 비단 한국학만이 아니라 우리의 모든 학문영역이 새로운 도약을 해 나가는 데에 기여할 수 있기를 기대해 본다.

1998년 4월
기획위원 권두환 금장태
노태돈 이병근 이태진

이수건(李樹健)

1935년 경남 울산 출생

경북대학교 사범대학 역사과 졸업(1961), 같은 대학교 대학원 사학과를 수료했으며(1966), 영남대학교 대학원에서 문학박사 학위를 받았다(1979).

1968~2000년 영남대학교 교수, 같은 대학교 명예교수.

저서로는 『嶺南士林派의 形成』(영남대출판부, 1979), 『韓國中世社會史硏究』(일조각, 1984), 『朝鮮時代地方行政史』(민음사, 1989), 『嶺南學派의 形成과 展開』(일조각, 1995), 『韓國親族制度硏究』(공저, 일조각, 1990), 『韓國史時代區分論』(공저, 소화, 1995), 『良佐洞硏究』(공저, 영남대출판부, 1990), 『洛東江流域史』(공저, 수서원, 1995), 『세종문화사대계』 3(정치 · 경제 · 군사 · 외교 · 역사)(세종대왕기념사업회, 2001) 등이 있으며, 편저로서 『慶北地方古文書集成』(영남대출판부, 1981), 『朝鮮時代鄕吏關係資料集成』(영남대출판부, 1990), 『嶺南古文書集成』(I · II)(영남대출판부, 1992), 『慶北鄕校資料集成』(I · II · III)(영남대출판부, 1992) 등이 있고, 공편저로 『朝鮮時代嶺南書院資料』(국사편찬위원회, 1999)가 있으며, 논문으로 「高麗時代 '邑司' 硏究」(1989), 「朝鮮前期 姓貫體系와 族譜의 編纂體制」(1992), 「朝鮮後期 姓貫意識과 編譜體制의 變化」(1994), 「朝鮮時代 身分史 關聯資料의 批判 — 姓貫 · 家系 · 人物 관련 僞造資料와 僞書를 중심으로 —」(1998), 「족보와 양반의식」(1999), 「한국의 성씨(貫)와 族譜硏究 — 押海丁氏를 중심으로 —」(2002) 등 정치 · 사회사에 관한 연구가 있다.

1982년 『嶺南士林派의 形成』으로 경북문화상(학술부문), 1984년 『韓國中世社會史硏究』로 두계학술상, 1991년 『朝鮮時代地方行政史』로 치암학술상을 수상하였다.

한국의 탐구 25

한국의 성씨와 족보

초판 1쇄 발행 2003년 6월 10일
초판 9쇄 발행 2024년 2월 20일

지은이 이수건

펴낸곳 서울대학교출판문화원
주소 08826 서울 관악구 관악로 1
도서주문 02-889-4424, 02-880-7995
홈페이지 www.snupress.com
페이스북 @snupress1947
인스타그램 @snupress
이메일 snubook@snu.ac.kr
출판등록 제15-3호

ISBN 978-89-521-3674-9 93910

ⓒ 이수건, 2003

이 책은 저작권법에 의해서 보호를 받는 저작물이므로
무단 전재와 복제를 금합니다.

한국의 탐구